東大教授がおしえる
日本史をつかむ図鑑

監修
山本博文
東京大学史料編纂所教授

二見書房

東大教授が教える
日本史をつかむ図鑑

目次

第1章　原始・古代

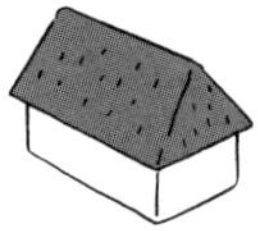

第2章 中世

第3章 近世

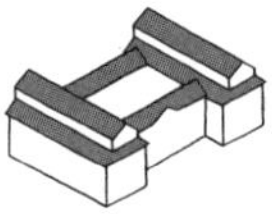

第4章 近代

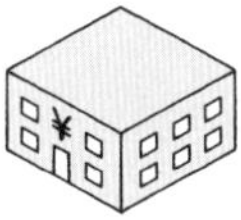

第5章 現代

column もっと知りたい！日本史の話

はじめに

日本史を学びはじめたとき、人類の誕生や旧石器時代からの細かな事象を覚えていくと、なかなか日本史の全体像が理解できません。そのうち、なにが大切なのかもわからなくなり、日本史嫌いになる人も多いようです。また、現代まで学んだあとも、断片的な知識は頭に残っていても、日本史がどのようなものかがつかめていないと感じる人も多いようです。

日本史を理解するうえで大切なのは、日本の歴史全体を大きくつかむことです。筆者は、かつて『歴史をつかむ技法』（新潮新書）でそのつかみかたのコツを書きましたが、本書では、イラストを交えてよりわかりやすくそのコツを示しました。

旧石器時代や縄文時代は、神話ではなく発掘の成果で日本列島の歴史を見ていきます。邪馬台国論争は、日本の国家がどのように形成されたかを考えていくうえでキーになるものです。それに続く古代史は、文献によって日本の歴史が描かれていきます。初期には「大王」と呼ばれた、のちの天皇が権力闘争を行ないますが、藤原氏が摂政・関白となって政治をとるようになると、皇族間での争いはなくなり、政治は安定します。しかし、白河天皇が自らの皇統を続けるために院政をはじめると、政治のありかたは変わり、当時、誕生していた武士の力を利用するようになります。こうしたことが新しい武士の時代をつくっていくことになりますが、鎌倉時代は朝廷と武士は相互依存の関係でした。こうした歴史の流れを本書でつかんでください。

大河ドラマで人気の時代は、戦国時代や幕末維新の激動の時代です。戦国時代では上杉謙信や武田信玄、織田信長など、幕末維新では坂本龍馬や西郷隆盛など人気の人物がたくさん出てきます。こうした人の生き方や考え方を知るのは、日本史を好きになるひとつの契機になりますから、自分が好きな時代から詳しく見ていくことも大切です。それに加えて、戦国時代は、なぜ各地の戦国大名たちが争っていたのか、そもそもどうして戦国大名という存在が誕生したのかを考えようとすると、日本史全体を理解することが重要になります。

そのためには、室町時代の守護という存在を理解しなければなりませんし、応仁・文明の乱という争いが起きた原因を考えていくことが必要になります。そうしたことを細かく詰めていくことも大切で、本書でもイラストで理解できるようにしています。

本書を読めば、いままでつかみきれないでいた日本史の全体像が自然と頭に入ってくると思います。細かいことにこだわらず、何度も通読してもらえれば幸いです。

二〇二〇年二月　山本博文

時代区分

「時代」はどのように区切られている？

●「大時代区分」と「小時代区分」

人類の誕生から現代までの途方もなく長い歴史を学ぶにあたり、教科書などでは各時代の特徴ごとに時代を区分しています。いったいどのような基準で時代を切り分けているのでしょうか？　時代区分の方法には、大きく次の二種類があります。

ひとつめは、日本史全体を古代・中世・近代などと大きく区分する方法です。これはヨーロッパに古くからある時代区分を日本史に当てはめたものです。とはいえヨーロッパと日本では社会構造が大きく異なり、これをそのまま日本に適用するには無理があることから、ヨーロッパの歴史学にはなかった近世という時代を加えています。ただし研究者の間には各時代の共通認識と呼べるものがあり、まったく無意味な区分であるとはいいきれません。

二つめは、平安時代、江戸時代など政治の中心地の移動をもって時代を区分する方法です。これも絶対的ではありませんが、時代の特徴を示すという意味では有効な手法だといえます。

時代区分一覧

大時代区分	小時代区分	はじまり	特徴
原始	後期旧石器	約3万7000年前～	●打製石器の使用 ●狩猟・採取生活
	縄文	約1万6000年前～	●竪穴住居に住む ●定住生活の開始
	弥生	約2500年前～	●水稲農耕の発展 ●金属器の使用
古代	古墳	3世紀なかごろ～	●大規模な古墳の出現 ●ヤマト政権が国土統一
	飛鳥	592年～	●冠位制度、憲法の制定 ●律令国家体制が整う
	奈良	710年～	●奈良盆地に都を設置 ●藤原氏が政界に進出
	平安	794年～	●京に都を設置 ●摂関政治開始 ●中央政界において武士が台頭
中世	鎌倉	12世紀後半～	●武家政権が樹立 ●執権政治の確立
	室町 南北朝	1336年～	●朝廷が南朝と北朝に分裂 ●足利尊氏が征夷大将軍に就任

文化史の時代区分

時代	文化	特徴
旧石器	旧石器文化	細石器文化が日本列島に拡散
縄文	縄文文化	縄文土器を使用
弥生	弥生文化	弥生土器を使用
古墳	古墳文化	土師器が全国に普及
飛鳥	飛鳥文化	寺院や仏像の造立が盛ん
	白鳳文化	唐初期文化の影響を受ける
奈良	天平文化	唐の影響を受けた国際色豊かな文化
平安	弘仁・貞観文化	密教の興隆。唐風文化
	国風文化	かな文字、国文学が発達
	院政期の文化	浄土思想の流行
鎌倉	鎌倉文化	質実な武家文化の発展
南北朝	南北朝文化	派手で贅沢なものが好まれる
室町	北山文化	公家文化と武家文化の融合
	東山文化	禅の精神にもとづいた簡素な文化
安土・桃山	桃山文化	南蛮文化の影響を受けた豪華・壮大な文化
江戸	寛永文化	儒学が武士、庶民に普及
	元禄文化	歌舞伎、浮世絵の発展
	化政文化	江戸庶民中心の文化
明治	明治の文化	欧米を手本にした日本風西洋文化の発展
大正	大衆文化	都市化の進展・市民文化の形成
昭和	昭和初期の文化	享楽的な大衆文化の発達

中世	室町	1392年〜	・南北朝の合体 ・応仁・文明の乱勃発
	戦国	1467年ごろ〜	・戦国大名が登場 ・室町幕府滅亡
近世	安土・桃山	1573年〜	・荘園制が完全に崩壊 ・豊臣秀吉が天下統一
	江戸	1603年〜	・徳川家康が征夷大将軍就任、江戸幕府を開く ・大政奉還
近代	明治	1868年〜	・憲法と国会を備えた近代国家の樹立 ・不平等条約撤廃に成功
	大正	1912年〜	・民衆運動の活発化（大正デモクラシー） ・普通選挙法制定
	昭和	1926年〜	・軍国主義の台頭 ・敗戦から高度経済成長へ
現代	平成	1989年〜	・55年体制の崩壊 ・約200年ぶりとなる天皇の譲位
	令和	2019年〜	・徳仁親王が新天皇として即位

ヨーロッパでは、ルネサンス期に時代を古代、中世、近代に分類する三区分法が定着。一九世紀にマルクス主義史観が成立すると、各時代の生産様式の違いによって人間社会の発展段階は、古代は奴隷制、中世は農奴制、近代は資本主義社会、現代は社会主義社会と四段階に区分された。

古代の行政区画

現在の県はかつてどんな国名だった？

●愛知県は「尾張国」と「三河国」

大宝《たいほう》元年（七〇一）の大宝律令《りつりょう》の制定により、全国に「国《くに》」が設置されました。かつての「国」は明治期に統合されて「府《ふ》・県《けん》」へと編成されましたが、それまではひとつの行政区画として独自性を保ちながら存続していました。

歴史を学ぶうえで、現在の県がかつてどのような国名で呼ばれていたのかは、押さえておきたいポイントです。たとえば愛知県は、尾張《おわり》と三河《みかわ》という二つの国で構成されていました。尾張といえば織田信長《おだのぶなが》が、三河といえば徳川家康《とくがわいえやす》が治めたことで有名ですね。ここからも、二国が異なる行政区画だったことは容易に想像ができます。しかし尾張を愛知県西部、三河を愛知県東部と表現してしまうと、二国の独自性は理解しにくいでしょう。

また、江戸時代に一国以上を領した藩《はん》も、しばしば旧国名で呼ばれます。肥後《ひご》藩や土佐《とさ》藩といった形です。いっぽう、加賀《かが》藩や薩摩《さつま》藩など二国以上を領した藩は、城が所在するほうの国名で呼ばれました。

国名		廃藩置県	都府県名	地方
陸奥	陸奥	青森	青森	東北地方
	陸中	秋田	秋田	
		盛岡	岩手	
	陸前	水沢	宮城	
		仙台		
	磐城	磐前	福島	
		福島		
	岩代	若松		
出羽	羽後	秋田	秋田	
	羽前	酒田	山形	
		山形		
		置賜		
安房		木更津	千葉	関東地方
上総				
下総		新治		
		印旛		
常陸		新治	茨城	
		茨城		
下野		宇都宮	栃木	
		栃木		
上野		群馬	群馬	

国名	廃藩置県	都府県名	地方
武蔵	埼玉	埼玉	関東地方
	入間		
	東京	東京	
相模	神奈川	神奈川	
伊豆	足柄	静岡	中部地方
駿河	静岡		
遠江	浜松		
三河	額田	愛知	
尾張	名古屋		
美濃	岐阜	岐阜	
飛驒	筑摩		
信濃	長野	長野	
甲斐	山梨	山梨	
越後	新潟	新潟	
	柏崎		
佐渡	相川		
越中	新川	富山	
能登	七尾	石川	
加賀	金沢		
越前	足羽	福井	
若狭	敦賀		
近江	長浜	滋賀	近畿地方
	大津		

国名	廃藩置県	都府県名	地方
山城	京都	京都	近畿地方
丹波	豊岡	兵庫	
丹後		京都	
但馬		兵庫	
播磨	飾磨		
摂津	兵庫		
	大阪	大阪	
和泉	堺		
河内			
大和	奈良	奈良	
紀伊	和歌山	和歌山	
伊勢	度会	三重	
伊賀	安濃津		
志摩	度会		
淡路	名東	兵庫	
阿波		徳島	四国地方
土佐	高知	高知	
伊予	宇和島	愛媛	
	松山		
讃岐	香川	香川	
備前	岡山	岡山	中国地方
美作	北条		

国名	廃藩置県	都府県名	地方
備中	深津		中国地方
備後	広島	広島	
安芸			
周防	山口	山口	
長門			
石見	浜田	島根	
出雲	島根		
隠岐			
伯耆	鳥取	鳥取	
因幡			
筑前	福岡	福岡	九州地方
筑後	三潴		
豊前	小倉		
豊後	大分	大分	
日向	美々津	宮崎	
大隅	都城	鹿児島	
薩摩	鹿児島		
肥後	八代	熊本	
	熊本		
肥前	伊万里	佐賀	
	長崎	長崎	
壱岐			
対馬	伊万里		

豆知識　奈良時代、各国の名称は好字令によって２文字で表記するよう定められた。和泉国のように、雅字（飾り文字）をつけて２文字とする国もあった。

【旧国名と現在の県対照図】

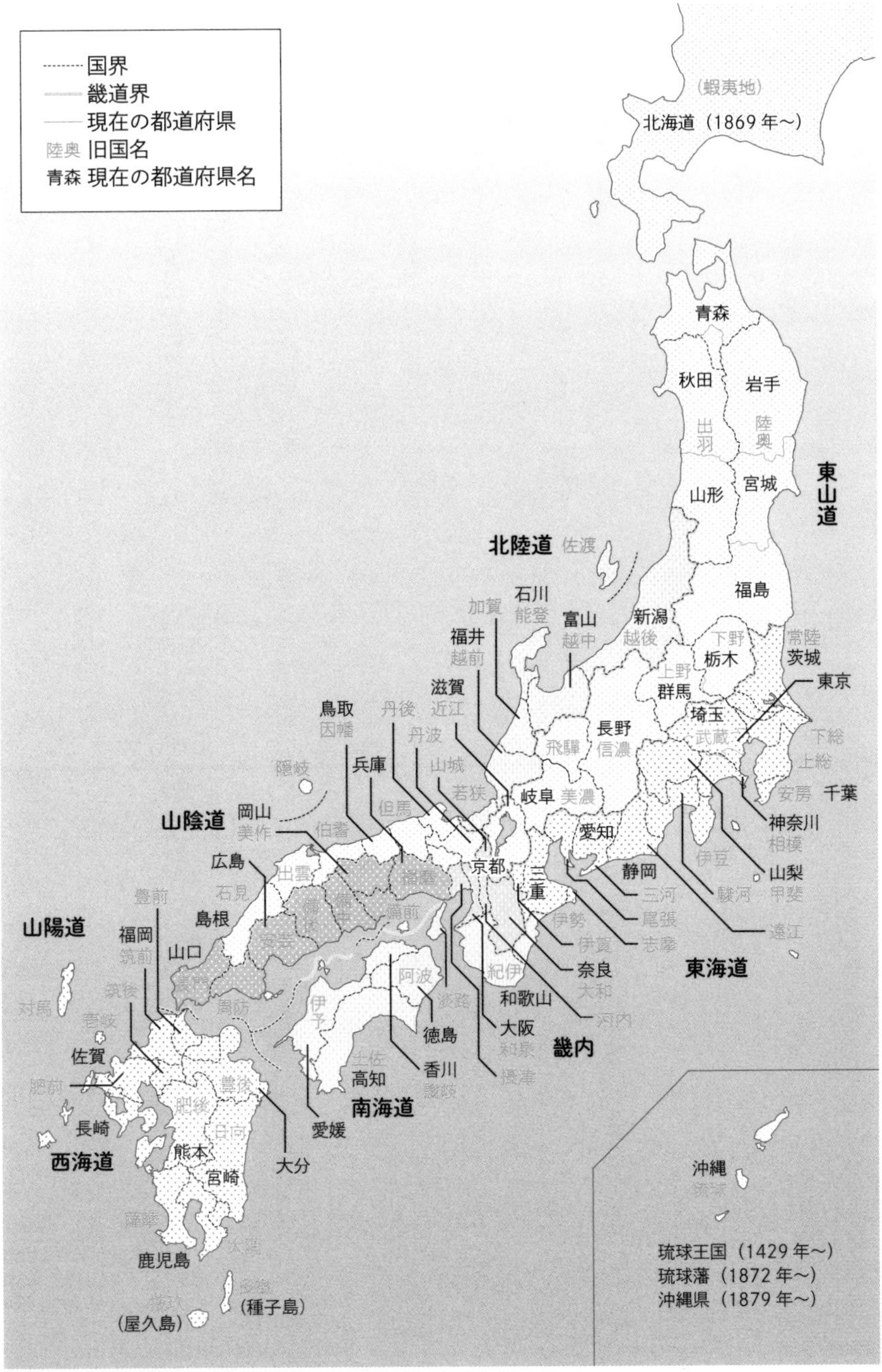

国界
畿道界
現在の都道府県
陸奥 旧国名
青森 現在の都道府県名
（蝦夷地）
北海道（1869年〜）
青森
秋田
岩手
出羽
陸奥
東山道
山形
宮城
福島
北陸道
佐渡
加賀
石川
能登
富山
越中
新潟
越後
福井
越前
下野
栃木
常陸
茨城
上野
群馬
東京
滋賀
近江
鳥取
因幡
丹後
丹波
埼玉
武蔵
長野
信濃
飛騨
下総
上総
隠岐
兵庫
山城
若狭
岐阜
美濃
安房
千葉
山陰道
岡山
美作
但馬
伯耆
愛知
神奈川
相模
広島
出雲
石見
京都
三重
静岡
伊豆
山梨
甲斐
豊前
島根
備後
備中
播磨
備前
三河
駿河
山陽道
福岡
筑前
山口
安芸
伊勢
尾張
遠江
長門
伊賀
志摩
阿波
奈良
大和
東海道
対馬
筑後
壱岐
周防
伊予
淡路
紀伊
和歌山
河内
徳島
大阪
和泉
畿内
佐賀
肥前
土佐
高知
香川
讃岐
摂津
豊後
肥後
長崎
日向
南海道
愛媛
西海道
熊本
大分
宮崎
薩摩
大隅
鹿児島
（種子島）
（屋久島）
沖縄
琉球
琉球王国（1429年〜）
琉球藩（1872年〜）
沖縄県（1879年〜）

豆知識 国名の「上・下」「前・中・後」という名称は、都（京都）に近い順につけられた。

官僚制度

なぜ大名や旗本は官職で呼ばれた？

●実名で呼ぶのは失礼な行為だった！

時代劇を見ていると、人の名前が官職で呼ばれていることに気がつきます。たとえば『忠臣蔵《ちゅうしんぐら》』でおなじみの赤穂《あこう》藩主・浅野長矩《あさのながのり》は「浅野内匠頭《たくみのかみ》」と呼ばれ、吉良義央《きらよしなか》は「吉良上野介《こうずけのすけ》」と呼ばれます。そのほか、薩摩藩島津《しまづ》家では「薩摩守《さつまのかみ》」「大隅守《おおすみのかみ》」、長州《ちょうしゅう》藩毛利《もうり》家では「長門守《ながとのかみ》」など、大名《だいみょう》家でも代々決まった官職名を名乗るのが一般的でした。当時は実名で呼ぶことが非礼にあたると考えられていたためです。

日本で官位制度が確立したのは奈良時代のことですが、朝廷が武家に実権を奪われて以降、官職は有名無実化し、江戸時代には大名や旗本《はたもと》の序列づけのために利用されるようになりました。公家《くげ》の官位体系とは別のものとされ、大名や旗本の格を表わす呼称となったのです。

しかし、それでも形式上、官位は朝廷から与えられました。そのため幕末に尊王攘夷《そんのうじょうい》思想が高まると、各大名に「朝廷の家臣」という観念が生まれ、倒幕へとつながっていくことになったのでした。

【江戸幕府の位階と官職】

江戸時代、各大名は幕府から承認を得て朝廷から位階と官職を授かった。

位階	官職	大名・旗本
正一位	―	―
従一位	太政大臣	徳川将軍 
正二位	左右大臣	
従二位	―	―
正三位	大納言	将軍世子、尾張徳川家、紀伊徳川家
従三位	中納言	水戸徳川家
正四位上	―	―
正四位下	参議	加賀藩前田家
従四位上	中将	仙台藩伊達家、薩摩藩島津家
従四位下	少将	岡山藩池田家、津藩藤堂家など
	侍従	対馬藩宗家、老中、京都所司代など
正五位上	―	―
正五位下	―	―
従五位上	―	―
従五位下	諸大夫	一般大名、寺社奉行、町奉行、勘定奉行など
六位相当	布衣役	小普請組支配、目付など

【律令制下の官位相当制】

律令制下、官人の序列を示す位階（等級）が定められ、官人はその位階に対応する官職に任命された。この制度は明治期に廃止されるまで存続した。

□長官　□次官　□判官　■主典　赤字 令外官

位階／官職				神祇官	太政官	中務省	中務以外の7省	衛府	大宰府弾正台	国司	勲位
貴族（殿上人）	貴（公卿）	正一位			太政大臣				（下線は大宰府管轄下の防人司）		
		従一位									
		正二位			左右大臣 内大臣						
		従二位									
		正三位			大納言						勲一等
		従三位			中納言			近衛大将	帥		勲二等
	通貴	正四位	上			卿					勲三等
			下		参議		卿				勲三等
		従四位	上		左右大弁				尹		勲四等
			下	伯				近衛中将			勲四等
		正五位	上		左右中弁	大輔		衛門督	大弐		勲五等
			下		左右少弁		大輔 大判事	近衛少将	弼		勲五等
		従五位	上			少輔		兵衛督		大国守	勲六等
			下	大副	少納言	侍従 大監物	少輔	衛門佐	少弐	上国守	勲六等
官人（地下）		正六位	上	少副	左右弁大史				大忠		勲七等
			下			大丞	大丞 中判事	兵衛佐	大監 少忠	大国介 中国守	勲七等
		従六位	上	大祐		少丞	少丞	将監	少監	上国介	勲八等
			下	少祐			少判事	衛門大尉	大判事	下国守	勲八等
		正七位	上		大外記 左右弁少史	大録	大録	衛門少尉	大典・防人正 大疏		勲九等
			下			少監物 大主鈴	判事大属	兵衛大尉	主神	大国大掾	勲九等
		従七位	上		少外記			兵衛少尉		大国少掾 上国掾	勲十等
			下			大典鑰		将曹	博士		勲十等
		正八位	上			少録 少主鈴	少録		少典・医師 防人佑・少疏	中国掾	勲十一等
			下	大史			判事少属	衛門大志			勲十一等
		従八位	上	少史		少典鑰		衛門少志 兵衛大志		大国大目	勲十二等
			下					兵衛少志		大国少目 上国目	勲十二等
		大初位	上						判事大令使		
			下						判事少令使 （防人令史）	中国目	
		少初位	上							下国目	
			下								

豆知識　律令官制において、各官司（役所）には長官（かみ）、次官（すけ）、判官（じょう）、主典（さかん）という四等官が置かれた。

第1章 原始・古代

旧石器
～約1万6000年前

約3万7000年前
日本列島に人が住みはじめる

縄文
約1万6000年前～前5世紀ごろ

前4000年ごろ
巨大な集落が造営される

三内丸山遺跡

日本最大級の縄文集落跡。大規模な集団が長期にわたって定住生活を送っていた。

前10世紀ごろ
水稲農耕がはじまる（諸説あり）

弥生
前5世紀ごろ～後3世紀

前4世紀ごろ
大陸から金属器（青銅器・鉄器）が伝来

岩宿遺跡

黒曜石の破片などが出土し、日本に旧石器時代が存在していたことを明らかにした。

高床倉庫

収穫した米を保管。やがて貧富の差が生まれ、富や耕地などをめぐって「戦い」が起こるようになった。

荒神谷遺跡

大量の銅剣や銅矛、銅鐸などが出土。なかには近畿や北部九州で製作されたものもあったといわれるが、埋納された理由についてはよくわかっていない。

東大寺廬舎那仏

大仏の造立にあたり、延べ260万人もの人々が駆り出されたという。現在の大仏は江戸時代の元禄4年（1691）に再建されたもの。

復元された平城京大極殿

平城京は唐の都・長安城がモデルとなっている。大極殿では天皇の即位などの儀式が行なわれた。

仏教美術の興隆

仏教の伝来によって各地に仏教寺院が建立される。また、仏像や仏絵などの仏教美術が盛んとなった。

2世紀後半
倭国大乱勃発。倭の諸国、邪馬台国の卑弥呼を女王として擁立

古墳
3〜6世紀ごろ

3世紀なかば
前方後円墳が出現
ヤマト政権が成立

538年
百済から仏教伝来
（552年説あり）

飛鳥
592〜710年

645年
中大兄皇子らが蘇我氏本宗家を滅ぼす
（乙巳の変）

710年
平城京遷都

奈良
710〜794年

743年
聖武天皇が大仏造立の詔を発布

794年
平安京遷都

平安
794〜12世紀後半

箸墓古墳

国内最古級の大型前方後円墳。全長は約273メートルで、邪馬台国の女王・卑弥呼の墓ではないかとする説がある。

旧石器時代

日本人はいつ、どこからやってきた？

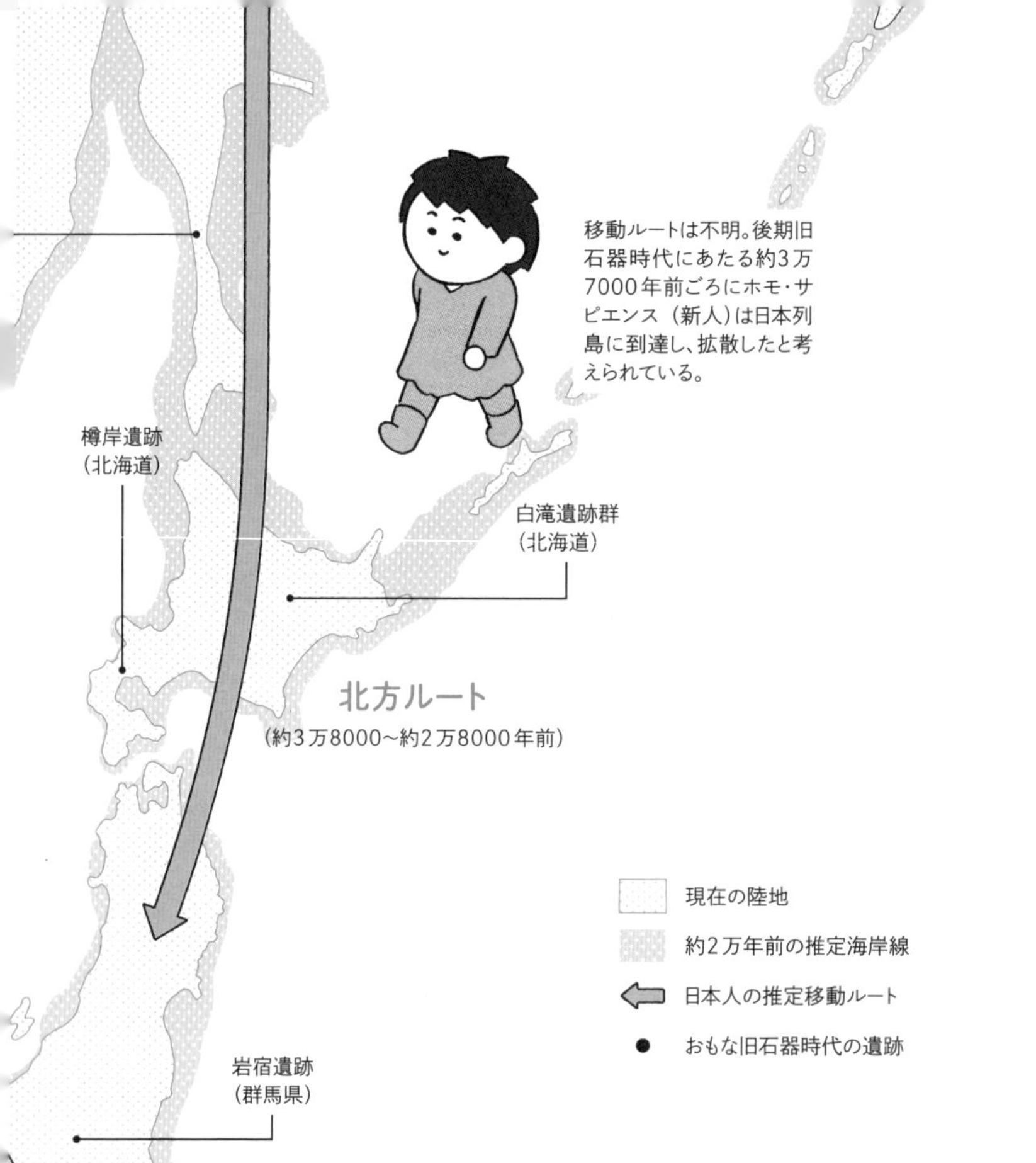
移動ルートは不明。後期旧石器時代にあたる約3万7000年前ごろにホモ・サピエンス（新人）は日本列島に到達し、拡散したと考えられている。
樽岸遺跡（北海道）
白滝遺跡群（北海道）
北方ルート
（約3万8000〜約2万8000年前）
現在の陸地
約2万年前の推定海岸線
日本人の推定移動ルート
おもな旧石器時代の遺跡
岩宿遺跡（群馬県）
野尻湖立ヶ鼻遺跡（長野県）

旧石器時代に日本列島へ到着

約二〇万年前、現在の我々と同じ新人（ホモ・サピエンス）がアフリカで誕生しました。やがて彼らはアフリカ大陸を飛び出して世界中に拡散。約四万年前ごろには東アジアへ移動し、約三万七〇〇〇年前ごろに日本列島にたどり着いたと考えられています。

このころの人々は、石を打ち欠いてつくった打製石器《だせいせっき》と呼ばれる道具を使用していました。そのため、この時代を旧石器時代と呼びます。

じつは戦前まで、日本列島には旧石器時代は存在しないといわれてきました。しかし昭和二一年（一九四六）、アマチュアの考古学者・相沢忠洋《あいざわただひろ》が群馬県笠懸《かさかけ》村岩宿《いわじゅく》（現・みどり市）の関東ローム層（氷河時代の赤土層）から黒曜石《こくようせき》の石器を発見したことで、日本の歴史のはじまりが大きく更新されることになりました。縄文時代以前、日本列島に人類は住んでいなかったという当時の常識を覆したのです。その後も土器を伴わない打製石器が全国各地の遺跡から発見され、日本の歴史に旧石器時代が位置づけられることになりました。

豆知識　後期旧石器時代は氷期と呼ばれる寒冷な時代だった。陸上に巨大な氷床が形成されたことで、海水面は低下。当時の日本列島周辺では、100メートル以上は低下していたと考えられている。

Close up!

「遺跡捏造事件」ってなに？

一九八〇年代から九〇年代にかけて、宮城県内を中心として六〇万年以上前の遺跡が見つかった。日本の歴史が前・中期旧石器時代（約一三万～約三万七〇〇〇年前）にまでさかのぼるのでは？　と話題を集めたが、平成一二年（二〇〇〇）、ひとりの担当者が捏造したものであることが発覚。この担当者が携わった遺跡のすべてが否定された。そのため、現在、日本の歴史のはじまりは後期旧石器時代（約三万七〇〇〇～約一万六〇〇〇年前）となっている。

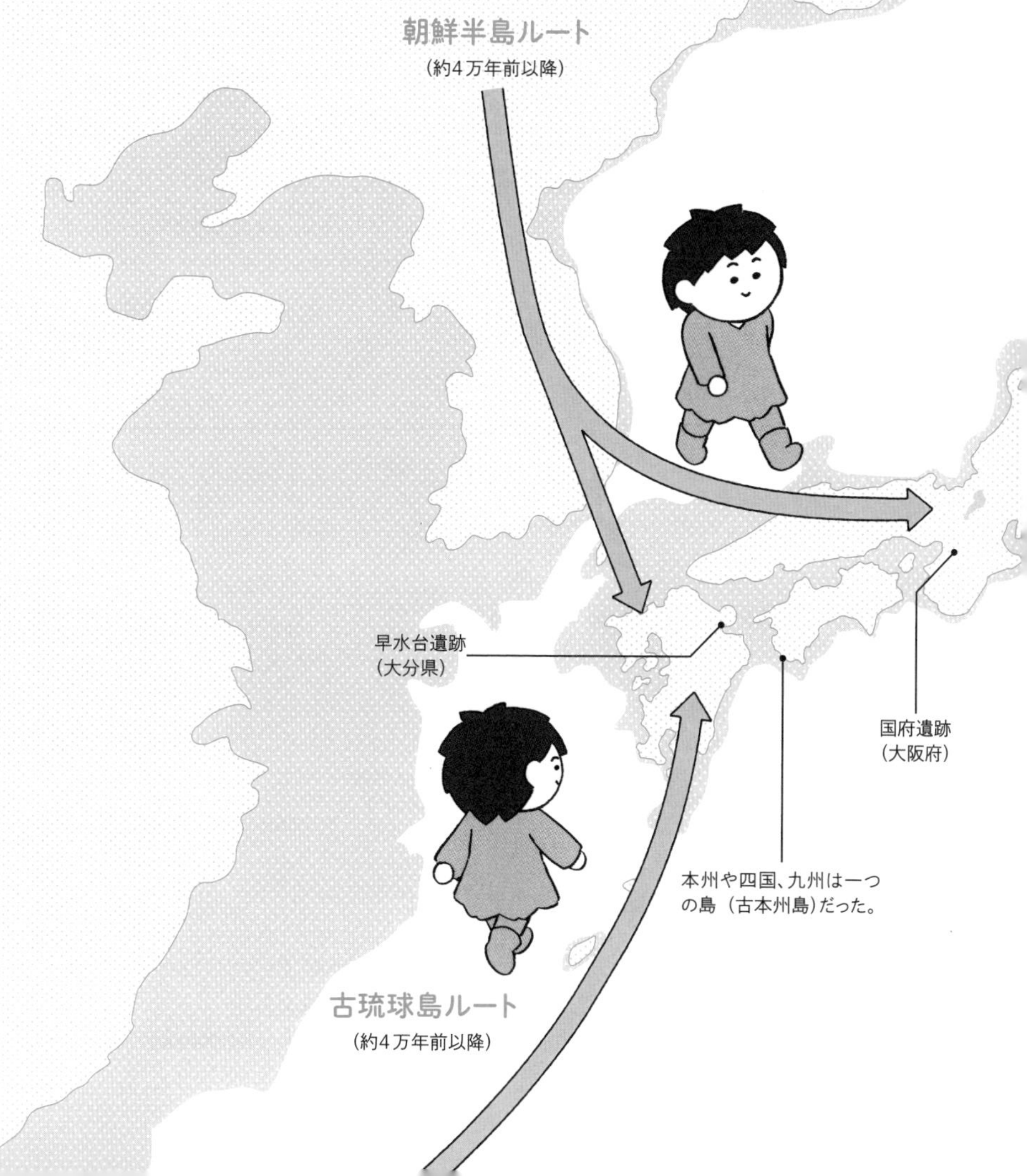
北海道は大陸と陸続きで、半島を形成していた（古北海道半島）。本州とはつながっていなかったが、氷の橋が形成されていた時期があったとされる。
朝鮮半島ルート
（約4万年前以降）
早水台遺跡
（大分県）
国府遺跡
（大阪府）
本州や四国、九州は一つの島（古本州島）だった。
古琉球島ルート
（約4万年前以降）

旧石器時代

旧石器時代人はどんな生活を営んでいた？

罠猟を行なっていた

ナウマンゾウやオオツノジカなどの大型動物を狩猟の対象としていたのかは不明だが、落とし穴を使ってノウサギやヘラジカなどの動物を捕まえていたことがわかっている。

動物や木の実を食べていた

旧石器時代人がなにを食べていたかは定かではないが、シカやノウサギなどの動物、ナッツ類やベリー類などの木の実を食べていたと推測される。

一か所に留まらない狩猟・採取の生活

旧石器時代の日本人は、一か所に定住することなく、頻繁に移動を繰り返す生活を送っていたと考えられています。季節ごとに、採れる木の実の場所が変わり、動物も移動していたためです。実際、旧石器時代の遺跡からは竪穴《たてあな》住居跡は見つかっていません。移動がしやすいよう、テント状の簡単な小屋に住んでいたと見られています。集団の規模は小さく、多くても十数人程度であったようです。のち、これらの小集団が集まり、より大きな集団へと発展したといわれています。

豆知識　野尻湖遺跡群（長野県）から世界最古級の磨製石器（石を磨いてつくった石器）が出土している。

非定住のキャンプ生活

住まいは、木や動物の皮などを組み合わせてつくる簡易式の小屋や洞窟、岩のかげだったと考えられている。

蒸し焼きの調理施設

遺跡から発見された礫群（れきぐん・こぶし大の石が10数個集積したもの）は、肉や魚などを蒸し焼きにした調理の痕跡だと考えられている。

円陣を組んで野営

10人くらいの小規模な単位で円陣を組み、野営をしていたと考えられている。

毛皮の衣服

当時は最終氷期にあたり、非常に寒冷な気候であったことから、人々は動物の皮をなめして衣服とした。

石器を利用していた

旧石器時代人は石を打ち割ったり、磨いたりして石器を製作し、木材の伐採や狩猟、モノの加工などに使用していた。

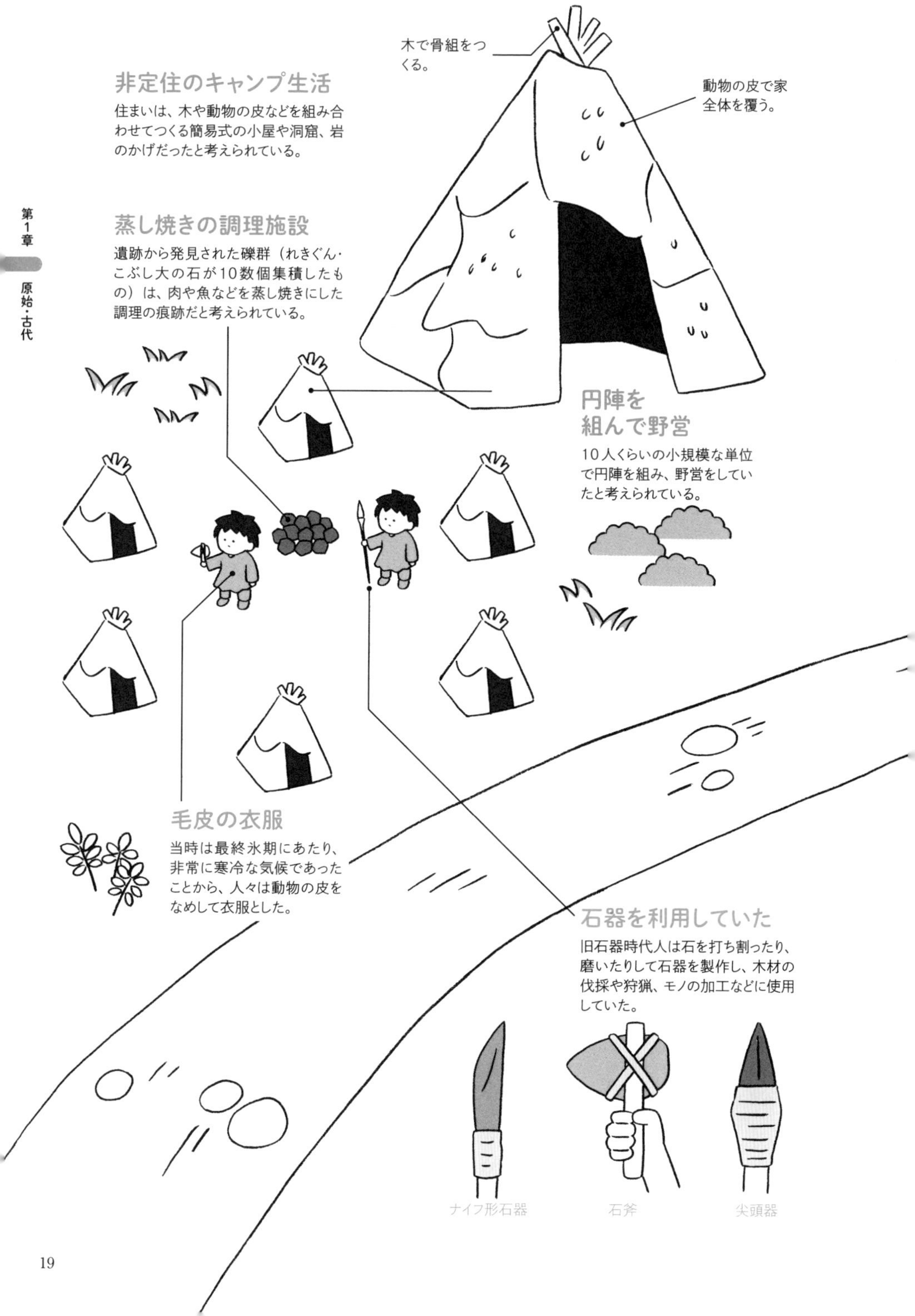

木で骨組をつくる。
動物の皮で家全体を覆う。
ナイフ形石器
石斧
尖頭器

縄文時代

縄文人はどんな生活をしていた？

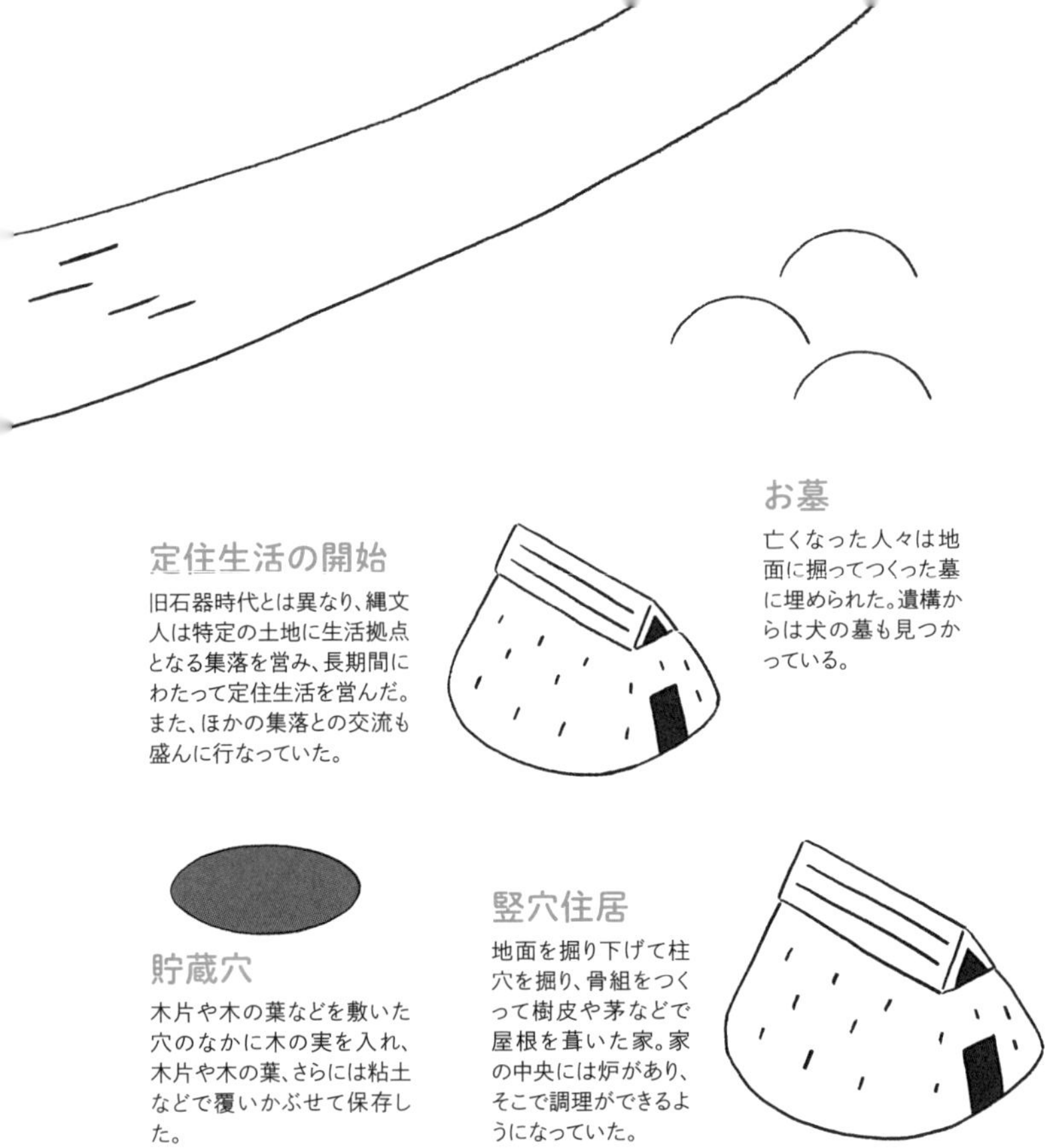

お墓

亡くなった人々は地面に掘ってつくった墓に埋められた。遺構からは犬の墓も見つかっている。

定住生活の開始

旧石器時代とは異なり、縄文人は特定の土地に生活拠点となる集落を営み、長期間にわたって定住生活を営んだ。また、ほかの集落との交流も盛んに行なっていた。

竪穴住居

地面を掘り下げて柱穴を掘り、骨組をつくって樹皮や茅などで屋根を葺いた家。家の中央には炉があり、そこで調理ができるようになっていた。

貯蔵穴

木片や木の葉などを敷いた穴のなかに木の実を入れ、木片や木の葉、さらには粘土などで覆いかぶせて保存した。

●集団をつくり、同じ場所に住む

日本がまだ氷河時代だった約一万六〇〇〇年前ごろ、人々は土器《どき》という新しい道具の使用を開始しました。ここから時代は、「旧石器」から「縄文《じょうもん》」へと移り変わっていきます。

やがて一万五〇〇〇年前ごろになると、地球の温暖化がはじまりました。徐々に気候が暖かくなっていくなか、日本の自然環境は大きく変化を遂げていきます。河川の河口には内湾ができて魚や貝などが豊富にとれるようになり、また、落葉広葉樹林《らくようこうようじゅりん》や照葉《しょうよう》樹林が広がってシイやクルミ、ドングリなどを得られるようになったのです。こうして自然から十分な食糧を手に入れることができるようになった結果、それまで狩猟・採取の生活を送っていた人々は、一年を通して同じ場所に住み続けるようになったのでした。

ちなみに、縄文人の定住生活は九州の南端からはじまったといい、縄文時代早期（約一万二〇〇〇年前～七〇〇〇年前ごろ）には北海道にまで定住が拡大したということです。

また、長野県和田峠《わだとうげ》産の黒曜石でつくられた石鏃《せきぞく》が青森県の三内丸山《さんないまるやま》遺跡で見つかったり、新潟県姫川《ひめかわ》産のヒスイが沖縄県の遺跡で見つかるなど、集落間で交易を盛んに行なっていたこともわかっています。

豆知識　縄文という名称は、この時代の土器に縄目の文様がつけられていたことに由来する。

漁・交易

1本の材木をくり抜いてつくった丸木舟を利用して漁や交易を行なっていた。水上交通を用い、1000キロ以上離れた地域と交流していたといわれる。

Close up! 縄文人の食生活

縄文時代も基本は狩猟・採取生活。シカやイノシシといった動物をはじめ、クリやクルミなどの木の実、アサリやハマグリなどの貝類、サケやマスなどの魚類など、1年を通してその時期に収獲できるものを食糧としていた。また、冬に備えて食べ物を干したり蒸したりして保存した。

キジ　シカ　タヌキ　イノシシ

クマ　サケ　マス　クジラ

ゴミ捨て場

村のなかでゴミを捨てる場所はきちんと定められていた（のちの貝塚）。

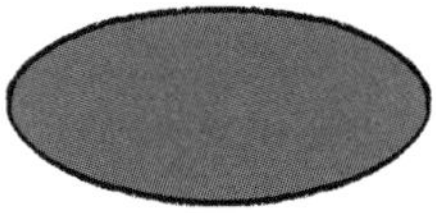

土器の製作

縄文時代、縄目文様をつけた土器の製作が開始される。これにより、食糧の貯蔵や煮炊きが可能になった。

栽培・採取

自生する植物のほか、クリの木などを栽培して食糧を得ていた。

植物からつくった衣服

縄文人は植物の繊維でつくった布の中央に穴をあけ、それを頭からかぶったワンピースのような服（貫頭衣・かんとうい）を着ていたという。冬になると、動物の毛皮を羽織り、動物の皮からつくった雪靴のようなものを履いていたのではないかとされる。

狩猟

弓矢や落とし穴、猟犬を用いて狩りを行なった。

豆知識 青森県の三内丸山遺跡からは550以上の建物跡が発見されており、大規模な集落が営まれていたことがわかっている。

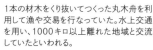

縄文・弥生時代

稲作の伝来で生活はどう変わった？

●貧富の差ができ、戦いがはじまる

紀元前一〇世紀後半ごろ、大陸を通じて九州北部に水稲農耕が伝来しました。

稲作の普及により、人々はそれまでの狩猟・採取の生活よりも大量に、かつ安定的に食糧を得られるようになりました。しかしそのいっぽうで、富を蓄えるものが現われるなど、人々の間に貧富の差が生まれます。

集落間でも、水稲農耕に必要不可欠な水や土地などをめぐって対立が生じるようになり、戦いによって決着をつけるという手段も取られるようになりました。実際、弥生時代の遺跡からは、縄文時代には見られなかった戦争犠牲者と思われる人骨が数多く見つかっています。

また前四世紀ごろ、大陸から鉄器と青銅器が伝来しました。鉄器は強度が高いことから武具や農具として使われ、青銅器は銅鏡《どうきょう》や銅鐸《どうたく》など、おもに祭祀《さいし》用の道具として利用されました。当時、鉄器の原料となる鉄資源は朝鮮半島から輸入されていましたが、その入手をめぐる確執も、集落間の争いの一因となりました。

【すでに縄文時代から稲作が行なわれていた！】

従来、弥生時代に水稲農耕が伝播したと考えられてきたが、すでに縄文時代晩期には水稲農耕の技術が日本に伝えられたことが明らかになっている。水稲農耕は朝鮮半島からもたらされたものとされていたが、最近の研究では、中国の江南地方から日本に渡来したという説も唱えられている。

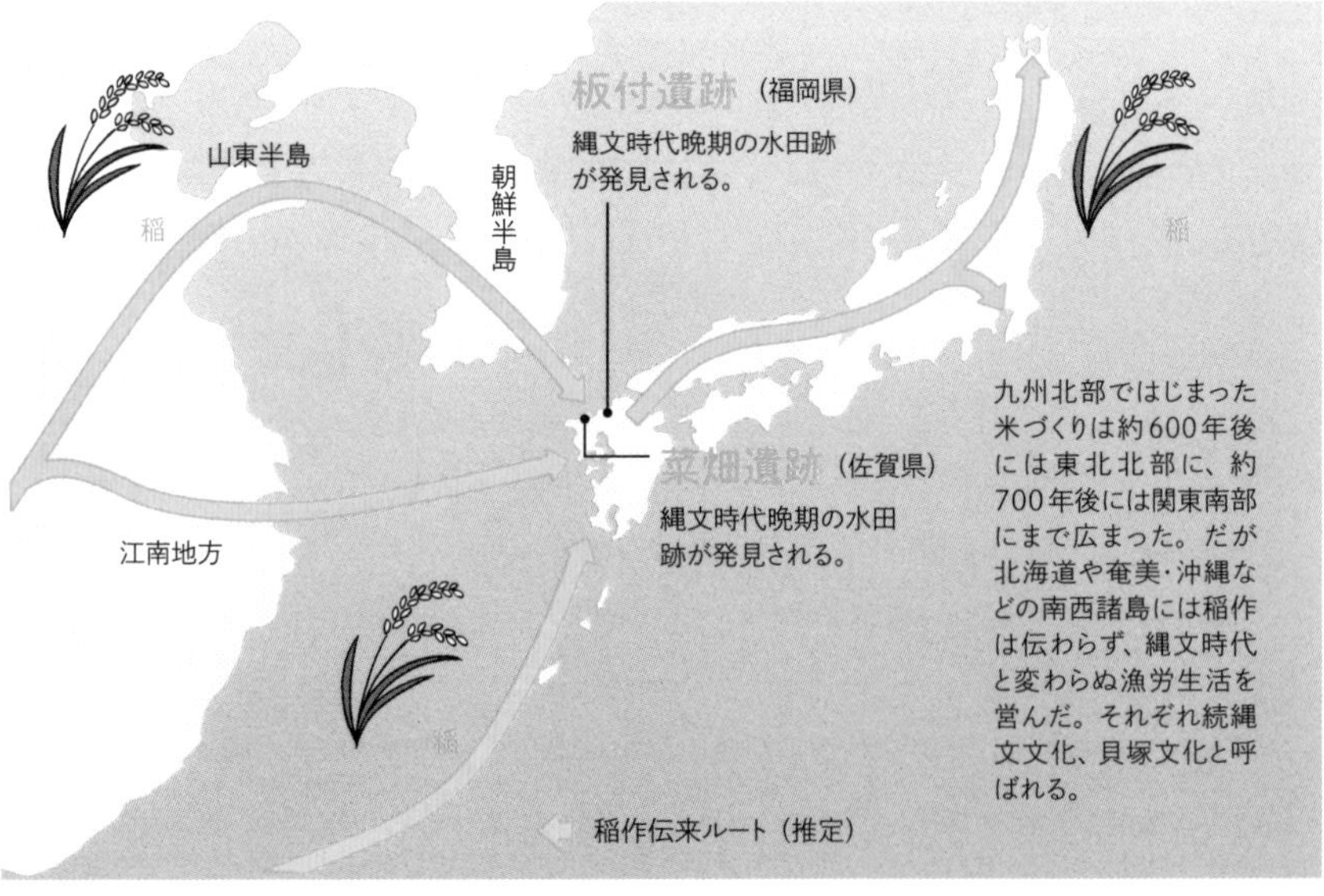

山東半島
稲
朝鮮半島
板付遺跡（福岡県）
縄文時代晩期の水田跡が発見される。
稲
九州北部ではじまった米づくりは約600年後には東北北部に、約700年後には関東南部にまで広まった。だが北海道や奄美・沖縄などの南西諸島には稲作は伝わらず、縄文時代と変わらぬ漁労生活を営んだ。それぞれ続縄文文化、貝塚文化と呼ばれる。
菜畑遺跡（佐賀県）
縄文時代晩期の水田跡が発見される。
江南地方
稲
稲作伝来ルート（推定）

豆知識　弥生時代という名称は、明治17年（1884）、東京市本郷区向ヶ岡弥生町（現・文京区弥生2丁目）の貝塚から発掘された土器が「弥生土器」と名づけられたことにちなむ。

【弥生時代のムラは「保管と防御」が特徴】

水稲農耕を中心とする暮らしがはじまったことにより、ムラには米を保管する高床倉庫や外敵の侵入を防ぐ柵や濠などが設けられた。

高床倉庫

収穫した米を保管するための施設。水害や湿気、ネズミなどの動物から米を守るため、高い柱を建て、その上に床を張るというつくりになっている。

防御施設

ムラを囲む濠や柵は弥生時代独自の施設のひとつで、収穫した米などの生産物をほかのムラの人々から守るために築かれた。たとえば板付遺跡（福岡県）には深さ約10メートル、幅約6メートルの濠があったと推測されている。

水稲農耕

日本では九州地方から水稲農耕がはじまったと考えられている。稲作によって米が収獲されるようになると、それまでの狩猟・採取生活と比べて食糧に困らなくなったことから、徐々に西日本、そして東日本へと広まっていった。

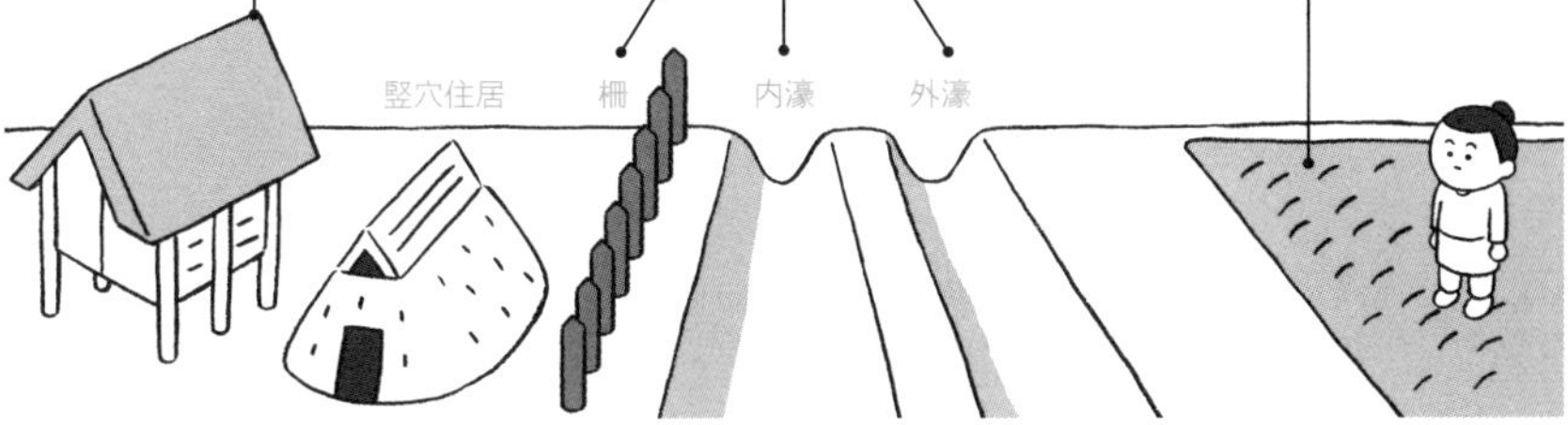

【金属器の登場】

弥生時代、朝鮮半島から金属器が伝来。銅鐸、銅剣は祭祀の道具、鉄器は生活道具・武器として利用された。弥生時代前期の銅鐸内部には舌《ぜつ》と呼ばれる短い棒状のものが吊るされ、音を鳴らして使用されていたが、後期になると大型化し、見るだけのものへと変化した。

祈りの道具

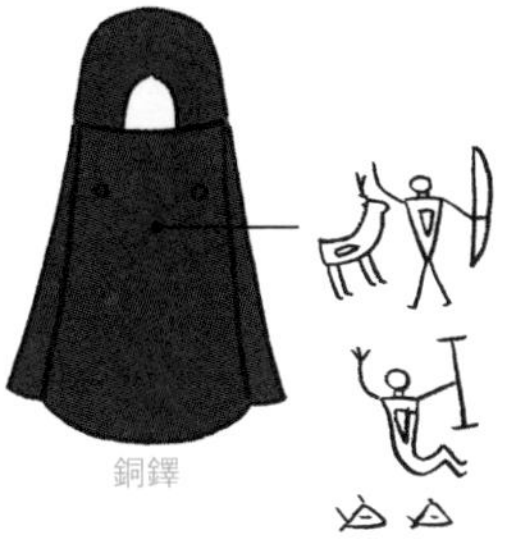
銅鐸

豊作を祈る祀りの道具として利用された。シカと狩人、魚をとる人などの絵が鋳出されているのも祭りに関係があるとされている。

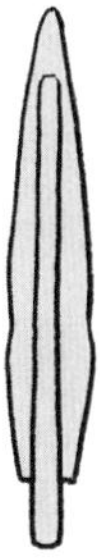
銅剣

当初は武器として利用されたが、鉄器の普及に伴い祭祀に用いられるようになる。

武器・生活の道具

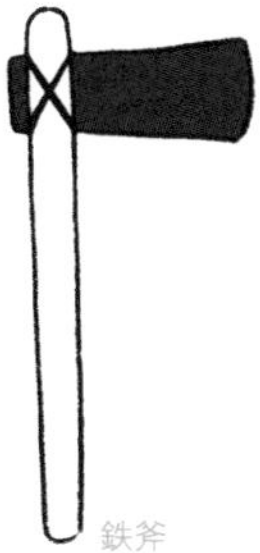
鉄斧

切れ味に優れることから、それまでの石器にかわり、農具や武器などの実用的な道具として使われた。

鉄鏃

弥生時代の終わりごろに出現。殺傷力に優れ、それまでの石鏃に取ってかわる。

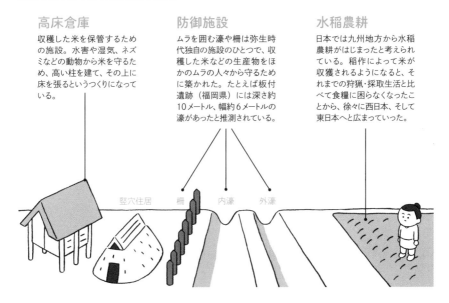

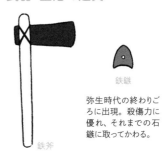

弥生時代

邪馬台国はどこにある?

●「九州」か、それとも「大和」か

弥生時代に勃発した集落間の争いは集落の再編・統合を生み、やがて政治的なまとまりを持ったクニ(小国)へと発展していきます。中国の史書『漢書《かんじょ》』や『後漢書』によると、一世紀ごろの日本(倭国《わこく》)は一〇〇余のクニから構成されており、なかでも強大な力を誇っていたのが奴国《なのくに》でした。しかしこの時点ではまだ統一的な政権は成立しておらず、二世紀後半にはクニ同士による大規模な戦乱が起こります(倭国大乱)。その後、各国の王は戦乱を収束させるため、邪馬台国《やまたいこく》の卑弥呼《ひみこ》を王として擁立。こうして大乱は収まり、邪馬台国を中心とする約三〇の連合国が誕生しました。

この邪馬台国の所在地をめぐり、江戸時代から九州説と大和説とで対立が生じています。九州説によれば邪馬台国は九州北部を拠点とした連合体であり、のちのヤマト政権とは別の政治連合、もしくは邪馬台国が東遷してヤマト政権になったと考えられます。いっぽうの大和説では、すでに三世紀に広域的な政治連合が成立しており、これがヤマト政権の源流となったとしています。しかし、いずれの説も決定的な証拠は発見されておらず、いまだ結論は出ていません。

【戦争は弥生時代にはじまる】

前4世紀ごろになると、耕地や水などをめぐって北部九州のムラ同士が戦いを繰り広げるようになった。弥生時代中期には近畿から中部、関東でも戦いが起こった。

新農地をめぐる争い

この土地はうちのだ!
進出
進出

集落内における人口増加に伴い、新しい農地を欲したムラ同士の間に争いが起こる。

灌漑用水をめぐる争い

うちの水に手を出すな!

水稲農耕においてなによりも重要であった水の利用をめぐって争いが勃発。

食糧をめぐる争い

米を奪え!
高床倉庫
柵

水稲農耕によって安定して食糧を得られるようになったが、収穫量の差によって豊かなムラと貧しいムラが生まれる。貧しいムラの人々は生きるために豊かなムラを襲い、食糧を奪うようになった。

豆知識 『魏書』東夷伝倭人条によると、卑弥呼は死後、全長150メートルほどの大きな墓に葬られたとされる。

【「倭国大乱」から「邪馬台国」の時代へ】

2世紀後半、日本は小国同士の抗争が勃発して混乱に陥ったが（倭国大乱）、3世紀、邪馬台国の女王・卑弥呼が王となったことで収束した。

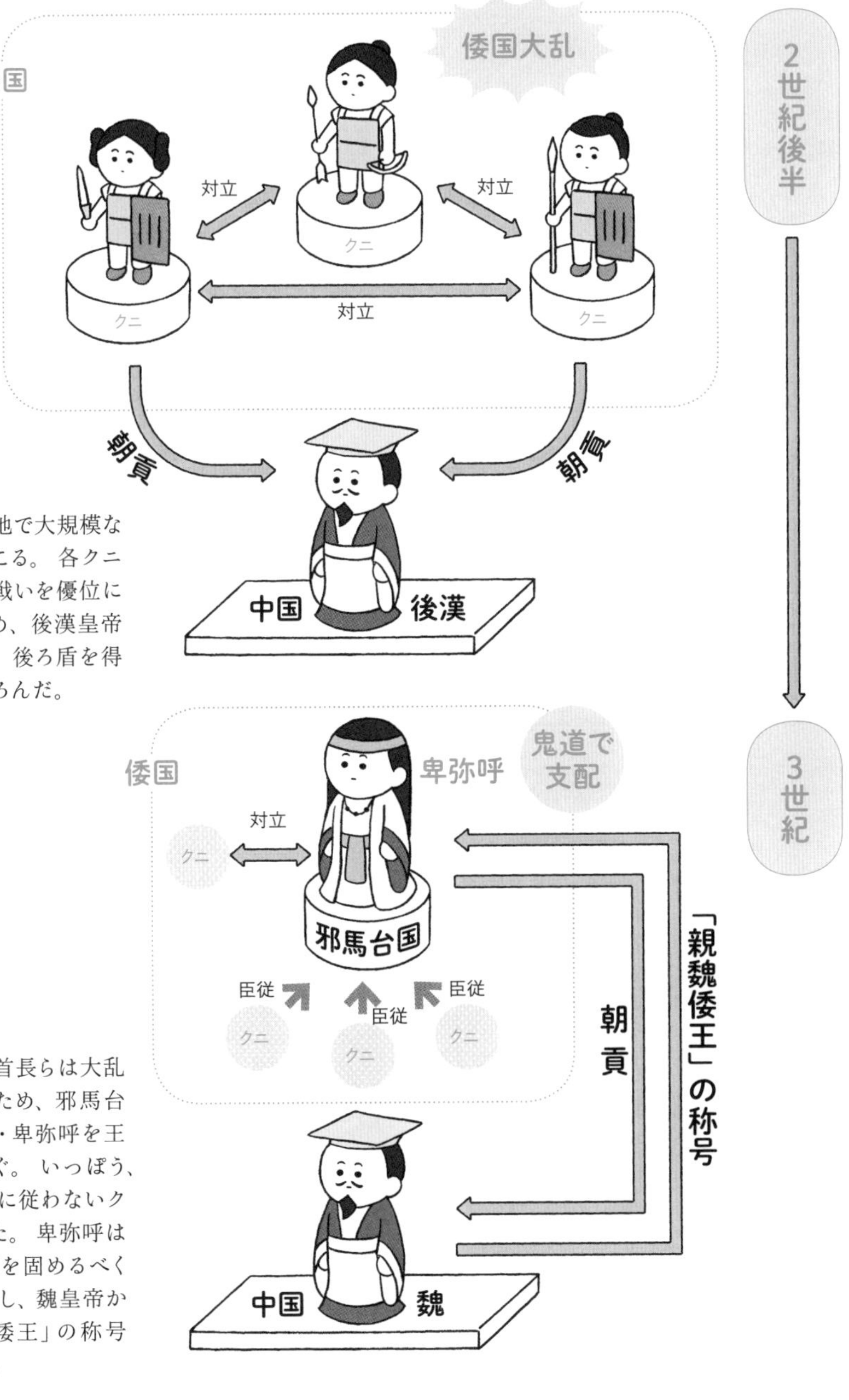

倭国内各地で大規模な戦争が起こる。各クニの首長は戦いを優位に進めるため、後漢皇帝に朝貢し、後ろ盾を得ようともくろんだ。

各クニの首長らは大乱を収めるため、邪馬台国の女王・卑弥呼を王として仰ぐ。いっぽう、邪馬台国に従わないクニもあった。卑弥呼は支配体制を固めるべく魏に朝貢し、魏皇帝から「親魏倭王」の称号を授かる。

豆知識 当時は邪馬台国から伊都国へ派遣された一大率という官人が諸国を統治していたとされる。

古墳はなんのためにつくられた？

●倭王との同盟の象徴

三世紀なかばごろになると、大規模な墳丘《ふんきゅう》状の墓（古墳《こふん》）が西日本を中心に出現します。このことから、三世紀なかばから六世紀末までを古墳時代と呼びます。古墳には前方後円墳《ぜんぽうこうえんふん》、前方後方墳《こうほうふん》、円墳《えんふん》、方墳《ほうふん》などの種類があり、当時は地位や権力に応じて古墳を築き分けていたといわれています。

同時期に同じような墓が築かれたのは、日本各地に勃興した王たちがひとりの強大な力を持った王（倭王）を代表として広域な政治連合を形成したためだと考えられています。つまり、古墳は倭王と手を結んだ証であり、倭王と同じ古墳を築造することによって、各地の王たちは地域の支配を円滑に進めようとしたのだと考えることもできます。

そのなかでも、大規模な前方後円墳が大和地方に集中して築かれていることから、当時の政権は大和地方の勢力を中心に形成されており、この政権こそが初代神武《じんむ》天皇にはじまるヤマト政権であると考えられているのです。

【古墳の分布に見るヤマト政権の範囲】

古墳時代前期、大和地方を中心として前方後円墳が築かれ、次第に全国へと拡大した。これは、ヤマト政権の勢力圏の拡がりを示しているといわれる。

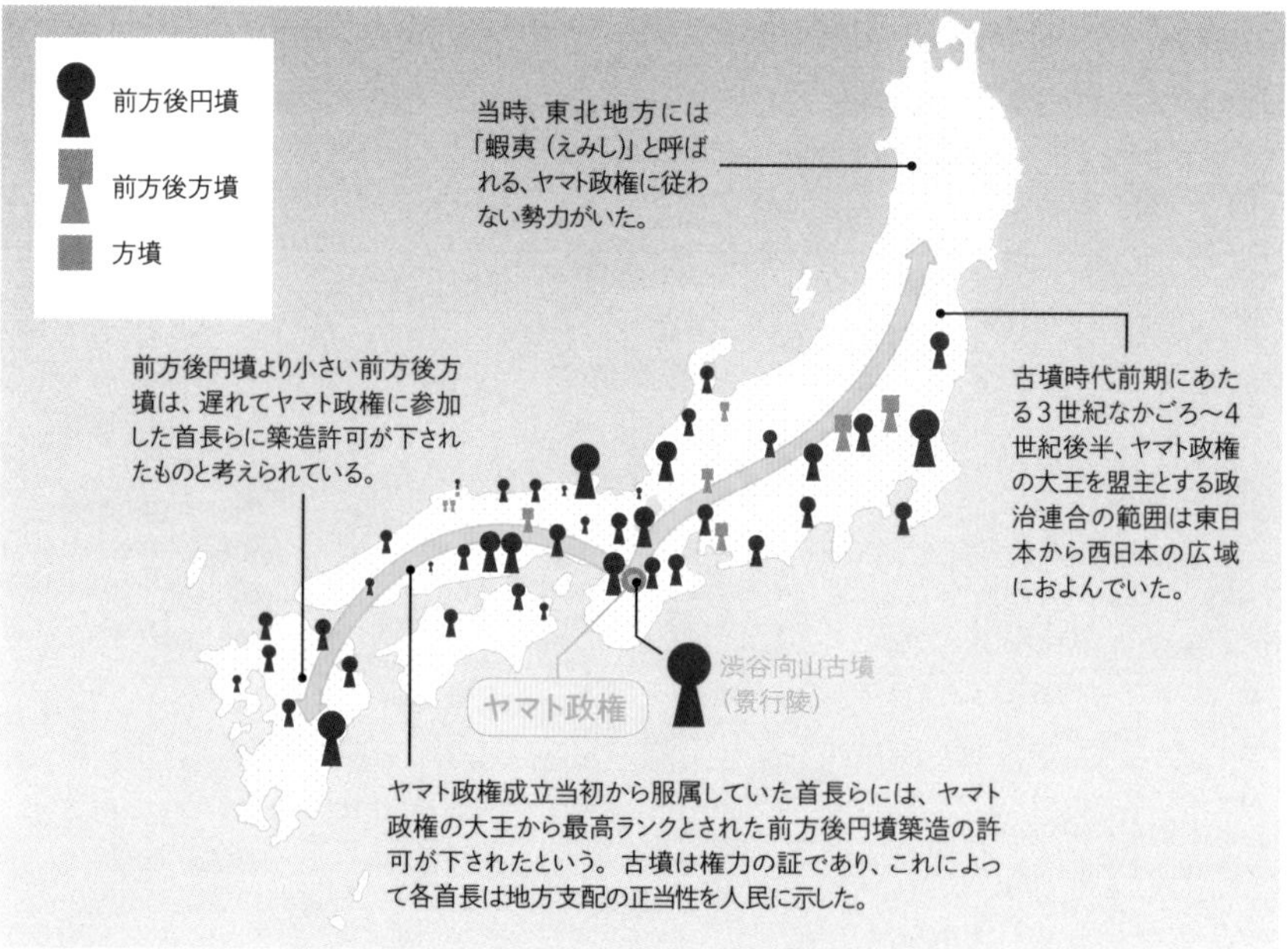
前方後円墳
前方後方墳
方墳
当時、東北地方には「蝦夷（えみし）」と呼ばれる、ヤマト政権に従わない勢力がいた。
古墳時代前期にあたる3世紀なかごろ〜4世紀後半、ヤマト政権の大王を盟主とする政治連合の範囲は東日本から西日本の広域におよんでいた。
前方後円墳より小さい前方後方墳は、遅れてヤマト政権に参加した首長らに築造許可が下されたものと考えられている。
ヤマト政権
渋谷向山古墳
（景行陵）
ヤマト政権成立当初から服属していた首長らには、ヤマト政権の大王から最高ランクとされた前方後円墳築造の許可が下されたという。古墳は権力の証であり、これによって各首長は地方支配の正当性を人民に示した。

豆知識　ヤマト政権は大王を中心として、各地の有力者である豪族たちが政治を運営する連合政権だった。なお、ヤマト政権で実在した最初の大王は、第10代崇神天皇だといわれる。

【前方後円墳の構造】

古墳のなかでも、前方後円墳はもっとも格が高いと考えられている。おもに後円部（墳丘部）に大王など当時のトップクラスの人々が埋葬された。

葺石

墳丘が崩れるのを防ぐため、斜面には石や礫が敷き詰められた。

儀礼の場

埋葬時、墳丘上では首長の位を継承する儀式などが行なわれていたのではないかと見られている。

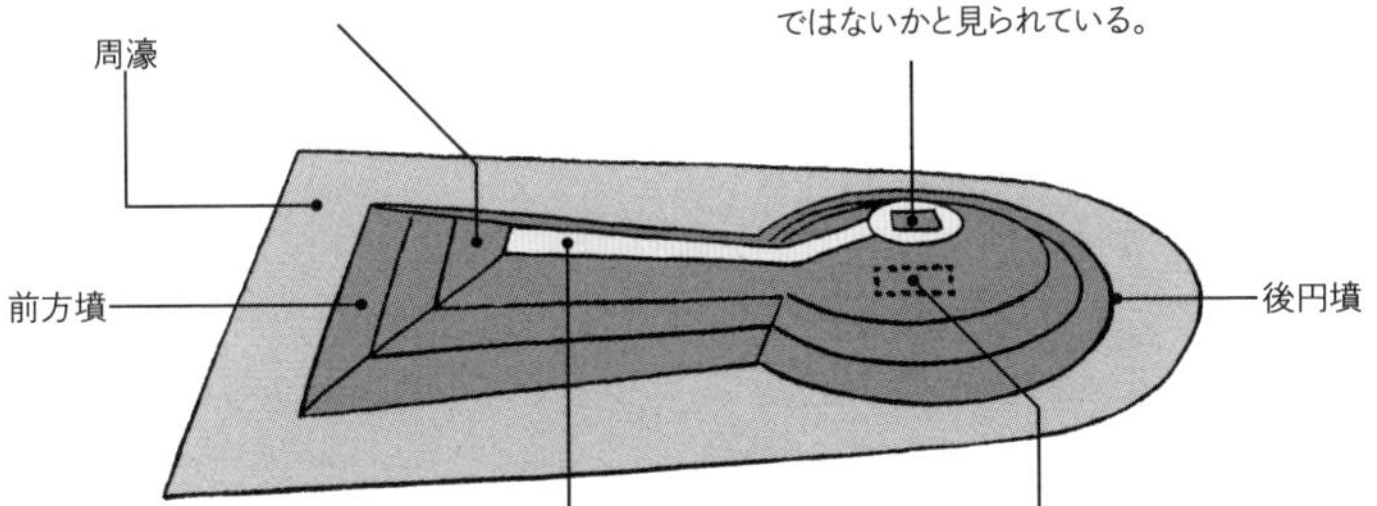

周濠
前方墳
後円墳

埴輪の列

墳丘や堤の上には数多くの埴輪が並べ立てられた。円筒埴輪は聖域を守るため、居館や武人、馬などの形象埴輪は生前に王がなした偉業を人々に焼きつけさせるために置かれたなどといわれる。

石室

埋葬施設である石室の内部には遺体を収める木棺のほか、さまざまな副葬品が納められた。生前に被葬者が持っていた宝器や宝飾具、武具、遺体を守るための呪具などが中心。

【渡来人によって大陸文化が伝えられる】

4～7世紀ごろ、朝鮮半島から多くの渡来人が来日し、日本にさまざまな新技術、文化をもたらした。

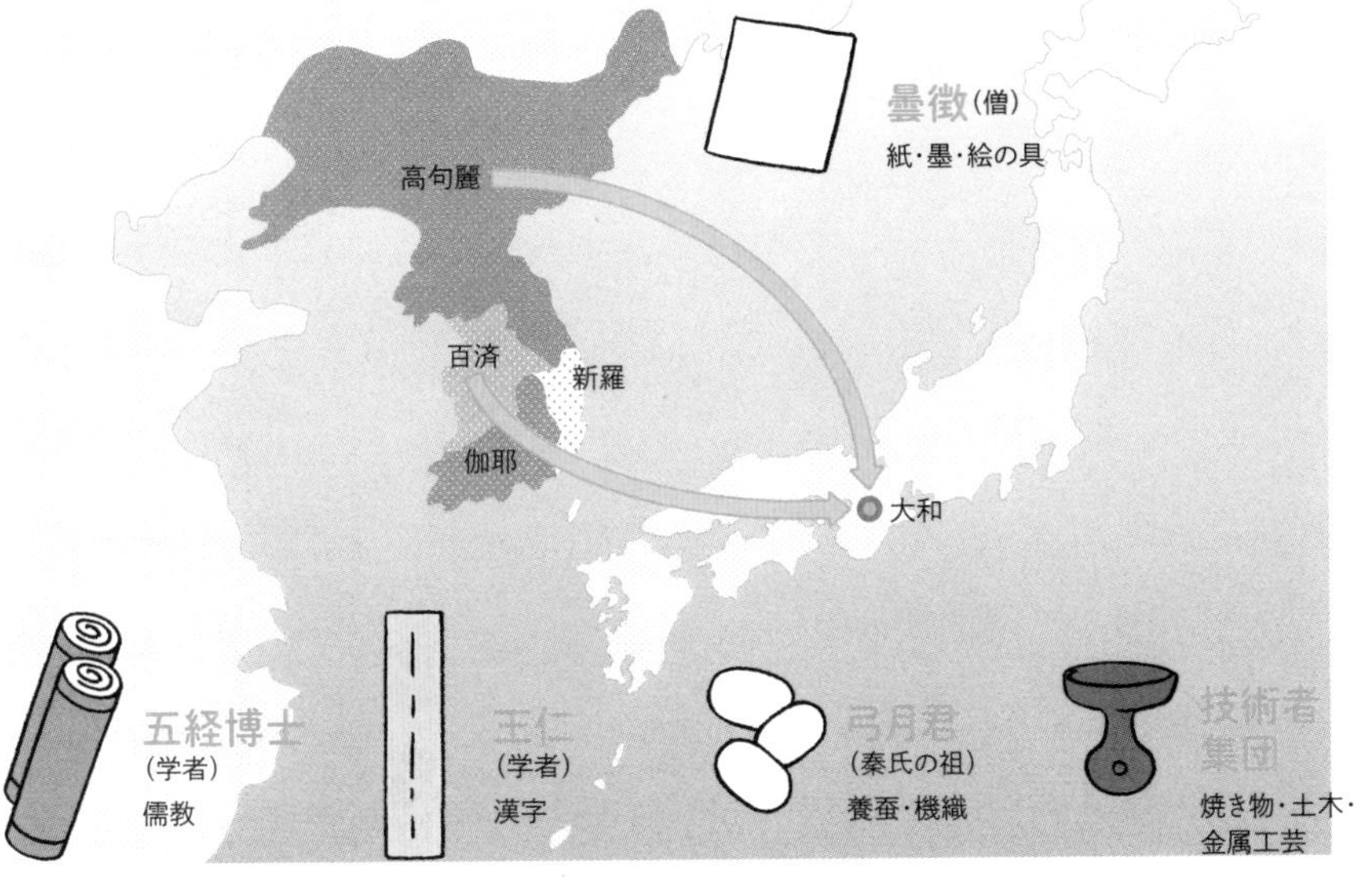

曇徴（僧）
紙・墨・絵の具
高句麗
百済
新羅
伽耶
大和
五経博士
（学者）
儒教
王仁
（学者）
漢字
弓月君
（秦氏の祖）
養蚕・機織
技術者集団
焼き物・土木・金属工芸

豆知識 中国の史書によると、5世紀、ヤマト政権の讃・珍・済・興・武の5人の王（倭の五王）が中国南朝の宋に朝貢し、国内における支配権を認めてもらおうとしたという。

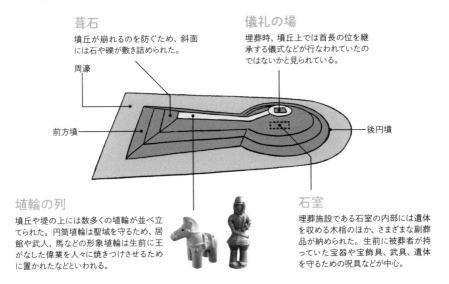

飛鳥時代

聖徳太子は実在しないって本当？

●推古天皇の摂政をつとめた厩戸皇子は存在

五九二年、推古《すいこ》天皇がヤマト政権初の女帝として即位しました。その政務を補佐したことでよく知られているのが、甥の厩戸皇子《うまやとのみこ》（聖徳太子《しょうとくたいし》）です。厩戸皇子は大臣《おおまえつきみ》・蘇我馬子《そがのうまこ》と協力しながら冠位十二階《かんいじゅうにかい》の制《せい》や憲《けん》法十七条《ぼうじゅうしちじょう》を制定。天皇を中心とした中央集権国家の形成を目指しました。

この聖徳太子について、近年は実在しなかったのではないかという説も唱えられています。「蘇我氏系の王族である厩戸皇子は存在したが、推古天皇の摂政《せっしょう》として政治を行なった聖徳太子はいなかった」というものです。この説によると、『日本書紀』の編者が聖徳太子という架空の聖人をつくり上げ、のちに滅ぼされた蘇我氏の政治改革を聖徳太子の功績に変えてしまったのだといいます。ただし、厩戸皇子は奈良時代、仏教をもたらした人物として崇拝され、聖徳太子と呼ばれていました。聖徳太子が政治改革を行なったのかについては謎に包まれていますが、実際に存在した人物であったことは確かだと思われます。

【仏教が日本にやってきた】

『上宮聖徳法王帝説《じょうぐうしょうとくほうおうていせつ》』『元興寺縁起《がんごうじえんぎ》』によると、538年、朝鮮半島の百済を通じて、日本に仏教が伝来した。なお、『日本書紀』では仏教伝来を552年のことだとしている。

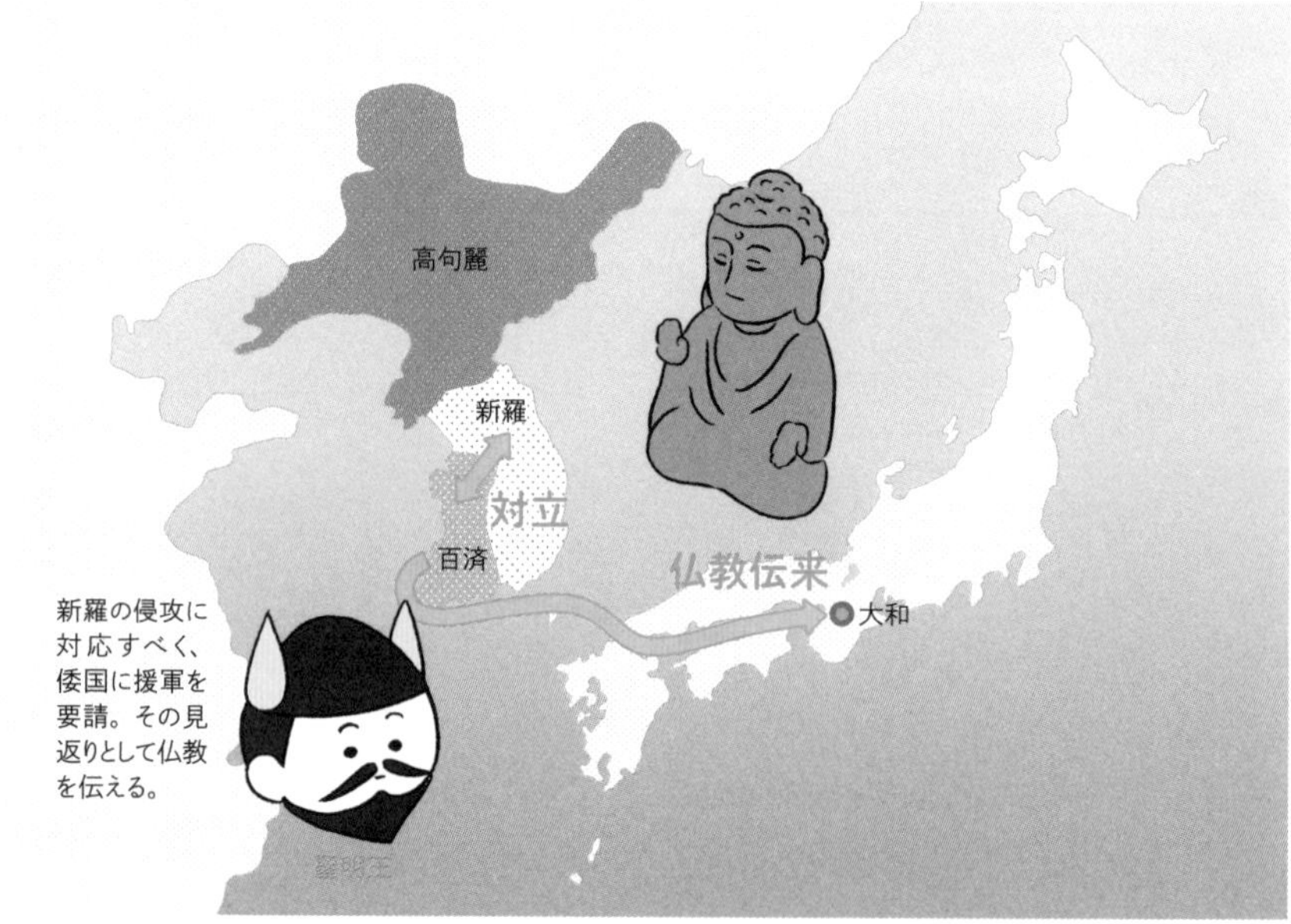

高句麗
新羅
対立
百済
仏教伝来
大和
新羅の侵攻に対応すべく、倭国に援軍を要請。その見返りとして仏教を伝える。

豆知識　594年に仏教興隆の詔が出されたことを契機に、各氏族はこぞって仏教寺院の建立に着手。624年までに法隆寺や広隆寺など46の寺院が建立されたという。

【蘇我氏と物部氏の間で宗教戦争が勃発!】

仏教の受容をめぐり、崇仏派の蘇我氏と排仏派の物部氏が対立。蘇我氏が物部氏を滅ぼし、実権を掌握した。

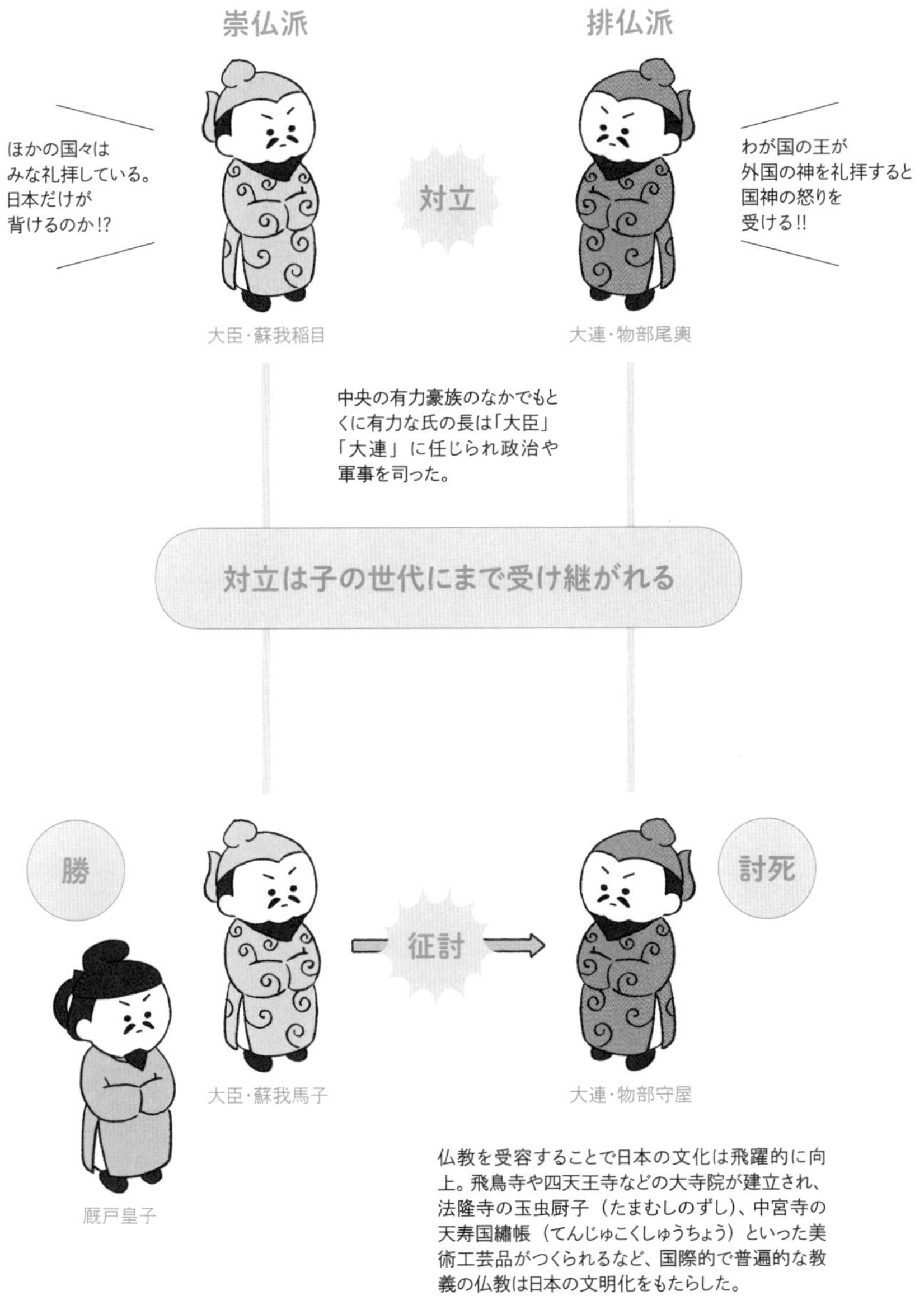
崇仏派
排仏派
ほかの国々は
みな礼拝している。
日本だけが
背けるのか!?
対立
わが国の王が
外国の神を礼拝すると
国神の怒りを
受ける!!
大臣・蘇我稲目
大連・物部尾輿
中央の有力豪族のなかでもとくに有力な氏の長は「大臣」「大連」に任じられ政治や軍事を司った。
対立は子の世代にまで受け継がれる
勝
征討
討死
大臣・蘇我馬子
大連・物部守屋
厩戸皇子
仏教を受容することで日本の文化は飛躍的に向上。飛鳥寺や四天王寺などの大寺院が建立され、法隆寺の玉虫厨子（たまむしのずし）、中宮寺の天寿国繡帳（てんじゅこくしゅうちょう）といった美術工芸品がつくられるなど、国際的で普遍的な教義の仏教は日本の文明化をもたらした。

豆知識 蘇我物部戦争は崇仏・排仏論争によって激化したといわれるが、実態は皇位継承に絡んだ勢力争いだったともいわれている。

飛鳥時代

日本初の憲法はなぜつくられた？

●世界に通用する国を目指す

六〇〇年、倭国は第一回遣隋使《けんずいし》を派遣しました。隋と国交を通じることで中国の優れた文物を輸入するとともに、朝鮮諸国に対する優位性を確立しようとしたのです。しかし隋の文帝《ぶんてい》に政治のとり方を改めるよう諭され、自国の政治・儀礼制度が国際社会では通用しないことを思い知らされます。そこで国際的に通用する国を築くべく、冠位十二階の制や憲法十七条などが定められました。冠位十二階の制は、官人の序列を定めた位階《いかい》制度のことです。徳《とく》・仁《じん》・礼《らい》・信《しん》・義《ぎ》・智《ち》をそれぞれ大小に分けて一二階とし、位《れい》階ごとに異なる色の冠を授与しました。これによって豪族の序列化をはかったわけですが、蘇我氏は官人秩序を超越した存在とされて冠位を制定・授与する側に回ったため、冠位制度としては不完全なものに終わりました。

憲法十七条は、天皇に仕える豪族や諸官人に対し、業務上従うべき心構えや道徳を示したものです。冠位十二階の制と合わせ、隋との外交交渉における政治・儀礼制度として導入されたと考えられています。

【遣隋使の派遣】

『日本書紀』には記されていないが、『隋書』倭国条には600年に倭国が隋に使者を派遣したことが記録されている。その後、607年、倭国は隋に2度目の使者を派遣した。

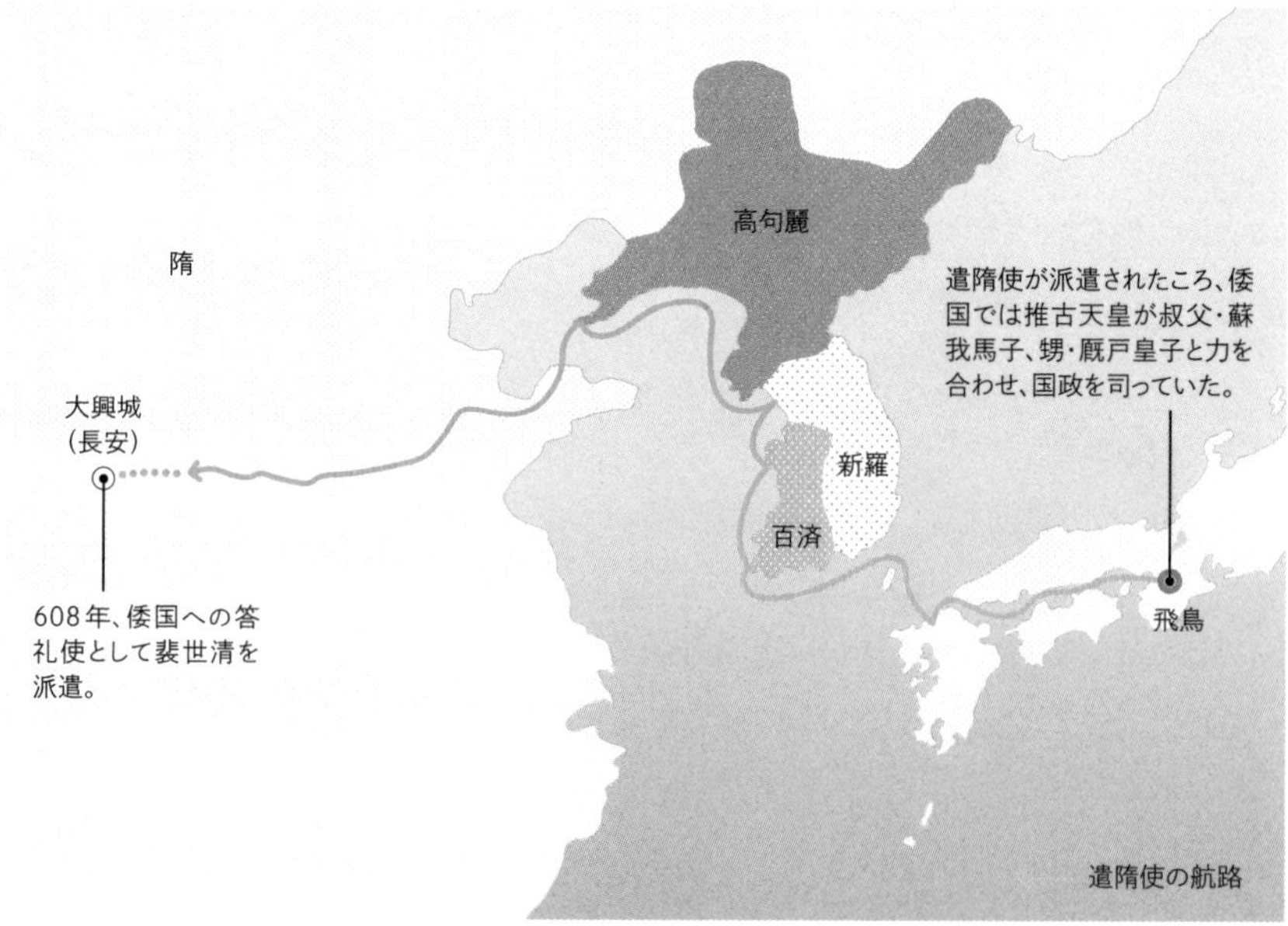

高句麗
隋
遣隋使が派遣されたころ、倭国では推古天皇が叔父・蘇我馬子、甥・厩戸皇子と力を合わせ、国政を司っていた。
大興城（長安）
新羅
百済
飛鳥
608年、倭国への答礼使として裴世清を派遣。
遣隋使の航路

豆知識　いまに伝わる聖徳太子の肖像画について、装幀されている絹地に川原寺とあり、握っている笏も奈良時代に中国から伝来したものであるため、藤原鎌足の肖像ではないかという説が唱えられている。

【倭国を国際的に通用する国へ！】

冠位十二階の制や憲法十七条の制定、隋との外交については厩戸皇子の発案によるものといわれてきたが、近年は蘇我馬子と共同で行なったものであるとする見方が強くなっている。

600年　第1回遣隋使の派遣

国交拒否
政治のとり方を改めよ

隋・文帝

失敗
倭王は天を兄とし、日を弟としています。夜明け前に政治をとり、日が昇るとやめます

倭国使者

603年　小墾田宮造営

政治を司る朝堂、官人が居並ぶ朝廷など儀礼の場を整備。

冠位十二階の制定

官を12の位階に分け、豪族を序列化。

604年　憲法十七条の制定

官人の心構えや道徳的訓戒を定める。

607年　第2回遣隋使の派遣

激怒するも…
無礼な！

隋・煬帝

煬帝は倭国の国書に激怒するも、倭国が高句麗と手を結ぶことを恐れ、国交を開いた。

日出づる処の天子、書を日没する処の天子に致す……
成功

倭国使者・小野妹子

豆知識　第1回遣隋使の記録が正史に見えないのは、私的な使者だったため、体面上載せることができなかったためなど諸説唱えられている。

蘇我氏は悪者ではなかった？

●じつは優れた政治家だった！

推古天皇の崩御後、舒明《じょめい》天皇、皇極《こうぎょく》天皇と皇統が継承されていくなか、政権を掌握したのは蘇我馬子の後を継いだ蝦夷《えみし》とその子・入鹿《いるか》でした。

『日本書紀』によると、二人は天皇だけに許される「八《やっ》佾《ら》の舞」を行なったり、邸宅を「宮門《みかど》」、子どもたちを「皇子」と呼ばせるなどの専横政治を展開。王族や豪族のなかには蘇我氏の独裁に反発する動きも現われるようになりました。

こうして蘇我氏は悪役として位置づけられていきましたが、近年はその革新的な政治を再評価する見方も唱えられています。とくにヤマト政権の経済基盤である屯倉《みやけ》の管理・運営、戸籍の作成、唐との外交を見据えた難波《なにわ》への遷都計画などは、のちの大化《たいか》の改新《かいしん》（34ページ）に通じるものがありました。

これらのことから、蘇我氏の独裁はつくられたものであり、のちの大化の改新を正当化するために蘇我氏を悪役に仕立て上げたのではないかともいわれています。

【蘇我氏が朝廷内で勢力を伸ばす】

古代最大の豪族・蘇我氏は宣化《せんか》天皇（位536〜539年）の時代に歴史の表舞台に登場。天皇家との婚姻関係を積極的に結び、大王の外戚（母方の親戚）として権力を握った。

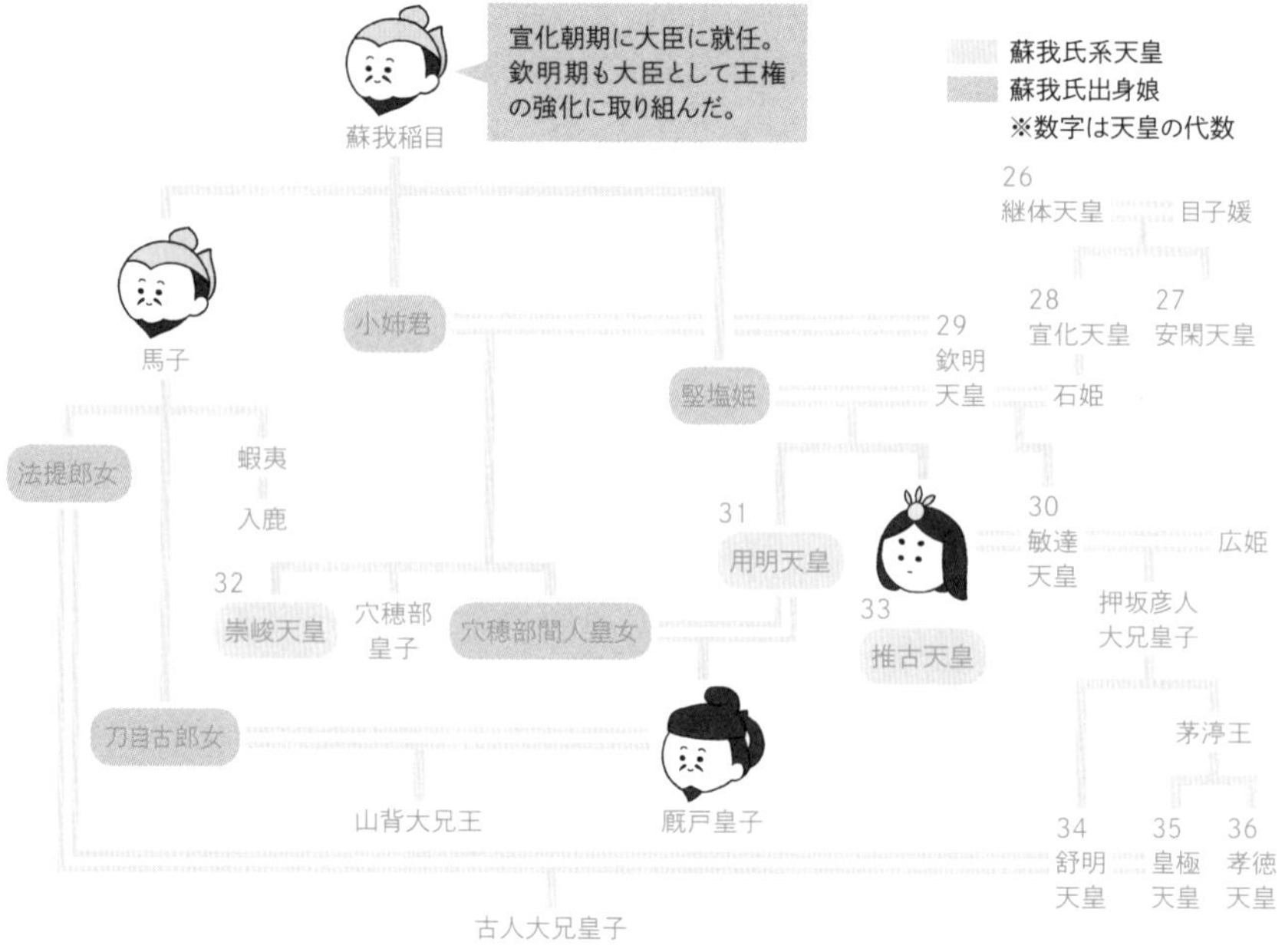

宣化朝期に大臣に就任。欽明期も大臣として王権の強化に取り組んだ。
蘇我稲目
蘇我氏系天皇
蘇我氏出身娘
※数字は天皇の代数
26 継体天皇
目子媛
28 宣化天皇
27 安閑天皇
29 欽明天皇
石姫
馬子
小姉君
堅塩姫
法提郎女
蝦夷
入鹿
31 用明天皇
30 敏達天皇
広姫
32 崇峻天皇
穴穂部皇子
穴穂部間人皇女
33 推古天皇
押坂彦人大兄皇子
刀自古郎女
茅渟王
山背大兄王
厩戸皇子
34 舒明天皇
35 皇極天皇
36 孝徳天皇
古人大兄皇子

豆知識 蘇我氏の出自についてはよくわかっていないが、配下であった渡来系氏族の先進的な技術を用いて政権に台頭したという。

【蘇我氏の政治は革新的だった！】

近年、蘇我氏の政策を再評価する説が唱えられている。とくに評価されているのは下記の2つである。

本当はすごい蘇我氏の政治① 屯倉の管理

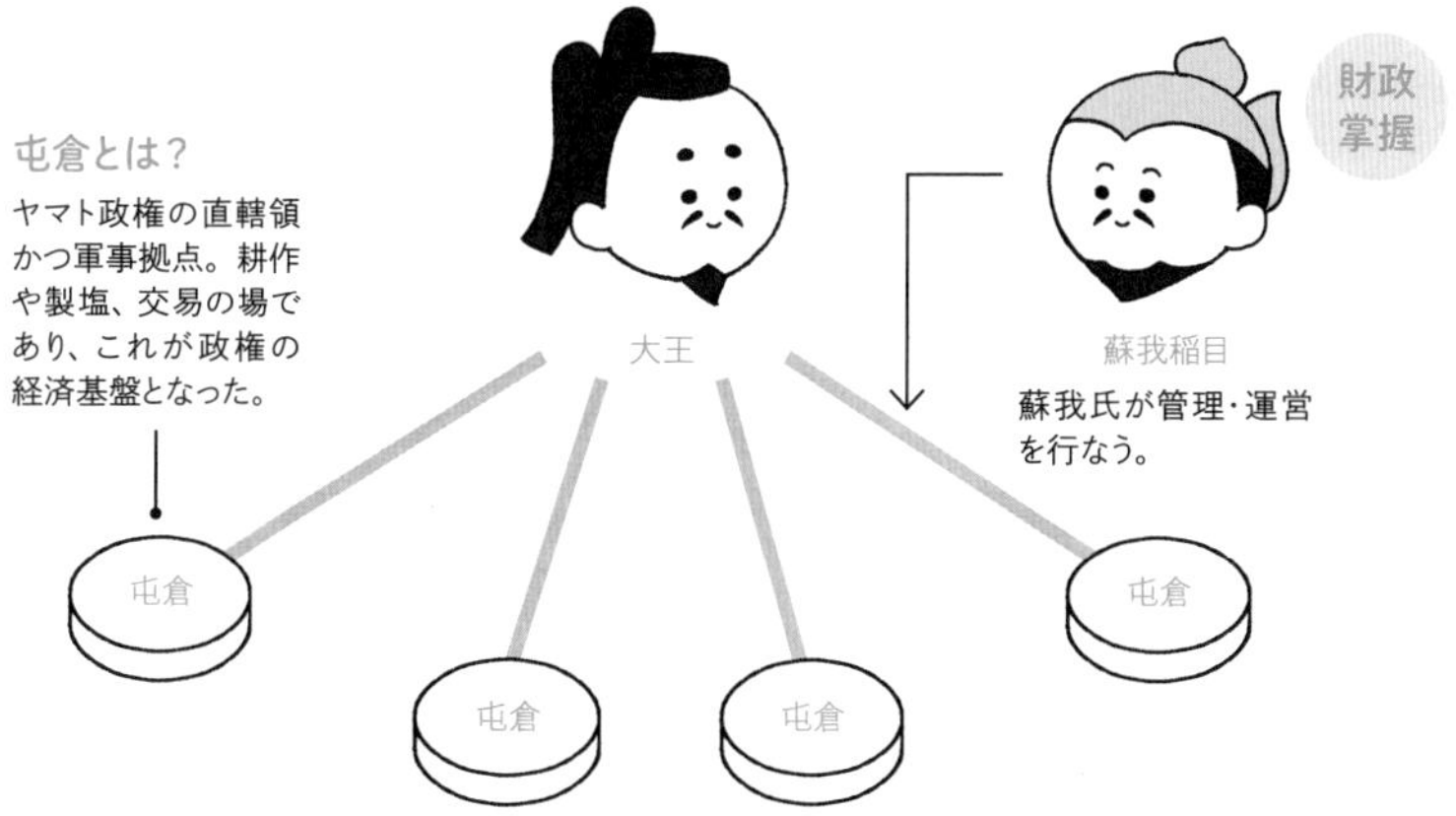
屯倉とは？
ヤマト政権の直轄領かつ軍事拠点。耕作や製塩、交易の場であり、これが政権の経済基盤となった。
大王
財政掌握
蘇我稲目
蘇我氏が管理・運営を行なう。
屯倉
屯倉
屯倉
屯倉

蘇我稲目はヤマト政権の直轄領である屯倉の管理・運営を行ない、耕作者にあたる田部（たべ）を組織。また、家族を含めた耕作者の一戸ずつの戸籍をつくって人民管理を行ない、地方支配を強固なものとした。政権の財政基盤を安定させるとともに国家による地方支配も強めていった。

本当はすごい蘇我氏の政治② 外交政策の転換

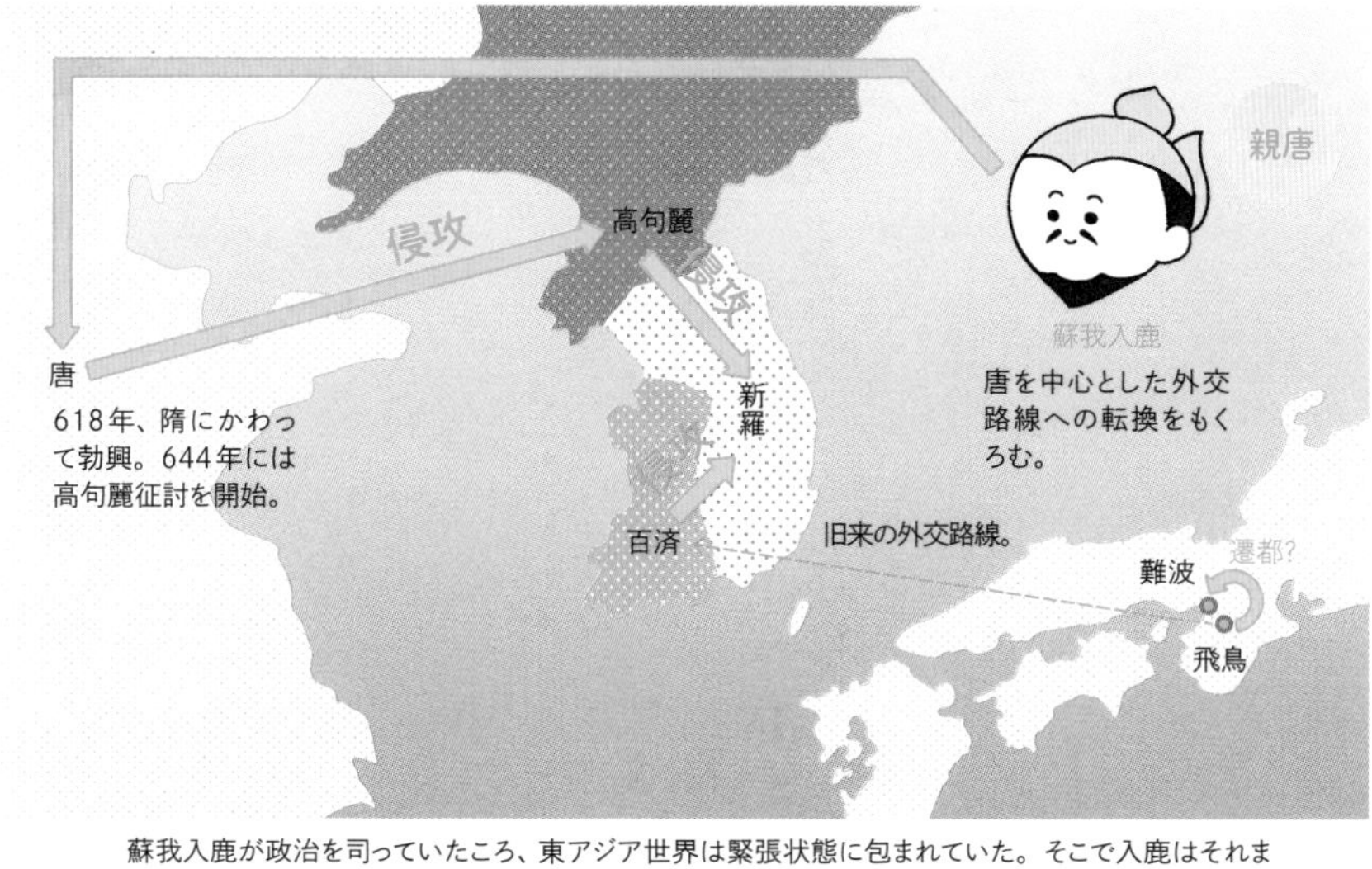
侵攻
高句麗
侵攻
唐
618年、隋にかわって勃興。644年には高句麗征討を開始。
新羅
百済
旧来の外交路線。
親唐
蘇我入鹿
唐を中心とした外交路線への転換をもくろむ。
遷都？
難波
飛鳥

蘇我入鹿が政治を司っていたころ、東アジア世界は緊張状態に包まれていた。そこで入鹿はそれまで百済中心であった外交路線を唐中心へと切り替え、先進的な文物を積極的に取り入れようとしていたといわれる。また難波への遷都を行なってこれに対応しようとしていたともいわれる。

豆知識 蘇我稲目は斎蔵（いみくら）・内蔵（うちくら）・大蔵（おおくら）の三蔵（みつくら）を管理し、政権の財政を掌握した。

飛鳥時代

「大化の改新」はなかった？

●再検討される国政改革

蘇我氏による専横が強まるなか、皇極四年（六四五）、皇極天皇の子・中大兄皇子《なかのおおえのみこ》は中臣鎌足《なかとみのかまたり》らと蘇我氏本宗家を滅ぼします（乙巳《いっし》の変）。事変の背景には、当時の東アジア情勢がありました。唐《とう》が高句麗《こうくり》へ侵攻するなど朝鮮半島が軍事的緊張に包まれるなか、緊迫した国際情勢に対応するためにも早急に中央集権体制を確立し、国内支配を一元化する必要があったのです。

乙巳の変後、皇極天皇の実弟・孝徳《こうとく》天皇を頂点とする新政権が樹立。大化二年（六四六）、新政権は改新の詔を発布し、国政改革を行ないます（大化の改新）。それまで認めていた豪族の私有地（田荘《たどころ》）や私有民（部曲《かきべ》）を廃止し、公地公民制への移行を目指したものでした。しかし、詔にある「郡《こおり》」は大宝律令《たいほうりつりょう》によって潤色されたものであると見られており、大化の改新はなかったとする説もあります。ただし、発掘された難波宮が壮大な規模であったことから、この時代になんらかの政治改革が行なわれていたのはまちがいないと考えられています。

【中大兄皇子が蘇我氏を倒す！】

645年6月12日、中大兄皇子らは大王家を中心とした　を築くべく、蘇我氏本宗家を滅ぼした（乙巳の変）。いっぽう、乙巳の変は大王家内、および蘇我氏内における主導権争いの側面があったといわれている。

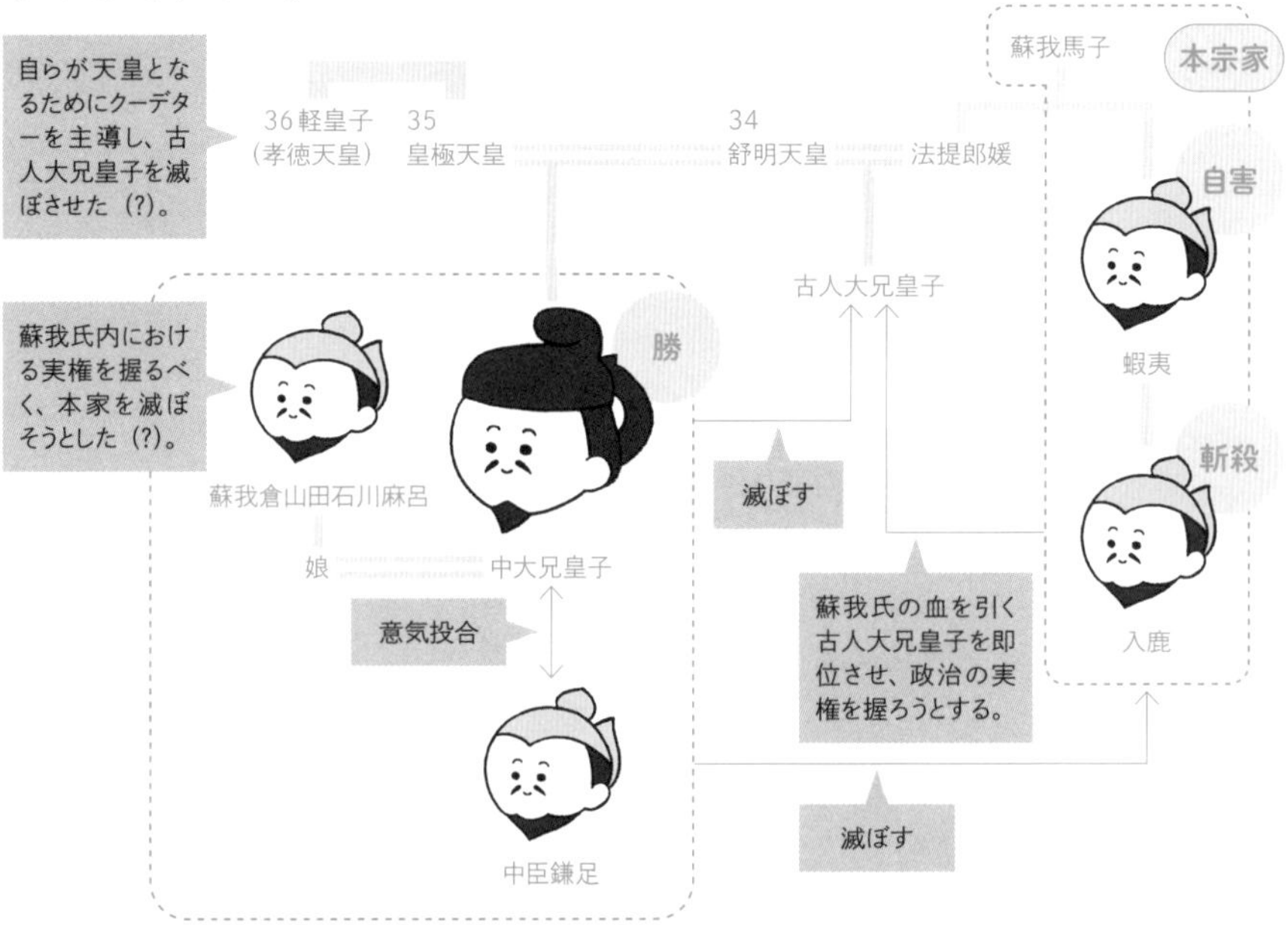

自らが天皇となるためにクーデターを主導し、古人大兄皇子を滅ぼさせた（?）。
36軽皇子
（孝徳天皇）
35
皇極天皇
34
舒明天皇
法提郎媛
蘇我馬子
本宗家
自害
蝦夷
斬殺
入鹿
古人大兄皇子
勝
蘇我氏内における実権を握るべく、本家を滅ぼそうとした（?）。
蘇我倉山田石川麻呂
娘
中大兄皇子
意気投合
中臣鎌足
滅ぼす
蘇我氏の血を引く古人大兄皇子を即位させ、政治の実権を握ろうとする。
滅ぼす

豆知識　藤原宮跡から発掘された木簡により、改新の詔に見える「郡」は大宝令施行以前は「評」と表記されていたことがわかっている。

【乙巳の変後の新政治体制】

乙巳の変後、孝徳天皇が即位。 中大兄皇子は皇太子として政治の実権を掌握した。

645年、新政権は都を難波長柄豊碕宮（完成は652年）に遷した。発掘調査の結果、約650メートル四方の広大な宮を持ち、唐の長安城にならった構造であったことがわかっている。

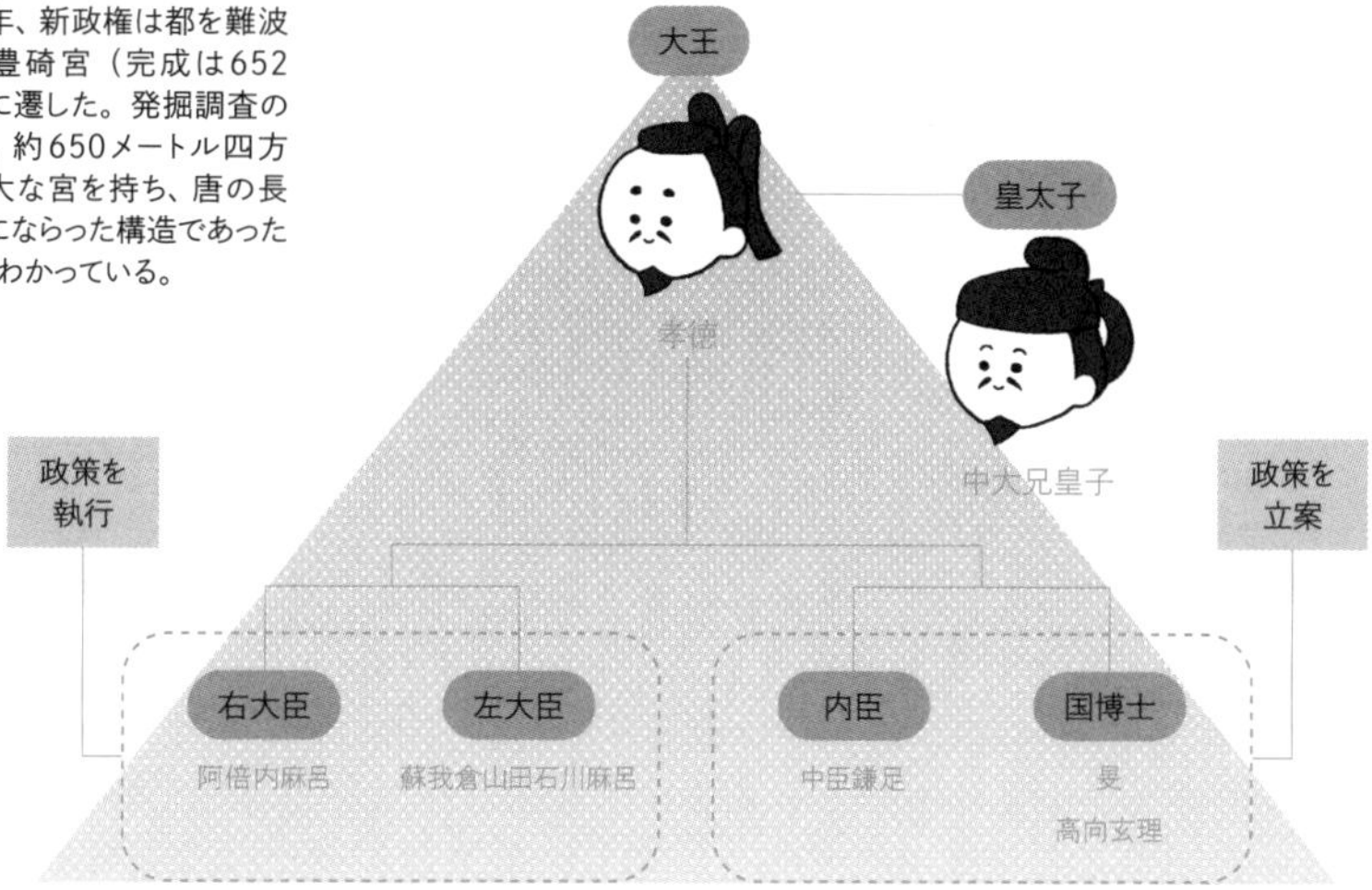

【新政権による政治改革】

646年、新政権は4か条からなる改新の詔を発した。 しかしその内容については、のちの大宝律令などを参考に書き替えられたともいわれている。

改新① 公地公民制

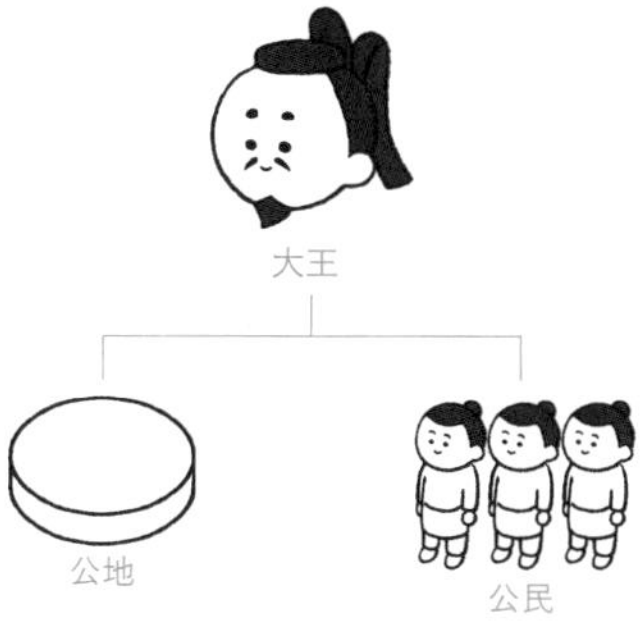

王族や豪族による土地・人民の所有を廃止し、すべて国のものとする。

改新② 地方行政組織の整備

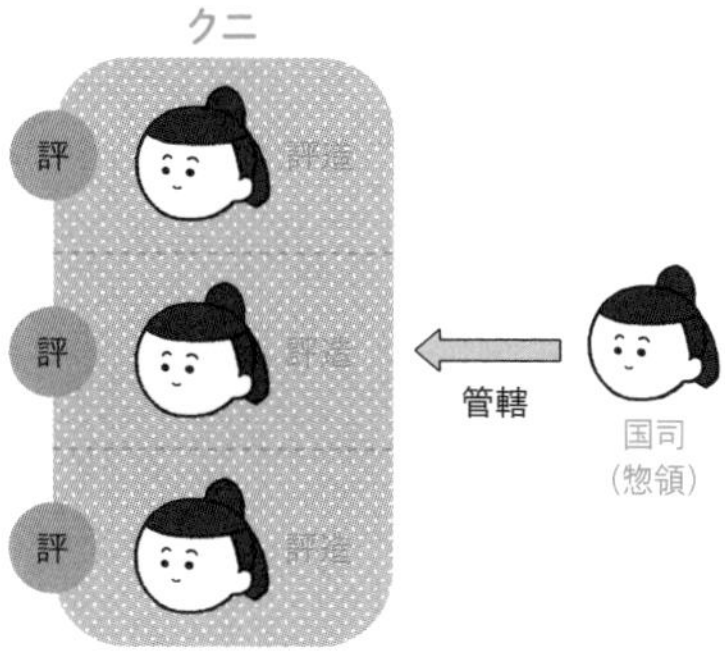

地方を支配していた国造の権力を削減するため、クニを評という小さい行政組織に再編。国司（惣領）、評造を任命し、中央集権体制の強化をはかる。

改新③ 班田収授法の制定

戸籍を作成し、それにもとづいて口分田を貸与する。

改新④ 新しい税制の施行

田の面積に応じて徴収する「田の調（布などを納付）」、戸数に応じて徴収する「戸別の調」などを制定。

豆知識　大化の改新時は「皇太子」という制度はなく、『日本書紀』編纂時、中大兄皇子に皇位継承権があることを示すために脚色されたという説がある。

もっと知りたい！
日本史の話 ①

「元号」の誕生

明治に改変された改元ルール

大化の改新後、日本初の元号「大化」の使用が開始されました。その後、「白雉《はくち》」と「朱鳥《しゅちょう》」の直後にそれぞれ元号が途絶えますが、大宝元年（七〇一）、大宝律令の制定に伴って「大宝」と改元されて以降、現代にいたるまで脈々と受け継がれてきました。使用された元号の数は二四八個。なぜこれほど多くの元号が使用されてきたのでしょうか？ それは昔といまとで改元のルールが異なるためです。

古代日本では、天皇の即位時や、天変地異が起きたとき、瑞兆《ずいちょう》とされる出来事が起こったときなどに改元されました。それまでの時代を断ち切り、新時代を一からはじめるという思惑があったのです。

しかしひんぱんに改元されたため、民衆にはなじみませんでした。江戸時代の庶民は元号よりも干支《えと》を使用することが多かったといいます。その後、明治時代に一世一元《いっせいいちげん》の制（天皇の在位中は元号を変えない）が導入されたことで、元号が日本人に定着したといえるでしょう。

なぜ、たびたび改元がなされたのか？

古来、天皇や時の為政者は慶事や災害などが起きたときに改元を実施し、人心を一新しようとしてきたが、明治時代になると、皇位継承があった場合に限って元号を改めるという制度が発足。現在にいたっている。

明治時代 一世一元の制

明治時代＝明治天皇
大正時代＝大正天皇
昭和時代＝昭和天皇

明治以前 人心を一新するために改元

新天皇の即位にあたって代初の改元を実施。

地震や火事などの災害勃発時には災異の改元を実施。

社会変革が起こるとされる「辛酉年・甲子年」は、災厄を避けるために改元。

豆知識 日本の元号のもとになった古代中国の元号は、前漢の武帝（在位前141～前87年）の時代に定められた「建元」が最古とされる。

新元号「令和」制定までの流れ

新元号の制定にあたり、政府は全6案を検討。有識者懇談会、全閣僚会議で協議を行ない、「心を寄せあうなかで文化が生まれ育つ」という意味が込められた「令和」を選定した。

①首相が複数の専門家に新元号の考案を委嘱

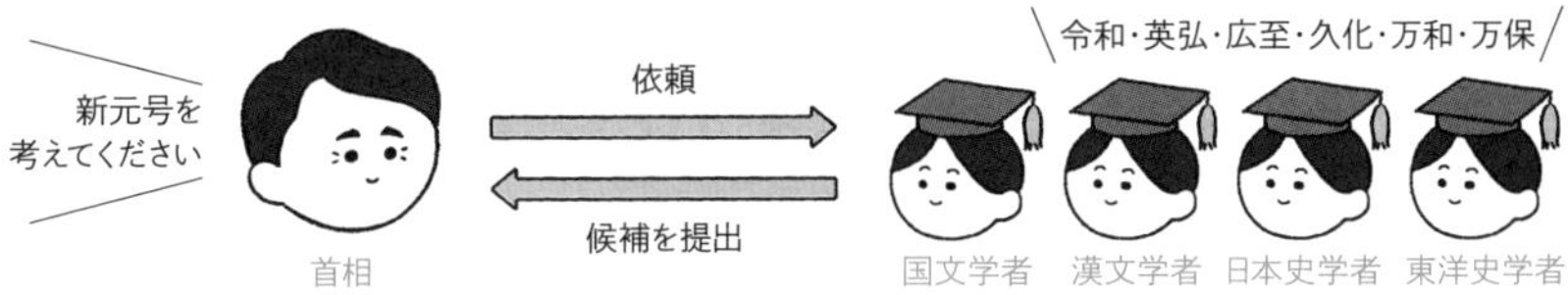
令和・英弘・広至・久化・万和・万保
新元号を考えてください
依頼
候補を提出
首相
国文学者
漢文学者
日本史学者
東洋史学者

②官房長官が候補を絞り込む

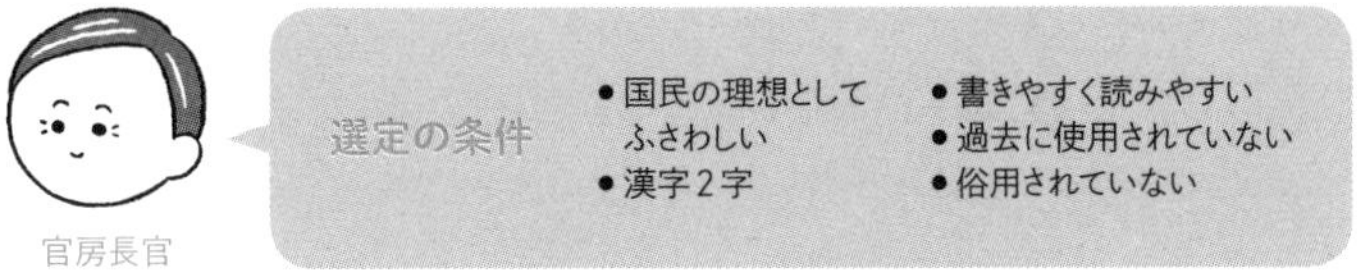
選定の条件
●国民の理想としてふさわしい
●漢字2字
●書きやすく読みやすい
●過去に使用されていない
●俗用されていない
官房長官

③有識者懇談会で協議

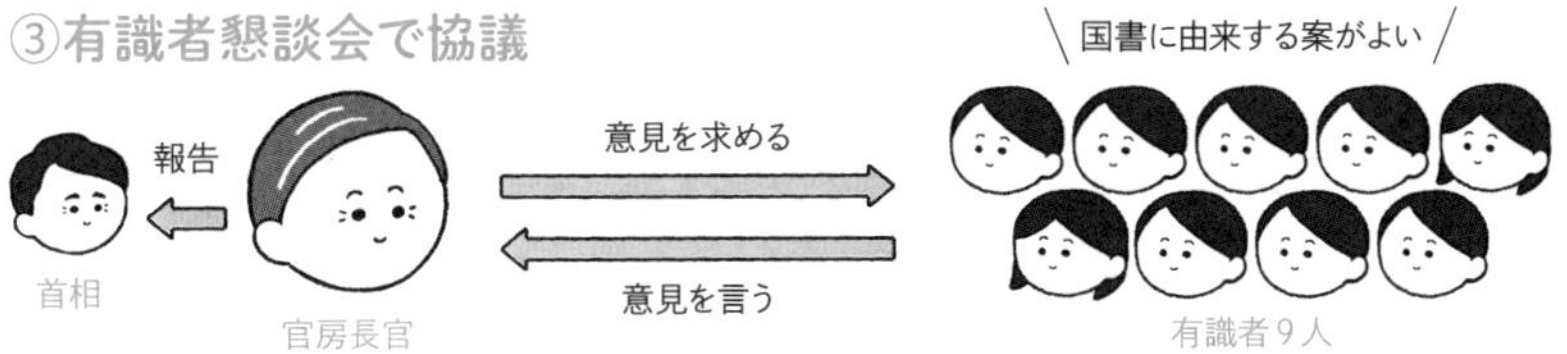
国書に由来する案がよい
報告
意見を求める
意見を言う
首相
官房長官
有識者9人

④首相が衆・参両院の正・副議長に意見を聴く

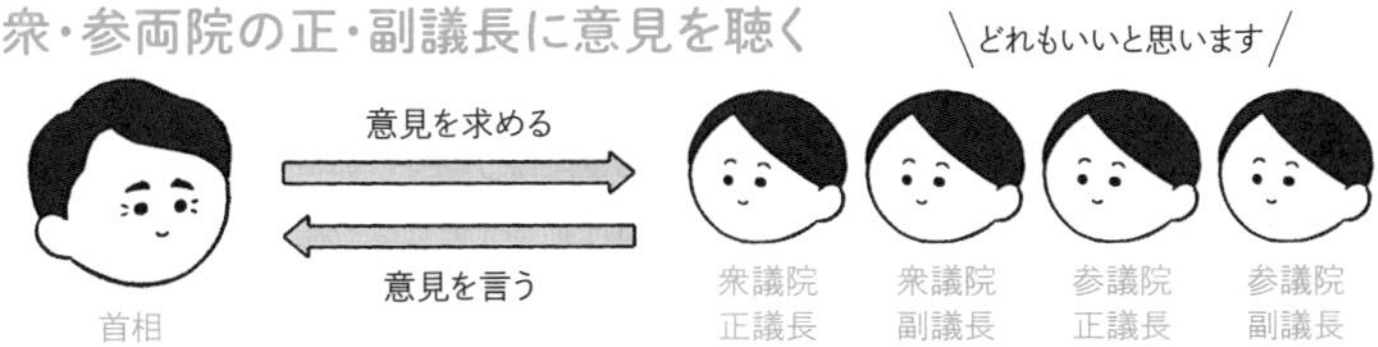
どれもいいと思います
意見を求める
意見を言う
首相
衆議院正議長
衆議院副議長
参議院正議長
参議院副議長

⑤全閣僚会議で協議

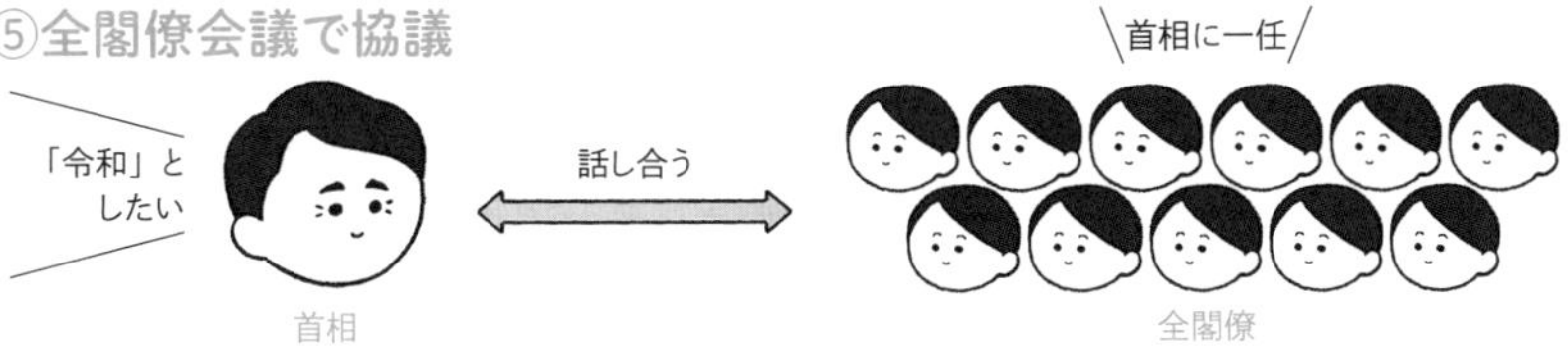
首相に一任
「令和」としたい
話し合う
首相
全閣僚

⑥閣議で新元号決定

豆知識　2019年4月1日の新元号発表の9日前、政府が中西進元大阪大学長に『万葉集』に限定して元号案の作成を依頼していたことが明らかになっている。

なぜ古代朝廷は唐と戦った？

朝鮮半島での拠点を確保したかった

孝徳天皇が崩御し、皇極天皇が斉明《さいめい》天皇として重祚《ちょうそ》（再び即位すること）した斉明元年（六五五）ごろ、朝鮮半島では高句麗、新羅《しらぎ》、百済《くだら》の対立が激化。斉明六年（六六〇）、唐と結んだ新羅が百済を滅ぼしました。唐は百済人を役人として採用する間接統治策（羈縻《きび》政策）をとりましたが、百済の遺臣らは唐の支配に反発。激しい抵抗運動を展開します。

これに対し、斉明と中大兄皇子は百済の復興勢力の支援を決定。斉明自ら援軍を率いて出陣するとともに、おもだった重臣らも北部九州に居を移します（斉明は遠征途上の六六一年七月二四日、筑紫《つくし》・朝倉《あさくら》宮で崩御）。まさに倭国の総力を結集して朝鮮半島に遠征軍を派遣したのでした。当時、倭国は百済を通じて鉄資源などの文物を入手していました。百済はいわば大陸文化を取り入れる窓口であり、なんとしてでも朝鮮半島に拠点を確保しておきたかったのです。しかし天智《てんじ》二年（六六三）の白村江《はくそんこう》の戦いで倭国軍は唐・新羅連合軍に大敗。朝鮮半島からの撤退を余儀なくされました。

【改新政権の内部分裂と蝦夷の服属】

大化の改新後、実権を掌握した中大兄皇子は孝徳天皇を退けて飛鳥への再遷都を強行。いっぽう、これまで朝廷に服さなかった蝦夷《えみし》を征討し、その支配体制を盤石にした。

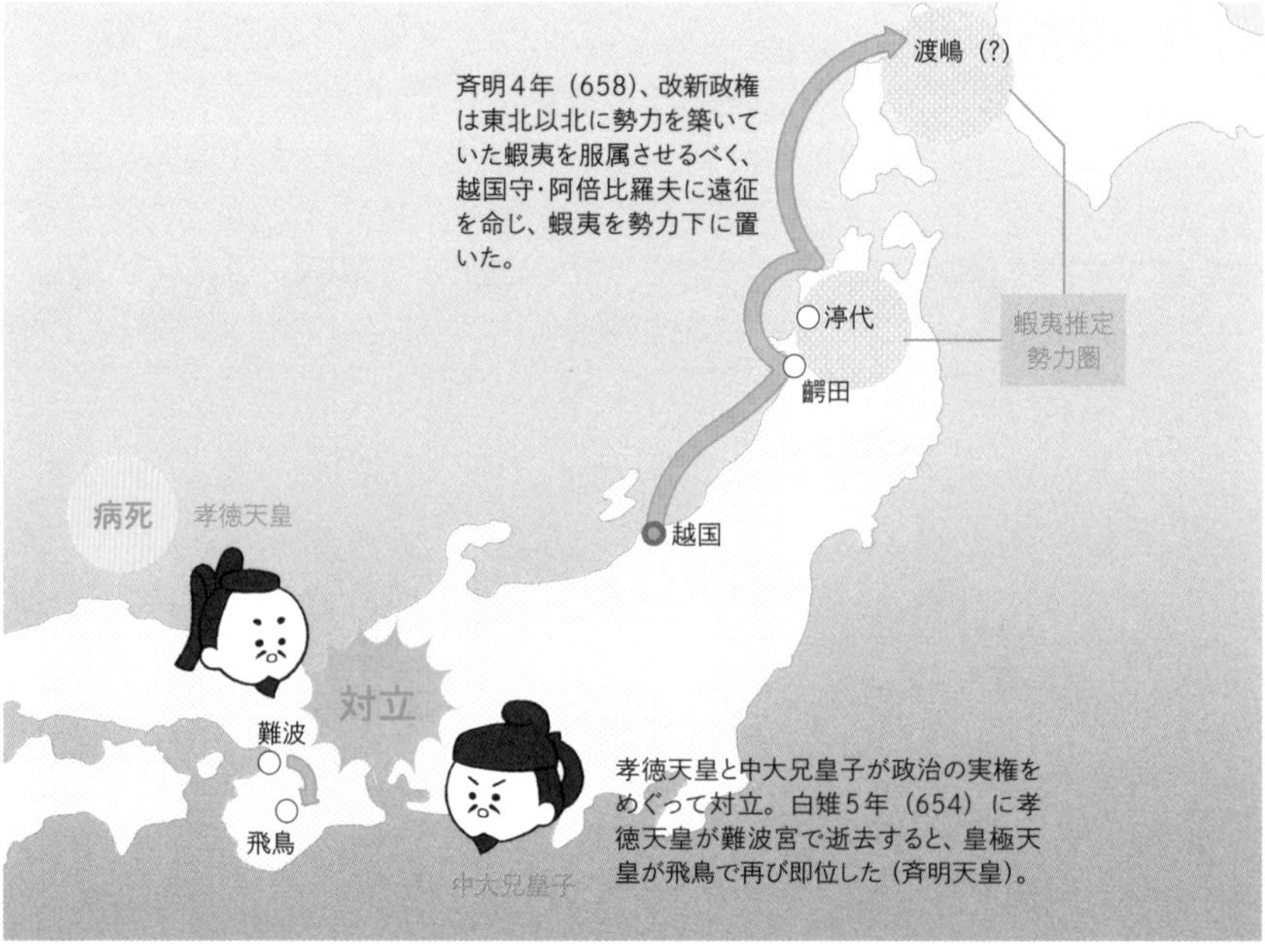
渡嶋（?）
斉明4年（658）、改新政権は東北以北に勢力を築いていた蝦夷を服属させるべく、越国守・阿倍比羅夫に遠征を命じ、蝦夷を勢力下に置いた。
渟代
齶田
蝦夷推定勢力圏
越国
病死
孝徳天皇
対立
難波
飛鳥
中大兄皇子
孝徳天皇と中大兄皇子が政治の実権をめぐって対立。白雉5年（654）に孝徳天皇が難波宮で逝去すると、皇極天皇が飛鳥で再び即位した（斉明天皇）。

豆知識　中大兄皇子は権力を掌握すべく、古人大兄皇子（ふるひとのおおえのみこ）や有間皇子（ありまのみこ）などの政敵を次々と排除した。

【7世紀後半の東アジアの情勢はどうなっていた？】

7世紀、朝鮮半島では高句麗、新羅、百済の対立が激化。660年、唐と結んだ新羅が百済を滅ぼした。その後、旧百済王族の鬼室福信《きしつふくしん》が遺臣らを糾合して決起し、倭国に対して王子の余《よ》豊璋《ほうしょう》の帰国（当時、人質として倭国に滞在していた）と援軍の派遣を要請した。

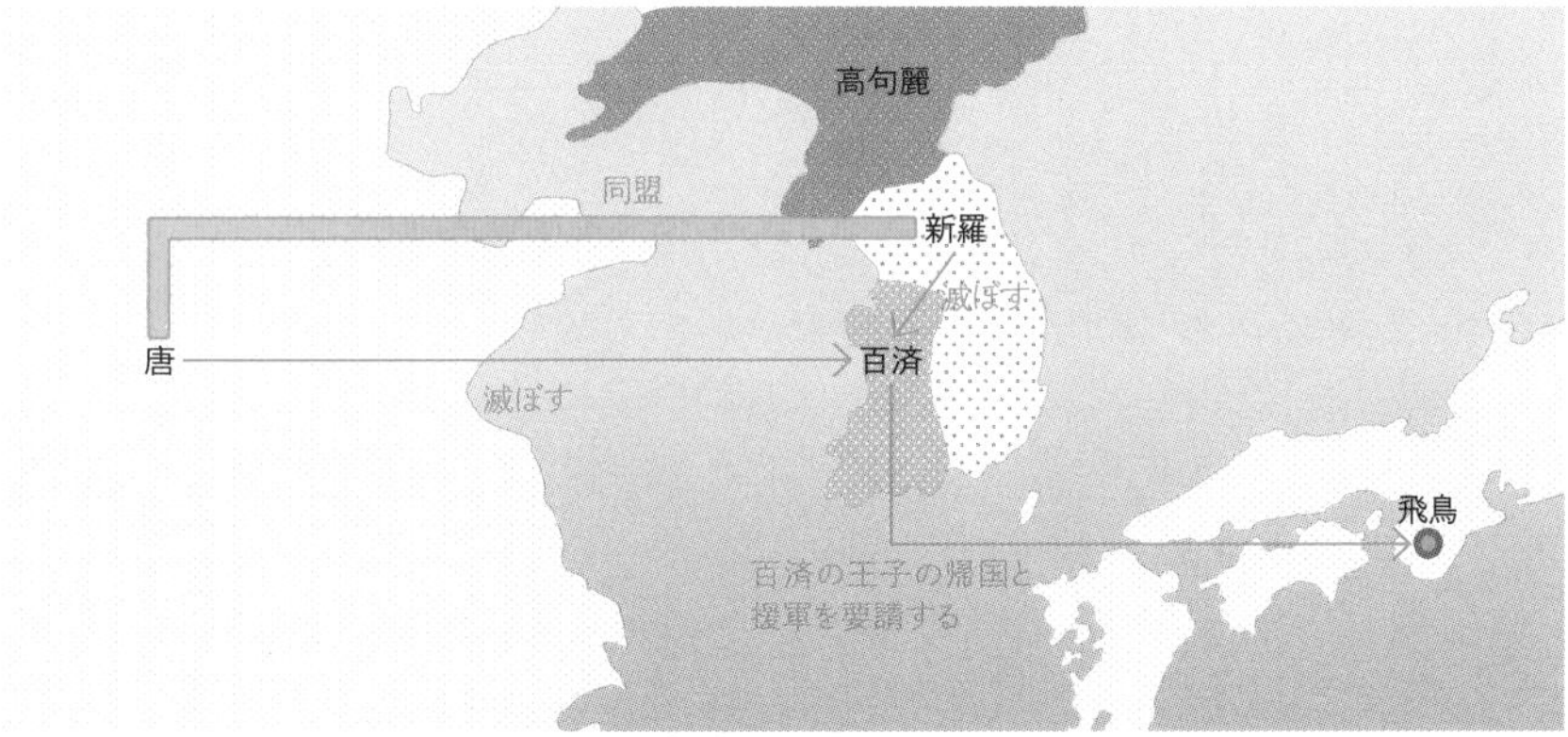

高句麗
同盟
新羅
滅ぼす
唐
百済
滅ぼす
飛鳥
百済の王子の帰国と
援軍を要請する

【唐・新羅 VS 倭国の結果は!?】

百済滅亡後、倭国は朝鮮半島における拠点、および大陸へのルートを確保すべく大軍を派遣したが、白村江で唐・新羅連合軍に大敗を喫した。

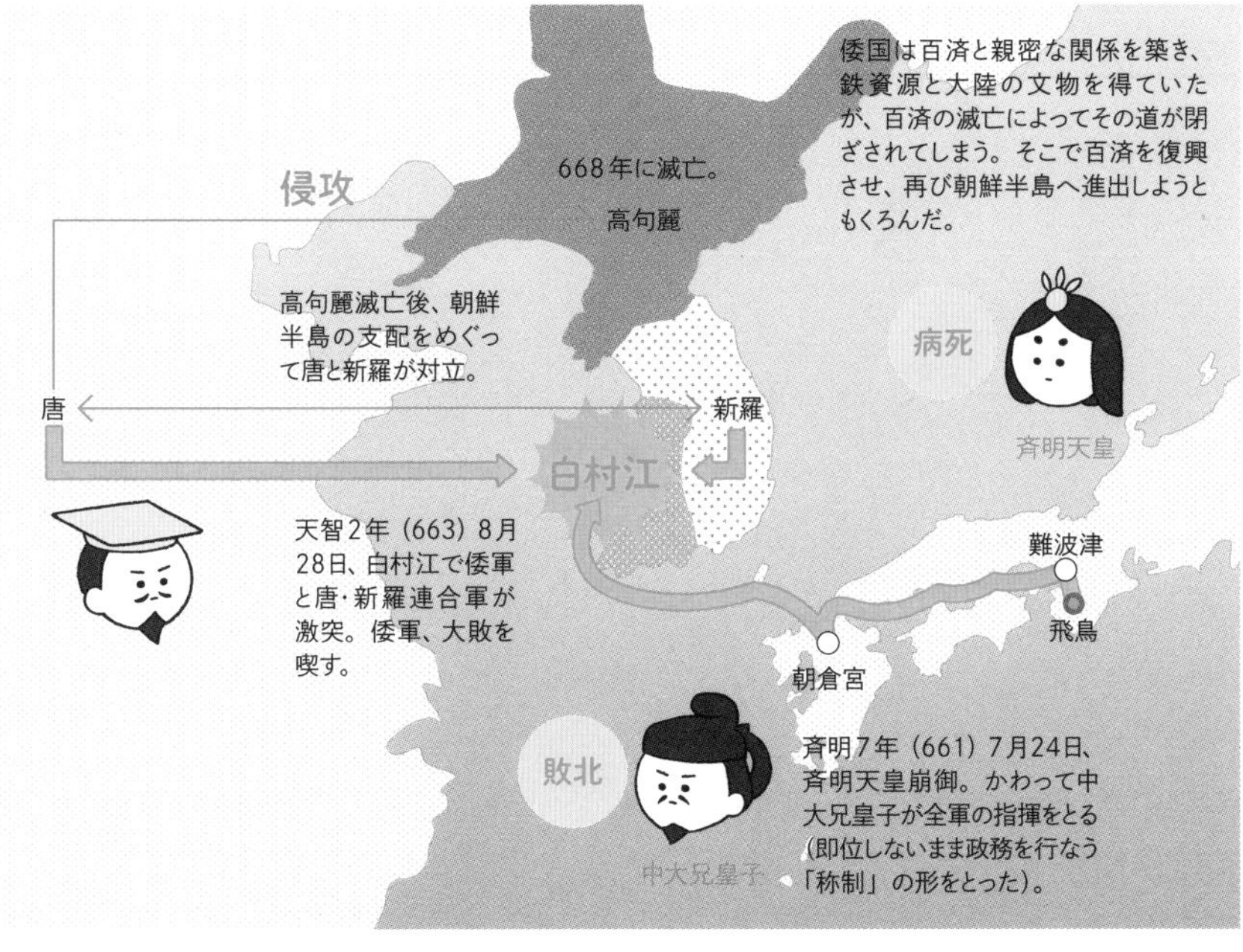

倭国は百済と親密な関係を築き、鉄資源と大陸の文物を得ていたが、百済の滅亡によってその道が閉ざされてしまう。そこで百済を復興させ、再び朝鮮半島へ進出しようともくろんだ。
668年に滅亡。
侵攻
高句麗
高句麗滅亡後、朝鮮半島の支配をめぐって唐と新羅が対立。
病死
唐
新羅
斉明天皇
白村江
天智2年（663）8月28日、白村江で倭軍と唐・新羅連合軍が激突。倭軍、大敗を喫す。
難波津
飛鳥
朝倉宮
敗北
斉明7年（661）7月24日、斉明天皇崩御。かわって中大兄皇子が全軍の指揮をとる（即位しないまま政務を行なう「称制」の形をとった）。
中大兄皇子

豆知識 中国や韓国の資料では「白江（はくこう）」と記載され、「白村江」とは呼ばれていない。場所についても、錦江（きんこう）河口、東津江（とうしんこう）河口など諸説唱えられている。

古代史最大の内戦 壬申の乱はなぜ起きた?

●天智天皇が子に実権を与えたせい

白村江の戦い後、都を飛鳥から近江大津宮《おうみおおつのみや》に遷した中大兄皇子は天智七年（六六八）、ついに天智天皇として即位しました。当初、天智は弟の大海人《おおあま》皇子を皇太子としましたが、晩年には子の大友《おおとも》皇子に皇位を継がせたいと願うようになります。天智一〇年（六七一）には大友皇子を太政大臣に任命し、政権に参画させました。その冬、病に倒れた天智は大海人皇子を大津宮に呼び、後を託そうとしましたが、身の危険を感じた大海人皇子は出家を申し出て、吉野《よしの》へ隠遁《いんとん》します。しかし天智の死後、挙兵を決意。天武元年（六七二）六月、吉野を脱出し、近江から東国へ向かう要衝であった不《ふ》破関《わのせき》（現・関ヶ原）を封鎖しました。その後、美濃《みの》や甲《か》斐《い》、信濃《しなの》、大和などの豪族を味方につけることに成功した大海人皇子が近江朝廷軍を圧倒。大友皇子を自害に追い込み、天武天皇として即位します（壬申《じんしん》の乱）。この乱の結果、大友皇子側についた中央の有力豪族たちの勢力は失墜。戦いに勝利を収めた天武の権威と権力が強大なものとなりました。

【天智天皇の即位と国政改革】

白村江の戦い後、中大兄皇子は「甲子《かっし》の宣《せん》」を発布して政治改革を行なうとともに、近江大津宮への遷都を断行。天智天皇として即位した。

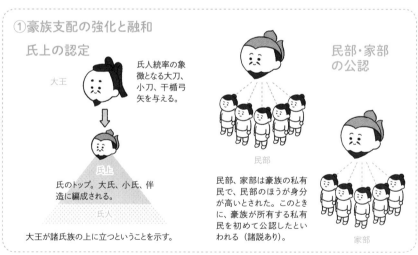

①豪族支配の強化と融和

氏上の認定

氏人統率の象徴となる大刀、小刀、干楯弓矢を与える。

氏のトップ。大氏、小氏、伴造に編成される。

大王が諸氏族の上に立つということを示す。

民部・家部の公認

民部、家部は豪族の私有民で、民部のほうが身分が高いとされた。このときに、豪族が所有する私有民を初めて公認したといわれる（諸説あり）。

②冠位を二十六階へ

冠位十九階から冠位二十六階へ。官人の数を増やし、官僚制度の再整備を行なう。

③近江大津宮へ遷都

天智６年（667）に飛鳥から近江へ遷都を行ない、その翌年、天智天皇として即位。

④庚午年籍の作成

全国の豪族から奴婢にいたるまでを戸籍に登録することで、徴税・徴兵をやりやすくした。

豆知識　天智天皇が都を大津に遷したのは、唐が難波津にまで攻めてきた際に、琵琶湖を経て日本海へと逃れるルートを確保するためだったとされる。

【甥と叔父が皇位をめぐって争う】

天智10年（671）12月、天智天皇は後継者を指名しないまま崩御。その後、皇位をめぐり、天智天皇の同母弟で皇太子の大海人皇子、天智天皇の長子で近江大津宮の朝廷のトップとなっていた大友皇子が激突した。

※数字は天皇の代数

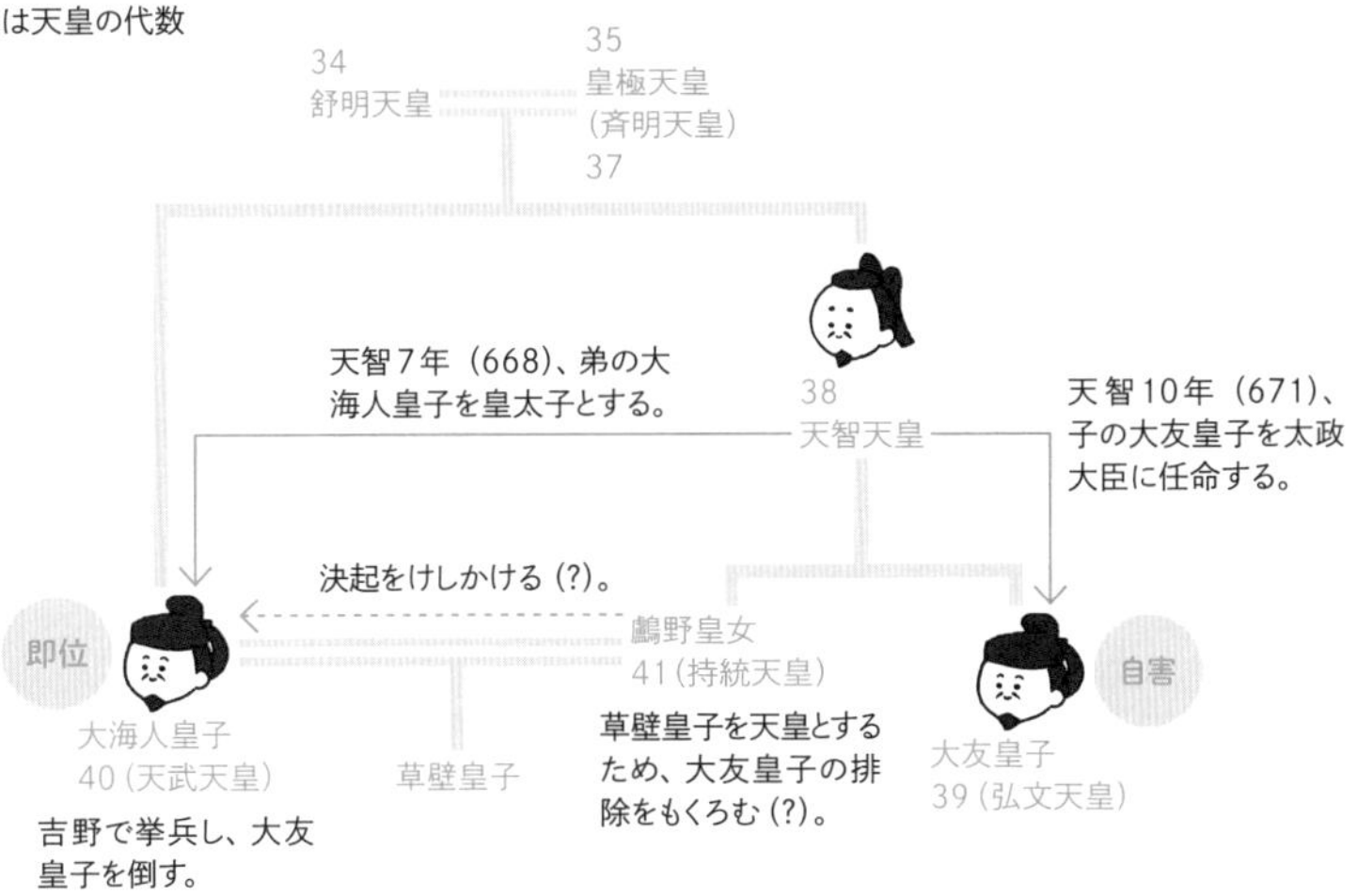
34
舒明天皇
35
皇極天皇
（斉明天皇）
37
天智7年（668）、弟の大海人皇子を皇太子とする。
38
天智天皇
天智10年（671）、子の大友皇子を太政大臣に任命する。
決起をけしかける（?）。
即位
大海人皇子
40（天武天皇）
吉野で挙兵し、大友皇子を倒す。
草壁皇子
鸕野皇女
41（持統天皇）
草壁皇子を天皇とするため、大友皇子の排除をもくろむ（?）。
自害
大友皇子
39（弘文天皇）

【天皇の権力が絶対的なものとなる】

壬申の乱後に即位した天武天皇はさまざまな改革を実行し、天皇を中心とした国家体制の樹立をはかった。

①豪族の私有民を廃止

豪族の私有民・部曲（かきべ）を廃止し、すべての人々を公民とする。

②国史・律令の編纂

天皇統治の正当性を主張するための国史、および律令の編纂に着手させる。

『日本書紀』
『飛鳥浄御原令』

③八色《やくさ》の姓《かばね》の制定

氏族の階級を序列化し、天皇を頂点とする身分秩序を再編。

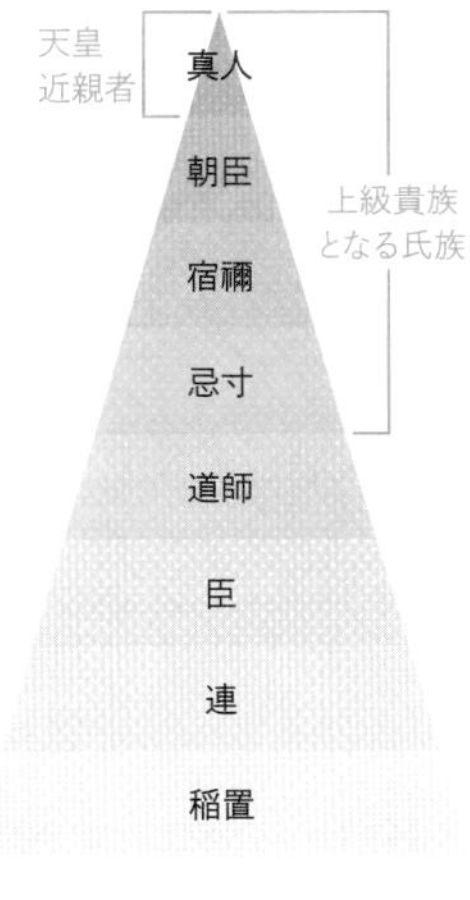
天皇近親者
真人
朝臣
宿禰
忌寸
道師
臣
連
稲置
上級貴族となる氏族

④富本銭の鋳造

日本初の銅銭の鋳造を開始。

⑤「日本」「天皇」号の使用

このころから「日本」「天皇」の呼称の使用が開始されたという。

倭国→日本国

大王→天皇

豆知識　天武天皇の時代、天皇が「神」と謳われるようになるなど、天皇の神格化がはじまった。

もっと知りたい！日本史の話 ②

「天皇」という名称の誕生

「大王」から「天皇」へ

古代日本で、初めて「天皇」号を使用したのは天武天皇だと考えられています。「大王」号から、より権威の高い称号へ改めることで天皇権力の強化をはかったといわれます。当時の読み方は「すめらみこと」でした。いつから「てんのう」と読まれるようになったかはわかっていません。

もっとも、「〇〇天皇」という呼称は死後に贈られるもので、在位中に「天武天皇」と呼ばれていたわけではありません。天皇はこの世でただひとりの存在であることから、その時代の天皇は「主上《しゅじょう》」、あるいは、ただ「天皇《みかど》（帝）」と呼ばれていたのです。

天皇の呼称には、生前の業績を賛美してつける「諡《し》号《ごう》」、住居や陵墓《りょうぼ》の地名などを用いた「追号《ついごう》」など、いくつかの種類があります。いっぽう、弘文《こうぶん》天皇（大友皇子のこと。『日本書紀』には即位の記述はない）や淳《じゅん》仁《にん》天皇のように、明治時代になってようやく諡号が贈られた天皇もいました。

「諡号」「追号」をもっと詳しく

生前の天皇の業績を賛美してつけるのが「諡号」。生前の住所や墓所にちなんでつけるのが「追号」。

生前は「みかど」「主上」「お内裏様」などと呼ばれる。退位後は「太上天皇（上皇）」「院」などと呼ばれた。

天皇

諡号 → 前天皇の生前の業績を賛美して献上

例

推古	歴史に学んで政治を司ったことからつけられたとされる。
天武	古代中国で殷を滅ぼした周の武王に由来するといわれる。
持統	体制を継承し系統を維持する「継体持続」という熟語からつけられたとされる。

追号 → 前天皇の住居や陵墓の地名などを用いて献上

例

醍醐	陵墓が醍醐にあったことが由来。
鳥羽	譲位後に住んだ御所の名前が由来。
後醍醐	醍醐天皇にあやかって生前に自分の追号を決める。

豆知識　淳仁天皇は藤原仲麻呂（恵美押勝）に擁立されて即位。しかし藤原仲麻呂の乱後に廃され、流刑先の淡路で没したため諡号を贈られず、「淡路廃帝」と呼ばれた。

男系が継承してきた天皇位

初代とされる神武天皇から126代目となる今上天皇まで、歴代天皇はすべて男系男子、もしくは男系女子が継承してきた。現在は皇室典範により、「皇統に属する男系男子」のみが皇位を継ぐことができるとされている。

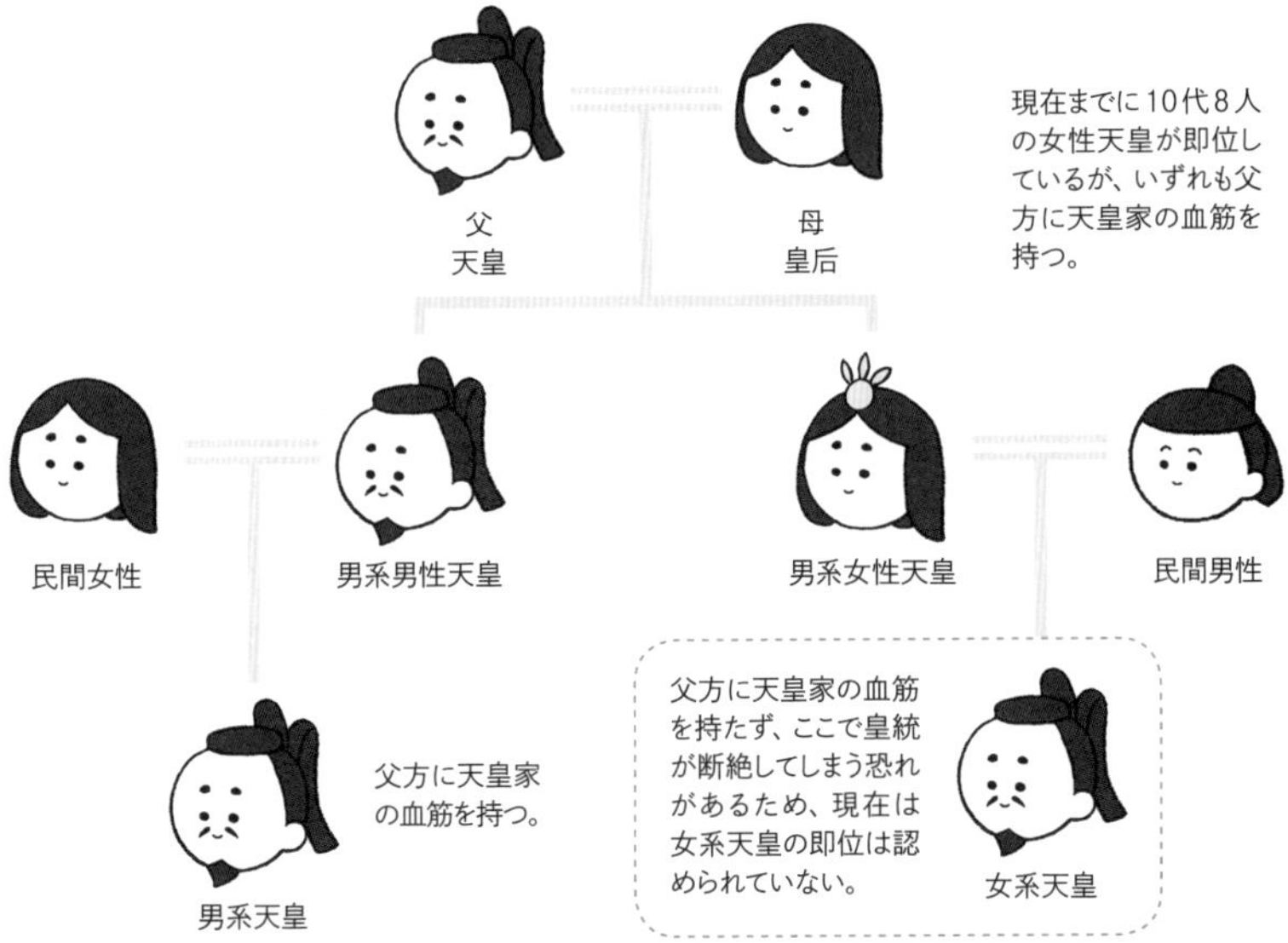
父
天皇
母
皇后
現在までに10代8人の女性天皇が即位しているが、いずれも父方に天皇家の血筋を持つ。
民間女性
男系男性天皇
男系女性天皇
民間男性
男系天皇
父方に天皇家の血筋を持つ。
父方に天皇家の血筋を持たず、ここで皇統が断絶してしまう恐れがあるため、現在は女系天皇の即位は認められていない。
女系天皇

歴代の女性天皇

これまで8人の女性天皇が即位しているが、いずれも当時の政治情勢と深い結びつきがあったことが指摘されている。

名前	在位	即位の背景
推古	592年～628年	29代欽明天皇の子。蘇我氏が推戴
皇極（斉明）	642～645年、655～661年	30代敏達天皇の孫・茅渟王の子。皇位継承争いのなか、暫定的に即位
持統	690～697年	38代天智天皇の子。文武天皇即位までの中継ぎ
元明	707～715年	38代天智天皇の子。聖武天皇即位までの中継ぎ
元正	715～724年	40代天武天皇の子・草壁皇子の子。聖武天皇即位までの中継ぎ
孝謙（称徳）	749～758年、764～770年	45代聖武天皇の子。皇位継承争いのなか、暫定的に即位
明正	1629～43年	108代後水尾天皇の子。男性皇嗣誕生までの中継ぎ
後桜町	1762～70年	115代桜町天皇の子。後桃園天皇即位までの中継ぎ

奈良時代

律令国家ってなに？

●法律で運営される国の誕生

壬申の乱後、都を飛鳥に戻した天武天皇は強大な天皇権力のもと、国家機構を再編します。豪族の私有民を廃止したり、八色《やくさ》の姓《かばね》を定めて天皇を中心とした身分秩序を編成したりと、豪族の影響を排除した中央集権国家を築き上げていきました。さらには支配の骨組みとなる飛鳥浄御原令《あすかきよみはらりょう》の編纂や新しい宮都（藤原京《ふじわらきょう》）の造営などにも着手しましたが、志なかばで崩御。かわって皇后の持統《じとう》天皇がその遺志を受け継ぎ、飛鳥浄御原令の施行、藤原京への遷都を実施しました。

文武《もんむ》元年（六九七）、持統天皇は孫の軽皇子《かるのみこ》に譲位します。文武天皇の誕生です。このとき、持統天皇が後見人として抜擢したのが、藤原（中臣）鎌足の子・藤原不比等《ふひと》でした。大宝元年（七〇一）、不比等は律・令ともに備わった日本初の法典・大宝律令を完成させます。これにより、法律にもとづいて政治が行なわれる律令国家が誕生。天皇から太政官《だいじょうかん》、八省《はっしょう》、地方の国《こく》・郡《ぐん》・里《り》という伝達形式が整備され、天皇を中心とした中央集権体制が完成しました。

【藤原京への遷都】

天武天皇の後を継いで即位した持統天皇は朱鳥8年（694）、藤原京（奈良県橿原市）へと遷都した。藤原京は東西南北約5・3キロの大規模な都だったとされ、宮殿を建築するにあたって礎石建ち、瓦葺きという方式が採用されていたことから、恒久的な都を意図していたのではないかと見られている。文武、元明天皇の都としても利用された。

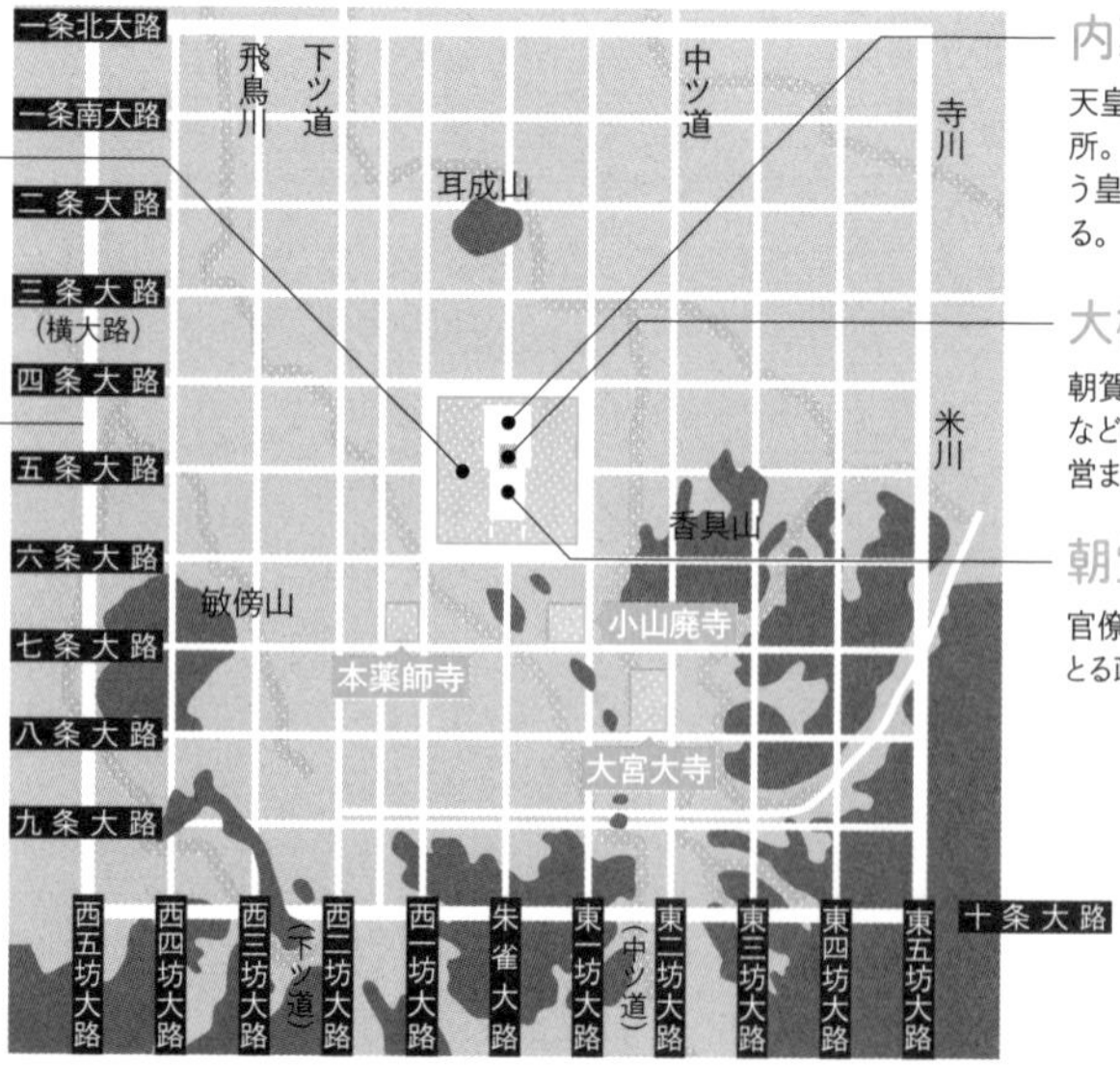

一条北大路
一条南大路
二条大路
三条大路
（横大路）
四条大路
五条大路
六条大路
七条大路
八条大路
九条大路
十条大路
飛鳥川
下ツ道
中ツ道
寺川
耳成山
米川
香具山
畝傍山
小山廃寺
本薬師寺
大宮大寺
西五坊大路
西四坊大路
西三坊大路
西二坊大路
（下ツ道）
西一坊大路
朱雀大路
東一坊大路
東二坊大路
（中ツ道）
東三坊大路
東四坊大路
東五坊大路

藤原宮
天皇の在所や官庁などが置かれる。

藤原京
貴族や官僚、庶民らの住居が置かれる。碁盤目状の道路による条坊制が特徴で、10条×10坊（約5.3キロ四方）という広大さを誇った。

古代の道路
藤原京は中ツ道や横大路などの古代の道路を取り込む形で造営された。

内裏
天皇が住む場所。現代でいう皇居にあたる。

大極殿
朝賀や即位式などの儀式が営まれる。

朝堂院
官僚が政務をとる政庁。

豆知識　「飛鳥浄御原令」は日本初の令法典と考えられている。ただし律は存在せず、唐律を使用していたとされる。

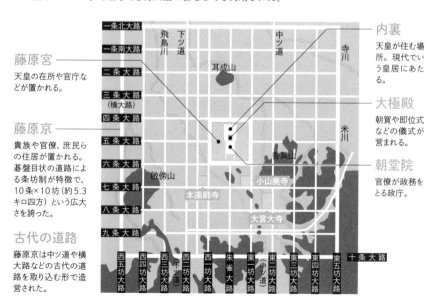

【大宝律令の成立で統治体制はどう変わった?】

大宝律令の制定により、日本の古代国家は法律にのっとった中央集権的な政治を実施。中央・地方にわたる支配体制を確立した。

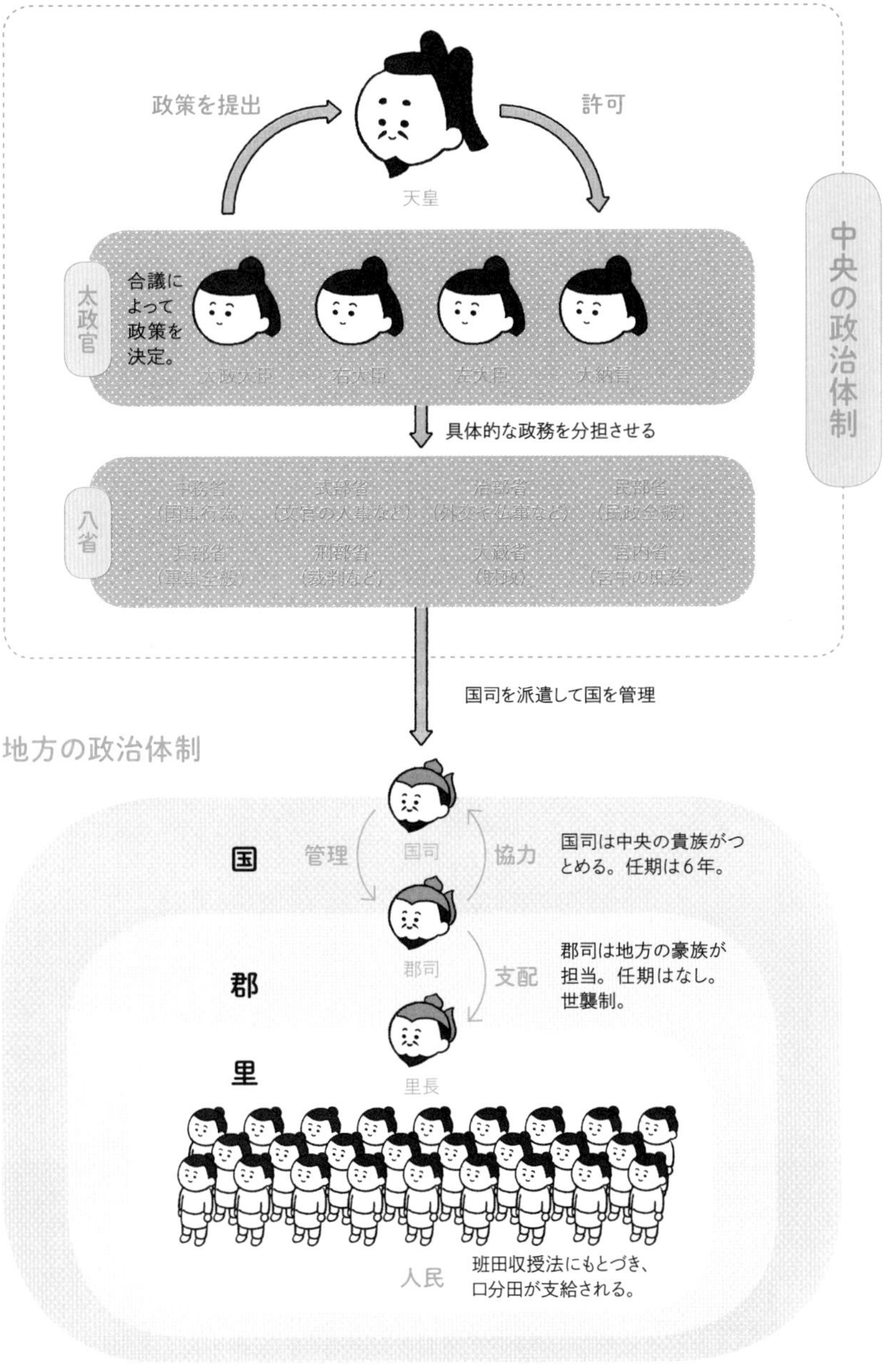
政策を提出
許可
天皇
中央の政治体制
太政官
合議によって政策を決定。
太政大臣
右大臣
左大臣
大納言
具体的な政務を分担させる
八省
中務省（国事行為）
式部省（文官の人事など）
治部省（外交や仏事など）
民部省（民政全般）
兵部省（軍事全般）
刑部省（裁判など）
大蔵省（財政）
宮内省（宮中の庶務）
国司を派遣して国を管理
地方の政治体制
国
郡
里
管理
国司
協力
国司は中央の貴族がつとめる。任期は6年。
郡司
支配
郡司は地方の豪族が担当。任期はなし。世襲制。
里長
人民
班田収授法にもとづき、口分田が支給される。

どうして聖武天皇は仏教を信仰した？

●国に平安をもたらすため

　文武天皇の没後、皇位を継承した母・元明《げんめい》天皇（文武天皇の子で、孫の首皇子《おびと》が即位するまでの中継ぎの役割を担う）は和銅《わどう》三年（七一〇）、藤原京から平城京《へいじょうきょう》への遷都を実行しました。藤原京が唐の都・長安城《ちょうあんじょう》の構造とだいぶ異なっていたことが遷都の理由のひとつとして挙げられています。以降、平安遷都までの約八〇年間を奈良時代と呼びます。

　その後、文武天皇の姉・元正《げんしょう》天皇を経て、神亀《じんき》元年（七二四）、聖武《しょうむ》天皇が即位します。しかしその治世下、各地で天然痘《てんねんとう》が流行し、飢饉《ききん》が頻発。長屋王《ながやおう》の変（七二九年）や藤原広嗣《ひろつぐ》の乱（七四〇年）など政争や反乱もあいついで起こり、社会的動揺が広がりました。聖武はすべて自分のいたらなさのせいであると痛感。そこで仏教の持つ鎮護《ちんご》国家の力で国家に平安をもたらそうと試みます。全国に国分寺《こくぶんじ》、国分尼寺《こくぶんにじ》の建立を命じたり、巨大な大仏の造立を命じたりしたのはそのためです。こうして聖武の庇護下、仏教が目覚ましい発展を遂げ、平城京にも多くの寺院が建ち並びました。

【じつは藤原京よりも小さかった平城京】

平城京（奈良県奈良市、大和郡山市）は東西4.3キロ、南北4.8キロの規模を誇る。発掘調査の結果、長屋王邸跡は約6万平方メートルにのぼっていたことが明らかとなった。また、トイレ遺構の土壌を分析したところ、当時の人々がすでにウシやブタなどの肉を食べていたことが判明している。

宮位置の変更

唐の都･長安城にならい、平安宮の位置は京域の北側中央に設定された。

貴族の住居

上級貴族は五条以北に、下級貴族は八条以南に屋敷地が割り当てられた。

官営市場

各地の産物や製品を売買。月の前半は東市、後半は西市が開催された。営業時間は正午から日没まで。

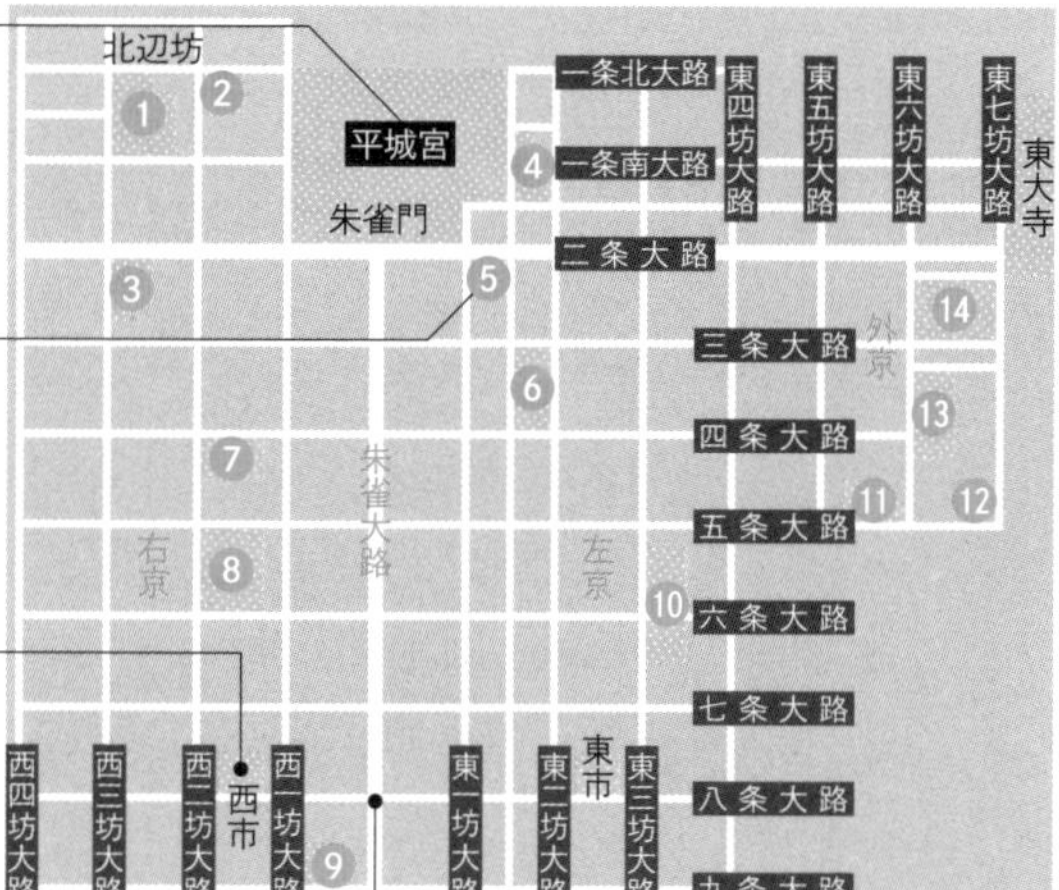

❶西大寺
❷西隆寺
❸菅原寺
❹法華寺
❺長屋王邸
❻藤原仲麻呂邸
❼唐招提寺
❽薬師寺
❾観世音寺
❿大安寺
⓫佐伯院
⓬紀寺
⓭元興寺
⓮興福寺

メインストリート

幅員74メートル。道の両側には高い築地塀（坊垣）が続き、街路樹として柳や槐（えんじゅ）などが植えられていた。外国使節へのアピールのためだといわれる。

豆知識　長屋王は天武天皇の孫。藤原不比等の死後、政界のトップに立つが、藤原四兄弟の陰謀で謀反の疑いをかけられ自害。その子が皇孫扱いされていたことが目障りだった聖武天皇がしくんだという説もある。

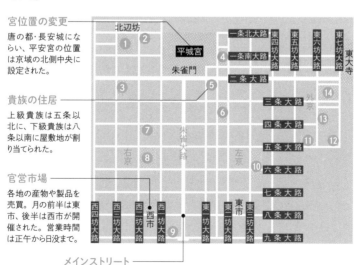

【こうして東大寺の大仏が完成!】

聖武天皇の治世は飢饉や天然痘が流行したり、反乱が起こったりと不穏な情勢が続いた。そこで天皇は国に安定をもたらすべく、大仏(盧舎那仏)の造立を思い立つ。

天然痘の流行

天平7〜9年(735〜737)にかけて、新羅からもたらされた天然痘が日本で猛威を振るう。

飢饉の勃発

全国的に干ばつに見舞われ、飢饉が深刻化する。

藤原広嗣の乱

天平12年(740)、朝廷に対して反乱を起こす。

社会的不安や政治の混乱の原因はすべて自分のいたらなさのせいである。事態の収拾をはかるため、仏教の力を借りて国に平和や安定をもたらそう。

聖武天皇

741年　国分寺建立の詔

- 国ごとに国分寺と国分尼寺の建立を命じる
- 国分寺には僧20人、国分尼寺には尼10人を配置

743年　大仏造立の詔・墾田永年私財法の公布

巨額の費用と多数の人民を集めるため、地方の豪族や僧・行基の力を借りる

勧進(募財)役を依頼

開墾地の永代の私有を認め、協力を仰ぐ

盧舎那仏とは?

『華厳経』において、宇宙の中心にいて世界を照らす仏のこと。

752年　東大寺で大仏開眼

豆知識 大仏の高さは約14.98メートル、重さは約250トン。大仏の開眼会には約1万人の僧と約500人の楽人などが参加したと伝わる。

桓武天皇はなぜ遷都を行なった？

●豪族を基盤の地から切り離す

聖武天皇の没後、孝謙、淳仁、称徳（孝謙の重祚）と天武系の皇統が続きましたが、宝亀《ほうき》元年（七七〇）、天智の孫である光仁《こうにん》天皇が即位したことで、約一世紀ぶりに天智系の皇統が復活しました。その後を継いだ桓《かん》武《む》天皇は、延暦《えんりゃく》三年（七八四）、平城京から長岡京《ながおかきょう》への遷都を敢行します。こうして都は、大和国から山背《やましろ》国へと移りました。天武系皇統の都である平城京を廃し、古くから朝廷を支えてきた諸豪族を基盤の地から切り離すことで人心の一新をはかろうとしたのです。

しかし延暦四年（七八五）、造長岡宮使の藤原種継《たねつぐ》が暗殺されるという事件が勃発。それに関連して桓武の同母弟で皇太子だった早良《さわら》親王が捕らえられ、淡路島への護送途中に憤死します。以降、畿内では疫病が大流行。その原因は早良親王の怨霊《おんりょう》のせいとされたため、桓武は長岡京にかわる新たな都の造営を決し、延暦一三年（七九四）、平安京《へいあんきょう》への遷都を行なったのでした。以降、明治二年（一八六九）に天皇が東京に移るまで、平安京は日本の都であり続けました。

【桓武天皇による長岡京・平安京への遷都】

平城京で即位した桓武天皇が大和国から山背国へと都を遷した理由は、天武系から天智系への皇統の革新を示すため、奈良の仏教勢力と断絶するためなど諸説唱えられている。

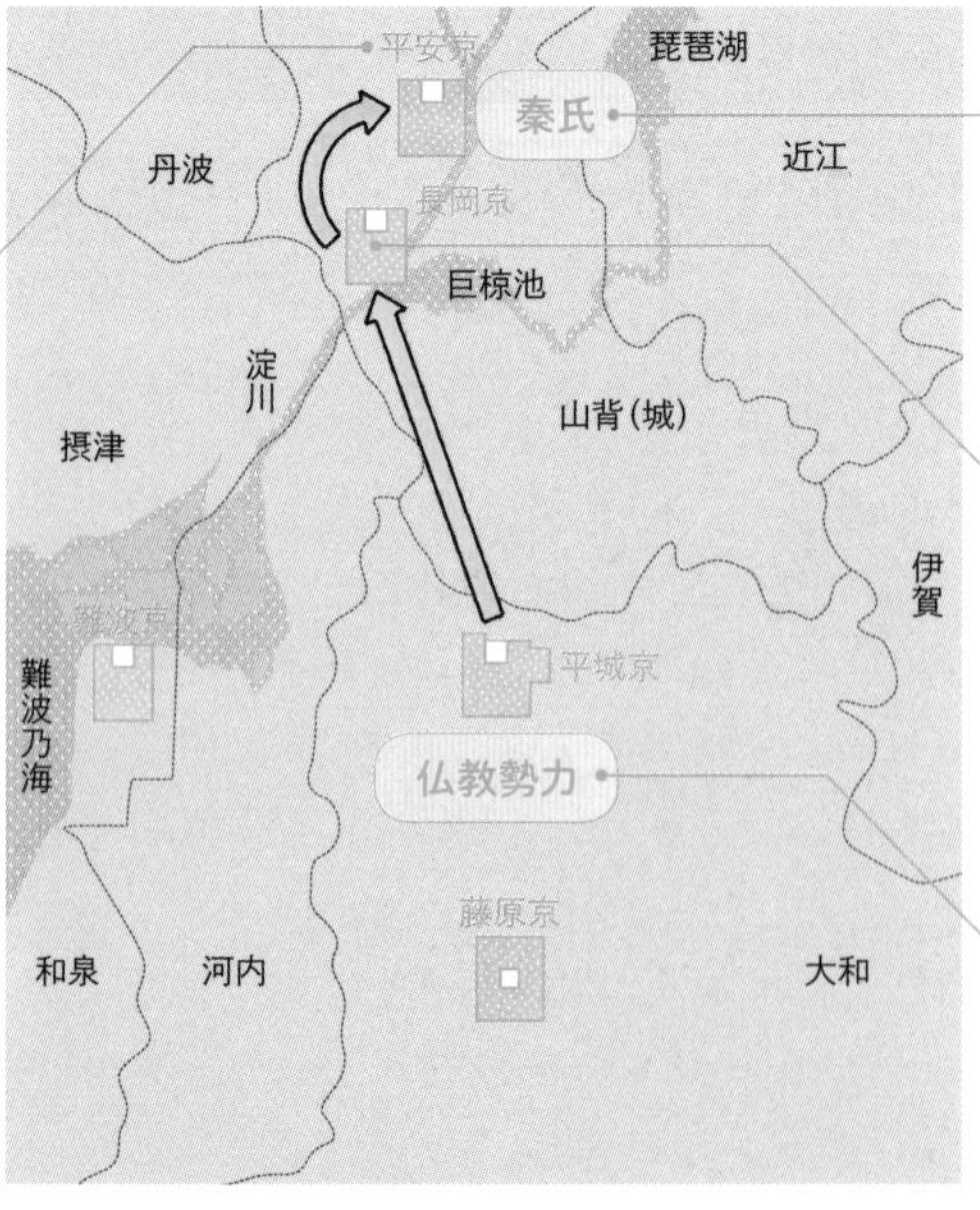
平安京
琵琶湖
秦氏
丹波
近江
長岡京
巨椋池
淀川
山背(城)
摂津
伊賀
平城京
難波乃海
仏教勢力
藤原京
和泉
河内
大和
長岡京で洪水が頻発したため、また早良親王の怨霊から逃れるため、延暦13年(794)、平安京への遷都を敢行。このとき、山背国から「山城国」へと改称される。
山背（城）を勢力圏とする渡来系氏族。山背は桓武の母方である渡来系氏族と関係の深い土地だった。
延暦3年（784)、長岡京への遷都を行なうことで、人心の一新をはかろうとしたといわれる。
奈良時代、平城京では国の保護を受けて仏教が発達。とくに薬師寺、大安寺、元興寺、興福寺、東大寺、西大寺、法隆寺は「南都七大寺」と呼ばれて大きな権勢を誇り、時の政治権力と深く結びついていた。

豆知識　造長岡宮使の藤原種継が暗殺された事件は、藤原氏に政権から排除された豪族・大伴氏と佐伯氏が復権をもくろんで引き起こしたとされる。

【1000年続いた平安京はどんな都だった?】

延暦13年（794）、桓武天皇は平安京へと遷都した。南北約5.3キロ、東西約4.5キロと平城京よりもひと回り大きく、以降、約1000年にわたり日本の都として存続した。

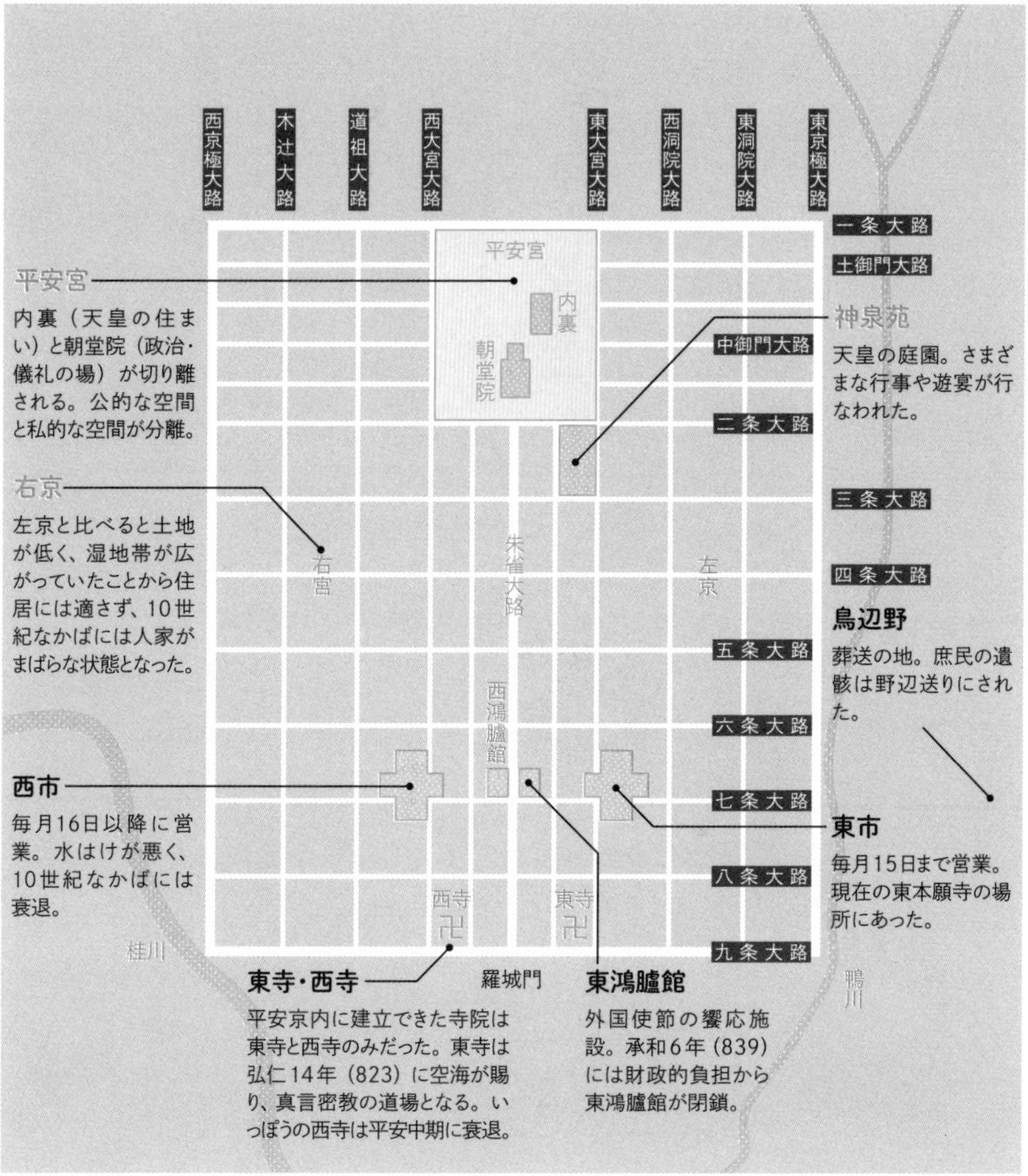
西京極大路
木辻大路
道祖大路
西大宮大路
東大宮大路
西洞院大路
東洞院大路
東京極大路
一条大路
土御門大路
中御門大路
二条大路
三条大路
四条大路
五条大路
六条大路
七条大路
八条大路
九条大路
平安宮
内裏
朝堂院
右京
朱雀大路
左京
西鴻臚館
西寺
東寺
桂川
羅城門
鴨川
平安宮
内裏（天皇の住まい）と朝堂院（政治・儀礼の場）が切り離される。公的な空間と私的な空間が分離。
右京
左京と比べると土地が低く、湿地帯が広がっていたことから住居には適さず、10世紀なかばには人家がまばらな状態となった。
西市
毎月16日以降に営業。水はけが悪く、10世紀なかばには衰退。
神泉苑
天皇の庭園。さまざまな行事や遊宴が行なわれた。
鳥辺野
葬送の地。庶民の遺骸は野辺送りにされた。
東市
毎月15日まで営業。現在の東本願寺の場所にあった。
東寺・西寺
平安京内に建立できた寺院は東寺と西寺のみだった。東寺は弘仁14年（823）に空海が賜り、真言密教の道場となる。いっぽうの西寺は平安中期に衰退。
東鴻臚館
外国使節の饗応施設。承和6年（839）には財政的負担から東鴻臚館が閉鎖。

【桓武天皇が権力強化のために行なった蝦夷征討】

母方の身分が低い桓武天皇の権力基盤は極めて脆弱だった。そこで桓武天皇は東北地方の蝦夷を征討することで、権力の強化をもくろんだ。延暦8年（789）の征討では蝦夷の族長・阿弖《あて》流為《るい》に大敗を喫したが、延暦21年（802）に坂上田村麻呂を派遣して阿弖流為を服属させることに成功。これにより国家の支配が東北地方にまでおよぶこととなった。しかし平安京の造営と蝦夷の征討で国家財政が逼迫したため、結局、桓武天皇は二大事業の停止を決定した。

豆知識　当時、疫病などの病気の流行は非業の死を遂げた人の霊がたたりをもたらしたためだとされた。これを御霊信仰という。

摂関政治とはどういうもの？

●摂政と関白が国政を主導

九世紀前半の桓武、そしてその子の嵯峨《さが》天皇まで、天皇が強い権力を持ち、国政を主導する時代が続きました。しかしやがて、藤原不比等の四人の子のうち、房前《ふささき》を祖とする藤原北家が天皇家と姻戚関係を結んで勢力を伸ばします。天安《てんあん》二年（八五八）に清和《せいわ》天皇がわずか九歳で即位すると、外祖父の藤原良房《よしふさ》が事実上の「摂政《せっしょう》」として政治の実権を掌握しました。

さらに良房の後を継いだ養子の基経《もとつね》は、光孝《こうこう》天皇からのちの「関白《かんぱく》」に発展する大権を与えられ、ここに摂関政治の基盤が形成されます。それまでの天皇親政にかわり、貴族が国政を司る時代が到来したのです。

その後、延長《えんちょう》八年（九三〇）、八歳の朱雀《すざく》天皇が即位した際、外祖父の藤原忠平《ただひら》が摂政に就任し、朱雀の元服後は関白となりました。以降、天皇の幼少時は摂政を置き、元服後は関白に任じるという制度が確立しました。なお、摂政・関白という官職は律令に規定がなく、日本の政治の実情に合わせて新たに創設されたものです。これを「令外官《りょうげのかん》」といいます。

【摂関政治のしくみ】

天安2年（858）に9歳の清和天皇が即位すると、天皇の幼少時は摂政が、天皇の元服後は関白が政治を補佐するという政治体制が構築された。

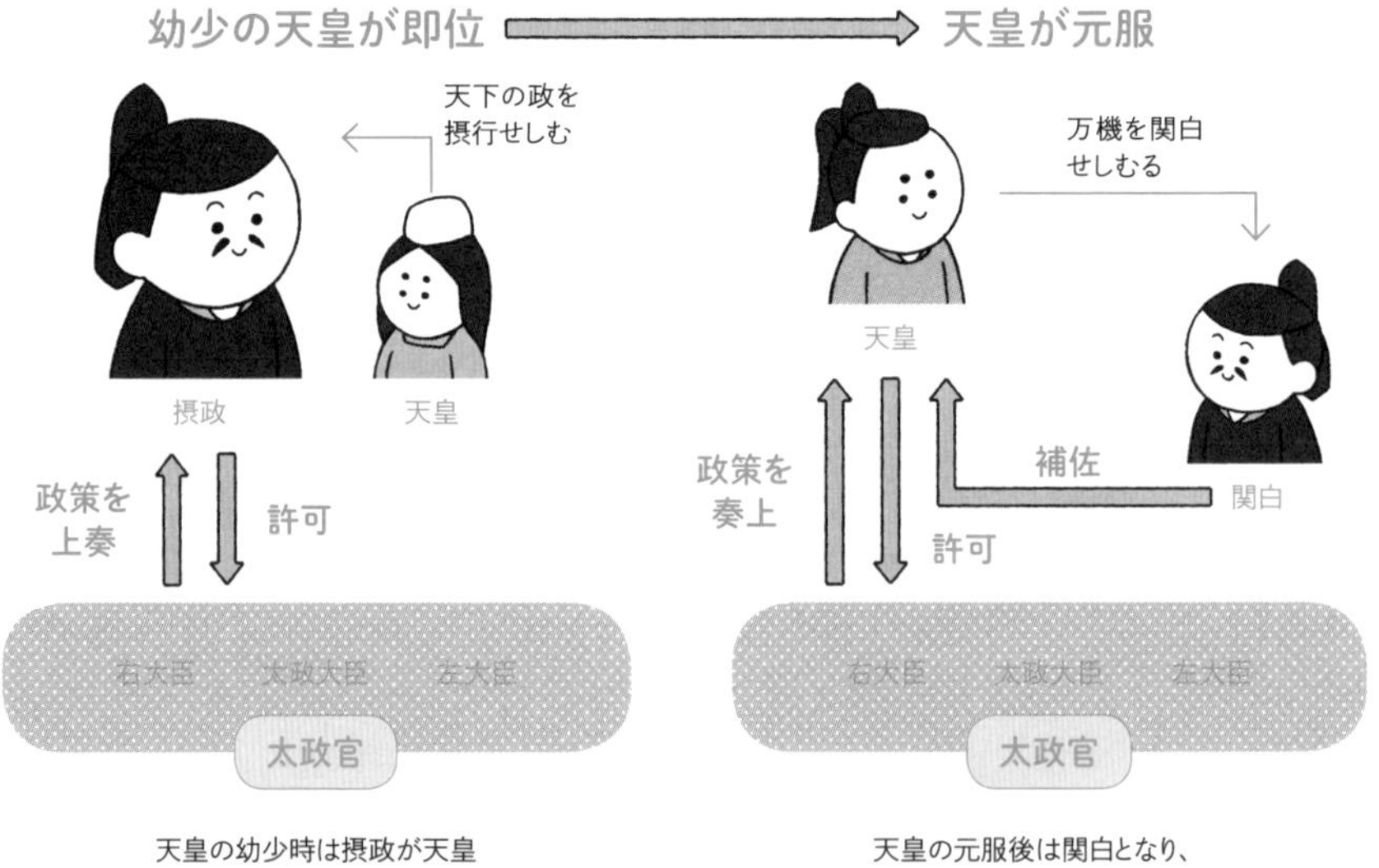

天皇の幼少時は摂政が天皇にかわって政務を司る。

天皇の元服後は関白となり、後見役として政治に参画する。

豆知識　摂関政治については、9世紀後半の藤原良房・基経期を前期摂関政治期、10〜11世紀なかごろを後期摂関政治期と区別することもある。

【藤原北家の台頭】

9世紀になると、天皇家との姻戚関係を通じて勢力を拡大した藤原北家が政界で台頭。政争を引き起こして政敵を次々と排除し、その権勢を確かなものとした。

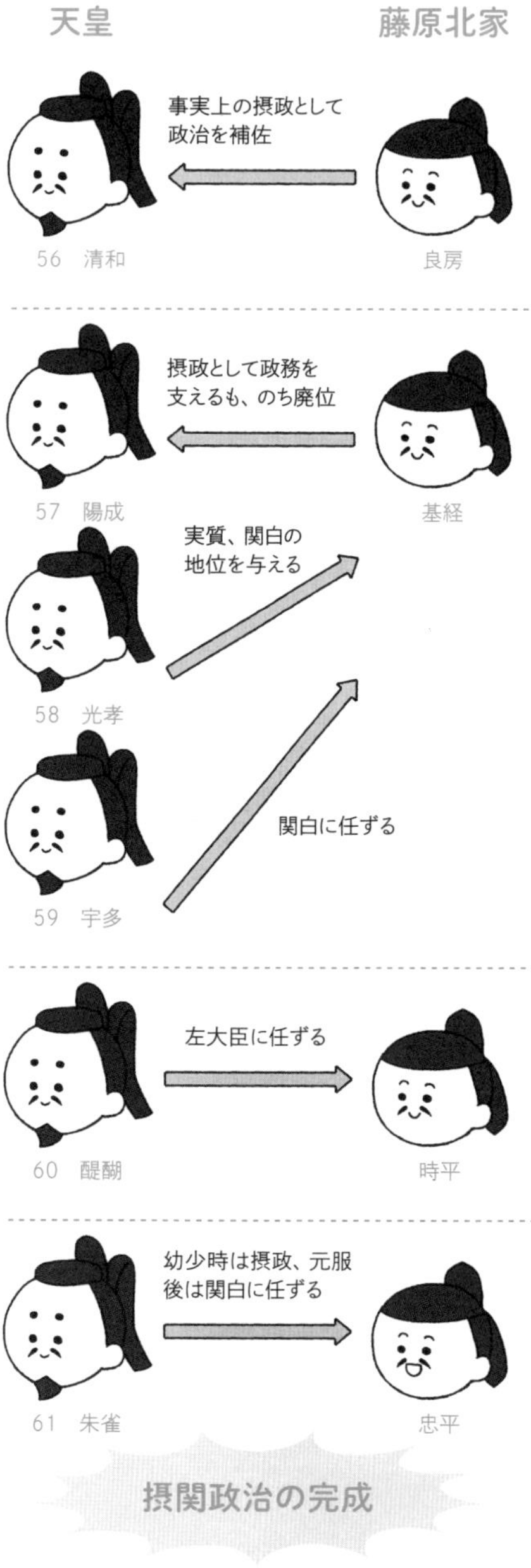
天皇
藤原北家
事実上の摂政として
政治を補佐
56 清和
良房
摂政として政務を
支えるも、のち廃位
57 陽成
基経
実質、関白の
地位を与える
58 光孝
関白に任ずる
59 宇多
左大臣に任ずる
60 醍醐
時平
幼少時は摂政、元服
後は関白に任ずる
61 朱雀
忠平
摂関政治の完成

おもな政争

承和の変（842）
恒貞親王を担ぎ、謀反を企てた伴健岑、橘逸勢、恒貞親王らが流罪となる。

応天門の変（866）
平安宮応天門が焼失。大納言・伴善男、紀豊城が処罰される。

阿衡の紛議（887～888）
宇多天皇が基経を関白に任ずる際の勅書に「阿衡」という中国の実権のない職名が記されていたことに基経が激怒。宇多天皇は勅書を撤回し、起草した橘広相を罷免した。

昌泰の変（901）
右大臣・菅原道真が斉世親王の擁立を企てた疑いをかけられ、大宰府への流罪となる。

平将門の乱（935～940）
平一族の内紛を契機として関東一円の反乱へ発展。

藤原純友の乱（939～941）
瀬戸内の豪族と結びついた藤原純友が反乱を起こし、一時、大宰府を占領。

※数字は天皇の代数

平安時代

藤原氏はどうやって権力を手に入れた？

外戚として地位を確立

一〇世紀後半以降、藤原北家がほかの貴族を圧倒して権力を掌握し、摂政・関白の地位を独占しました。そして一〇世紀末の藤原道長《みちなが》の時代に黄金期を迎えることになります。

当時は生まれた子に対する母方の血筋の影響力が強く、天皇の外戚《がいせき》となって初めて権力を思いのままに振るうことができました。そのため道長は長女・彰子《しょうし》を一条《いちじょう》天皇、次女・妍子《けんし》を三条《さんじょう》天皇、四女・威子《いし》を後一《ごいち》条《じょう》天皇、六女・嬉子《きし》を後朱雀《ごすざく》天皇に入内《じゅだい》させて権力を掌握。長和《ちょうわ》五年（一〇一六）には摂政となり、後一条、後朱雀、後冷泉《ごれいぜい》天皇の外祖父として藤原氏の全盛期を築き上げます。ただし、道長自身はけっして関白の地位にはつかず、左大臣の地位に固執しました。当時の太政官制では左大臣が一上《いちのかみ》、つまり事実上の最高責任者であったためです。仮に左大臣が関白に就任すると、かわって右大臣が一上となり、関白は一上の職務を行なわなくなります。そのため道長は左大臣として公卿のトップに立ち続ける道を選択したのでした。

【娘を天皇の妃に！ 藤原氏の積極的な婚姻戦略】

藤原氏はすでに不比等の時代から娘を天皇家に輿入れさせ、天皇と個人的な関係を構築することで、朝廷内における絶対的な地位を確立してきた。

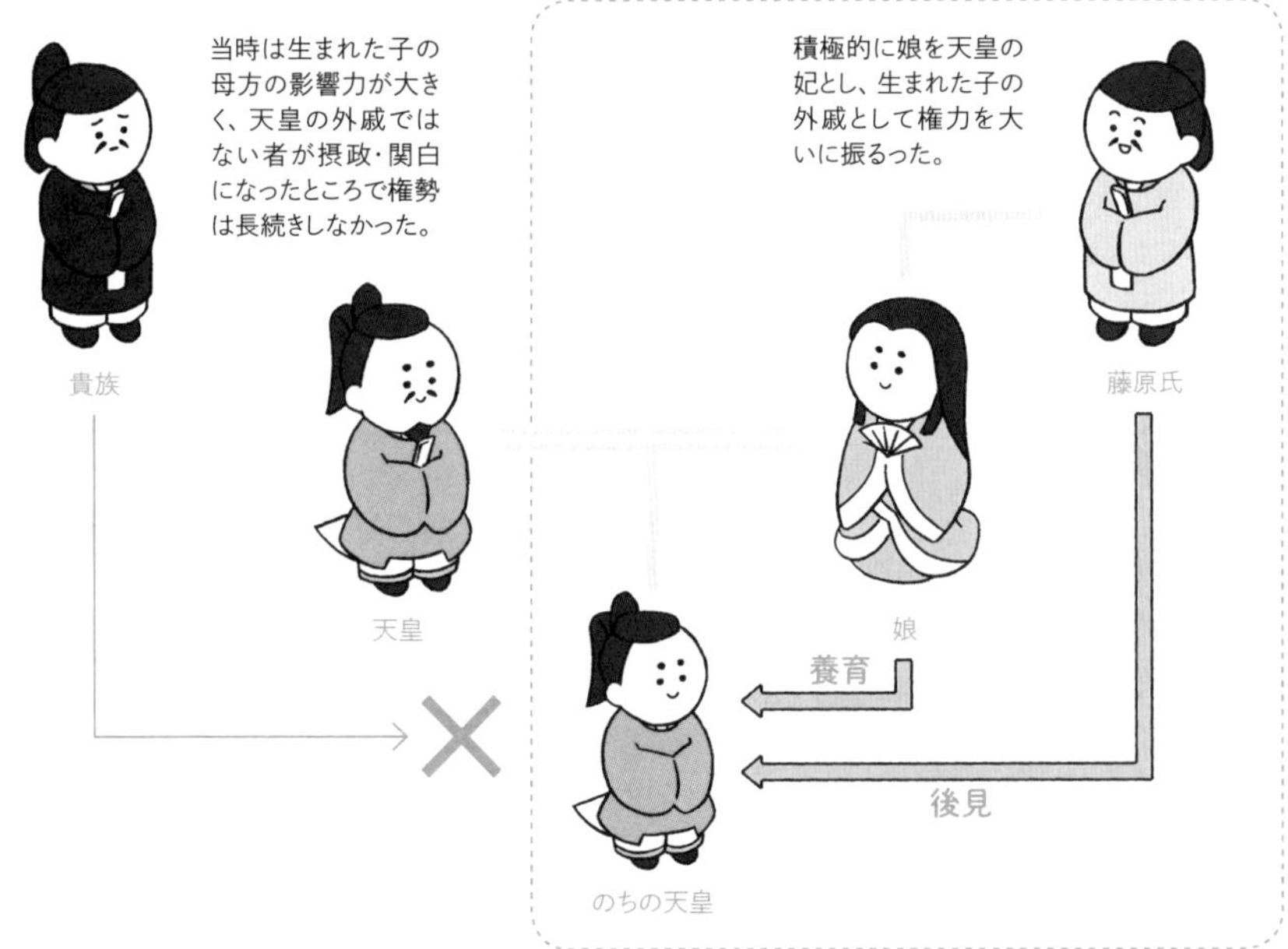
当時は生まれた子の母方の影響力が大きく、天皇の外戚ではない者が摂政・関白になったところで権勢は長続きしなかった。
積極的に娘を天皇の妃とし、生まれた子の外戚として権力を大いに振るった。
貴族
天皇
藤原氏
娘
養育
後見
のちの天皇

豆知識 寛仁元年（1017）、藤原道長は子の頼通に摂政の地位を譲った。これにより、摂関職の地位は道長の子孫（御堂流）に受け継がれることとなり、いわゆる「摂関家」が形成された。

【藤原氏と天皇家の関係系図】

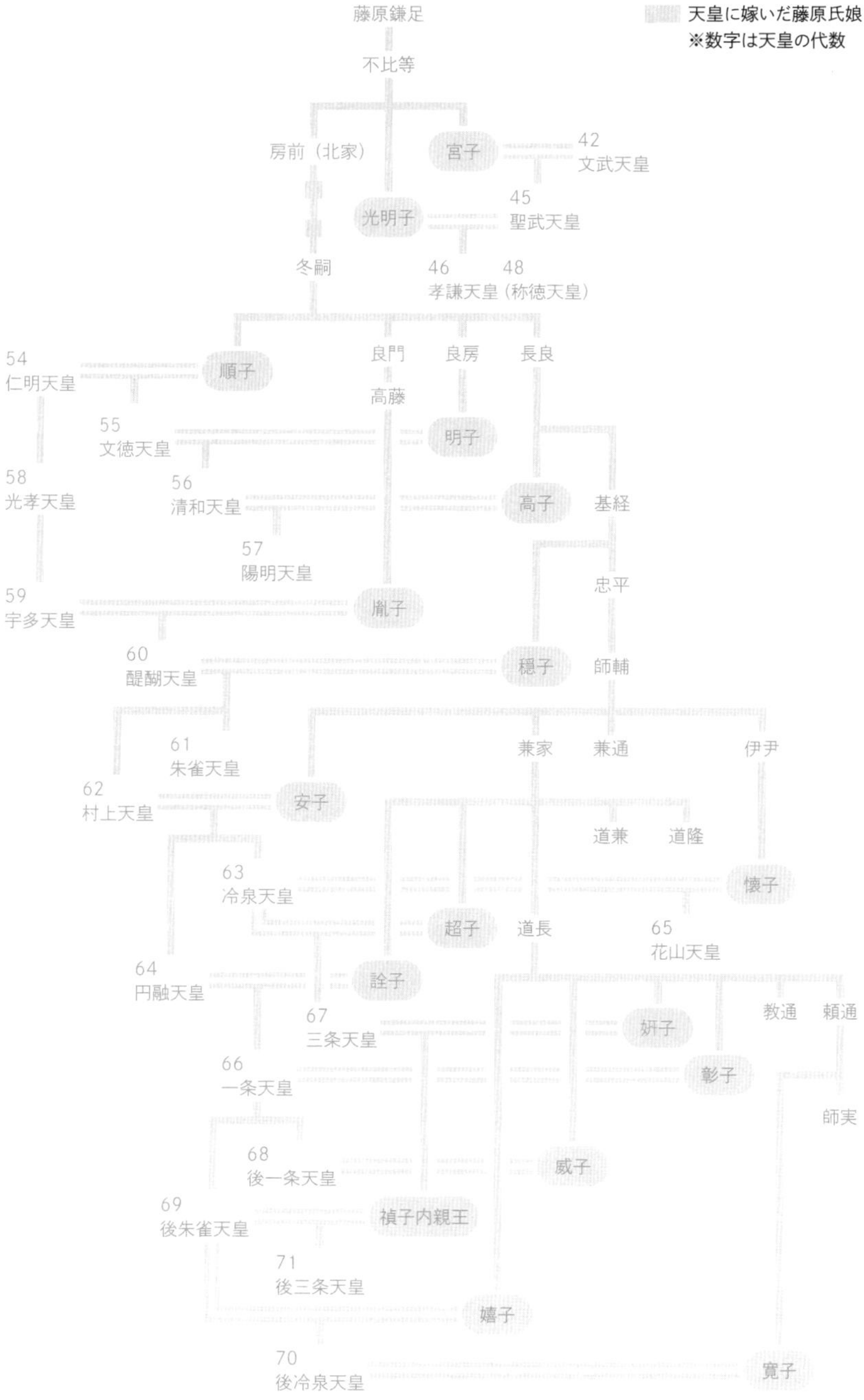
天皇に嫁いだ藤原氏娘
※数字は天皇の代数
藤原鎌足
不比等
房前（北家）
宮子
42
文武天皇
光明子
45
聖武天皇
冬嗣
46
48
孝謙天皇（称徳天皇）
54
仁明天皇
順子
良門
良房
長良
高藤
55
文徳天皇
明子
58
光孝天皇
56
清和天皇
高子
基経
57
陽明天皇
忠平
59
宇多天皇
胤子
60
醍醐天皇
穏子
師輔
61
朱雀天皇
兼家
兼通
伊尹
62
村上天皇
安子
道兼
道隆
63
冷泉天皇
懐子
超子
道長
65
花山天皇
64
円融天皇
詮子
67
三条天皇
妍子
教通
頼通
66
一条天皇
彰子
師実
68
後一条天皇
威子
69
後朱雀天皇
禎子内親王
71
後三条天皇
嬉子
70
後冷泉天皇
寛子

豆知識 一条天皇の中宮・彰子に仕えた紫式部が『源氏物語』を、一条天皇の中宮・定子に仕えた清少納言が『枕草子』を著すなど、藤原摂関期は女房による王朝文学が花開いた時代でもあった。

平安時代

荘園ってなに？

●有力者が土地を自分のものとする

律令制のもとでは、土地はすべて国家のものでした（公地《こうち》公民制《こうみんせい》）。しかし国家は耕地を拡大して税収を増やすため、天平一五年（七四三）に墾田永年《こんでんえいねん》私財法《しざいほう》を発布します。こうして、開墾した土地の永年私有が認められることになりました。

これに目をつけたのが、貴族や大寺院、地方豪族たちです。彼らは農民や浮浪人などを雇って大規模な開墾を実施し、土地の囲い込みを行ないました。これにより、有力者による大土地所有がはじまることとなります（初期荘園《しょうえん》）。

一一世紀に入ると、中央の権力者に土地を寄進《きしん》する有力農民が続出しました。税を免れるとともに、自らは荘官《しょうかん》となって利権を確保したのです。こうして成立した荘園を「寄進地系荘園」といいます。荘園の増加は税収の低下を意味するため、国家はこれ以上の荘園の拡大を防ぐべく荘園整理令を発布しました。ですがこれは不徹底に終わり、結果的に荘園と公領《こうりょう》の区別が明確となる結果に終わったのでした（荘園公領制）。

【「公地」から「私有地」へ】

当初、すべての土地は天皇（国）のものとされていたが、農地を増やし、安定した税収を得るために徐々に条件が緩和されていき、ついには開墾地の私有が認められた。

646年　公地公民制

すべての土地は
天皇（国）のもの！

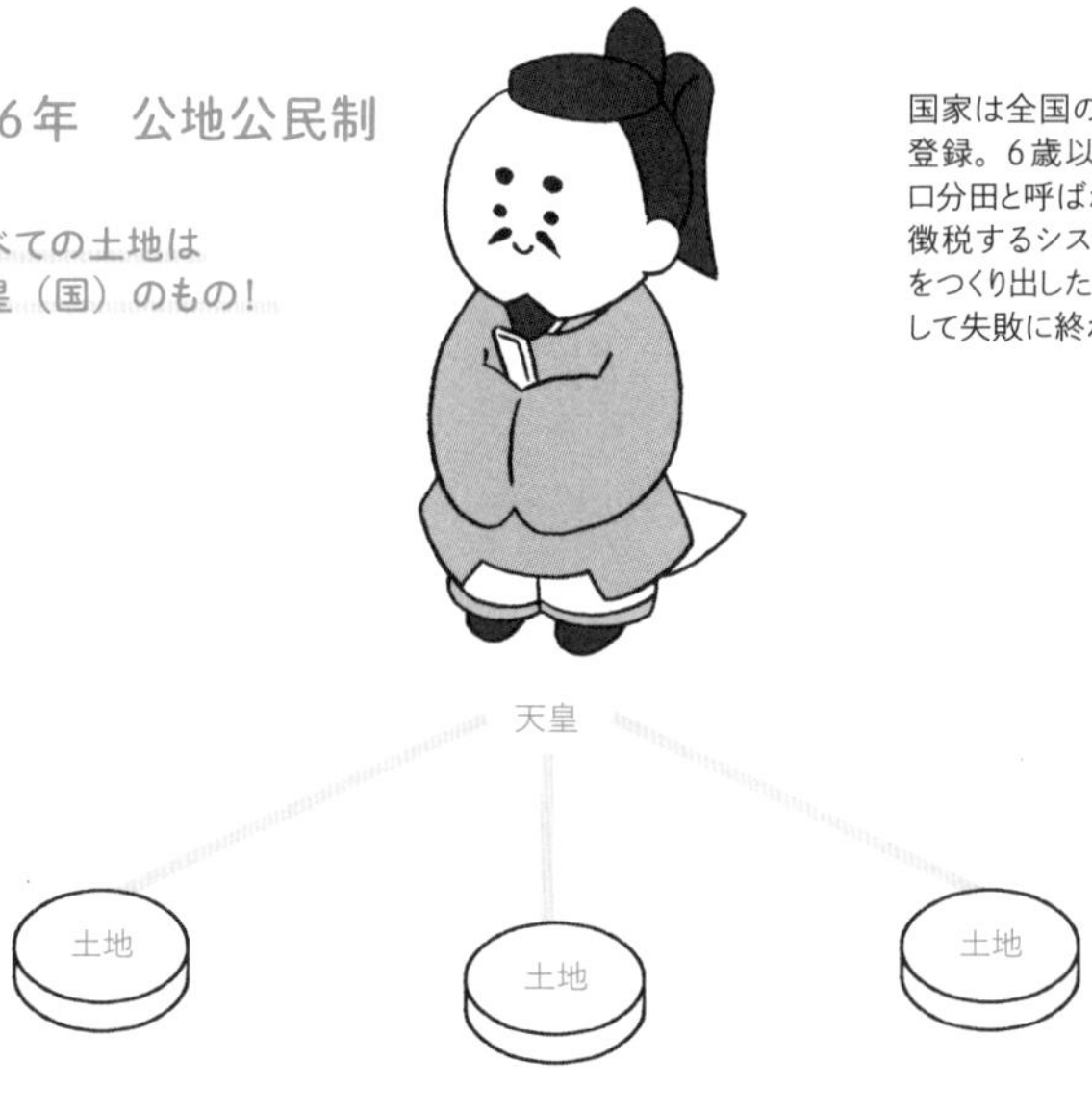

国家は全国の人々を戸籍や計帳に登録。6歳以上のすべての民衆に口分田と呼ばれる土地を貸し与え、徴税するシステム（班田収授法）をつくり出したが、民が逃亡するなどして失敗に終わる。

豆知識　「荘」は私有地に置かれた倉庫などの建物のこと。そして建物を含めた私有地全体を「荘園」と呼んだ。

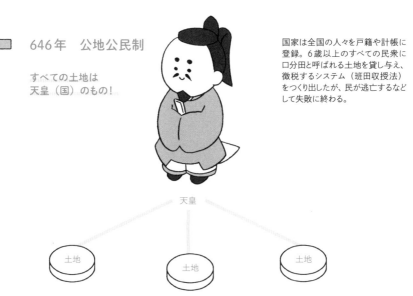

701年　班田収授法

土地をレンタル！

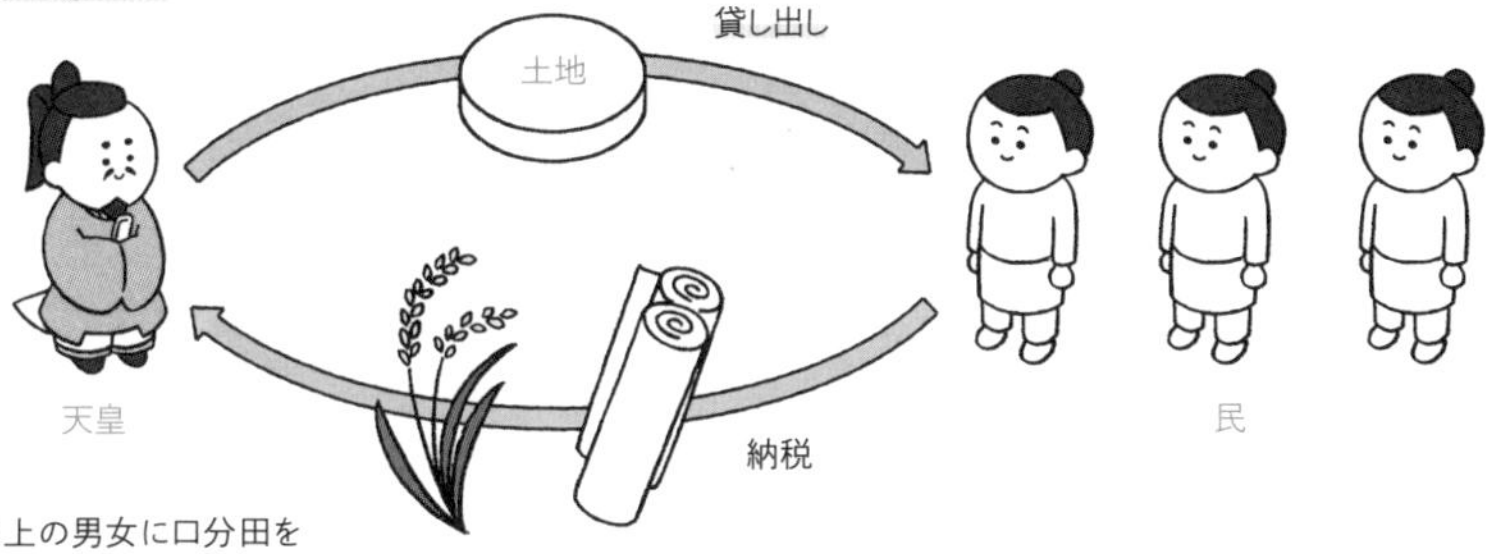

6歳以上の男女に口分田を貸し、税を納めさせる。

723年　三世一身法

新しく灌漑施設をつくって開墾した場合、3世にわたって所有を認可。

3代だけ所有を許可！

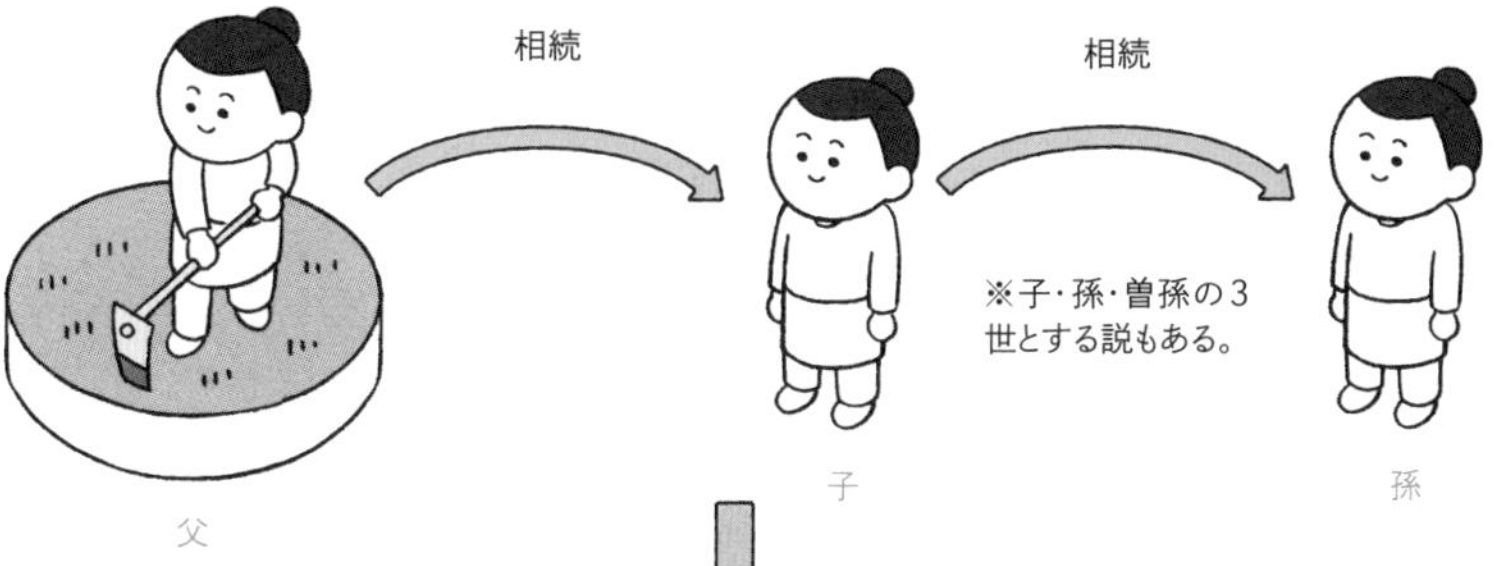

※子・孫・曽孫の3世とする説もある。

743年　墾田永年私財法

初期荘園

開墾地の私有を永久に許可！

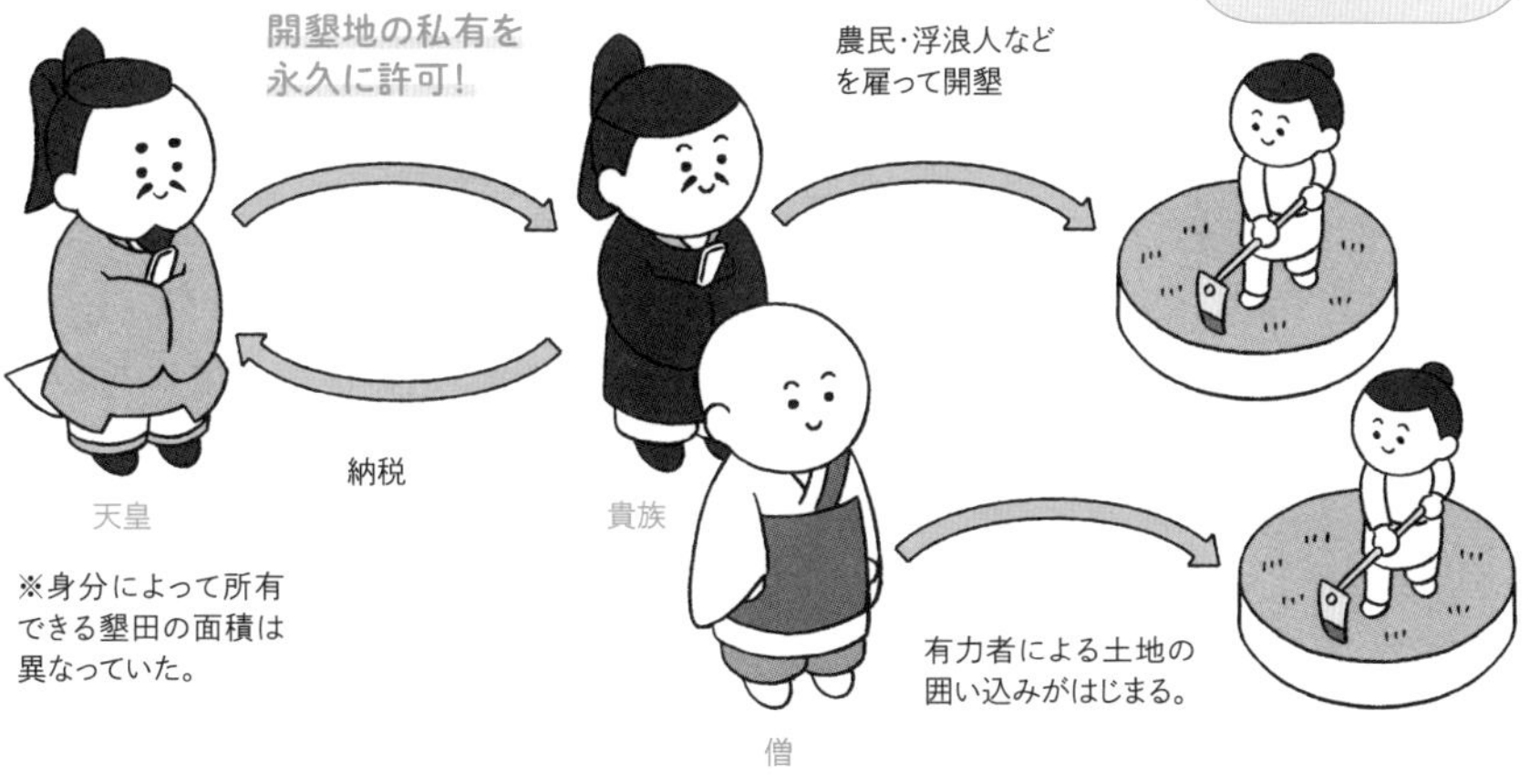

※身分によって所有できる墾田の面積は異なっていた。

有力者による土地の囲い込みがはじまる。

豆知識　公領は国衙領ともいう。公領の管理にあたった国司（受領）は一定の租税を納める義務のみを負ったため、結果的に収益の多くを手にすることができ、実質は荘園とかわらなかった。

【寄進地系荘園の成立】

墾田永年私財法の発布によって全国に私有地が拡大するなか、11世紀になると地方豪族が自分の土地を守るために有力な貴族や寺社に私領を寄進し、荘園化する動きが起こった。

10世紀　課税対象が「人民」から「土地」へ変更

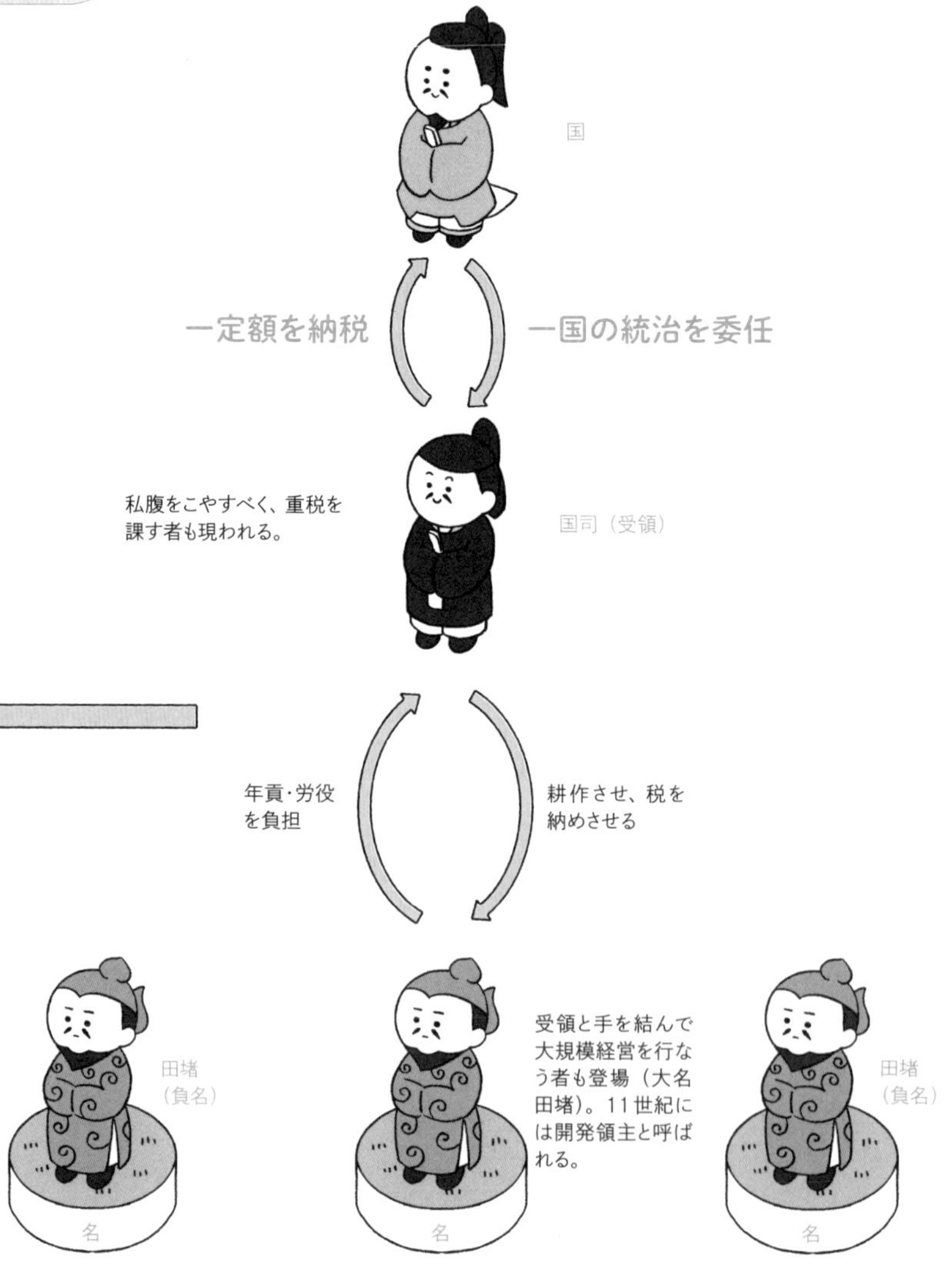

国
一定額を納税
一国の統治を委任
私腹をこやすべく、重税を課す者も現われる。
国司（受領）
年貢・労役を負担
耕作させ、税を納めさせる
田堵（負名）
受領と手を結んで大規模経営を行なう者も登場（大名田堵）。11世紀には開発領主と呼ばれる。
田堵（負名）
名
名
名

豆知識　荘園や公領を構成する基本単位を「名」という。また、名の年貢などを取りまとめる有力な農民を「名主（みょうしゅ）」、田畑の耕作を請け負う者を「田堵（たと）・負名（ふみょう）」と呼んだ。

やがて税をめぐって受領と田堵が対立。田堵は税を逃れるため、所領を中央の有力者や寺社に寄進し、彼らの荘園とするようになる。

荘園を寄進された中央貴族や寺社を領家といい、
さらに寄進された皇族や摂関家などを本家という。

11世紀　寄進地系荘園が成立

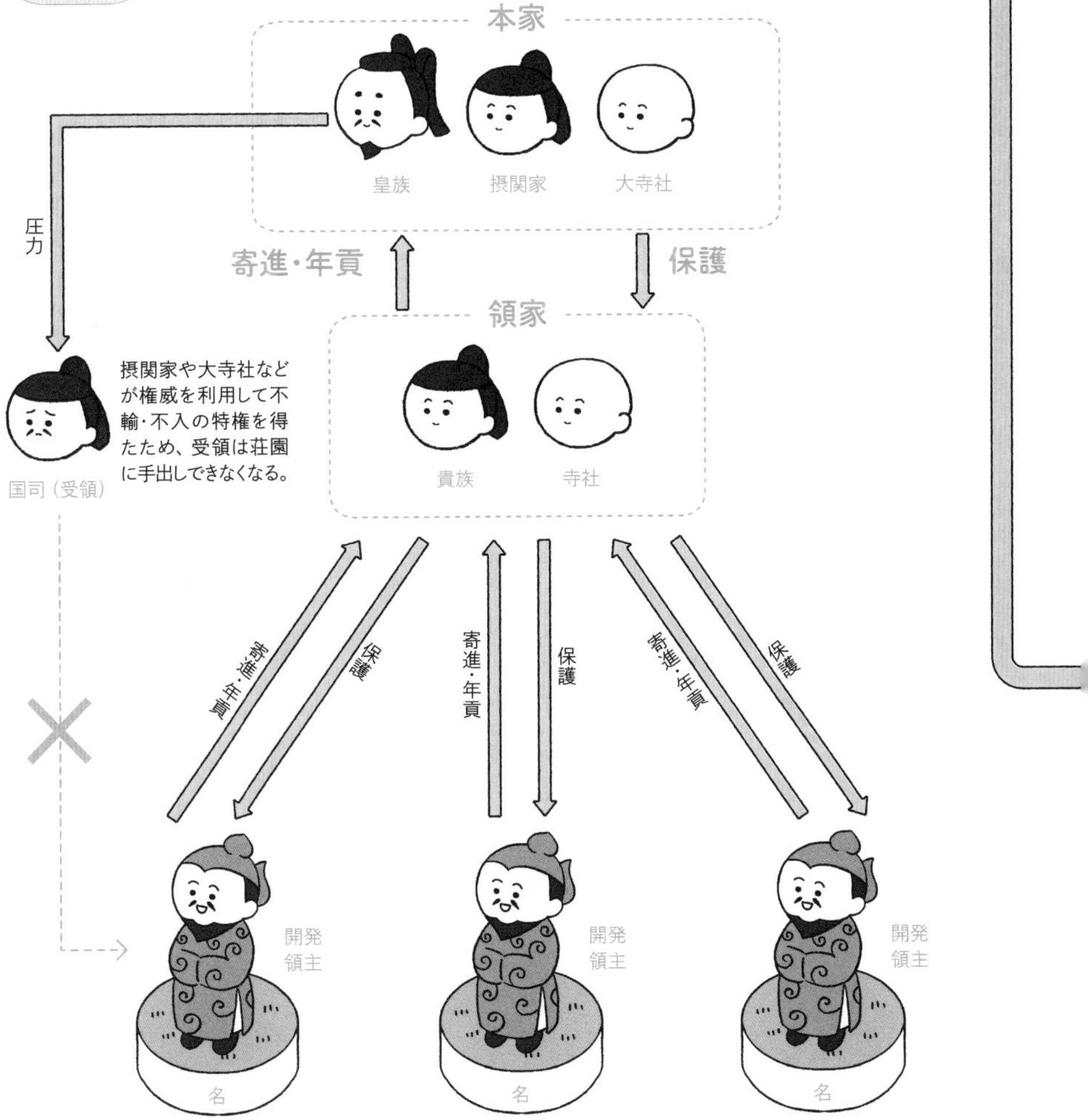
本家
皇族
摂関家
大寺社
圧力
寄進・年貢
保護
領家
貴族
寺社
摂関家や大寺社などが権威を利用して不輸・不入の特権を得たため、受領は荘園に手出しできなくなる。
国司（受領）
寄進・年貢
保護
寄進・年貢
保護
寄進・年貢
保護
開発領主
開発領主
開発領主
名
名
名

租税を免除される権利を不輸といい、国衙の役人の立入りを認めない権利を不入という。

自らは荘園を管理する荘官・荘司などの地位を得て実質的に所領を支配。

豆知識　このころに「知行国」制度が成立。国は上級貴族に一国の支配権を与え、その国の公領から上がる収益を与えた。知行という語は、江戸時代には武士の領地を示すものとなる。

第2章 中世

平治の乱

藤原信頼と源義朝が平清盛打倒を企てて挙兵するも、清盛によって鎮圧された。

平安後期
1086～1185年

1086年
白河上皇が院政を開始

1156年
保元の乱勃発

1159年
平治の乱勃発

1167年
平清盛が太政大臣に就任

鎌倉
1185（1192）～1333年

1180年
治承・寿永の乱勃発

1185年
源頼朝が全国に守護・地頭を設置

鳥羽離宮

白河天皇が譲位後の御所として建造。鳥羽上皇、後白河上皇も同地で院政を行なった。

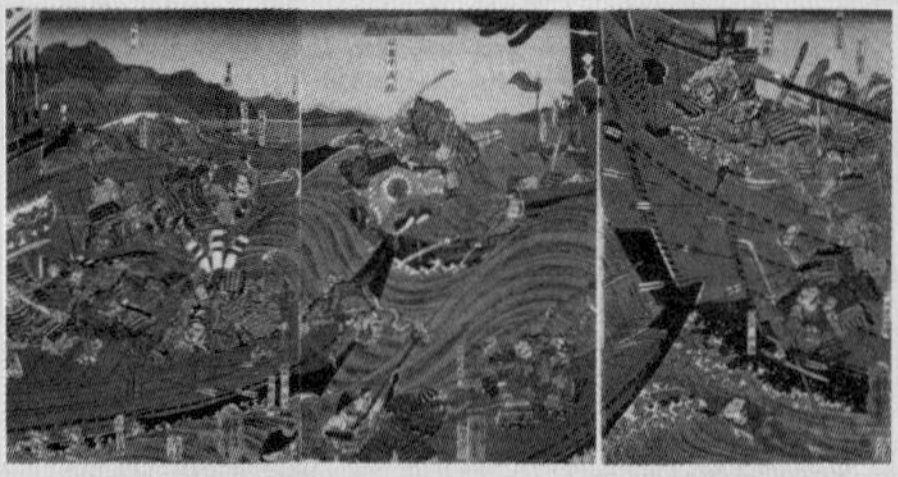

屋島の戦い

源氏方の那須与一が平家方の船上に立てられた扇の的を射抜いた戦いとして知られる。

平清盛

武士として初めて太政大臣に就任。一門もこぞって高位に進み、「平家にあらずんば人にあらず」と謳われた。

元軍に備えて築かれた防塁

文永の役後、幕府は九州の各地に防塁を構築し、元軍の再侵攻に備えた。

金閣

応永4年（1397)、足利義満が北山殿の一角に建立。造営当初から金箔が張られていたといわれるが、「金閣」と呼称されるようになったのは15世紀以降のことだと伝わる。

1192年
源頼朝が征夷大将軍に就任

1274年
元軍が九州に来襲（文永の役）

1281年
元軍が再び九州に来襲（弘安の役）

1333年
鎌倉幕府が滅亡

1336年
足利尊氏が光明天皇を擁立

南北朝
1336〜92年

1392年
足利義満が南北朝を合一

室町
1336〜1573年

1467年
応仁・文明の乱勃発（〜77年）

戦国
1467〜1590年

鶴岡八幡宮

康平6年（1063）の創建。治承4年（1180）に源頼朝が現在地に遷座して以降、鎌倉幕府の鎮守社として崇敬を集めた。

平安時代

武士はどうやって生まれた？

●地方に派遣された貴族が勢力を拡大

武士《ぶし》とは、武芸という特殊な技能を有し、それを家業として子孫代々に受け継いでいく人々のことをいいます。そのはじまりは、中央の中・下級貴族にあると見られています。平安時代、国家は中・下級貴族を受《ず》領《りょう》（国司《こくし》）に任じ、地方を支配していました。彼らを諸国に派遣し、税を徴収させたのです。受領は「名《みょう》」を経営するものから確実に税を取り立てるため、武力を用いて任国を支配しました。自ら武装したり、地方の有力豪族を国衙《こくが》の軍事力として利用したのです。

やがて任期後もそのまま土着し、新たな受領から徴税を請け負うものが現われるようになります。彼らは国衙の役人となって地方の紛争調停や土地の開発を行なって所領を拡大。領主として地方に勢力を張り、やがて武士へと成長を遂げていきました。

いっぽう、都に戻り、軍事力で摂関家などの有力貴族に仕えるものも現われました。いわば私的ボディガードです。こうして台頭した武士に、平清盛《たいらのきよもり》に通じる伊勢平氏、源頼朝《みなもとのよりとも》に通じる清和源氏などがいます。

【武士とはどのような存在？】

武芸を家業として代々受け継いでいく身分のものを武士と呼ぶ。武力に優れていても、武芸の家柄の出身でなければ武士とはいえなかった。

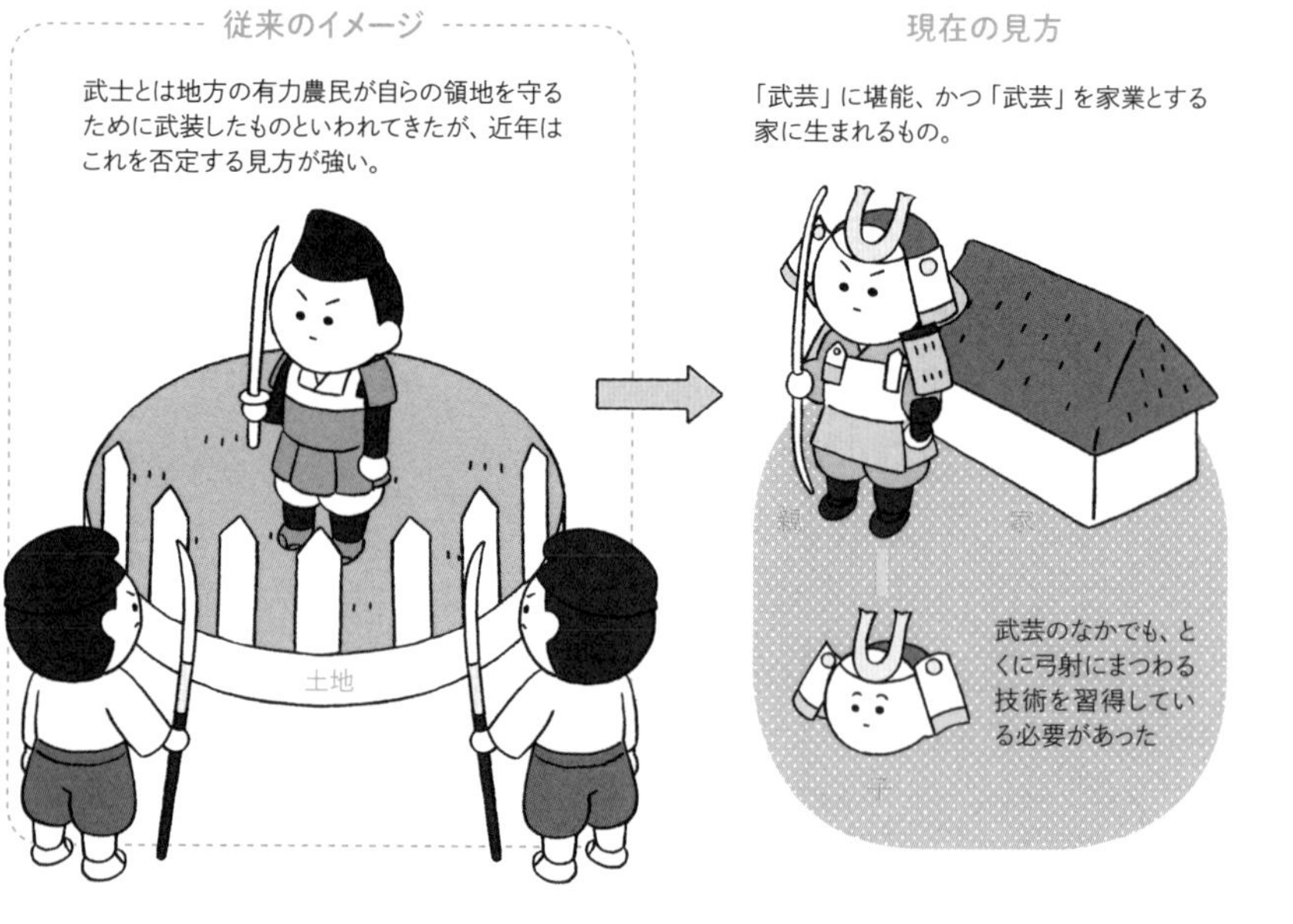
従来のイメージ
武士とは地方の有力農民が自らの領地を守るために武装したものといわれてきたが、近年はこれを否定する見方が強い。
土地
現在の見方
「武芸」に堪能、かつ「武芸」を家業とする家に生まれるもの。
親
家
子
武芸のなかでも、とくに弓射にまつわる技術を習得している必要があった

【武士はどのように誕生したか】

武士がどうやって発生したのかについては、いまだ定説がない。国司として地方に向かったのちに土着して勢力を拡大させた、あるいは地方の領主となったものが都に戻って有力貴族に仕え、勢力を伸ばしたことで武士が誕生したともいわれる。

中央
摂関家
武芸をもって仕える
宮中・身辺警護役や
受領に任ずる
軍事貴族
(例) 伊勢平氏、
清和源氏
都で有力貴族に仕えて
勢力を拡大
地方
国衙の役人となりながら
軍事力を背景に盗賊の
征討や紛争の調停など
を行ない、領土を拡大。
紛争を調停
館
征討
盗賊
私兵を組織
開発
開発
開発
領地
領地
領地
地方で勢力を伸張
(例) 平忠常、上総氏、千葉氏など関東一円の武士

豆知識　武士を「侍」と呼ぶのは、貴族に侍（さぶら）っていた（護衛にあたる）ことにちなむ。

平安時代

院政とはどういうシステム？

●皇位を自分の子に確実に継承させる

延久《えんきゅう》四年（一〇七二）、後三条《ごさんじょう》天皇の譲位を受け、長子の白河《しらかわ》天皇が即位しました。皇太子に指名されたのは、当時二歳だった白河の異母弟・実仁《さねひと》親王です。後三条はいずれ実仁を天皇にしようと考えていました。しかし、後三条の思惑はもろくも崩れ去ります。延久五年（一〇七三）に後三条が没し、応徳《おうとく》二年（一〇八五）に実仁も没すると、その翌年、白河は第二皇子で八歳の善仁《たるひと》親王（堀河《ほりかわ》天皇）に譲位。自らは上皇として政務をとりました。上皇の在所である「院《いん》」で上皇が国政を司ったことから、この政治体制を院政《いんせい》といいます。

院政といえば、しばしば摂関《せっかん》政治を排除するためのものであったといわれます。しかし白河の思惑はただひとつ。自らの直系に確実に皇位を伝えることにありました。堀河の即位時、実仁の同母弟・輔仁《すけひと》親王が皇太子に立てられなかったのは、輔仁には皇位を渡さないという白河の意志の現われだったといえるでしょう。いわば院政は皇位継承の最中で偶然に生まれ、段階を踏んで確立したものであると考えることができます。

【院政と摂関政治はなにが違う？】

天皇の母方の血筋が重要だった摂関政治とは異なり、院政は父方の上皇が権力を握っていたところに大きな特徴がある。

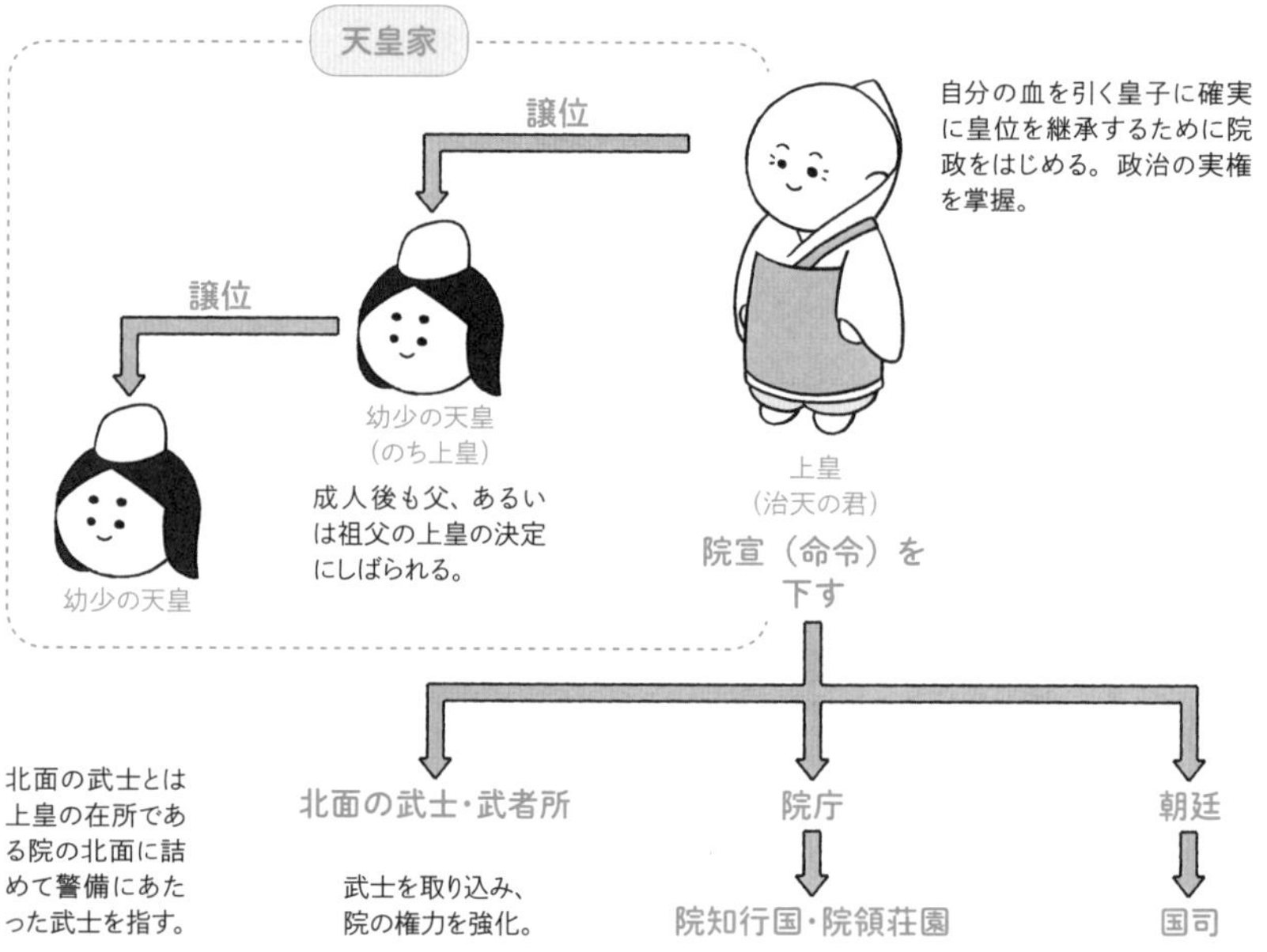
天皇家
譲位
譲位
自分の血を引く皇子に確実に皇位を継承するために院政をはじめる。政治の実権を掌握。
幼少の天皇
（のち上皇）
成人後も父、あるいは祖父の上皇の決定にしばられる。
上皇
（治天の君）
院宣（命令）を下す
幼少の天皇
北面の武士とは上皇の在所である院の北面に詰めて警備にあたった武士を指す。
北面の武士・武者所
武士を取り込み、院の権力を強化。
院庁
院知行国・院領荘園
朝廷
国司

【「家」としての摂関家の確立】

従来、院政は摂関政治への対抗策であったと見られてきたが、現在は院政期に摂政・関白を輩出する「家」が成立したと考えられるようになっている。

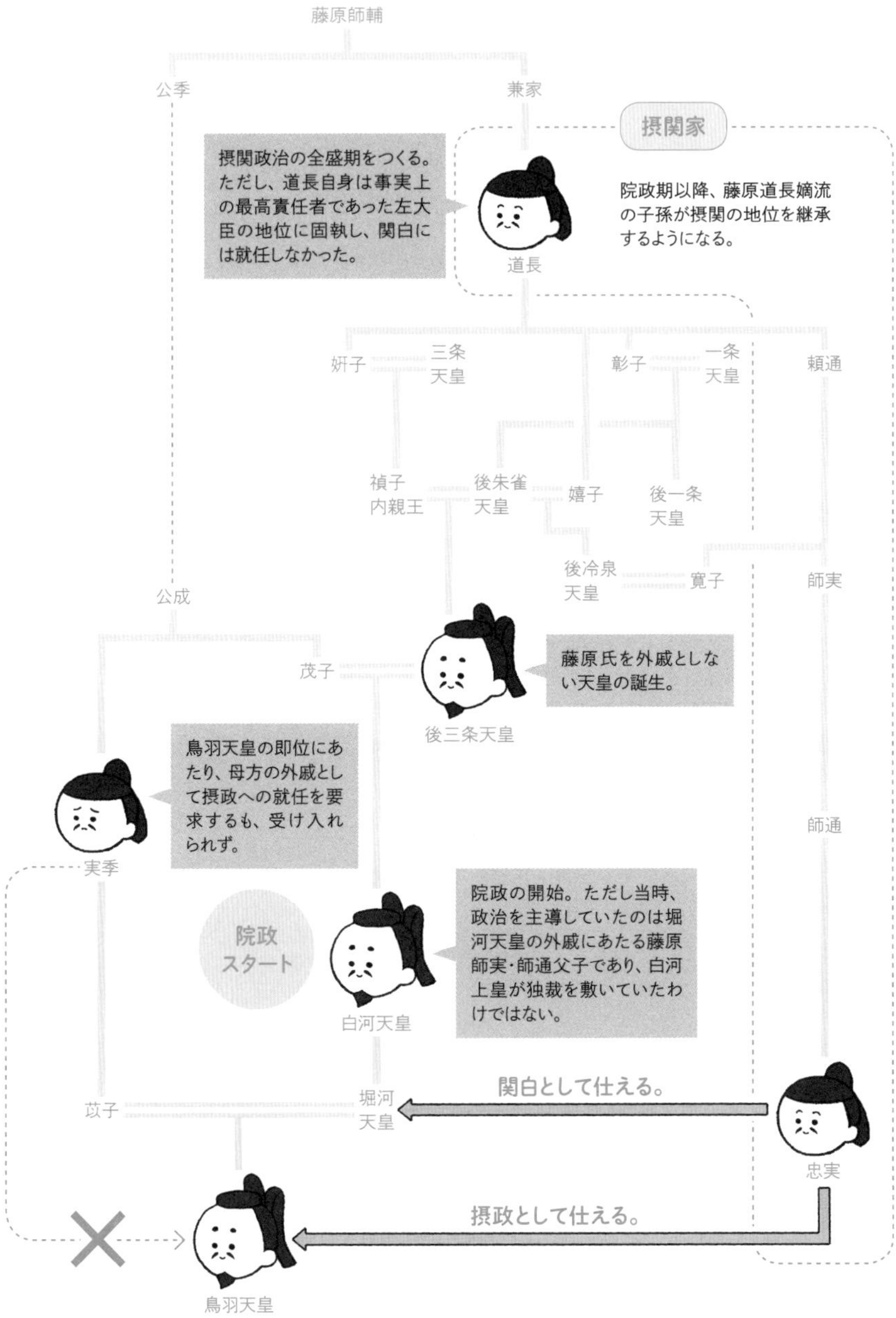

藤原師輔
公季
兼家
摂関家
摂関政治の全盛期をつくる。ただし、道長自身は事実上の最高責任者であった左大臣の地位に固執し、関白には就任しなかった。
院政期以降、藤原道長嫡流の子孫が摂関の地位を継承するようになる。
道長
妍子
三条天皇
彰子
一条天皇
頼通
禎子内親王
後朱雀天皇
嬉子
後一条天皇
後冷泉天皇
寛子
師実
公成
茂子
藤原氏を外戚としない天皇の誕生。
後三条天皇
鳥羽天皇の即位にあたり、母方の外戚として摂政への就任を要求するも、受け入れられず。
実季
師通
院政スタート
院政の開始。ただし当時、政治を主導していたのは堀河天皇の外戚にあたる藤原師実・師通父子であり、白河上皇が独裁を敷いていたわけではない。
白河天皇
関白として仕える。
苡子
堀河天皇
忠実
摂政として仕える。
鳥羽天皇

豆知識 従来、鎌倉幕府の成立を日本における中世のはじまりであるとする見方が強かったが、現在は武士が台頭する院政期が起点と考えられている。

平安時代

どうして武士が権力を握った？

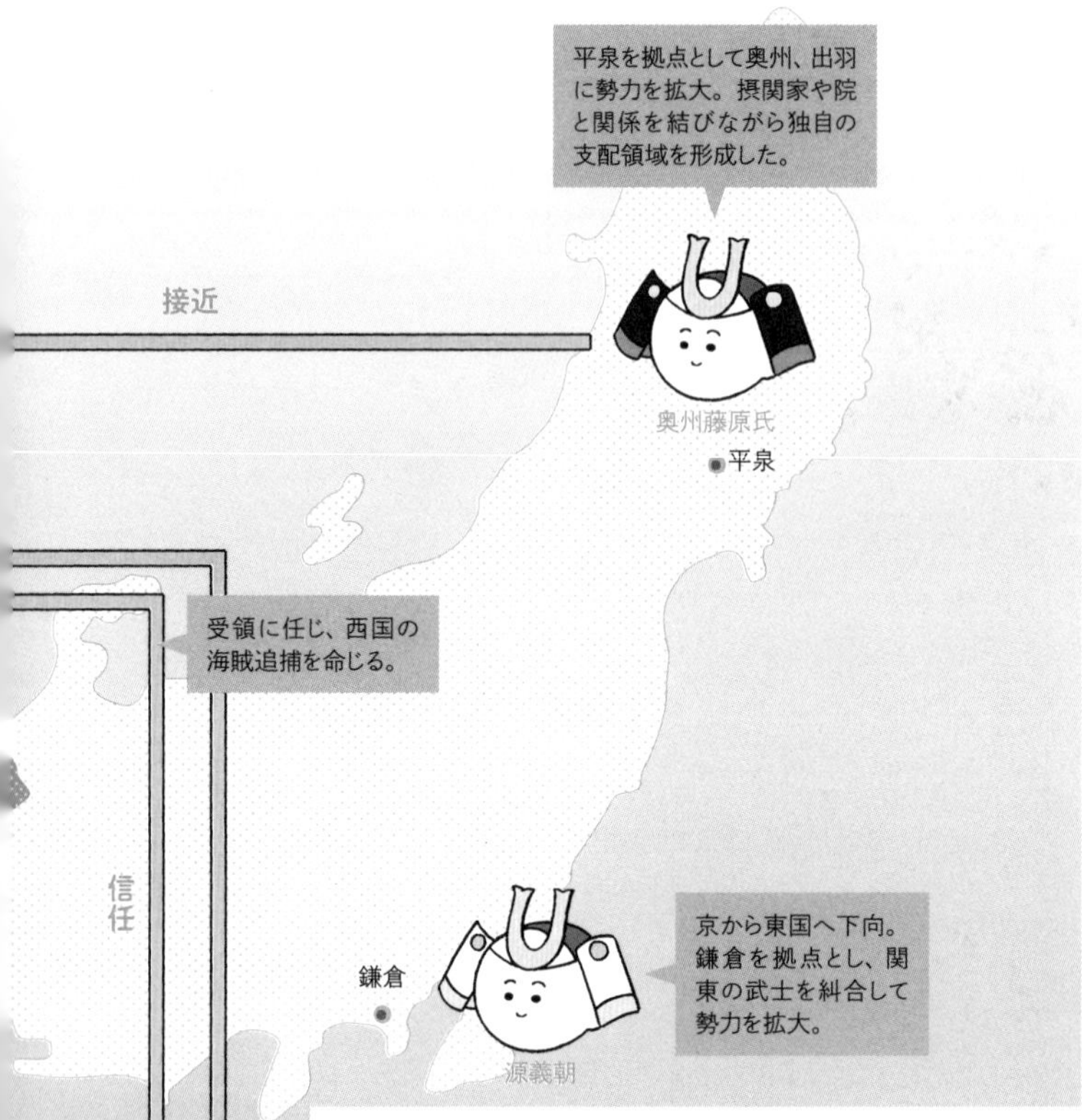

平泉を拠点として奥州、出羽に勢力を拡大。摂関家や院と関係を結びながら独自の支配領域を形成した。
接近
奥州藤原氏
平泉
受領に任じ、西国の海賊追捕を命じる。
信任
京から東国へ下向。鎌倉を拠点とし、関東の武士を糾合して勢力を拡大。
鎌倉
源義朝

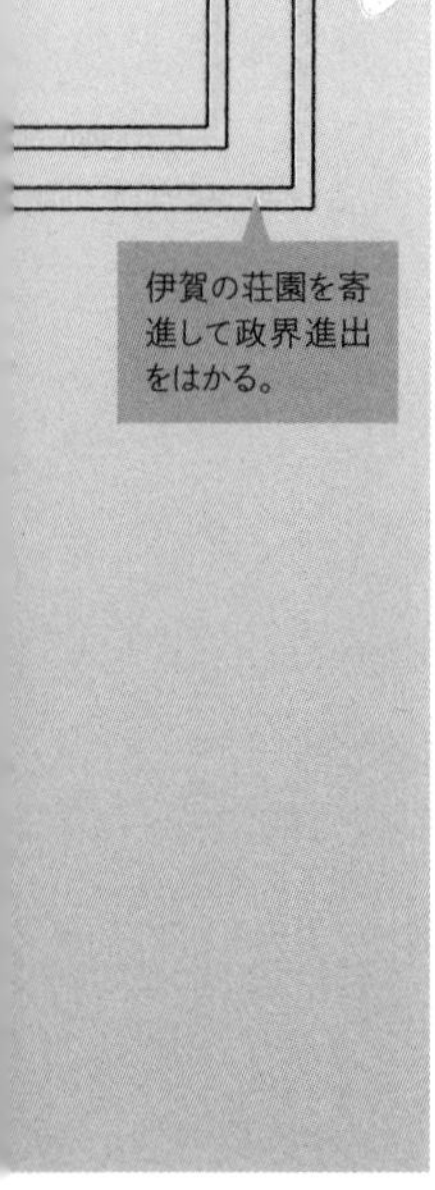

伊賀の荘園を寄進して政界進出をはかる。

●貴族の政争に武士が導入される

嘉承《かしょう》二年（一一〇七）に堀河天皇が崩御すると、白河法皇は堀河の子で五歳だった宗仁《むねひと》親王を即位させました（鳥羽《とば》天皇）。このとき、白河は鳥羽の外戚だった藤原公実《きんざね》ではなく、堀河の晩年に関白をつとめていた藤原忠実《ただざね》を摂政に任じます。こうして摂政・関白の地位は外戚にかかわらずに上皇（法皇）が任じることになり、院が政治の主導権を掌握。ここにおいて白河による本格的な院政が開始されました。

その後、白河は鳥羽を退位させ、その子の崇徳《すとく》天皇を即位させましたが、白河の崩御後、鳥羽上皇は崇徳を退位させ、崇徳の弟で八歳の近衛《このえ》天皇を即位させます。近衛が早逝したあとは、同じく崇徳の弟の後白河天皇を擁立しました。上皇となってもなんら実権を持てない崇徳は不満を募らせ、鳥羽の没後、源為義《みなもとのためよし》ら武士を動員してついに決起します（保元《ほうげん》の乱）。後白河方も平清盛《たいらのきよもり》ら武士を動員。こうして中央政界の表舞台に武士が登場し、政争鎮圧に功績を残した武士の軍事力が朝廷に大きな影響を及ぼすことになりました。

豆知識　「法皇」とは出家した上皇のこと。ちなみに崇徳天皇は白河法皇の御落胤とされる。

【勢力を拡大する武士】

地方に勢力を築き上げた武士たちは中央の有力者と結びつくことでその地位を高めていった。

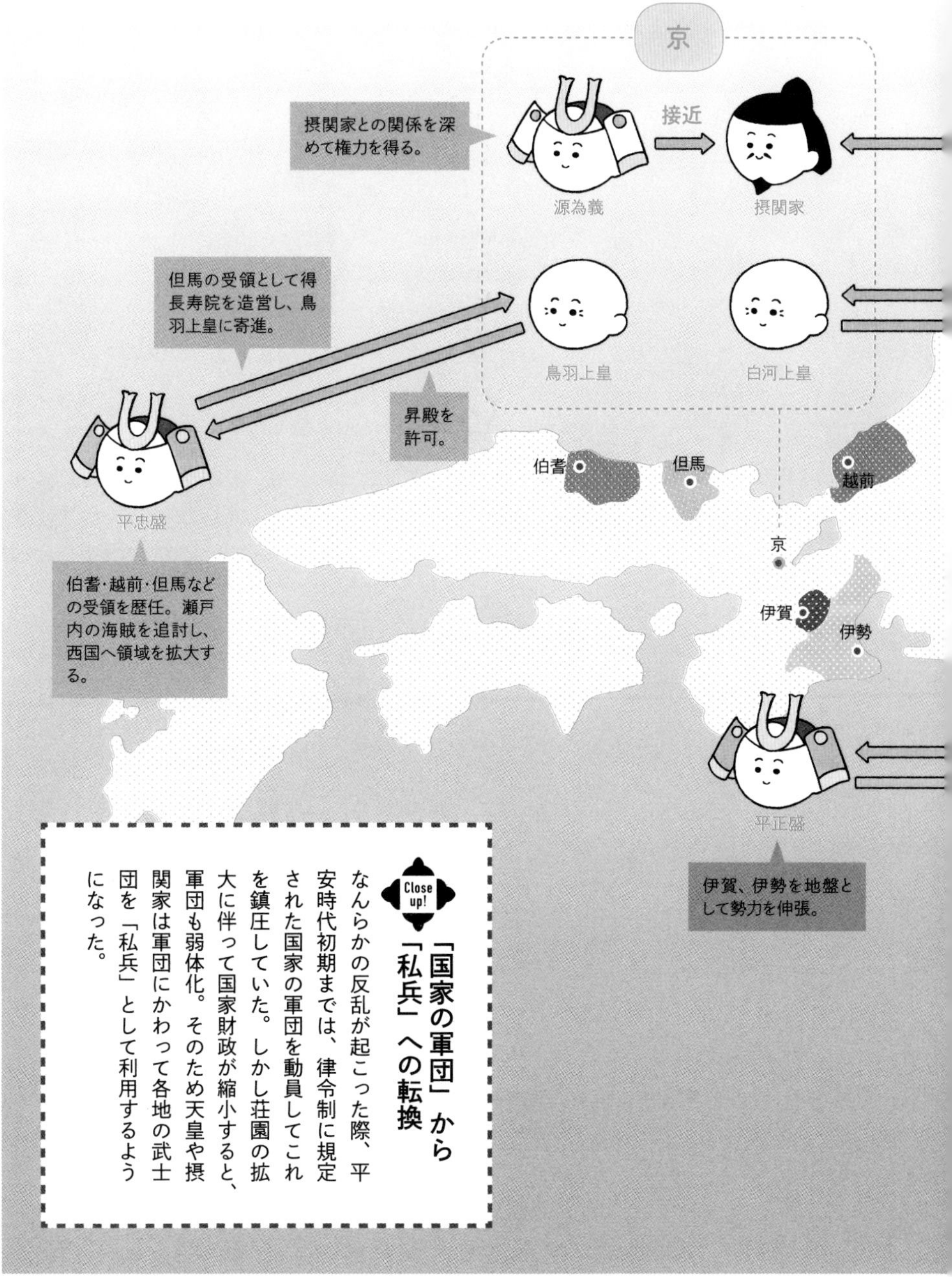
京
摂関家との関係を深めて権力を得る。
接近
源為義
摂関家
但馬の受領として得長寿院を造営し、鳥羽上皇に寄進。
鳥羽上皇
白河上皇
昇殿を許可。
平忠盛
伯耆・越前・但馬などの受領を歴任。瀬戸内の海賊を追討し、西国へ領域を拡大する。
伯耆
但馬
越前
京
伊賀
伊勢
平正盛
伊賀、伊勢を地盤として勢力を伸張。

Close up! 「国家の軍団」から「私兵」への転換

なんらかの反乱が起こった際、平安時代初期までは、律令制に規定された国家の軍団を動員してこれを鎮圧していた。しかし荘園の拡大に伴って国家財政が縮小すると、軍団も弱体化。そのため天皇や摂関家は軍団にかわって各地の武士団を「私兵」として利用するようになった。

豆知識　天台宗の僧・慈円が書いた『愚管抄』は保元の乱以降、「武者の世」になったとする。

【武士の時代をもたらすことになった「保元の乱」】

保元の乱は天皇家内部における皇位継承争いと摂関家内部における権力争いが結びついて勃発。戦いの結果、後白河天皇方が勝利を収め、崇徳上皇は讃岐へ流された。また、政争の解決に武士の軍事力が利用されたことで、時代が武士の世へ移り変わる転機にもなった。

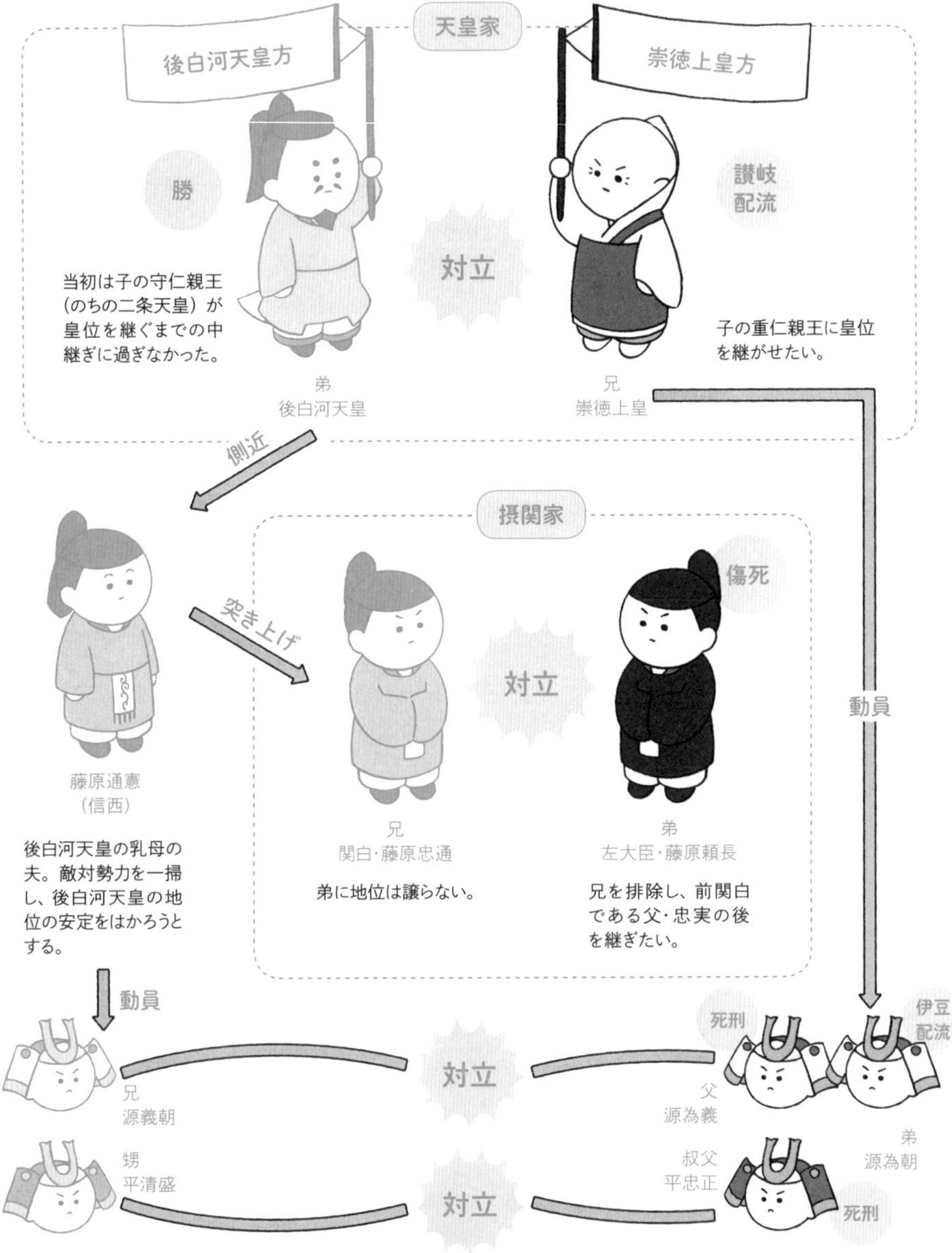

天皇家
後白河天皇方
崇徳上皇方
勝
讃岐配流
対立
当初は子の守仁親王（のちの二条天皇）が皇位を継ぐまでの中継ぎに過ぎなかった。
子の重仁親王に皇位を継がせたい。
弟
後白河天皇
兄
崇徳上皇
側近
摂関家
傷死
突き上げ
対立
動員
藤原通憲（信西）
後白河天皇の乳母の夫。敵対勢力を一掃し、後白河天皇の地位の安定をはかろうとする。
兄
関白・藤原忠通
弟に地位は譲らない。
弟
左大臣・藤原頼長
兄を排除し、前関白である父・忠実の後を継ぎたい。
動員
死刑
伊豆配流
兄
源義朝
対立
父
源為義
弟
源為朝
甥
平清盛
叔父
平忠正
対立
死刑

豆知識 保元の乱後、弘仁元年（810）の平城太上天皇の変以来となる死刑制度が復活。崇徳上皇方についた源為義、平忠正らが死刑に処せられている。

【「平治の乱」を経て平清盛が絶大な権力を握る】

保元の乱後、院の近臣である信西と藤原信頼の対立から平治の乱が勃発。乱を鎮圧した平清盛の地位が急速に向上し、「平氏政権」が誕生した。

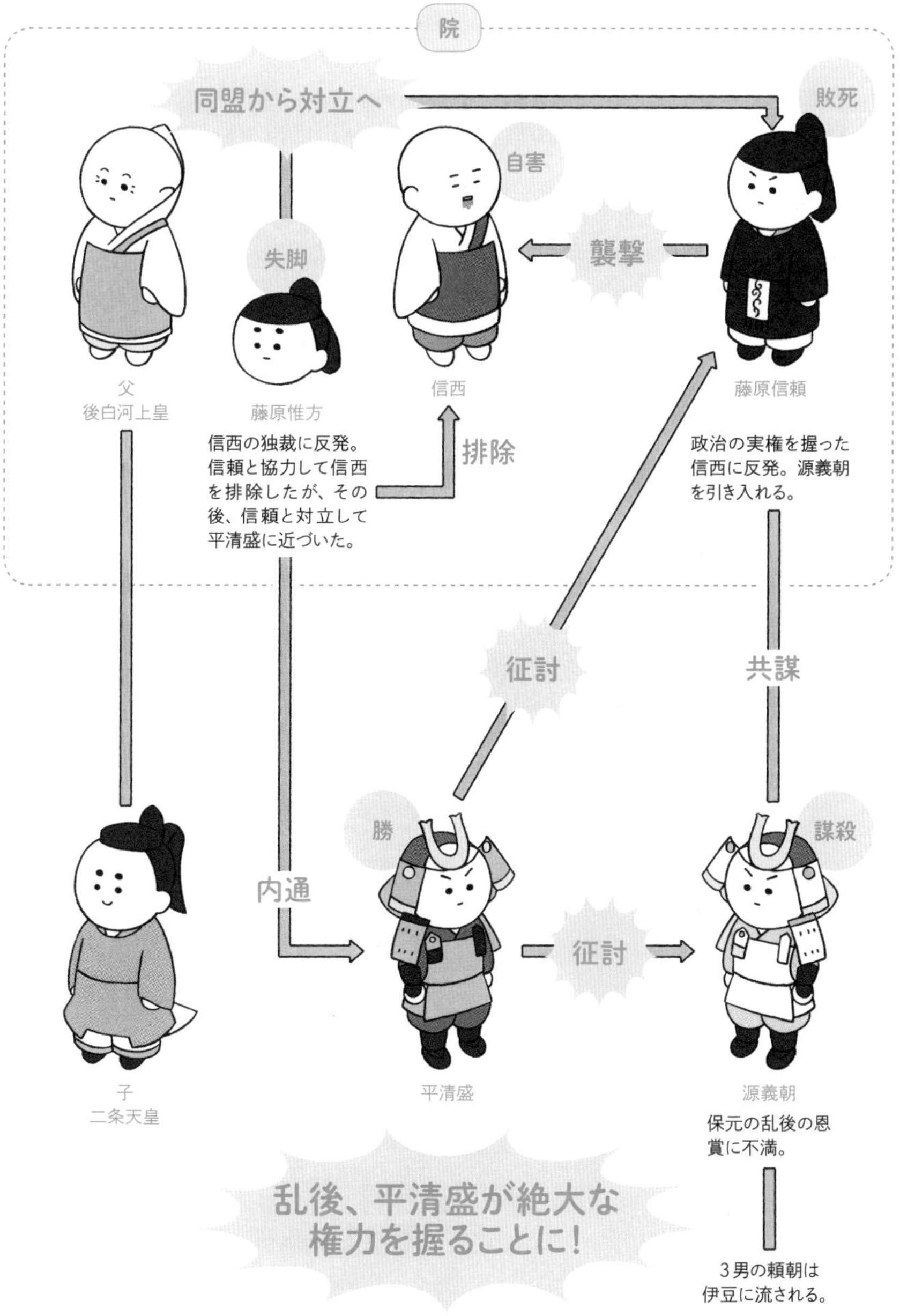
院
同盟から対立へ
敗死
自害
失脚
襲撃
父
後白河上皇
藤原惟方
信西の独裁に反発。信頼と協力して信西を排除したが、その後、信頼と対立して平清盛に近づいた。
信西
排除
藤原信頼
政治の実権を握った信西に反発。源義朝を引き入れる。
征討
共謀
勝
謀殺
内通
征討
子
二条天皇
平清盛
源義朝
保元の乱後の恩賞に不満。
乱後、平清盛が絶大な権力を握ることに！
3男の頼朝は伊豆に流される。

鎌倉時代

なぜ源頼朝は鎌倉に幕府を開いた？

●源氏と東国武士とのつながり

保元・平治の乱後の仁安《にんあん》二年（一一六七）、乱の鎮定に功績のあった平清盛が太政大臣《だいじょうだいじん》に昇進。一族の者もこぞって高位高官にのぼり、平氏政権が成立しました。また、清盛は娘・徳子《とくこ》を高倉《たかくら》天皇に嫁がせ、その子・言仁《ときひと》親王を擁立（安徳《あんとく》天皇）。天皇の外戚となることで、権力基盤を確固たるものとします。

しかしいっぽうで、皇族や貴族らは平氏政権の専制に反発。治承《じしょう》四年（一一八〇）には後白河法皇の子・以《もち》仁王《ひとおう》と源氏庶流の源頼政《よりまさ》が平氏打倒の兵を挙げました。約六年にわたって繰り広げられる治承・寿永《じゅえい》の乱の勃発です。

以仁王の挙兵は失敗に終わりましたが、これを契機として各地で武士が挙兵。最終的に伊豆で決起した源頼朝が平氏を滅ぼし、鎌倉に幕府を開きました。

頼朝が京ではなく鎌倉に拠点を置いたのは、父・義朝が東国に下っていた際、関東の武士たちと主従関係を結んでいたことが大きく影響していると考えられます。

【以仁王が平氏追討の命令を下す】

治承4年（1180）、後白河法皇の第2皇子・以仁王が平氏政権を討つべく、源頼政とともに挙兵。東国の源氏に対して平氏追討の命令を下した。平氏政権といえば、しばしば貴族的性格が強かったといわれる。たしかに、清盛は娘・徳子を高倉天皇に嫁がせ、その子・言仁親王（安徳天皇）を擁立して天皇の外戚となり、また、経済的基盤も摂関家同様、荘園や知行国にあった。しかし近年は鎌倉幕府に先行する武家政権だったとする説が有力視されている。

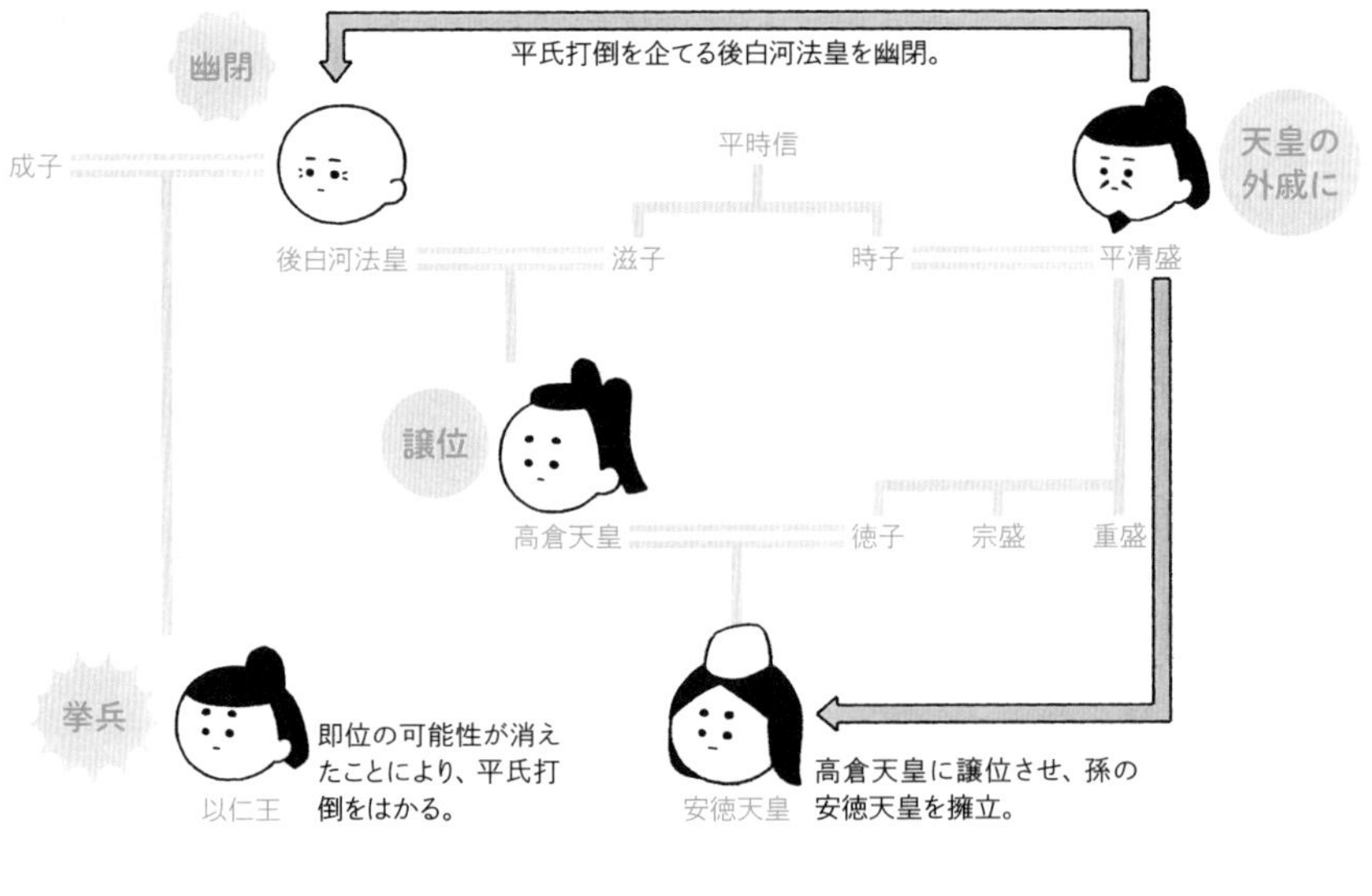

幽閉
平氏打倒を企てる後白河法皇を幽閉。
天皇の外戚に
成子
後白河法皇
平時信
滋子
時子
平清盛
譲位
高倉天皇
徳子
宗盛
重盛
挙兵
以仁王
即位の可能性が消えたことにより、平氏打倒をはかる。
安徳天皇
高倉天皇に譲位させ、孫の安徳天皇を擁立。

【「天下四分」から「鎌倉幕府」の成立へ】

以仁王が発した命令により、各地で反平氏を掲げる武士が挙兵。一時は東北に奥州藤原氏、東国に源頼朝、京・北陸に源（木曾）義仲、西国に平宗盛が割拠するという情勢が生まれたが、やがて頼朝が敵対勢力を駆逐して全国を掌握した。

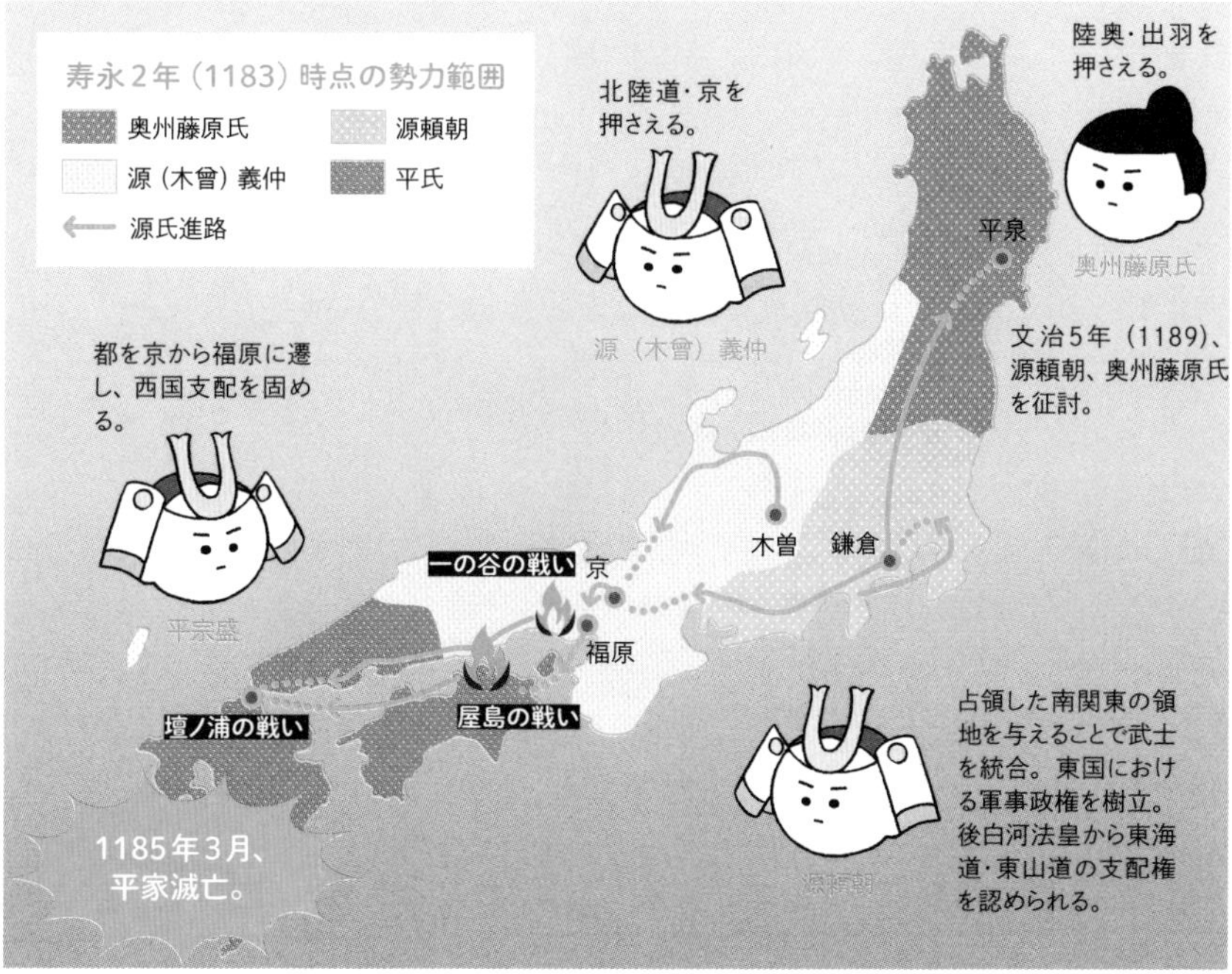

寿永2年（1183）時点の勢力範囲
奥州藤原氏
源頼朝
源（木曾）義仲
平氏
源氏進路
北陸道・京を押さえる。
陸奥・出羽を押さえる。
平泉
奥州藤原氏
源（木曾）義仲
文治5年（1189）、源頼朝、奥州藤原氏を征討。
都を京から福原に遷し、西国支配を固める。
木曽
鎌倉
一の谷の戦い
京
福原
平宗盛
壇ノ浦の戦い
屋島の戦い
占領した南関東の領地を与えることで武士を統合。東国における軍事政権を樹立。後白河法皇から東海道・東山道の支配権を認められる。
1185年3月、平家滅亡。
源頼朝

【「権門体制」の成立】

中世における国家は、朝廷と幕府、大寺院という大きな権力を有した3つの門閥によって成り立っていたと考えられている。これを「権門体制」という。

軍事を担当
鎌倉幕府
政事・儀礼を担当
権門体制
宗教を担当
朝廷
大寺社

豆知識　建久3年（1192）、源頼朝は朝廷から征夷大将軍に任じられた。頼朝自身はすぐに将軍職を辞すものの、2代頼家以降江戸時代まで、征夷大将軍の官職が幕府の象徴となった。

「幕府」ってなに？
便宜上つけられた政権名

源頼朝が鎌倉に開いた武家政権を、「鎌倉幕府」と呼びます。しかし当時は「幕府」という呼称は存在せず、「鎌倉殿」「関東」「武家」などと呼ばれていました。

もともと幕府とは、古代中国において出征中の将軍が幕を張って宿営した陣所を指す言葉のことです。これが転じて、日本では近衛府《このえふ》や近衛将軍の居館を指す言葉となり、さらには武家政権を指すようになったのです。

実際に幕府という言葉が広く使われるようになったのは、江戸時代末期になってからのことでした。当時の徳川政権を批判する言葉として用いられたのが、その初めです。

しかし現代において、歴史を学ぶうえで鎌倉、室町、江戸と続く武家政権を統一的に捉える必要性から、これらの武家政権を便宜的に「幕府」と呼んでいます。

「幕府」の意味の変遷

現在、私たちは武家政権のことを「幕府」と統一して呼んでいるが、本来、幕府とは大将軍の本営を指す中国由来の用語だった。

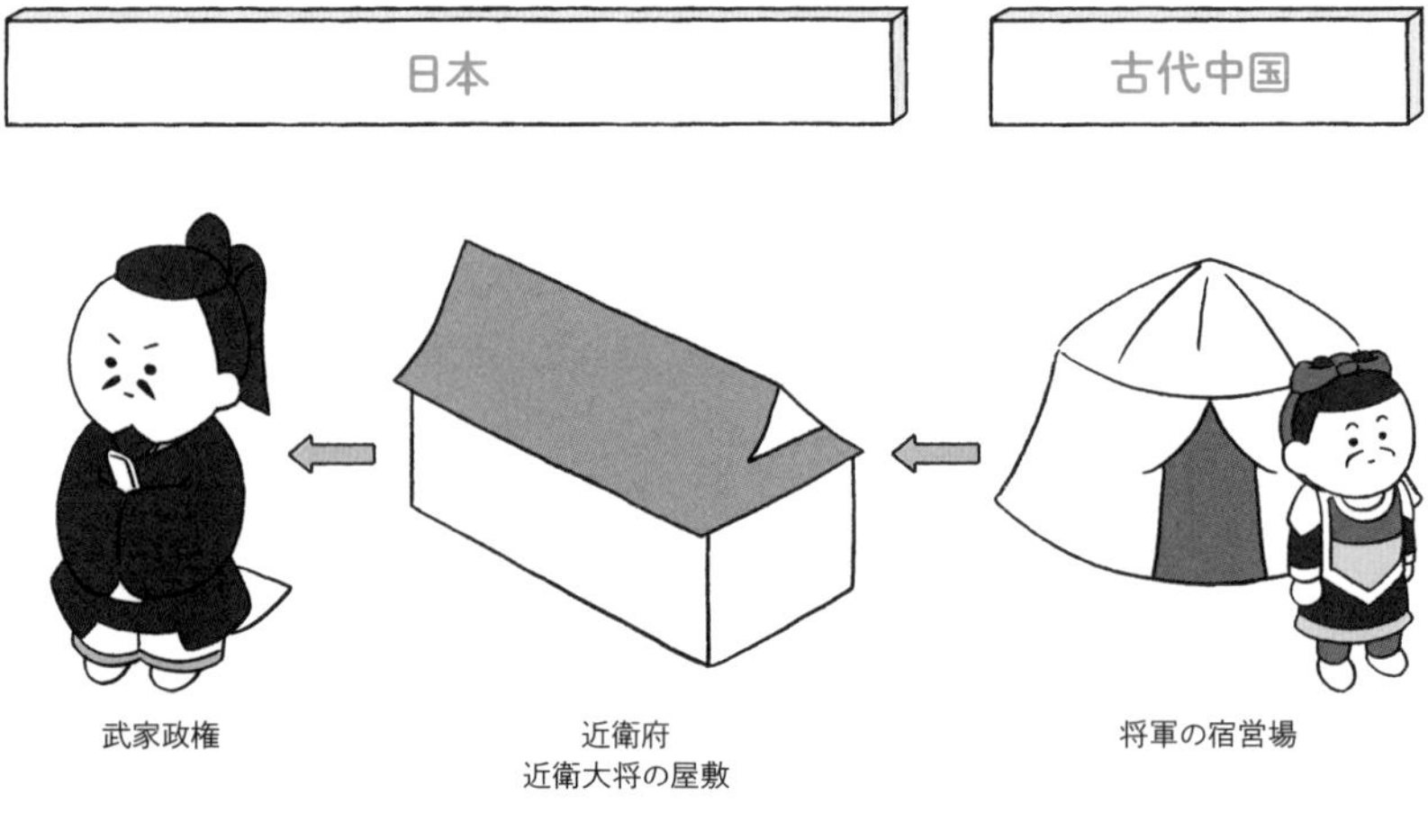
日本
古代中国
武家政権
近衛府
近衛大将の屋敷
将軍の宿営場

当時の人々の幕府の呼び方

江戸時代末期まで当時の人々は武家政権のことを「幕府」とは呼んでおらず、その屋敷が置かれた地名から「鎌倉殿」「室町殿」などと呼んでいた。江戸時代末期に「幕府」という語が使われたのは、徳川政権があくまでも朝廷から任命された将軍の政府にすぎないことを強調するためだった。

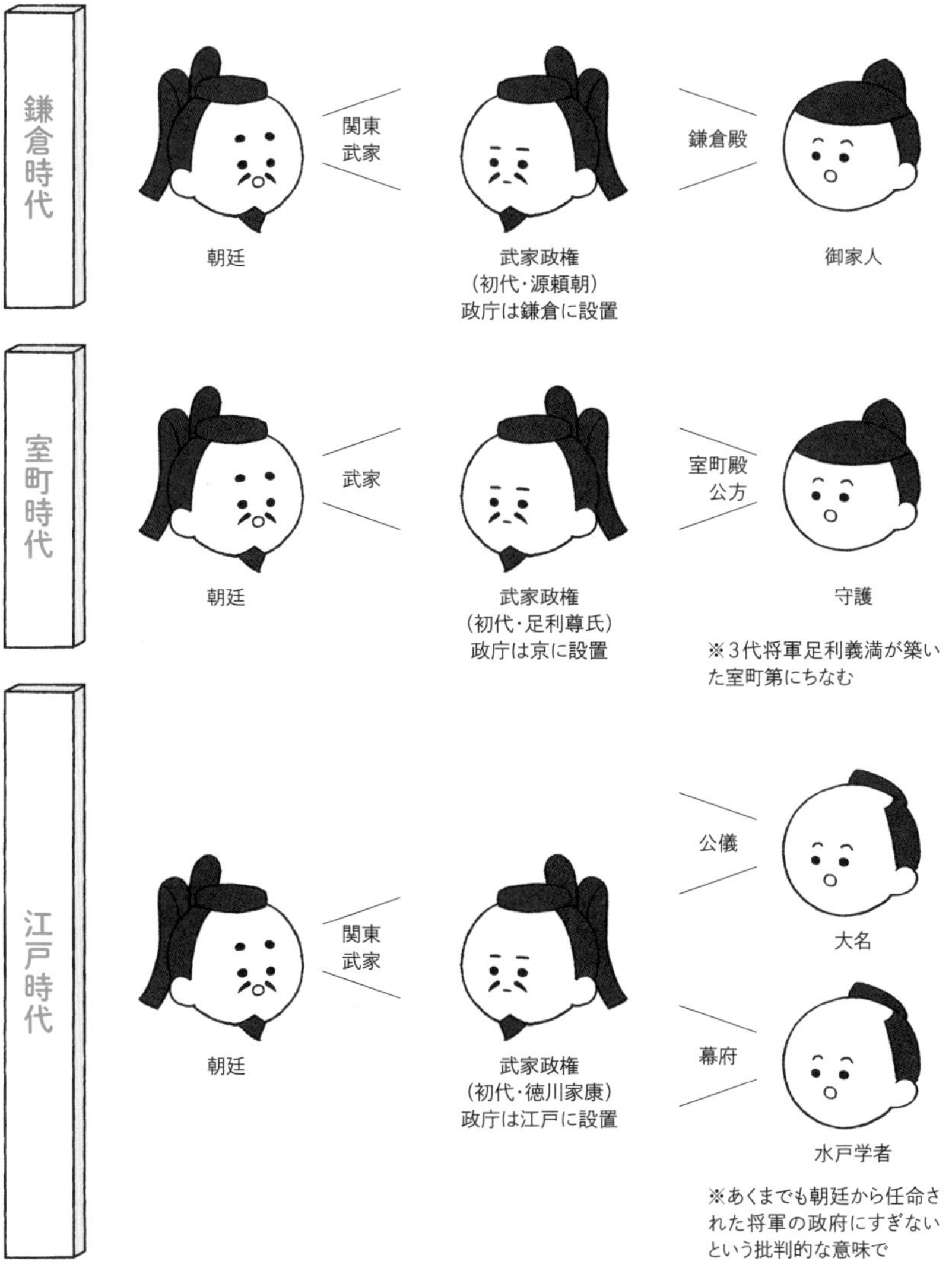

鎌倉時代
関東
武家
鎌倉殿
朝廷
武家政権
（初代・源頼朝）
政庁は鎌倉に設置
御家人
室町時代
武家
室町殿
公方
朝廷
武家政権
（初代・足利尊氏）
政庁は京に設置
守護
※3代将軍足利義満が築いた室町第にちなむ
江戸時代
公儀
大名
関東
武家
朝廷
幕府
武家政権
（初代・徳川家康）
政庁は江戸に設置
水戸学者
※あくまでも朝廷から任命された将軍の政府にすぎないという批判的な意味で

守護・地頭の仕事ってなに？

●守護は警察業務、地頭は税の徴収を担当

平氏滅亡後の文治《ぶんじ》元年（一一八五）、源頼朝は平氏残党の捜索、および弟・義経《よしつね》と叔父・行家《ゆきいえ》の追討のため、諸国に惣追捕使《そうついぶし》と地頭《じとう》を設置する権利を後白河法皇に認めさせました。惣追捕使はのちの守護《しゅご》に相当する役職であることから、これをもって守護・地頭が設置されたと見なされています。

守護はかつての国司の権限を引き継ぐ職で、各国にひとりずつ配置されました。任命された東国出身の有力御家人《ごけにん》（鎌倉幕府に仕えた武士のこと。東国の武士が中心だった）は任国の軍事権・警察権を掌握。有事の際は国内の御家人を統率して参戦しました。

いっぽう、地頭は荘園や公領など土地の管理や年貢の徴収を行なう職のことで、御家人が任命されました。当初、地頭の設置範囲はかつて平氏が所有していた平家没官領や謀反人の所領に限定されていましたが、承《じょう》久《きゅう》の乱（75ページ）後、西国を中心とした朝廷方の所領三〇〇〇か所が幕府に接収されたことに伴い、その範囲は全国にまで拡大しました。

【鎌倉幕府初期の政治体制はどうなっていた？】

鎌倉に拠点を置いた源頼朝は有力な武将や下級官吏を起用して権力基盤を構築。御家人を中核とする支配体制を整備した。

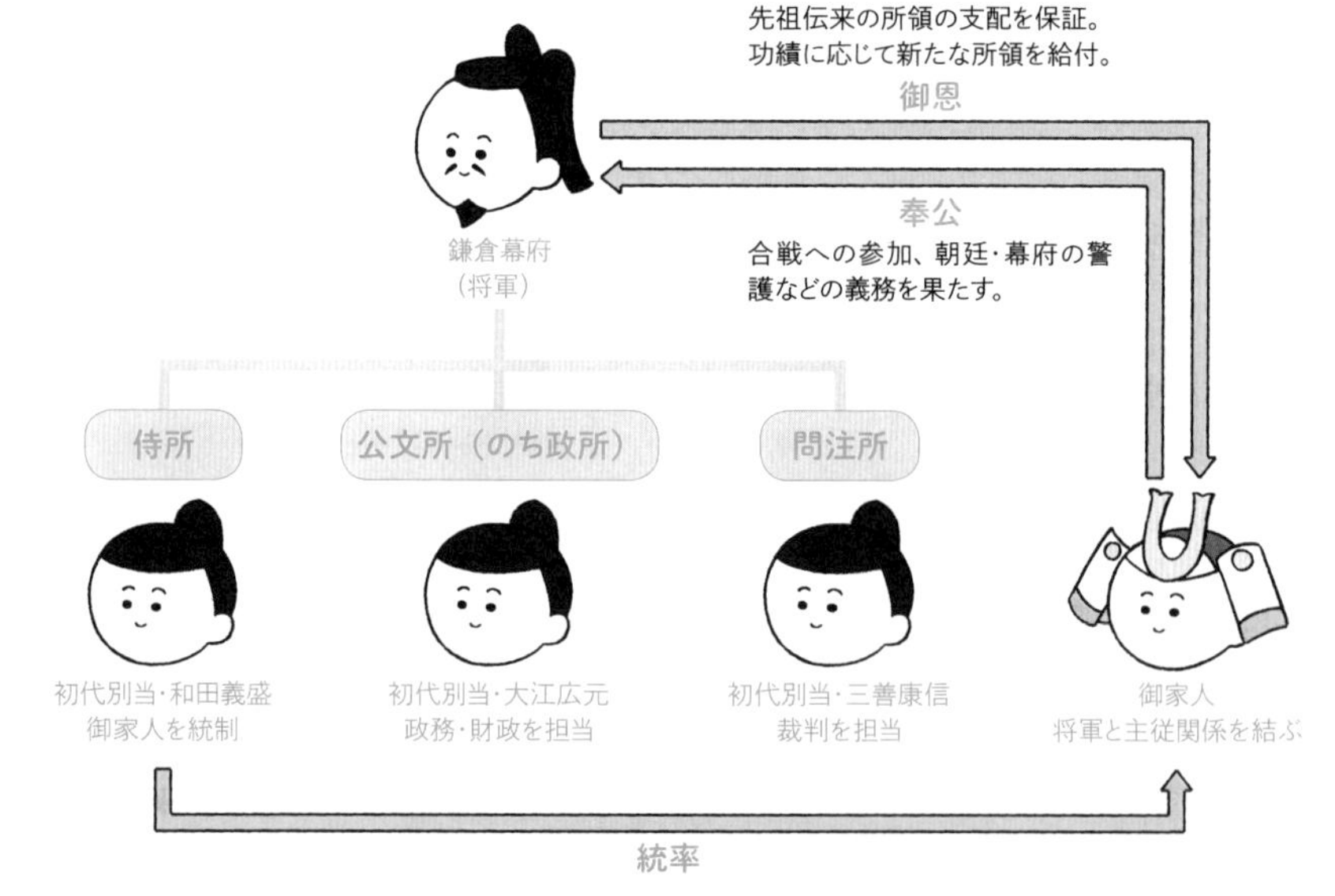

先祖伝来の所領の支配を保証。
功績に応じて新たな所領を給付。
御恩
奉公
合戦への参加、朝廷・幕府の警護などの義務を果たす。
鎌倉幕府
（将軍）
侍所
公文所（のち政所）
問注所
初代別当・和田義盛
御家人を統制
初代別当・大江広元
政務・財政を担当
初代別当・三善康信
裁判を担当
御家人
将軍と主従関係を結ぶ
統率

豆知識　源義経は兄・頼朝を支え、平氏打倒に貢献。のち頼朝と不和となり、奥州藤原氏のもとへ逃れるが、藤原泰衡に攻められて自害を遂げた。

【守護・地頭とはどういった存在か】

文治元年（1185）、源頼朝は朝廷から守護・地頭を設置する権限を獲得。諸国の治安・警備を担当する守護、荘園の管理や年貢の徴収などを担当する地頭を各地に配置することにより、全国を支配下に置いた。

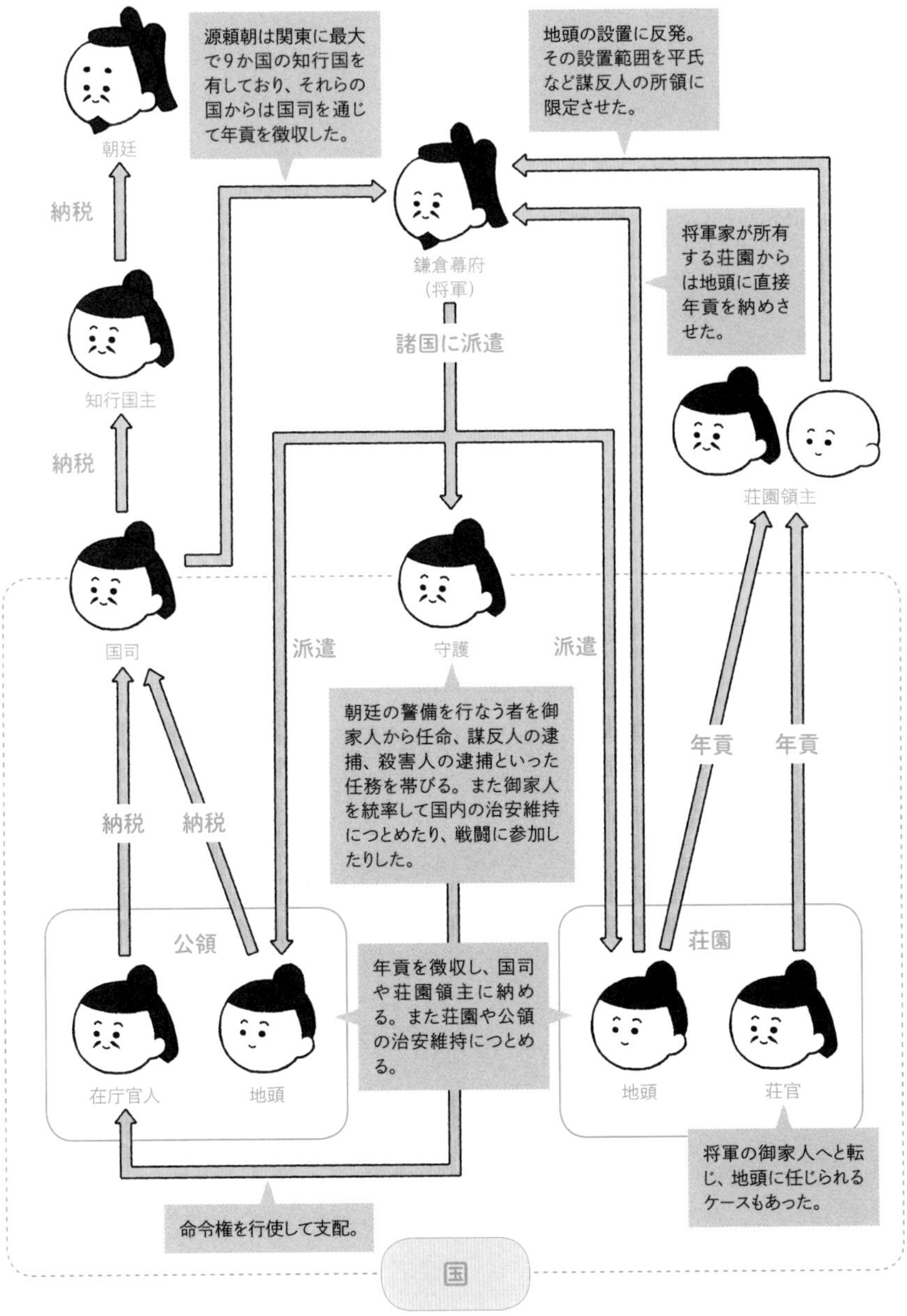
朝廷
源頼朝は関東に最大で9か国の知行国を有しており、それらの国からは国司を通じて年貢を徴収した。
地頭の設置に反発。その設置範囲を平氏など謀反人の所領に限定させた。
納税
鎌倉幕府
（将軍）
将軍家が所有する荘園からは地頭に直接年貢を納めさせた。
諸国に派遣
知行国主
荘園領主
納税
国司
守護
派遣
派遣
朝廷の警備を行なう者を御家人から任命、謀反人の逮捕、殺害人の逮捕といった任務を帯びる。また御家人を統率して国内の治安維持につとめたり、戦闘に参加したりした。
年貢
年貢
納税
納税
公領
荘園
年貢を徴収し、国司や荘園領主に納める。また荘園や公領の治安維持につとめる。
在庁官人
地頭
地頭
荘官
将軍の御家人へと転じ、地頭に任じられるケースもあった。
命令権を行使して支配。
国

豆知識　源頼朝が全国に守護・地頭を設置することを認められた文治元年（1185）をもって鎌倉幕府が成立したとする説もある。

なぜ北条氏は将軍にならなかった？

●将軍家を継ぐ資格がなかった

源頼朝の死後、その後を継いだ長子・頼家《よりいえ》は将軍権力の強化をはかりましたが、これに反発した祖父・北条時政《ときまさ》に暗殺されてしまいます。この結果、鎌倉幕府は一三人の有力御家人による合議制で運営されることになりました。その後も北条氏は次々と政敵を粛清し、時政の子・義時《よしとき》が侍所《さむらいどころ》と政所《まんどころ》の別当《べっとう》を兼ねるようになります。この地位を「執権《しっけん》」と呼びます。

しかし承久《じょうきゅう》元年（一二一九）、三代将軍・実朝《さねとも》が頼家の遺子・公暁《くぎょう》に暗殺され、源氏将軍は三代で断絶します。その後、北条氏は後鳥羽《ごとば》上皇の皇子を将軍として迎え入れようとしましたが、幕政に反発する後鳥羽が拒んだため、摂関家九条道家《くじょうみちいえ》の子で、頼朝の妹の曾孫であった頼経《よりつね》を四代将軍として迎え入れました。

このとき、北条氏はなぜ自ら将軍にならなかったのでしょうか？　それは、武家の棟梁となるには「血筋」が重要だったためです。いくら絶大な権力を握っていたとはいえ、在庁官人の子孫にすぎない北条氏には将軍になる資格はありませんでした。

【孫殺しに叔父殺し、源氏と北条氏の壮絶な権力争い】

初代将軍・源頼朝の死後、2代将軍・頼家は北条時政に暗殺され、3代将軍・実朝は頼家の子・公暁の手にかかって死亡。ここに、源氏将軍の嫡流はわずか3代で断絶した。

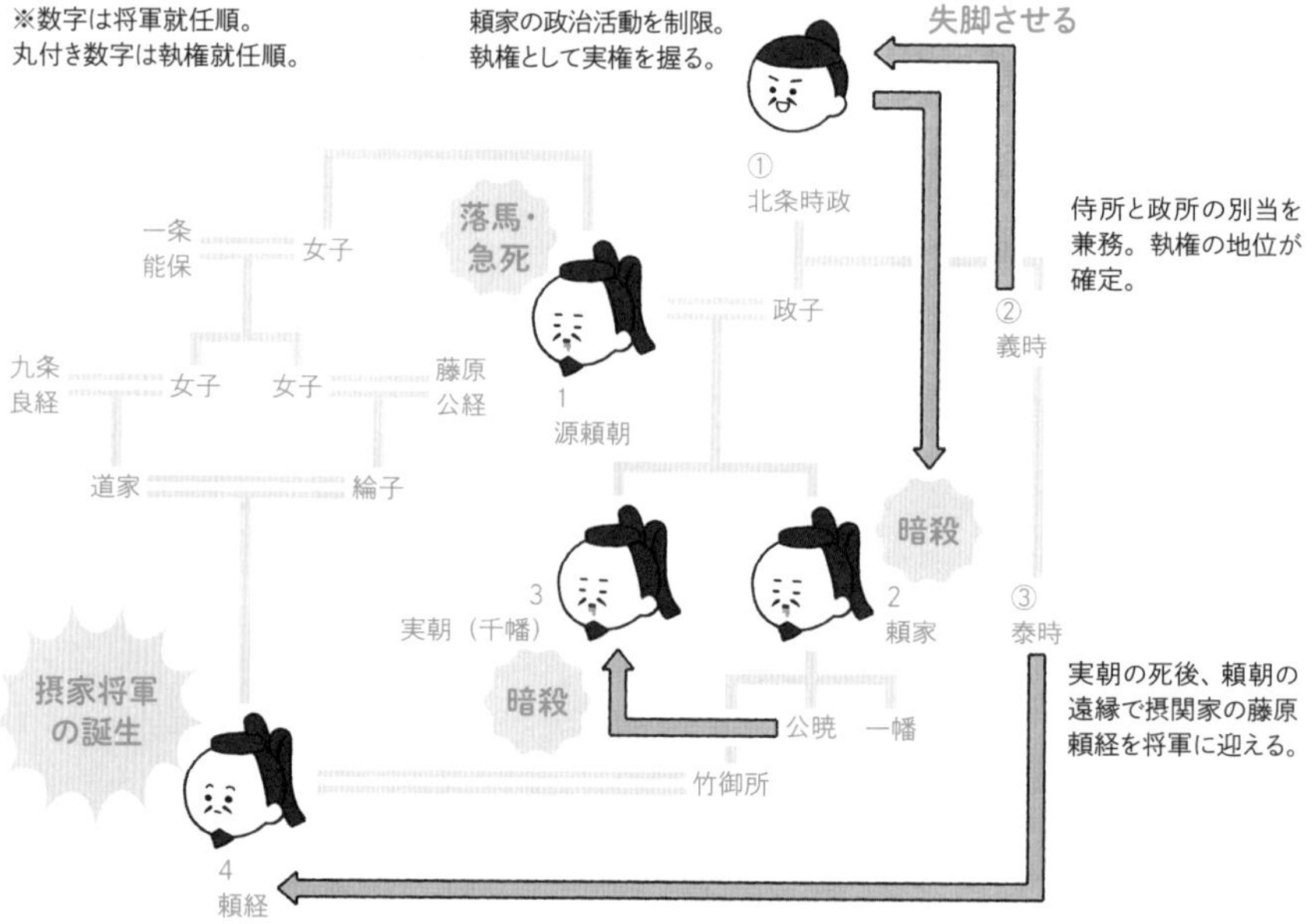

豆知識　初期鎌倉幕府を運営したのは、文官の大江広元、三善康信、中原親能、二階堂行政、武将の北条時政、北条義時、三浦義澄、八田知家、和田義盛、比企能員、安達盛長、足立遠元、梶原景時。

【幕府には従わない！ 後鳥羽上皇の決起（承久の乱）】

3代将軍・実朝の死後、後鳥羽上皇は朝廷の権威回復を狙って挙兵。鎌倉幕府に牙をむくが、戦いは幕府軍の圧勝に終わる。戦後、上皇方の貴族・武士の所領はすべて幕府のものとなり、その支配体制が全国におよぶこととなった。

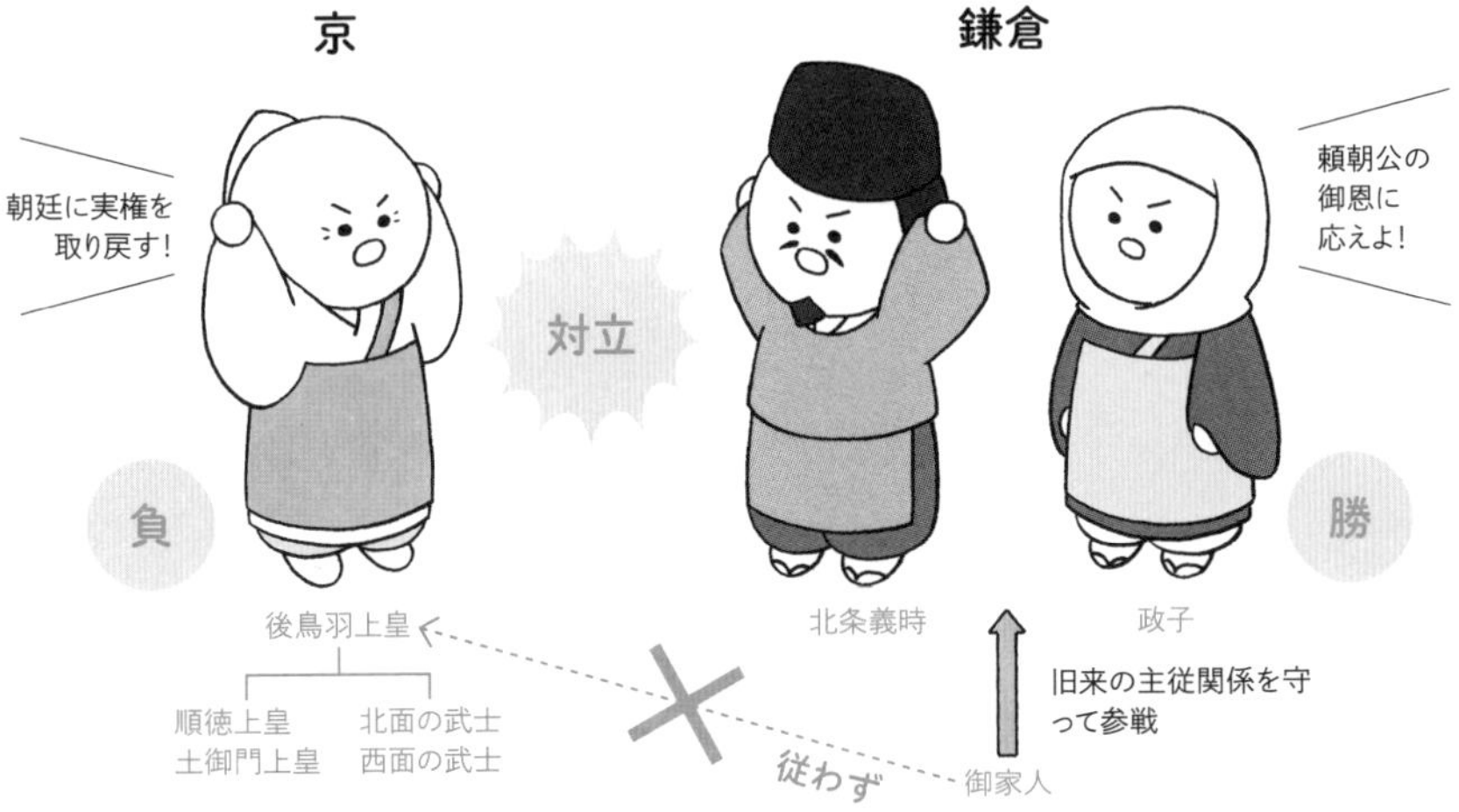
京
鎌倉
朝廷に実権を取り戻す！
対立
頼朝公の御恩に応えよ！
負
勝
後鳥羽上皇
北条義時
政子
順徳上皇
土御門上皇
北面の武士
西面の武士
旧来の主従関係を守って参戦
従わず
御家人

戦いの流れ

①承久3年（1221）5月、後鳥羽上皇が、執権・北条義時征討の院宣を諸国の武士に発する。承久の乱勃発。

②鎌倉幕府の御家人が、北条政子の呼びかけのもとに結束。北条義時は約19万の大軍をもって京へ侵攻。

③幕府軍が朝廷軍を撃ち破って京を占領。反旗の中心人物であった後鳥羽上皇は隠岐へ、土御門上皇は土佐へ（のちに阿波）、順徳上皇は佐渡へ流された。

【承久の乱後、北条氏が新体制を確立】

承久の乱後に執権に就任した北条泰時は将軍を政治の世界から排除するとともに、執権を中心とした新たな政治体制を構築した。

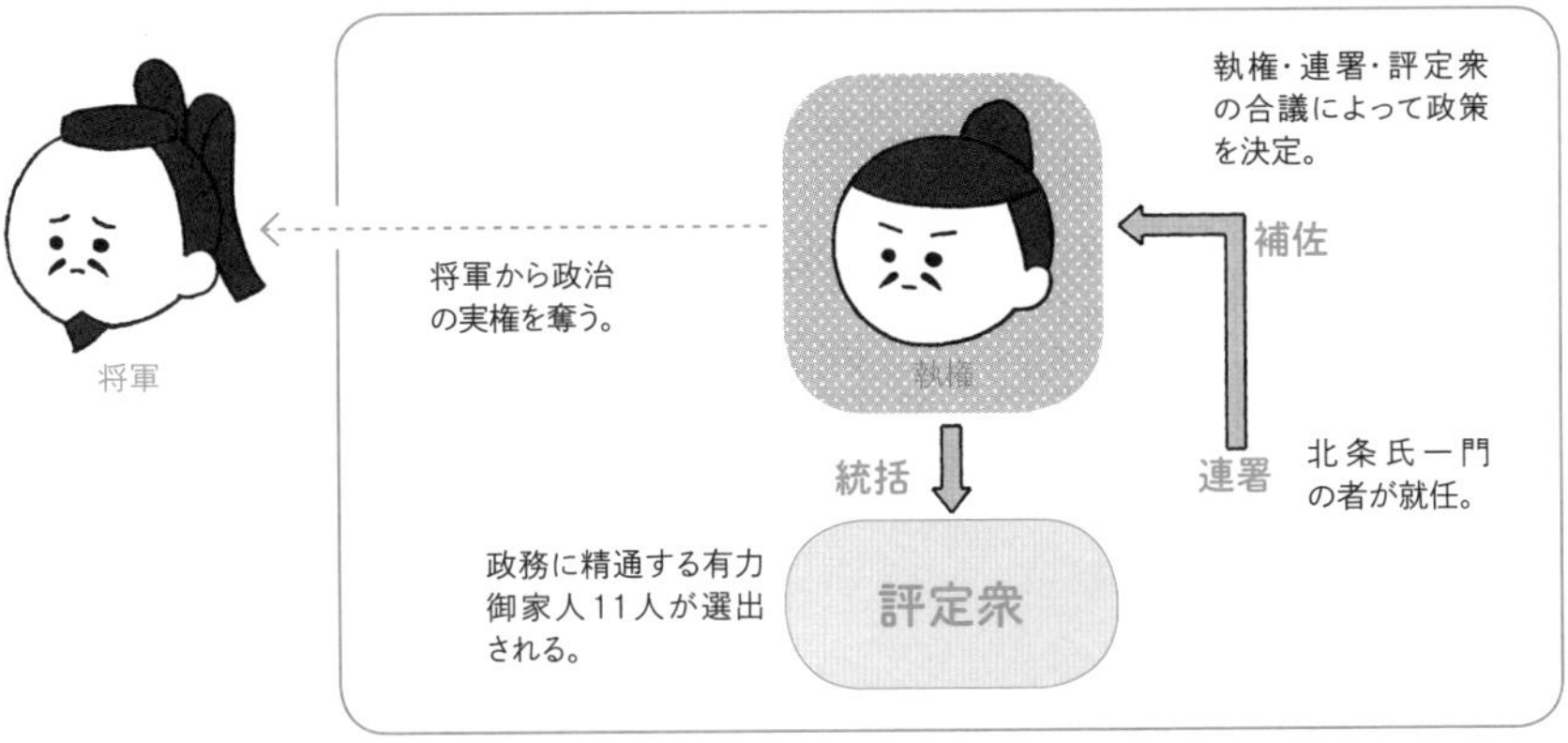
将軍
将軍から政治の実権を奪う。
執権
執権・連署・評定衆の合議によって政策を決定。
補佐
統括
連署
北条氏一門の者が就任。
政務に精通する有力御家人11人が選出される。
評定衆

豆知識 「北条政子」という名称が定着したのは戦後のこと。同時代の史料では「平政子」「政子」「二位の尼」などと呼ばれていた。

鎌倉仏教はどうして誕生した？

●仏僧が庶民救済のために立ち上がる

平安時代末期、政治的動乱が続くなかで社会不安が蔓延し、人々の間で末法《まっぽう》思想が流行しました。末法思想とは、簡単にいえば仏の教えが廃れる乱れた世のなかということです。この世では幸福になれないという悲観的な考えがはびこり、人々は極楽浄土への往生を願うようになります。

しかし平安時代の仏教界をリードした天台宗《てんだいしゅう》、真言《しんごん》宗は世俗化、門閥《もんばつ》化が進み、国家や貴族の現世利益のために祈りを捧げる機関と化していました。

そうしたなか、民衆の心を救済するという仏教本来の姿に立ち返ろうとする動きが現われるようになります。そして鎌倉時代に、新しい仏教、宗派が登場しました。浄土《じょうど》宗の法然《ほうねん》、浄土真《しん》宗の親鸞《しんらん》、時《じ》宗の一遍《いっぺん》、日蓮《にちれん》宗の日蓮、曹洞《そうとう》宗の道元《どうげん》、臨済《りんざい》宗の栄西《えいさい》などです。

困難な修行は必要なく、数ある教えのなかからひとつを選んでひたすら修行すれば誰でも極楽往生できると説いた彼らの教えはたちまち世に広まり、民衆の支持を集めました。

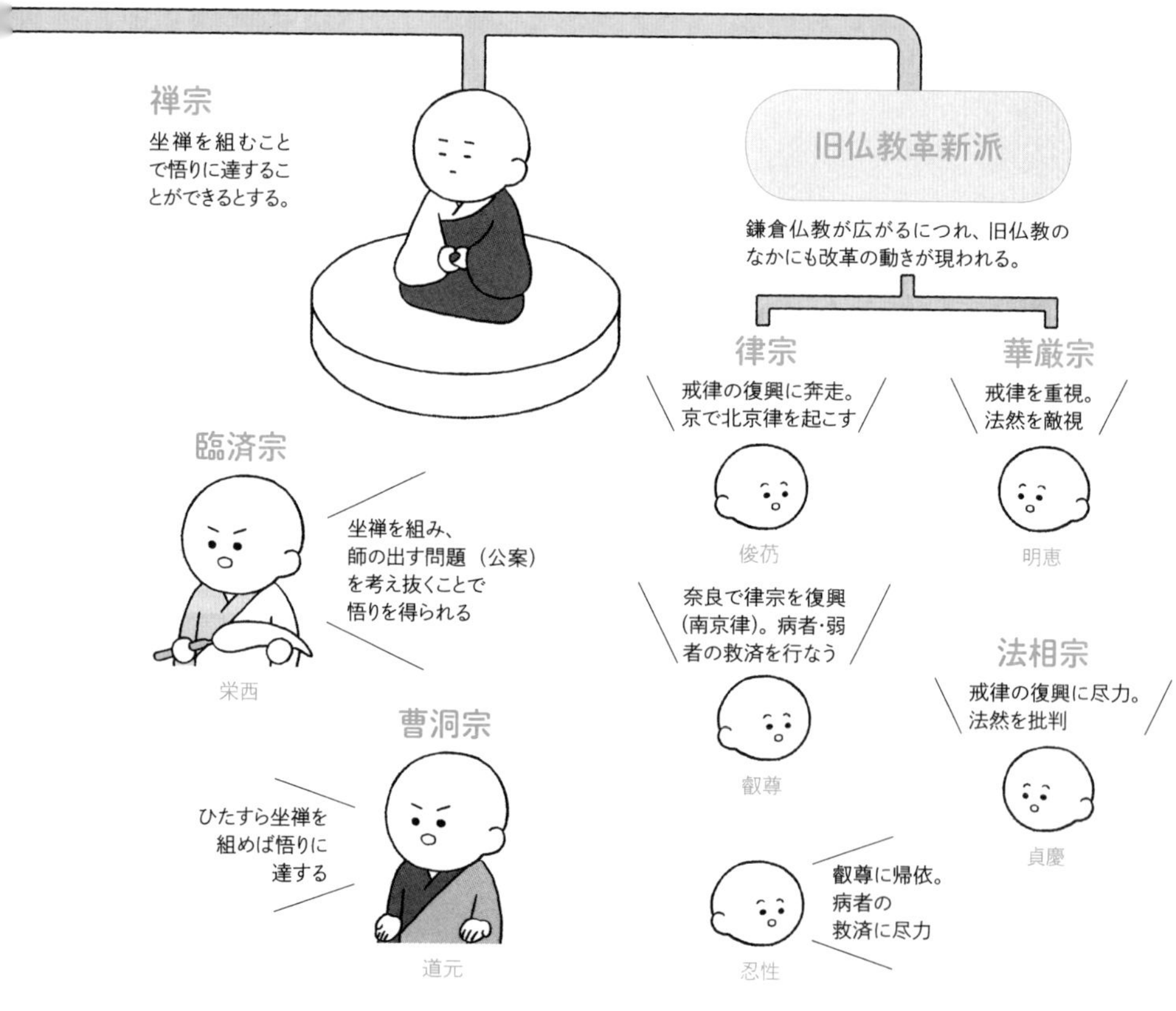
禅宗
坐禅を組むことで悟りに達することができるとする。
旧仏教革新派
鎌倉仏教が広がるにつれ、旧仏教のなかにも改革の動きが現われる。
臨済宗
坐禅を組み、師の出す問題（公案）を考え抜くことで悟りを得られる
栄西
曹洞宗
ひたすら坐禅を組めば悟りに達する
道元
律宗
戒律の復興に奔走。京で北京律を起こす
俊芿
奈良で律宗を復興（南京律）。病者・弱者の救済を行なう
叡尊
叡尊に帰依。病者の救済に尽力
忍性
華厳宗
戒律を重視。法然を敵視
明恵
法相宗
戒律の復興に尽力。法然を批判
貞慶

豆知識　浄土宗、浄土真宗、時宗、日蓮宗、曹洞宗、臨済宗の新教派は室町時代から戦国時代にかけて教団化し、江戸時代初期までに独立した宗派として公認された。

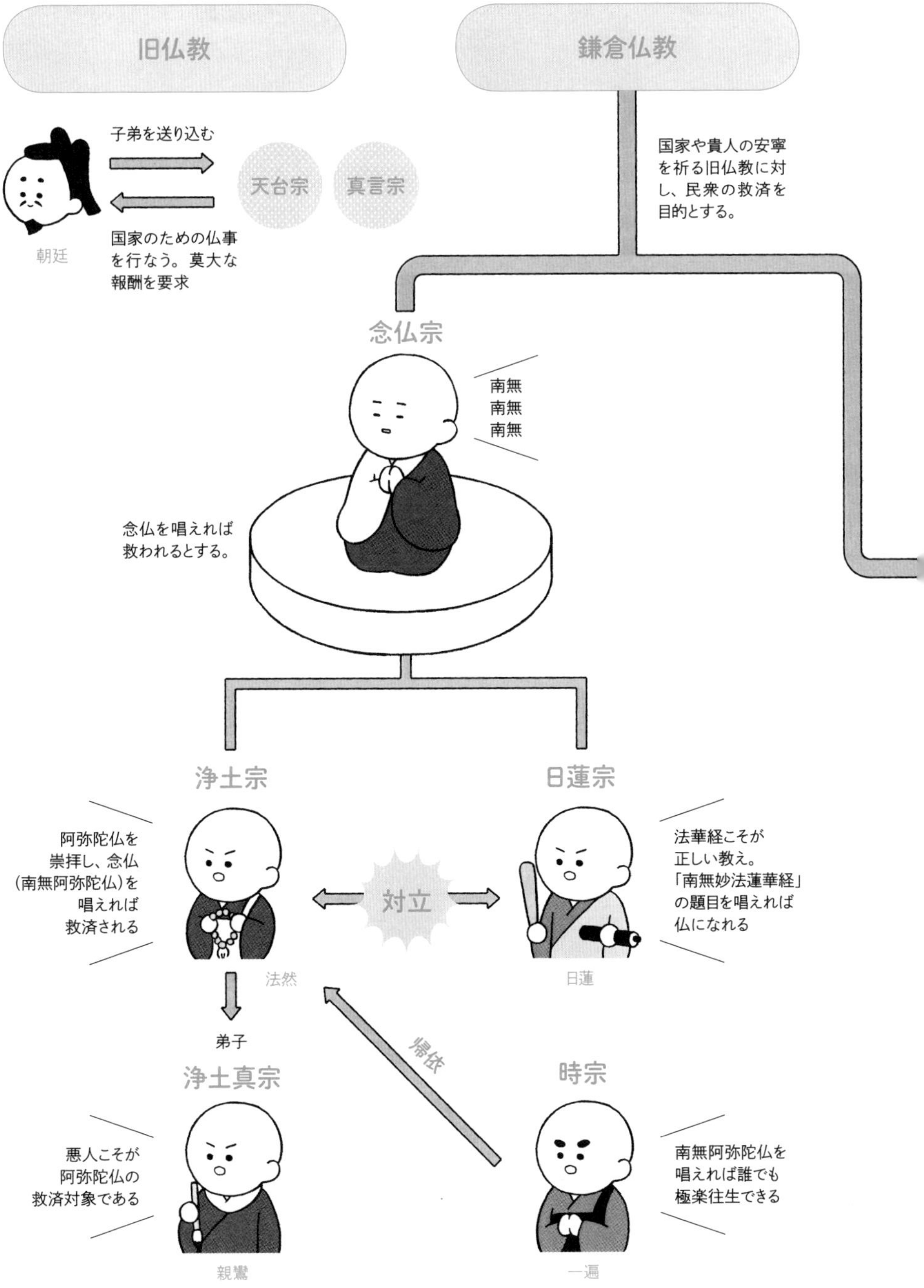
旧仏教
鎌倉仏教
子弟を送り込む
天台宗
真言宗
国家のための仏事を行なう。莫大な報酬を要求
朝廷
国家や貴人の安寧を祈る旧仏教に対し、民衆の救済を目的とする。
念仏宗
南無
南無
南無
念仏を唱えれば救われるとする。
浄土宗
阿弥陀仏を崇拝し、念仏(南無阿弥陀仏)を唱えれば救済される
法然
対立
日蓮宗
法華経こそが正しい教え。「南無妙法蓮華経」の題目を唱えれば仏になれる
日蓮
弟子
帰依
浄土真宗
悪人こそが阿弥陀仏の救済対象である
親鸞
時宗
南無阿弥陀仏を唱えれば誰でも極楽往生できる
一遍

豆知識 浄土真宗は14世紀頃から「一向（いっこう）宗」とも呼ばれるようになった。名称の由来は、阿弥陀仏に「一心一向」に帰依するという教え。

モンゴル軍を退けたのは本当に「神風」？

●暴風雨が吹き荒れたのは事実

一三世紀、モンゴル族がアジアからユーラシア大陸にかけて広大な帝国をつくりました。五代フビライの時代には大都《だいと》（現・北京《ペキン》）に都が置かれ、国号も中華の伝統にならって「元《げん》」と改称されました。

フビライは周辺諸国を支配下に置くべく、二度にわたり、日本を攻めました（元寇《げんこう》）。一度目の襲来を文永《ぶんえい》の役《えき》（一二七四年）、二度目の襲来を弘安《こうあん》の役（一二八一年）と呼びます。破裂する「てつはう（鉄砲）」や毒矢など見慣れぬ武器を使う元軍に劣勢を強いられた幕府軍でしたが、いずれも「神風」が吹いたことで元軍を退けることができたといわれています。

本当に「神風」は吹いたのでしょうか？

諸説ありますが、現在は文永の役では元軍は自発的に撤退し、弘安の役では台風が襲来して元軍に多大な打撃を与えたとする見方が有力です。もっとも、弘安の役のときは、幕府軍は防塁《ぼうるい》（石築地《いしついじ》）を有効に使って元軍の上陸を許しませんでした。幕府軍の善戦も元軍の撃退にひと役買ったといえるでしょう。

【「蒙古襲来」前夜の情勢】

13世紀、モンゴル勢力が中国大陸北部を制圧し、元を建国。南宋への侵攻を行なうとともに高麗を服属下に置いた。元はさらに日本を支配下に置くべく、朝貢を求める使者を派遣したが、鎌倉幕府はこれに応じず、使者を追い返した。

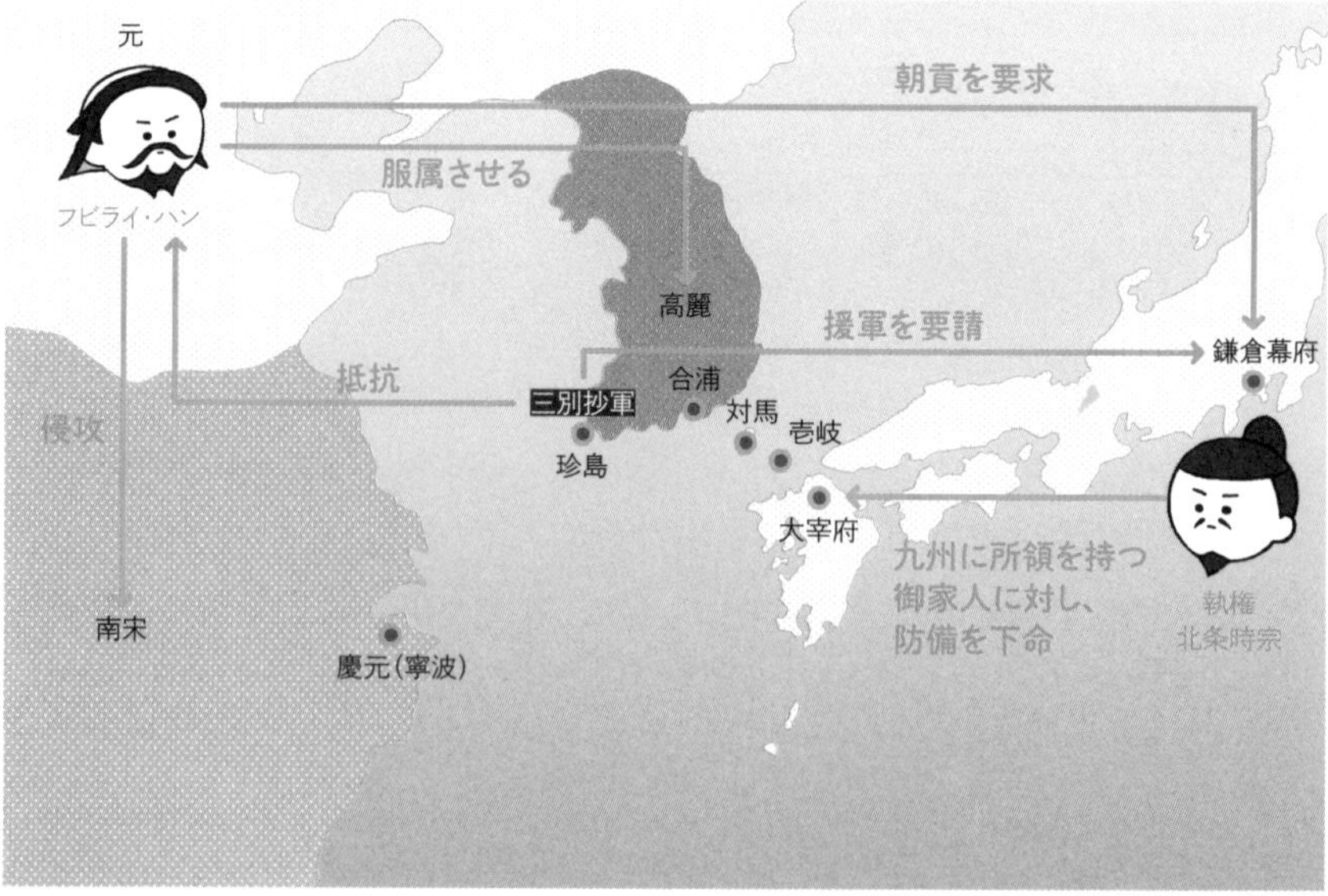
元
フビライ・ハン
朝貢を要求
服属させる
高麗
援軍を要請
鎌倉幕府
抵抗
三別抄軍
合浦
対馬
壱岐
侵攻
珍島
大宰府
九州に所領を持つ
御家人に対し、
防備を下命
執権
北条時宗
南宋
慶元（寧波）

豆知識　防塁は九州に所領を持つ御家人に対し所領1反につき1寸（約3センチ）の負担で建造された。現在、福岡県の今津、今宿、生の松原など計9か所で発掘・保存されている。

【蒙古襲来（文永の役・弘安の役）の真相】

文永11年（1274）10月と弘安4年（1281）6月の二度にわたり元軍が日本へ来襲したが、幕府軍はこれをよく防ぎ、元軍を撤退させることに成功した。

1274年　文永の役

①10月、フビライ・ハン、元・高麗軍約3万を日本へ派遣。

②10月5日、元・高麗軍が対馬を制圧。続いて15日には壱岐も占領した。

③20日、元・高麗軍が博多湾に来襲。幕府軍は劣勢を強いられながらも善戦。

④10日ほどにおよんだ戦いの末、元・高麗軍は一時撤退。

元・高麗
連合軍
3万
鎌倉幕府

1281年　弘安の役

①文永の役後、幕府は元軍の再来襲に備え、博多湾岸に防塁（石築地）を構築。また九州北部や長門の異国警固番役の強化をはかり、防御態勢を固めた。

②6月6日、フビライ・ハンは合浦から東路軍4万、慶元から江南軍10万を日本へ派遣。

③幕府軍は防塁を有効に活用して元軍の上陸を防ぐ。7月末日、大型の暴風雨が吹き荒れ、元軍は壊滅。

元・高麗連合軍
東路軍4万
江南軍10万
※江南軍の出発は遅れ、両軍が合流する前に東路軍は撤退を余儀なくされている。
鎌倉幕府
防塁

鎌倉時代

鎌倉幕府はなぜ滅亡した？

●幕府に不満を抱いた武士が決起

御家人の活躍もあり、なんとか元軍の侵攻を防いだ鎌倉幕府でしたが、新たな領土を得られなかったことから御家人らには恩賞は与えられませんでした。「御恩と奉公」で成立していた封建制がここに崩れることになり、御家人の幕府に対する不満が鬱積していくことになります。

いっぽう、元寇のころから御家人ではない新興の武士が台頭。彼らを「悪党《あくとう》」といい、武力を行使して荘園領主への抵抗を繰り広げるようになりました。

そんななか、天皇家内部で後深草《ごふかくさ》上皇の「持明院統《じみょういんとう》」と亀山《かめやま》天皇の「大覚寺《だいかくじ》統」の皇位継承争いが勃発します。幕府は両統が交互に天皇を出すという折衷案を提案してことを収めようとしましたが、自分の皇統を続けたい後醍醐《ごだいご》天皇はこれに反発。二度にわたって倒幕を企てました。このもくろみはいずれも失敗に終わりますが、幕府に不満を抱いていた悪党の楠木正成《くすのきまさしげ》や御家人の足利高氏《あしかがたかうじ》（尊氏《たかうじ》）、新田義貞《にったよしさだ》らが蜂起。こうして鎌倉幕府は御家人の手によって滅亡したのでした。

【「持明院統」と「大覚寺統」の対立】

後嵯峨上皇の死後、皇位継承をめぐって後深草上皇の「持明院統」と亀山天皇の「大覚寺統」が対立。幕府の調停により、両統が交代で皇位につくように定められたが（両統迭立《りょうとうてつりつ》）、後醍醐天皇はこれに反発。挙兵をもくろむも失敗に終わり、隠岐への流罪とされた。

※数字は天皇の即位順。丸付数字は鎌倉将軍の就任代数

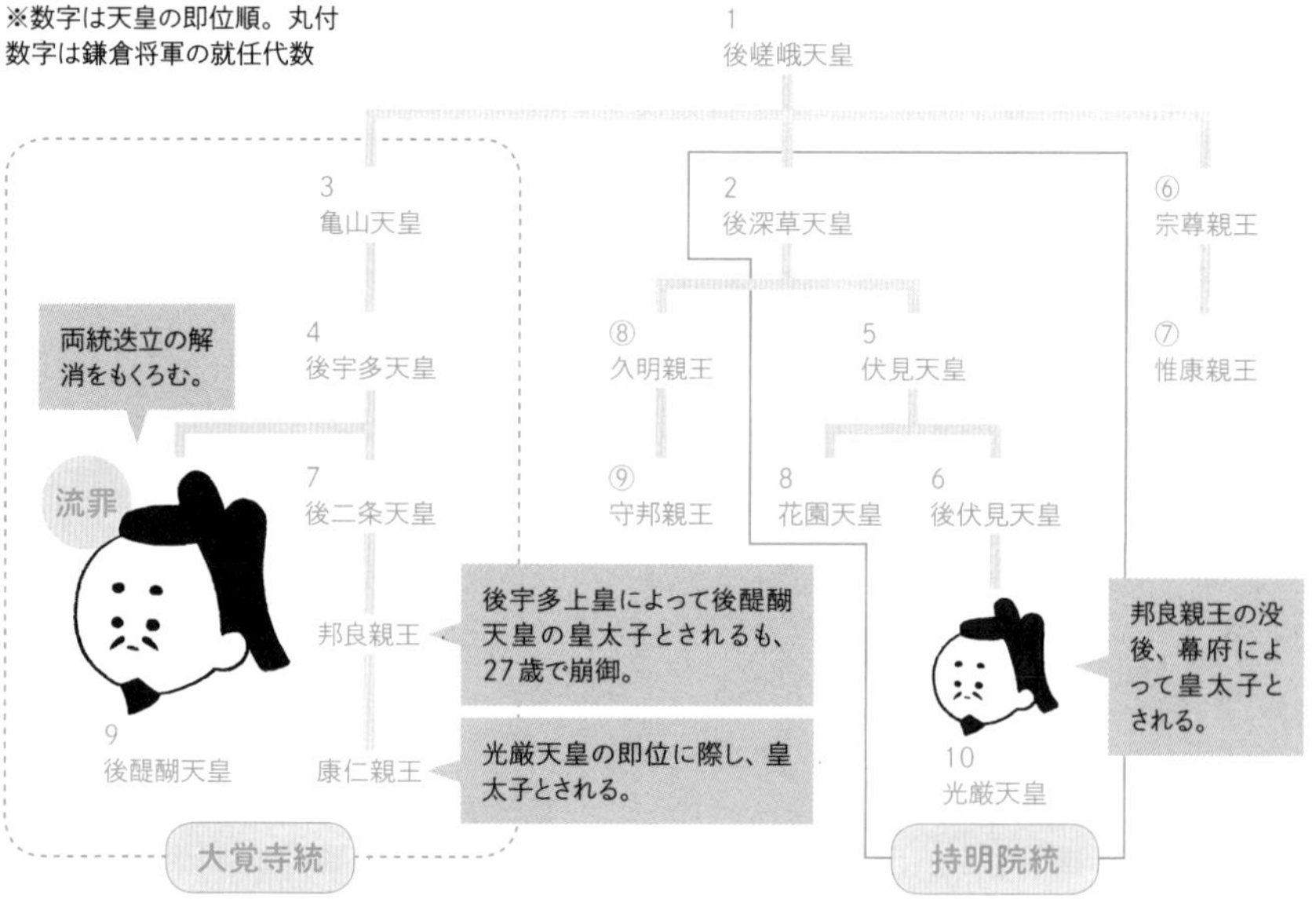

1 後嵯峨天皇
3 亀山天皇
2 後深草天皇
⑥ 宗尊親王
両統迭立の解消をもくろむ。
4 後宇多天皇
⑧ 久明親王
5 伏見天皇
⑦ 惟康親王
流罪
7 後二条天皇
⑨ 守邦親王
8 花園天皇
6 後伏見天皇
邦良親王
後宇多上皇によって後醍醐天皇の皇太子とされるも、27歳で崩御。
邦良親王の没後、幕府によって皇太子とされる。
9 後醍醐天皇
康仁親王
光厳天皇の即位に際し、皇太子とされる。
10 光厳天皇
大覚寺統
持明院統

豆知識　「持明院統」は後深草上皇が持明院（現在の京都市上京区安楽小路町にあった）、「大覚寺統」は後宇多上皇が大覚寺（京都市右京区嵯峨）を住まいとしたことにちなむ。

【鎌倉幕府の滅亡】

後醍醐天皇が隠岐へ流されたのち、反幕府を掲げる武士たちが全国であいついで挙兵。元弘3年（1333）5月22日、源氏の末裔である新田義貞がついに鎌倉幕府を滅ぼした。

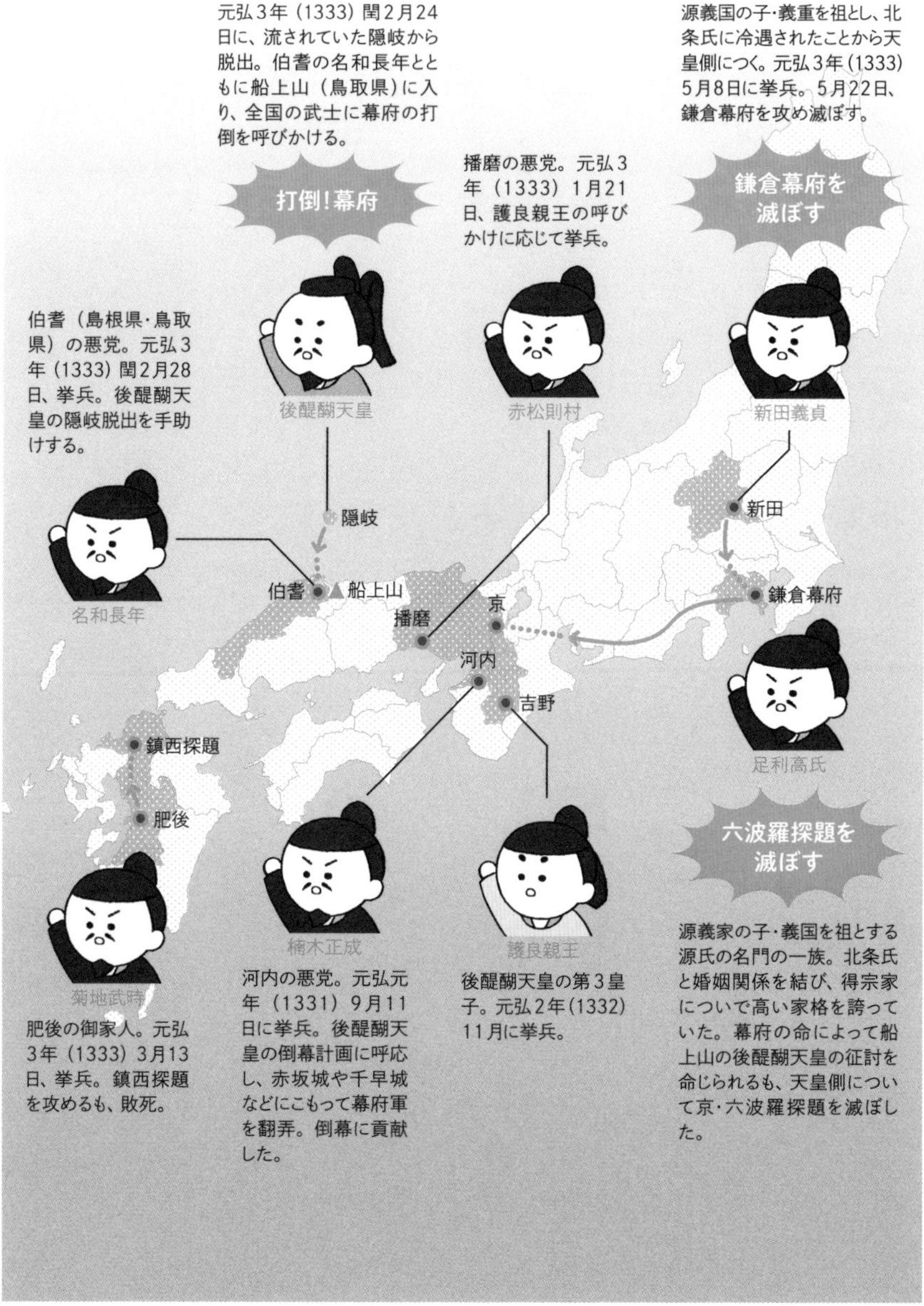

元弘3年（1333）閏2月24日に、流されていた隠岐から脱出。伯耆の名和長年とともに船上山（鳥取県）に入り、全国の武士に幕府の打倒を呼びかける。
打倒！幕府
後醍醐天皇
播磨の悪党。元弘3年（1333）1月21日、護良親王の呼びかけに応じて挙兵。
赤松則村
源義国の子・義重を祖とし、北条氏に冷遇されたことから天皇側につく。元弘3年（1333）5月8日に挙兵。5月22日、鎌倉幕府を攻め滅ぼす。
鎌倉幕府を滅ぼす
新田義貞
伯耆（島根県・鳥取県）の悪党。元弘3年（1333）閏2月28日、挙兵。後醍醐天皇の隠岐脱出を手助けする。
名和長年
隠岐
伯耆
船上山
播磨
京
河内
吉野
新田
鎌倉幕府
鎮西探題
肥後
足利高氏
六波羅探題を滅ぼす
源義家の子・義国を祖とする源氏の名門の一族。北条氏と婚姻関係を結び、得宗家についで高い家格を誇っていた。幕府の命によって船上山の後醍醐天皇の征討を命じられるも、天皇側について京・六波羅探題を滅ぼした。
菊地武時
肥後の御家人。元弘3年（1333）3月13日、挙兵。鎮西探題を攻めるも、敗死。
楠木正成
河内の悪党。元弘元年（1331）9月11日に挙兵。後醍醐天皇の倒幕計画に呼応し、赤坂城や千早城などにこもって幕府軍を翻弄。倒幕に貢献した。
護良親王
後醍醐天皇の第3皇子。元弘2年（1332）11月に挙兵。

なぜ朝廷は南と北に分裂した？

●後醍醐天皇と足利尊氏の対立が原因

鎌倉幕府の滅亡後、後醍醐天皇は親政を開始しました（建武《けんむ》の新政）。しかし、それまでの武家政権の慣習を無視した政策に武士の不満が高まっていくことになります。倒幕に貢献した足利尊氏も後醍醐政権への出仕を拒否。中先代《なかせんだい》の乱（鎌倉幕府一四代執権北条高時《たかとき》の子・時行《ときゆき》が幕府の復興をもくろんで挙兵）を機として鎌倉へ向かうと、後醍醐に反発する武士とともに反旗をひるがえしました。建武三年（延元《えんげん》元年・一三三六）には京を制圧し、後醍醐の大覚寺統と対立関係にあった持明院統の豊仁《ゆたひと》親王（光明《こうみょう》天皇）を擁立します。

その後、尊氏と後醍醐は講和し、光明の皇太子として成良《なりなが》親王が立てられました。こうして再び両統迭立の時代が訪れたのでした。

しかし、やがて新田義貞や楠木正成の子・正行《まさつら》が勢力を盛り返すと、後醍醐は吉野へ逃走。自分こそが正統であると主張し、尊氏に対抗します。ここに、吉野の南朝と京の北朝にそれぞれ天皇が並び立つ南北朝時代が到来しました。

【後醍醐天皇の親政に武士が反発！】

鎌倉幕府打倒後、後醍醐天皇は親政を開始する。しかし天皇親政の時代への復古を目指す、それまでの武士社会の慣習を無視した政治のあり方は、多くの武士の反発を招くこととなった。

①天皇親政

幕府
院政
摂政・
関白
後醍醐天皇

幕府・院政を否定し、摂政・関白の位を廃止。天皇中心の専制政治体制を構築した。

②地方に国司と守護を併置

国司
守護
対立
貴族が就任
武士が就任
国

貴族や側近を国司に命じて諸国に派遣。また、武士を守護に任じて国司と併置させたが、両者は職分をめぐって度々対立した。

③大内裏《だいだいり》の造営

新政府を象徴する天皇御所を築くべく、全国の地頭に20分の1税などを課す。

豆知識　足利高氏は倒幕後、第一の功労者として後醍醐天皇から武蔵国など3ヶ国の守護職と全国30ヶ所の所領、天皇の諱・尊治の「尊」の字を与えられた。

【足利尊氏の離反】

後醍醐天皇の親政に反発した足利尊氏は新政府に不満を抱く武士たちをひとつにまとめると、中先代の乱を契機として後醍醐政権に牙をむいた。

①建武2年（1335）、北条時行が信濃で挙兵。鎌倉を占領（中先代の乱）。

②足利尊氏、天皇の勅許を得ずに京から鎌倉へ向かう。北条軍を撃ち破り、鎌倉を奪還。

③尊氏が自らの采配で武士たちに恩賞を与える。

もう天皇には
従わない！
恩賞
恩賞
恩賞
武士
武士
武士

④後醍醐天皇は尊氏の勝手なふるまいに激怒。新田義貞に尊氏の征討を命令。

⑤建武3年（延元元年・1336）、尊氏は京を制圧し、光明天皇を擁立。

【南北朝の動乱はなぜ長期化した?】

建武3年（延元元年・1336）、京都の朝廷（北朝）に光明天皇が、吉野の朝廷（南朝）に後醍醐天皇がそれぞれ立ったことで南北朝時代がはじまった。当初は南朝が劣勢だったが、北朝を支える幕府内部が観応《かんのう》の擾乱《じょうらん》によって分裂。南朝と結びついたことで、動乱は長期化した。

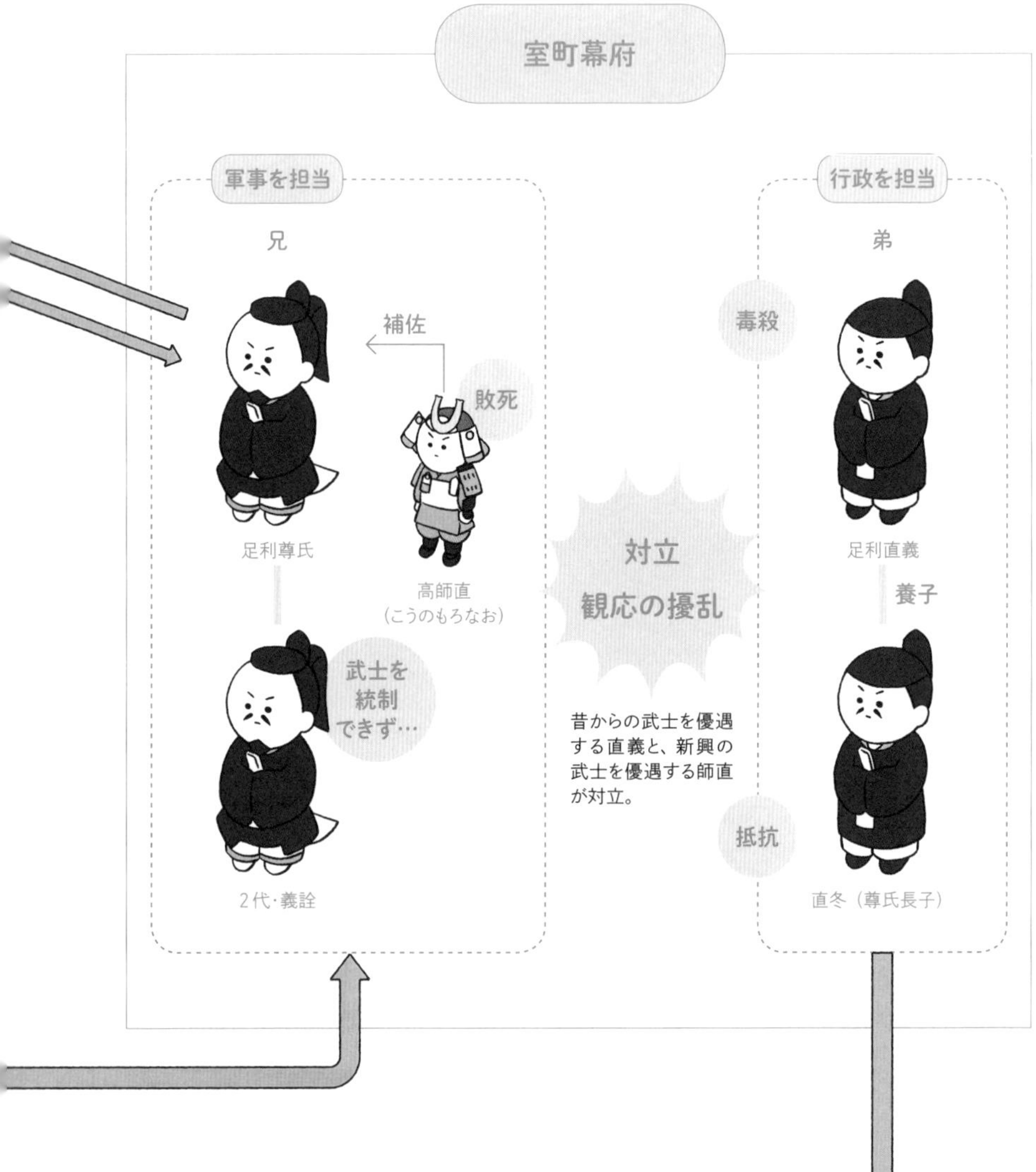

室町幕府
軍事を担当
兄
足利尊氏
補佐
敗死
高師直
（こうのもろなお）
武士を統制できず…
2代・義詮
対立
観応の擾乱
昔からの武士を優遇する直義と、新興の武士を優遇する師直が対立。
行政を担当
弟
毒殺
足利直義
養子
抵抗
直冬（尊氏長子）

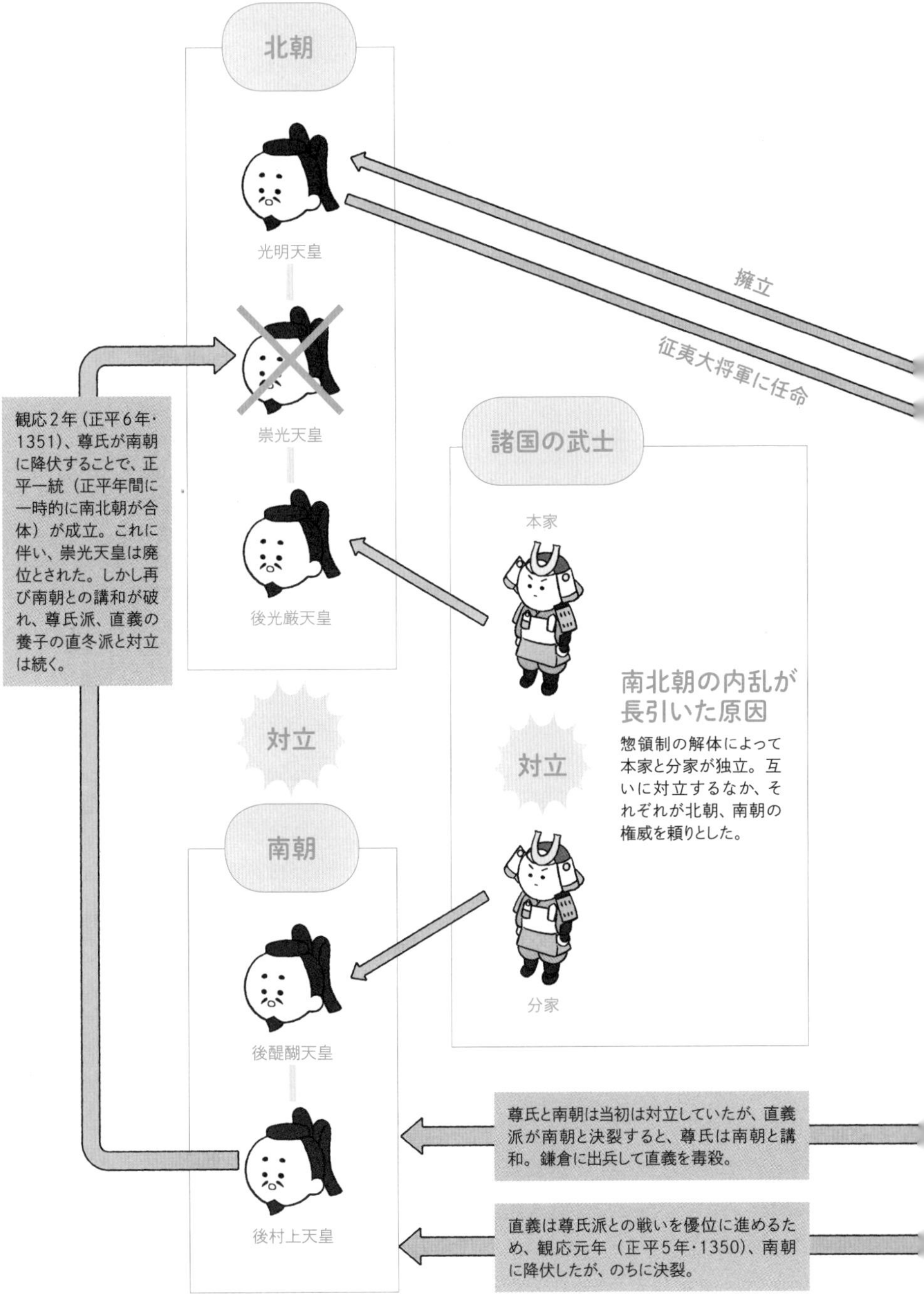
北朝
光明天皇
崇光天皇
後光厳天皇
擁立
征夷大将軍に任命
観応2年（正平6年・1351）、尊氏が南朝に降伏することで、正平一統（正平年間に一時的に南北朝が合体）が成立。これに伴い、崇光天皇は廃位とされた。しかし再び南朝との講和が破れ、尊氏派、直義の養子の直冬派と対立は続く。
対立
南朝
後醍醐天皇
後村上天皇
諸国の武士
本家
対立
分家
南北朝の内乱が長引いた原因
惣領制の解体によって本家と分家が独立。互いに対立するなか、それぞれが北朝、南朝の権威を頼りとした。
尊氏と南朝は当初は対立していたが、直義派が南朝と決裂すると、尊氏は南朝と講和。鎌倉に出兵して直義を毒殺。
直義は尊氏派との戦いを優位に進めるため、観応元年（正平5年・1350）、南朝に降伏したが、のちに決裂。

室町時代

室町幕府はいつ成立した？

●建武式目成立時か、征夷大将軍就任時か

建武三年（延元元年・一三三六）、後醍醐天皇と講和を結んだ足利尊氏は「建武式目《しきもく》」一七か条を発します。これは新政府の基本的な政治方針を示したもので、幕府は京に置くことが適当であること、法にもとづいて徳政を目指すことなどが宣言されました。現在は建武式目の制定をもって、室町《むろまち》幕府が成立したとする考え方が一般的となっています。その二年後、光明天皇は尊氏を征夷大将軍に任命しました。

しかしこの時点では、「室町」は幕府の所在地ではありませんでした。永和《えいわ》四年（天授《てんじゅ》四年・一三七八）、三代将軍義満《よしみつ》が京・室町に「花《はな》の御所《ごしょ》」と謳われる広大な邸宅を構え、ここで政治を司ったことから、ようやく名実ともに室町幕府が誕生したのです。義満は将軍でありながら准三后《じゅさんごう》（太皇太后《たいこうたいごう》、皇太后、皇后に準じる身分）、太政大臣《だいじょうだいじん》という公家の最上位の地位に就任。そして明徳《めいとく》三年（一三九二）、両統迭立を条件として南朝四代後亀山《ごかめやま》天皇を説得し、後亀山が北朝の後小松《ごこまつ》天皇に譲位するという形で南北朝の合一を実現しました。

【50年以上の対立の末、ついに南北朝がひとつになる】

南北朝の動乱は50年以上の長きにわたって続いたが、室町幕府3代将軍足利義満の時代にようやく統一された。

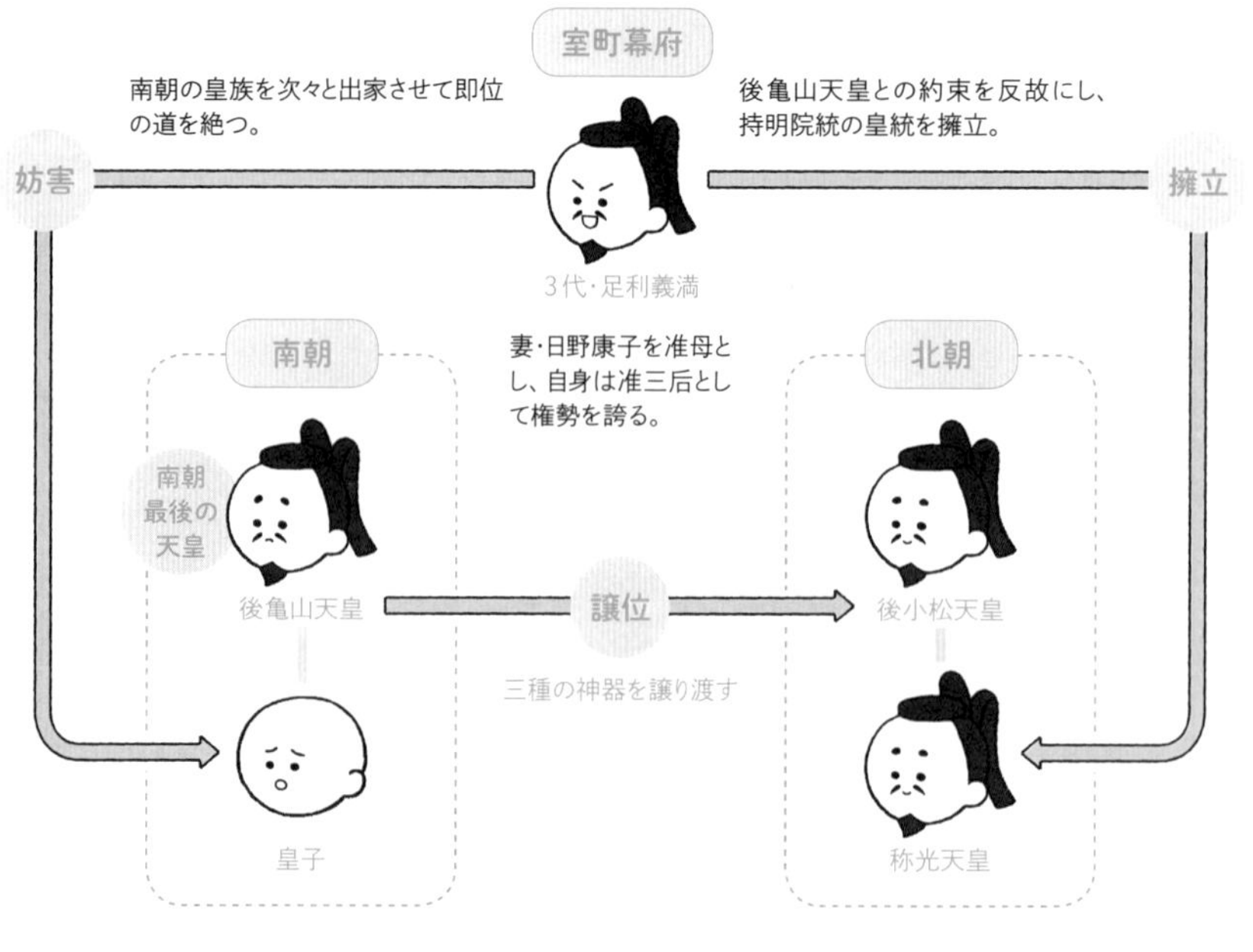

室町幕府
南朝の皇族を次々と出家させて即位の道を絶つ。
後亀山天皇との約束を反故にし、持明院統の皇統を擁立。
妨害
擁立
3代・足利義満
妻・日野康子を准母とし、自身は准三后として権勢を誇る。
南朝
北朝
南朝最後の天皇
後亀山天皇
譲位
三種の神器を譲り渡す
後小松天皇
皇子
称光天皇

豆知識　南北朝合一後、両統迭立という約束は果たされずに持明院統の皇統が続いた。南朝の遺臣たちはこれに憤慨。皇位の回復をもくろんで活動を続けた（後南朝）。

【室町幕府の支配体制と守護大名の登場】

3代将軍・足利義満の時代に室町幕府の政治体制がほぼ確立。中央では管領が政治を司り、地方では鎌倉府と3つの探題（奥州、羽州、九州）が各地域の統治にあたった。また足利氏の一門が守護として全国に派遣されたが、のちに任国を自身の領国と化し、守護大名へと発展を遂げた。

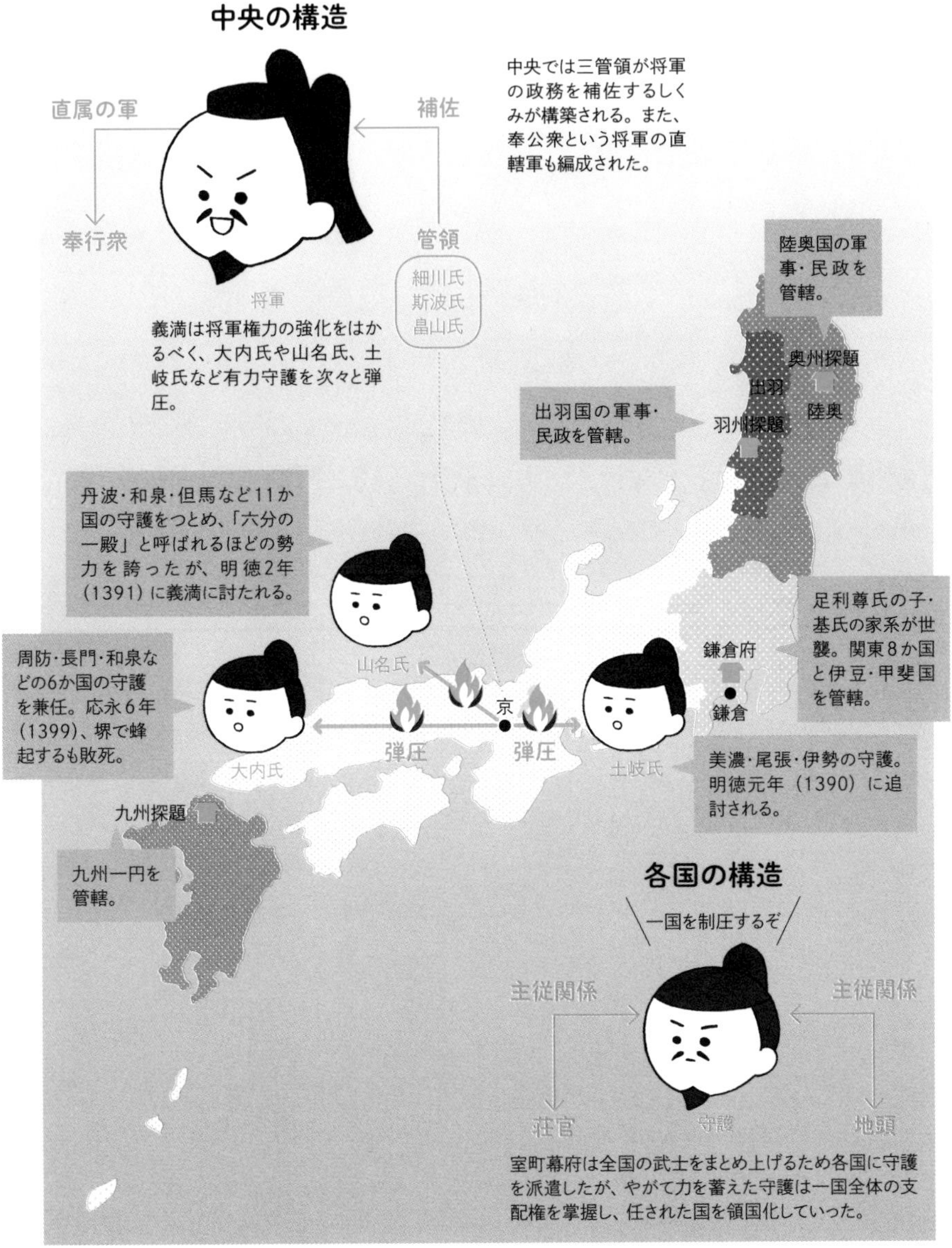
中央の構造
直属の軍
補佐
奉行衆
管領
細川氏
斯波氏
畠山氏
将軍
中央では三管領が将軍の政務を補佐するしくみが構築される。また、奉公衆という将軍の直轄軍も編成された。
義満は将軍権力の強化をはかるべく、大内氏や山名氏、土岐氏など有力守護を次々と弾圧。
陸奥国の軍事・民政を管轄。
奥州探題
出羽
陸奥
出羽国の軍事・民政を管轄。
羽州探題
丹波・和泉・但馬など11か国の守護をつとめ、「六分の一殿」と呼ばれるほどの勢力を誇ったが、明徳2年（1391）に義満に討たれる。
足利尊氏の子・基氏の家系が世襲。関東8か国と伊豆・甲斐国を管轄。
鎌倉府
鎌倉
周防・長門・和泉などの6か国の守護を兼任。応永6年（1399）、堺で蜂起するも敗死。
山名氏
京
弾圧
弾圧
大内氏
土岐氏
美濃・尾張・伊勢の守護。明徳元年（1390）に追討される。
九州探題
九州一円を管轄。
各国の構造
一国を制圧するぞ
主従関係
主従関係
荘官
守護
地頭
室町幕府は全国の武士をまとめ上げるため各国に守護を派遣したが、やがて力を蓄えた守護は一国全体の支配権を掌握し、任された国を領国化していった。

豆知識 足利義満は明国王に臣下の礼をとって国交を通じ、勘合貿易を推進した。応永10〜17年（1403〜10）にかけて計6回、勘合船が派遣された。

応仁・文明の乱はどんな戦いだった？

●複雑な権力闘争が生んだ大乱

八代足利義政《よしまさ》の時代になると、幕府の実権は将軍ではなく有力守護が握るようになっていました。細川氏や山名氏のように複数の国の守護を兼ねた一族が勢力を伸ばしたのです。そんななか、政治にうんざりした義政は出家していた弟の義視《よしみ》を還俗《げんぞく》させて後継者に指名すると、自らは銀閣《ぎんかく》で芸道に没頭しました。

ところが、義政の妻・日野富子《ひのとみこ》が義尚《よしひさ》を出産したことで事態は一変します。義尚を後継としたい富子は山名宗全《そうぜん》に近づき、いっぽう、義視は細川勝元《ほそかわかつもと》を後ろ盾としました。こうして、幕府内では将軍継嗣争いの火種が生み出されていったのでした。

もはや爆発は時間の問題となった応仁《おうにん》元年（一四六七）初頭、管領家のひとつ、畠山《はたけやま》家で家督争いが勃発。それに勝元、宗全が介入したことで、各地の守護は細川方（東軍）、山名方（西軍）に分かれて激突することになりました（応仁・文明《ぶんめい》の乱）。戦いは一一年もの長きにわたって繰り広げられて京は荒廃。室町幕府も衰退を余儀なくされました。

【後継者はどのように決められていた？】

室町時代、国や所領を治める能力がない者は家臣らの支持を集められず、家督を継承することができなかった。それでも、父親の意向を絶対視する風習もいまだ残っており、これが応仁・文明の乱を引き起こす一因となった。

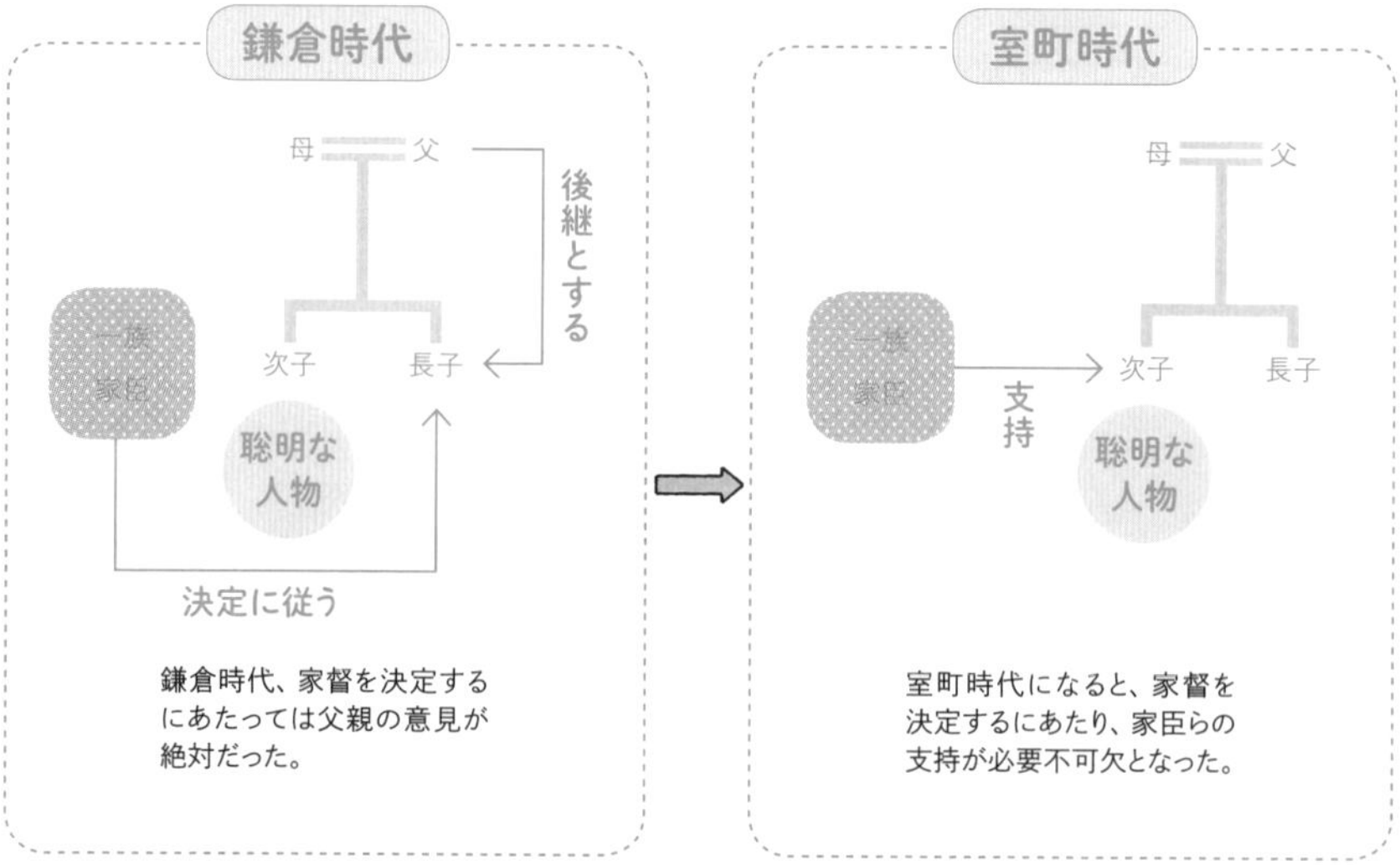

鎌倉時代、家督を決定するにあたっては父親の意見が絶対だった。

室町時代になると、家督を決定するにあたり、家臣らの支持が必要不可欠となった。

豆知識　一国全体の支配権を掌握した守護を「守護大名」と呼ぶこともあるが、実際に領域の支配は行なっていないことから、大名と呼ぶことに反対を唱える説もある。

【応仁・文明の乱の背景でなにが起きていたのか】

応仁・文明の乱は管領斯波家、畠山家における家督争い、細川勝元と山名宗全による幕府内の権力争い、9代将軍の座をめぐる足利家内の争いが絡み合って勃発した。

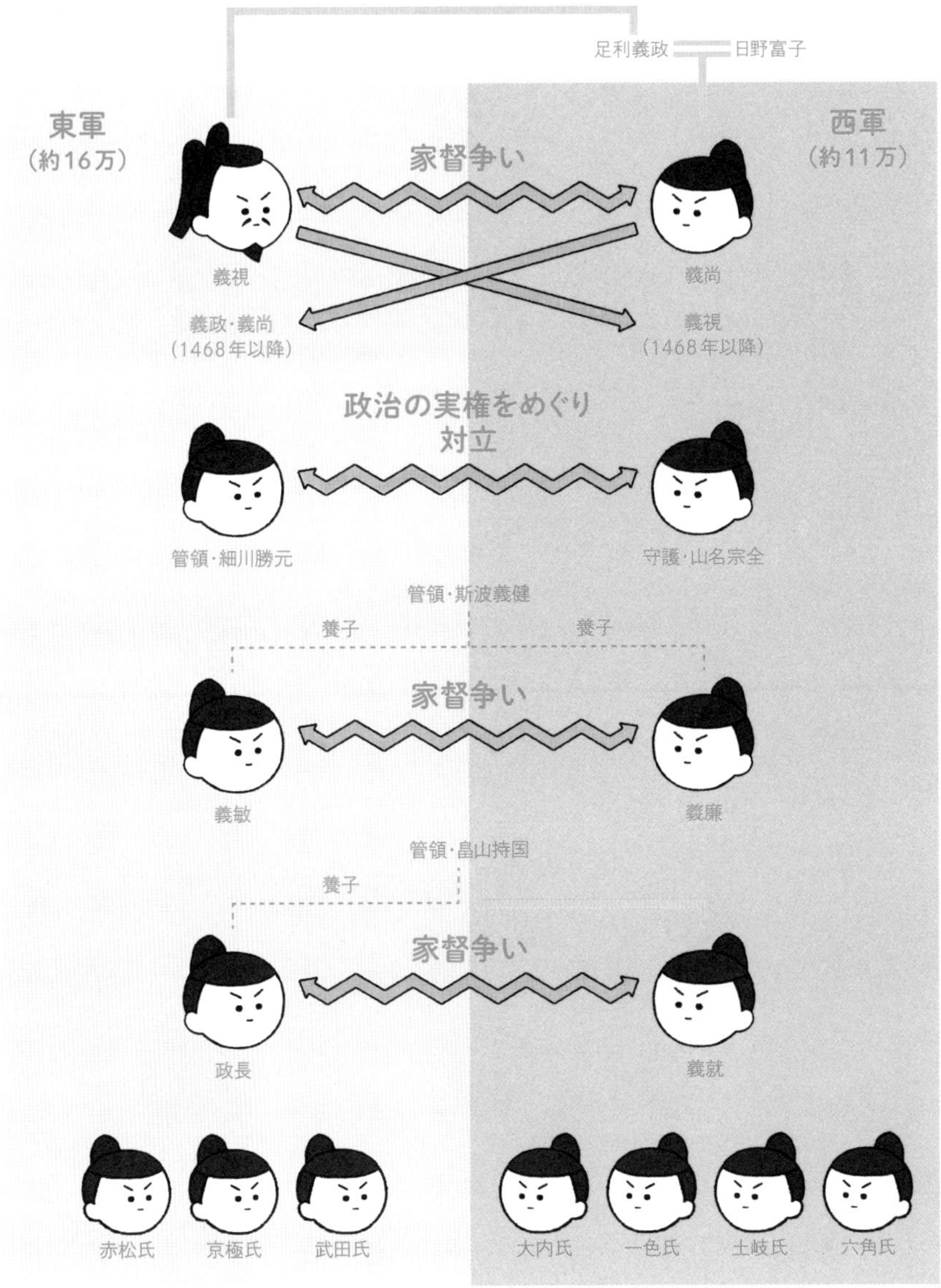

豆知識　日野富子といえば「悪女」として名高いが、近年は乱を収めるために奔走し、また傾いた幕府の体制を立て直そうとしたなど、その人物像が見直されている。

戦国時代

戦国大名はどのように誕生した？

●室町幕府が衰退して各地で支配者が台頭

応仁・文明の乱後、室町幕府は実質的な支配権を失いました。それに伴い、いままで在京を義務づけられていた守護はそれぞれの任国に戻り、地域の実効支配を確立していきます。いっぽうで、実質的な支配を行なっていた守護代、在地の荘官や地頭（国人《こくじん》）らが守護にかわって勢力を伸張するケースもありました。

こうして地方では守護や守護代、国人らが独自に領国を形成するようになり、いわゆる「戦国大名《せんごくだいみょう》」が誕生しました。

もっとも、戦国大名という職掌が実際に存在するわけではありません。その定義は曖昧ですが、領国内において、現代でいうところの行政・立法・司法の三権を掌握し、領域内のさまざまな階層の人々を一元的に支配するものを戦国大名と呼んでいます。

戦国大名の第一号と考えられているのは、堀越公方《ほりごえくぼう》・足利茶々丸《あしかがちゃちゃまる》を討って伊豆《いず》国を乗っ取った北条早雲《ほうじょうそううん》です。こうして、各地に分立した戦国大名たちが互いに覇を競い合う戦国時代が到来しました。

【「下剋上」の時代の到来】

明応2年（1493）4月、細川政元が10代将軍足利義稙《よしたね》を廃し、義澄《よしずみ》を11代将軍として擁立（明応の政変）。下剋上の先駆けとなった。その細川政元と連携した旧室町幕府家臣・北条早雲は伊豆・堀越の足利茶々丸を倒して相模に進出し、小田原城を本拠とした。

明応の政変関連系図

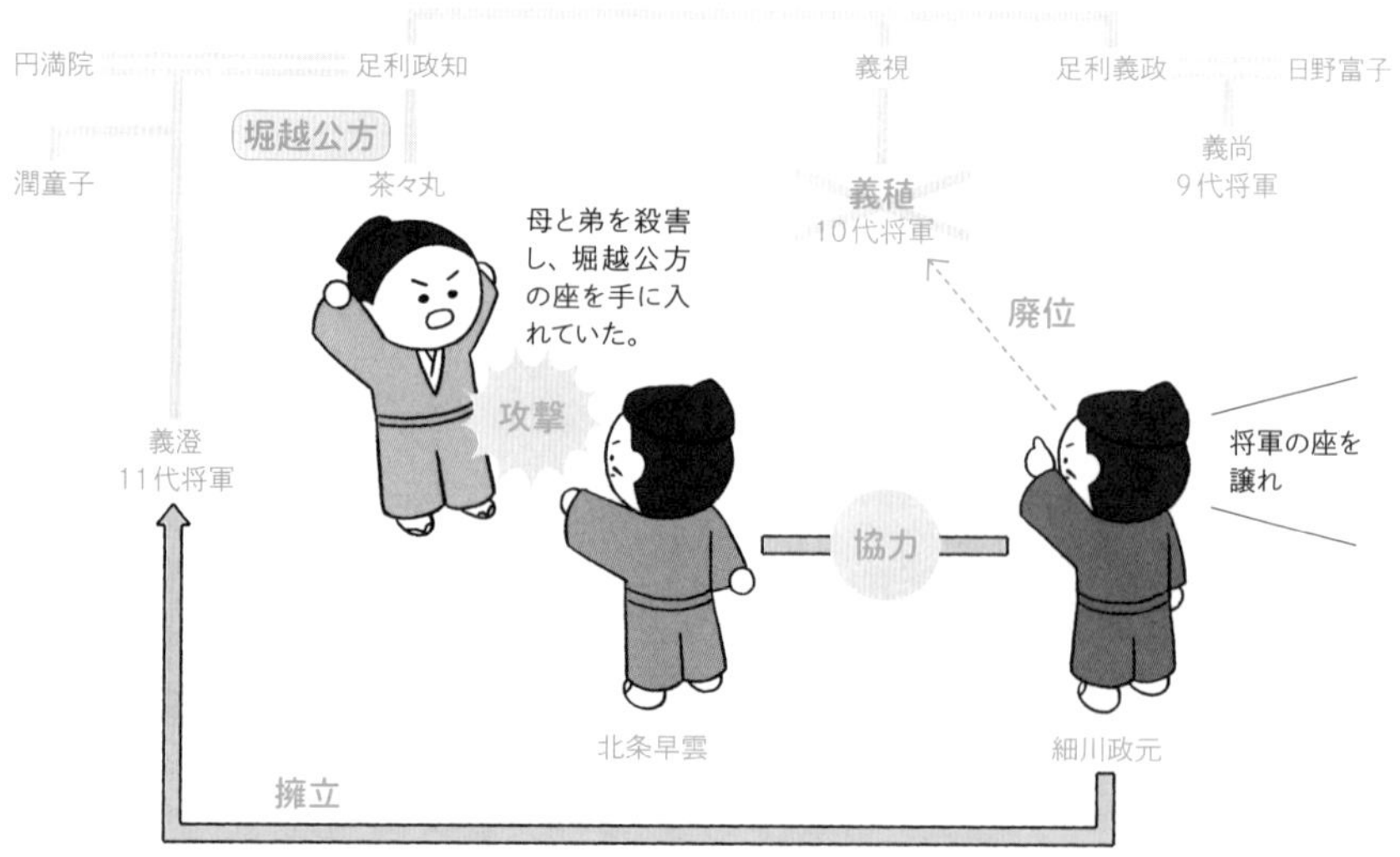

【16世紀なかばのおもな戦国大名勢力図】

応仁・文明の乱ののち、各地では地方権力が分立した。そのなかで台頭したのが尾張の織田信長で、室町幕府15代将軍足利義昭を京から追放するなど「天下」をほぼ掌中に収めた。

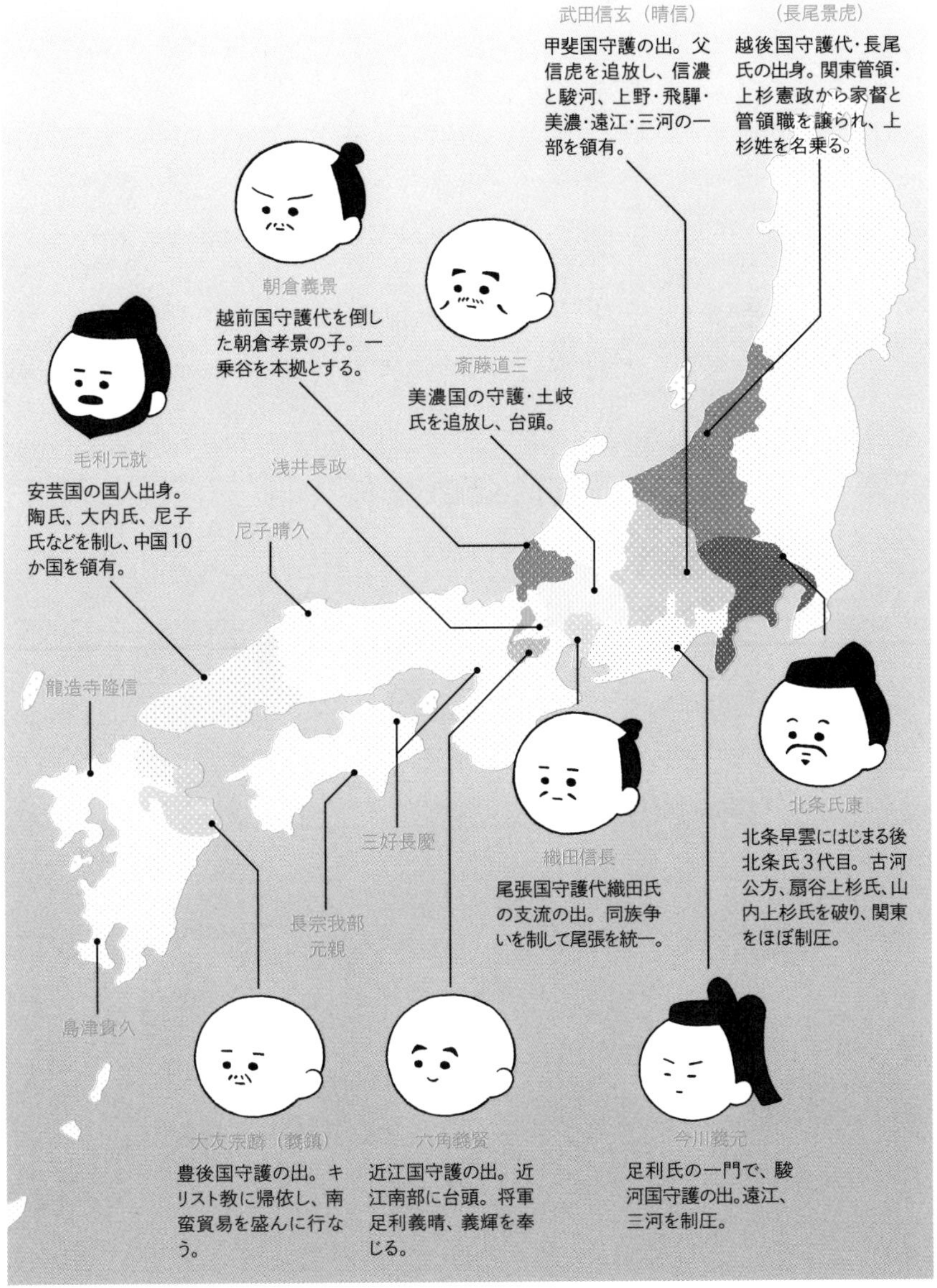
武田信玄（晴信）
甲斐国守護の出。父信虎を追放し、信濃と駿河、上野・飛騨・美濃・遠江・三河の一部を領有。
上杉謙信（長尾景虎）
越後国守護代・長尾氏の出身。関東管領・上杉憲政から家督と管領職を譲られ、上杉姓を名乗る。
朝倉義景
越前国守護代を倒した朝倉孝景の子。一乗谷を本拠とする。
斎藤道三
美濃国の守護・土岐氏を追放し、台頭。
毛利元就
安芸国の国人出身。陶氏、大内氏、尼子氏などを制し、中国10か国を領有。
浅井長政
尼子晴久
龍造寺隆信
三好長慶
長宗我部元親
島津貴久
北条氏康
北条早雲にはじまる後北条氏3代目。古河公方、扇谷上杉氏、山内上杉氏を破り、関東をほぼ制圧。
織田信長
尾張国守護代織田氏の支流の出。同族争いを制して尾張を統一。
大友宗麟（義鎮）
豊後国守護の出。キリスト教に帰依し、南蛮貿易を盛んに行なう。
六角義賢
近江国守護の出。近江南部に台頭。将軍足利義晴、義輝を奉じる。
今川義元
足利氏の一門で、駿河国守護の出。遠江、三河を制圧。

豆知識 北条早雲はかつては、浪人から戦国大名に成り上がった下剋上の象徴とされていたが、近年は室町幕府の政所執事を世襲した伊勢氏の出であると考えられている。

もっと知りたい！
日本史の話 ④

「一揆」ってなに？

結束して事にあたる

「一揆《いっき》」というと、困窮した農民が武装して反乱を起こすというイメージを思い浮かべる人は多いでしょう。しかし一揆とは、「揆《き》を一にする」、つまり「目的を実現するために一致団結した集団を結ぶこと」を意味します。そのため一揆は「起こす」ものではなく、本来は「結ぶ」ものなのです。

一揆を結ぶにあたっては、なによりも固い結束が求められました。そこで彼らはまず寺社に集まると、神仏に団結を誓約する起請文《きしょうもん》を二通作成。一通は寺社に奉納し、もう一通は焼いて灰にし、あらかじめ神前に供えていた水に混ぜて全員で飲みました（一味神水《いちみじんすい》）。これによって皆の心はひとつであり、けっして脱落しないことを神仏に誓ったのです。

中世後期には、農民に限らず武士（国人《こくじん》）や僧も一揆を結びました。たとえば農民は荘園領主に対して年貢や夫役の減免を求めて土《ど》一揆を、武士は守護大名の支配に対して国一揆を結んだのです。

一揆結成の流れ

①ある目的を達成するために団結

農民以外にも武士、僧侶、神官なども一揆を結ぶ。

年貢を減らせ！
代官を
やめさせろ！
地縁的結合

②神仏の前で誓いを立てる

われわれの心はひとつ！
神仏に誓約する起請文を書いて各自署名。それを灰にし、神前に供えた水に混ぜて回し飲みし、結束を示す。
神　仏

一揆にはどんな種類があった？

一揆には守護の支配に反発した国衆による国一揆や、農民や地侍による土一揆、浄土真宗門徒による一向一揆などさまざまな種類のものがあった。

土一揆

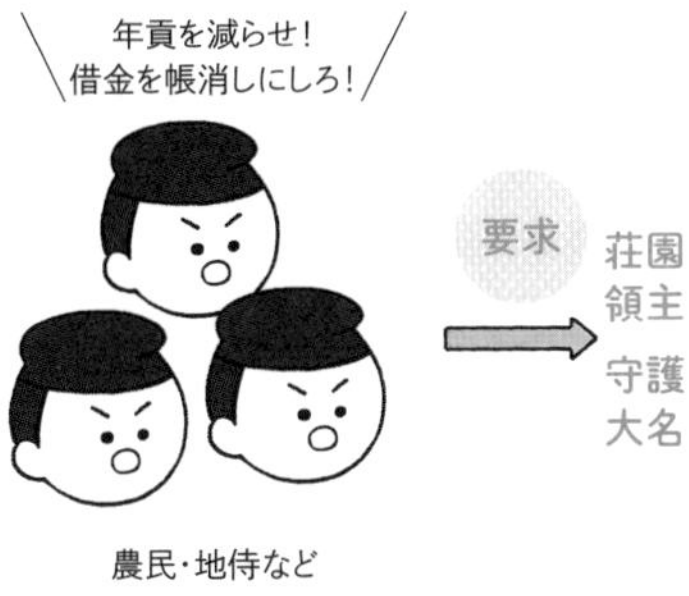
年貢を減らせ！
借金を帳消しにしろ！
要求
荘園
領主
守護
大名
農民・地侍など

農民や地侍らが連合して反抗。荘園領主や守護大名らには年貢や夫役の減免、幕府に対しては徳政を要求した。

（例）正長の土一揆、嘉吉の土一揆

国一揆

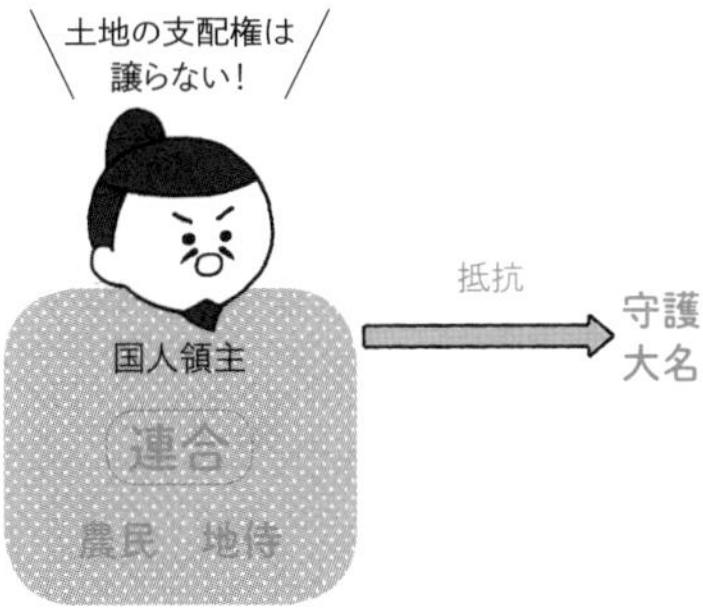
土地の支配権は
譲らない！
国人領主
連合
農民　地侍
抵抗
守護
大名

在地の国人領主が守護大名の支配に反発し、農民や地侍らと連合。在地領主権を守るために守護大名勢力の排除をもくろんだ。

（例）山城の国一揆、播磨の国一揆

一向一揆

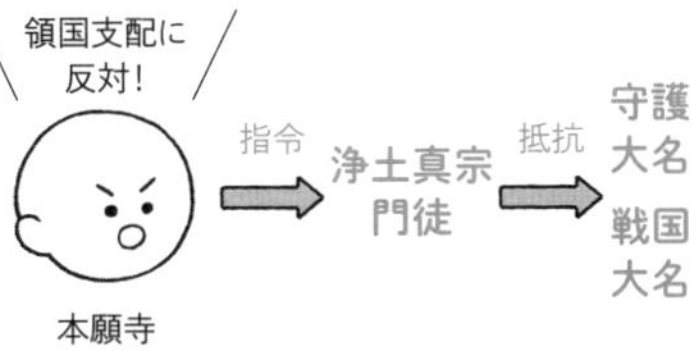
領国支配に
反対！
本願寺
指令
浄土真宗
門徒
抵抗
守護
大名
戦国
大名

浄土真宗の僧侶や門徒の武士、農民らが守護大名、戦国大名の支配に抵抗して一揆を結び、蜂起した。

（例）加賀の一向一揆、伊勢長島の一向一揆

世直し一揆

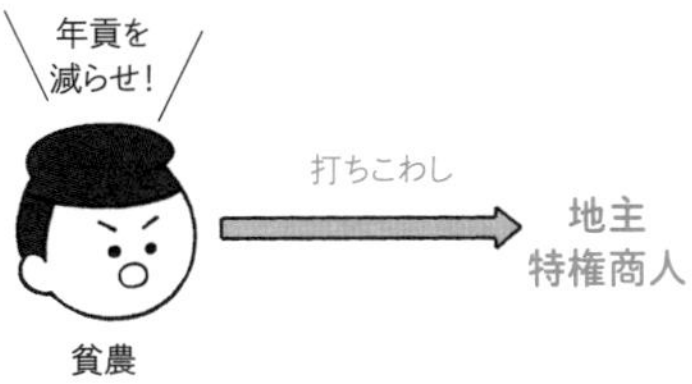
年貢を
減らせ！
貧農
打ちこわし
地主
特権商人

幕末、世直しの実行を求めて貧農や小作人層が一揆を結成。地主や特権商人などの家屋を襲い、米などを奪った。

（例）武州世直し一揆、信達一揆

第3章 近世

戦国
1467〜1590年

1543年
鉄砲伝来

1549年
キリスト教伝来

1560年
織田信長が桶狭間で今川義元を破る

1568年
足利義昭が室町幕府15代将軍に就任

1573年
室町幕府滅亡

安土桃山
1573〜1603年

桶狭間の戦い

桶狭間の戦いで今川義元を降した織田信長は一躍、戦国の乱世に台頭した。

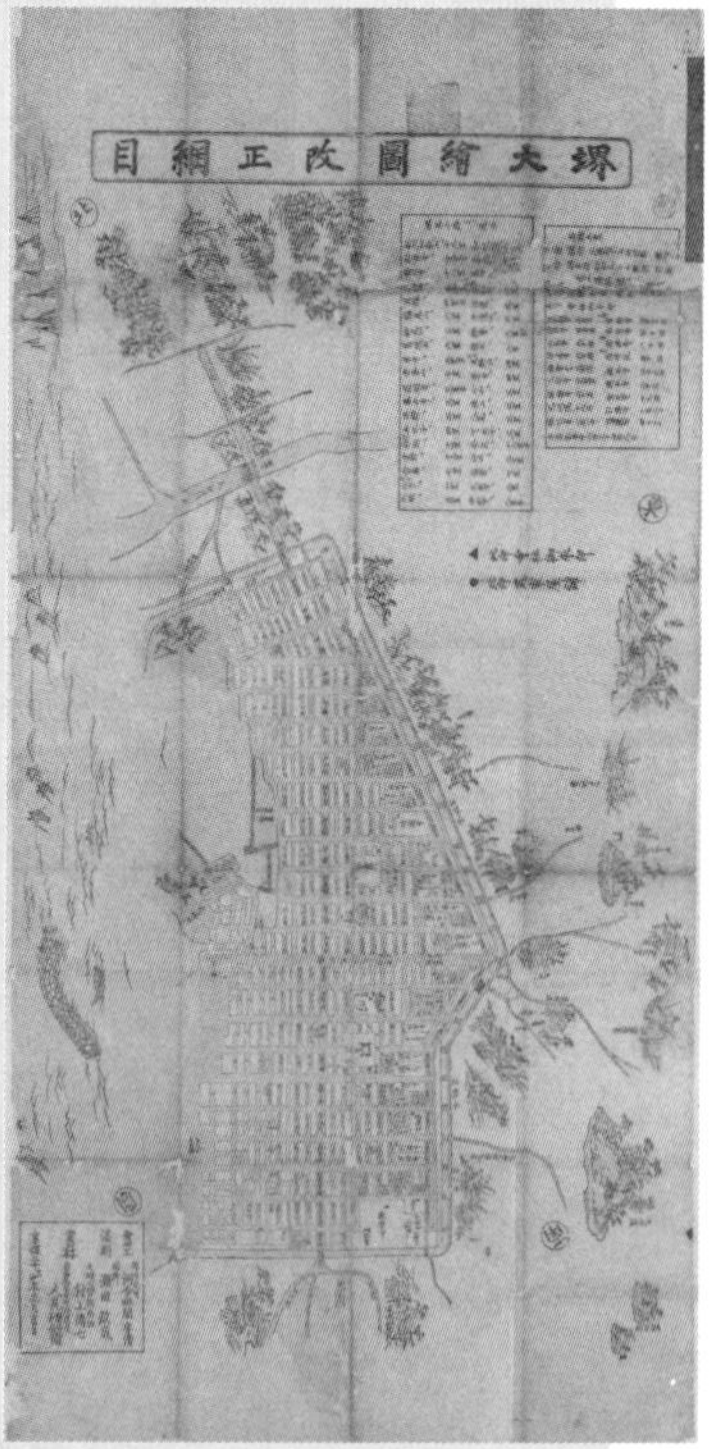

堺

中世以来、日明貿易、南蛮貿易で発展。戦国時代は鉄砲の一大産地としても名を馳せた。

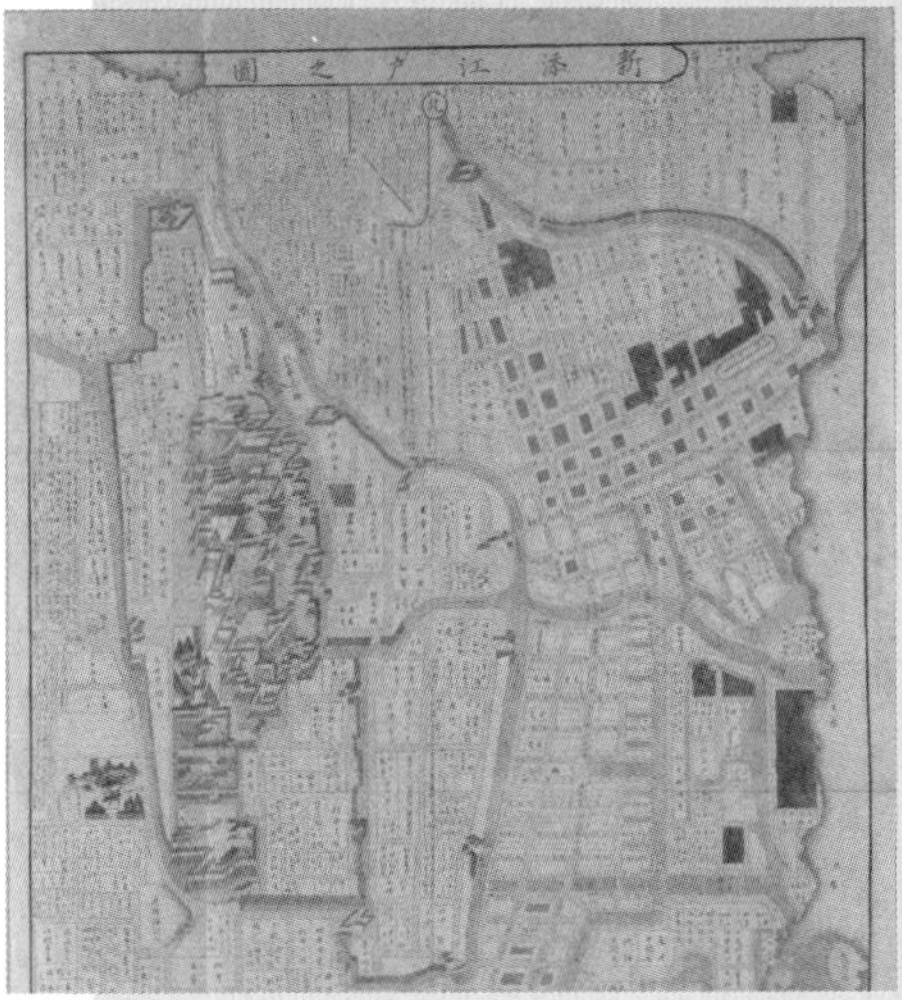

江戸城下町の成立

徳川家康の入府以降、江戸の町は発展を続け、18世紀には人口100万人を超える大都市へと変貌を遂げた。

本能寺

当時の本能寺は水堀と土塁で囲まれるなど、まるで城のような体裁だったことがわかっている。写真は現在の本能寺。天正20年（1592）、秀吉の命によって現在地に再建された。

1582年
織田信長が本能寺で明智光秀に討たれる

1590年
豊臣秀吉が全国を統一

1600年
関ヶ原の戦い勃発

1603年
徳川家康が征夷大将軍に就任。江戸に幕府を開く

江戸
1603～1868年

1615年
豊臣家滅亡

1637年
島原・天草一揆

1701年
赤穂事件

1716年
享保の改革（～45年）

1787年
寛政の改革（～93年）

1841年
天保の改革（～43年）

1853年
アメリカ東インド艦隊司令長官ペリーが浦賀に来航

1867年
徳川慶喜が大政奉還を上奏

1868年
戊辰戦争勃発

明治
1868～1912年

関ケ原古戦場

古代に不破関が置かれるなど、関ケ原は古くから交通の要衝であり、この場所をめぐって幾度も戦いが繰り広げられてきた。

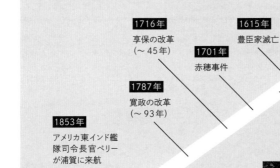

信長は本当に革新的な人物だった？

●じつは合理的な人物だった！

　戦国時代、一躍「天下人」に近い存在にまでのぼり詰めた戦国大名が織田信長《おだのぶなが》です。信長といえば、楽市令《らくいちれい》を発して市場経済の活性化をはかったり、合戦に鉄砲を導入して戦術革命を起こすなど、しばしば革新的な人物だったといわれます。ですが近年は、「信長＝革新者」というイメージを否定する見方も出てきています。たとえば楽市令に関しては、近江《おうみ》守護六角定頼《ろっかくさだより》が観音寺《かんのんじ》城下の石寺新市《いしでらしんいち》に発布したものが初見とされ、信長独自の発想だったわけではありません。鉄砲に関しても、甲斐《かい》の武田《たけだ》家などでは織田家と同じくらいの鉄砲衆が編成されていたことがわかっています。しかし信長は堺《さかい》を押さえて畿内の物流ルートを掌握し、大量の鉄砲と弾丸を合戦に投入できました。戦法というよりも、物量戦で他勢力を圧倒したのです。また、天皇や幕府に対しても、信長は極めて敬意を払っています。

　信長は革命家などではなく、むしろ旧来の秩序の枠組のなかで、合理的な手法をもって天下を支配しようとしたといえるでしょう。

【常備軍を組織した点が革新的】

信長以前、合戦の主力を担った地侍は、平時は農作業に従事し、合戦時は武装して家来を引き連れて戦場に向かっていた（兵農未分離）。だが、農繁期に出陣できず、また集団訓練ができないというデメリットがあった。信長は常備軍を組織することで、それらの問題を解決した。

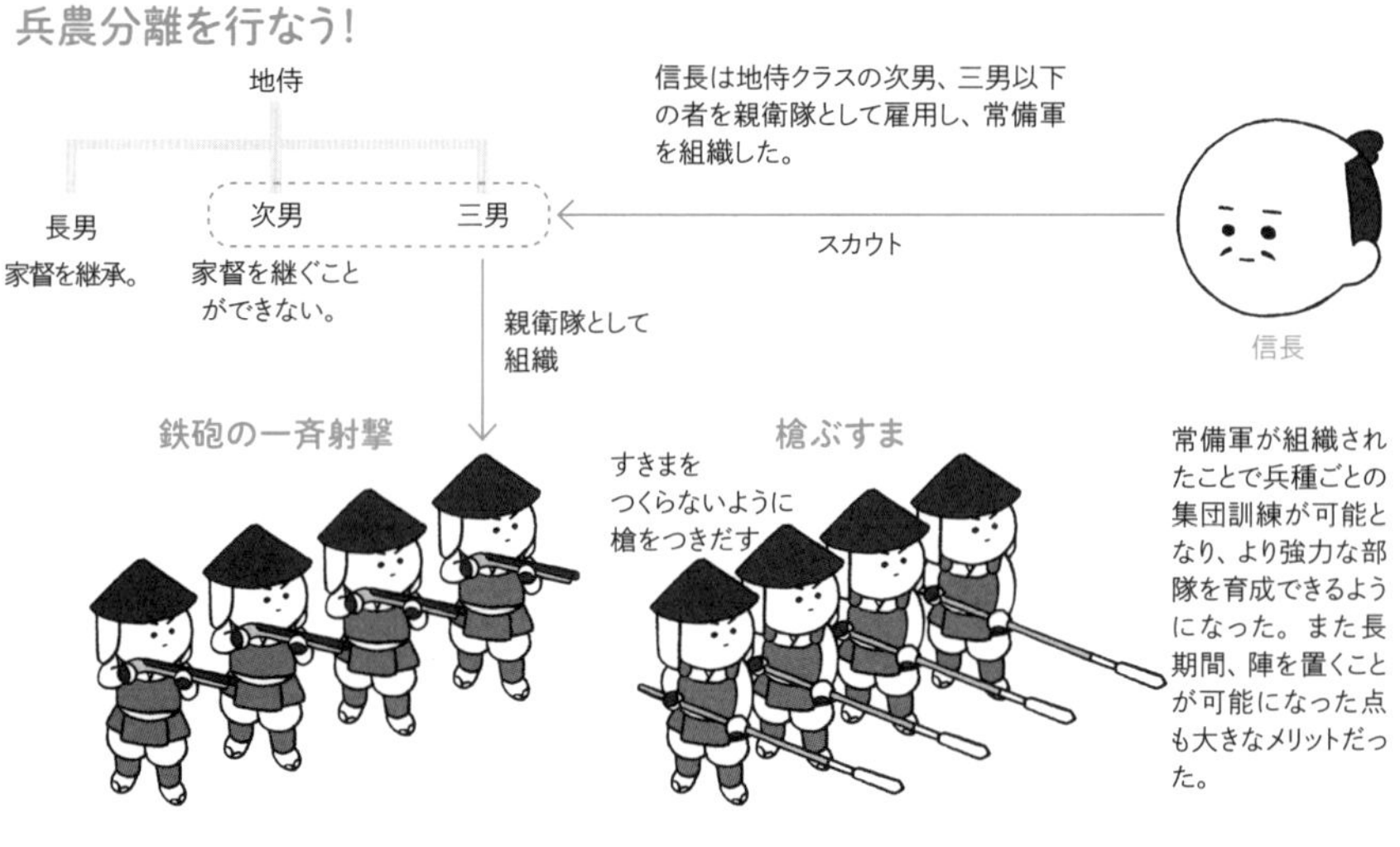
兵農分離を行なう！
地侍
長男
家督を継承。
次男
三男
家督を継ぐことができない。
信長は地侍クラスの次男、三男以下の者を親衛隊として雇用し、常備軍を組織した。
スカウト
信長
親衛隊として組織
鉄砲の一斉射撃
槍ぶすま
すきまをつくらないように槍をつきだす
常備軍が組織されたことで兵種ごとの集団訓練が可能となり、より強力な部隊を育成できるようになった。また長期間、陣を置くことが可能になった点も大きなメリットだった。

豆知識　信長は宗教弾圧を行なったといわれることもあるが、一貫して仏教勢力を弾圧していたわけではない。本能寺や仁和寺、東寺など寺領を安堵した例も多く残る。

【信長が実施した商業政策】

信長は商品の流通を促すため、それまで通行料を徴収していた関所を廃止。また、現代のフリーマーケットのようなものを城下に設けることで、商業の活性化をはかった。

①関所の撤廃

戦国時代当初、貴族や寺社は通行料を取るために自分の領地内に複数の関所を設置。商人たちはそのぶんを上乗せして商品を販売したが、商品は売れず、商業が停滞した。しかし信長が関所を廃止したことで商品流通が活発となり、商業が活性化した。

関所は廃止！我が国は
無料で通ってよいぞ
そのぶん
安く売るよ～
信長
商人
信長の領国

②楽市楽座の実施

「座」とは一種の同業者組合のこと。当時は寺社に上納金を支払う座の特権商人のみが寺社の門前などで商売することができた。信長は誰もが自由に商売できるよう楽市楽座の政策を実施。税をなくし、また座の特権を廃止したことで多くの商人が信長の領国へ集まり、経済が大いに発展を遂げた。

自由に商売してよい！
座も禁止！
上納金なしで
商売できるぞ！
楽市
信長
新興商人
信長の領国

寺社

いっぽう、それまで寺社に納められていた税金が入らなくなり、寺社の財政は困窮した。

豆知識 信長は商業政策の一環として街道も整備。道幅を広げてまっすぐな道にすることで、人が通行できやすいようにした。

武家政権と天皇
武士が即位しなかったワケ

鎌倉時代から明治時代を迎えるまで、鎌倉幕府、室町幕府、江戸幕府と、武家政権が政治の実権を握る時代が続きました。

いっぽう、平安時代の藤原摂関家《ふじわらせっかんけ》のように、天皇の権力を上回る貴族も存在しました。しかし彼らのいずれも、天皇にかわって自らが即位しようなどということは考えませんでした。あくまでも、朝廷があってこその政権運営だったわけです。

摂関家にしても、天皇の保護者として政治を代行しているにすぎませんでした。

また武家政権も、朝廷から支配の正当性を認められているからこそ、全国に軍事・徴税・警察権をおよぼすことができたのです。

いっぽう、朝廷も幕府などの力があったおかげで、荘園からの年貢などを受け取ることができました。

いわば、両者は対抗関係にあったのではなく、共存関係のもと、勢力均衡を維持していたといえます。

おもな天皇と時の権力者の関係

古来、時の権力者たちは天皇を廃さず、その権威を利用することで政権運営を円滑に進めようとした。

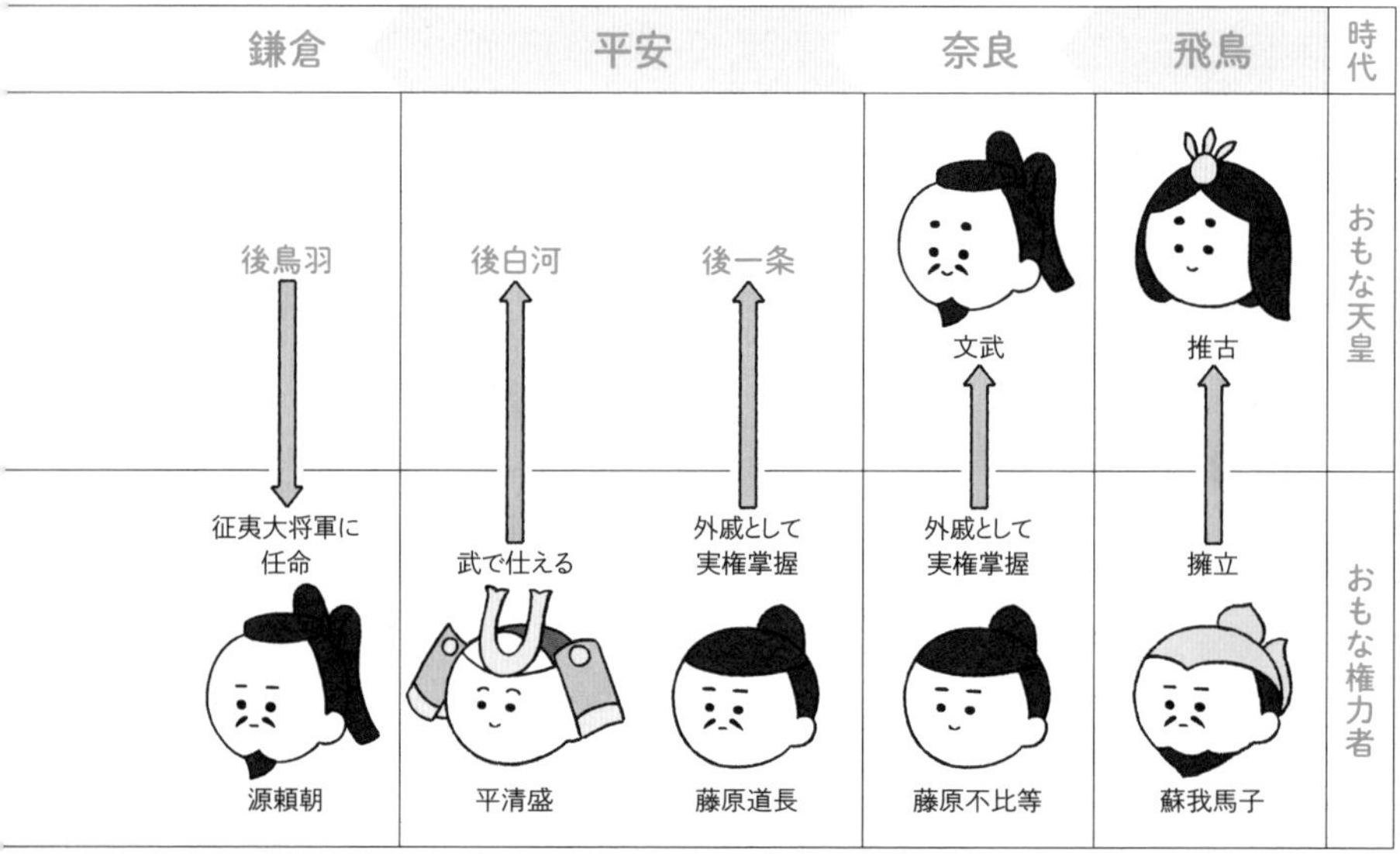
時代
鎌倉
平安
奈良
飛鳥
おもな天皇
後鳥羽
後白河
後一条
文武
推古
おもな権力者
征夷大将軍に任命
武で仕える
外戚として実権掌握
外戚として実権掌握
擁立
源頼朝
平清盛
藤原道長
藤原不比等
蘇我馬子

室町～戦国期の天皇

室町から戦国時代にかけて、天皇家の地位は低下。朝廷の直轄地は武家に奪われてしまったため、財政は窮迫し、儀式すらまともにできない有様だった。

103代
後土御門天皇（位1464～1500年）

葬儀の費用を捻出できず、40日あまりもの間、内裏の黒戸に霊柩が放置される。

104代
後柏原天皇（位1500～26年）

明応9年（1500）に即位するも費用がなかったため、22年間、即位の儀式を行なうことができなかった。

105代
後奈良天皇（位1526～57年）

即位後の天文5年（1536）、北条氏や今川氏らの献金によって即位の儀を挙行。

106代
正親町天皇（位1557～86年）

織田信長ら戦国大名に献金を働きかける。

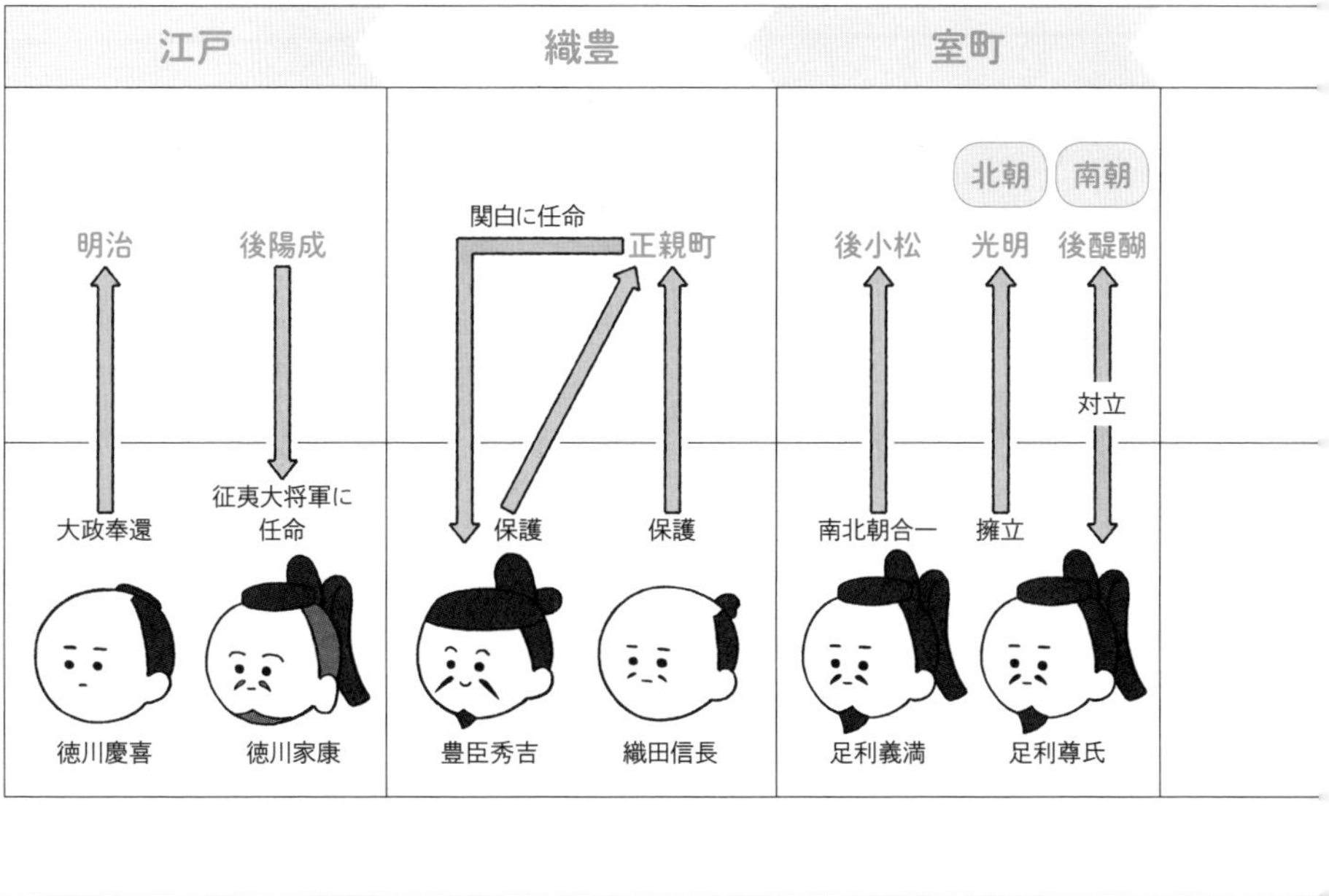

安土桃山時代

豊臣秀吉はなぜ海外出兵を行なったか？

●世界の王として君臨しようとした？

信長の死後、その後継者として台頭したのは羽柴《はしば》（豊《とよ》臣《とみ》）秀吉《ひでよし》でした。秀吉は敵対勢力を次々と降すいっぽうで関白《かんぱく》、太政大臣《だいじょうだいじん》に就任して公家の世界の頂点にも立ち、天正一八年（一五九〇）、ついに天下統一を実現しました。

その後、秀吉は次なる目標を大陸に定めます。朝鮮・明《ミン》を征服したら天皇を北京《ペキン》に遷《うつ》し、甥・秀次《ひでつぐ》を明の関白に任命。自身は寧波《ニンポー》に新たな拠点を構築し、天竺《てんじく》（東南アジア）をも服属させようともくろんだのです。

こうして実行されたのが、二度にわたる朝鮮出兵でした。しかし慶長《けいちょう》三年（一五九八）、秀吉が没したことで豊臣勢は朝鮮半島から撤退することになりました。

なぜ秀吉は朝鮮出兵を敢行したのでしょうか？

その理由については、「アジアの中心である明を征服して世界の王として君臨しようとした」「東アジアの中継貿易を独占しようとした」「諸将に与える新たな領土を獲得するべく外国へ版《はん》図《と》を拡げようとした」など、諸説唱えられています。

【秀吉が天下を統一！】

本能寺の変後、織田家中筆頭の地位にまでのぼり詰めた秀吉は次々と敵対勢力を討ち倒していき、天正18年（1590）、天下統一を達成した。

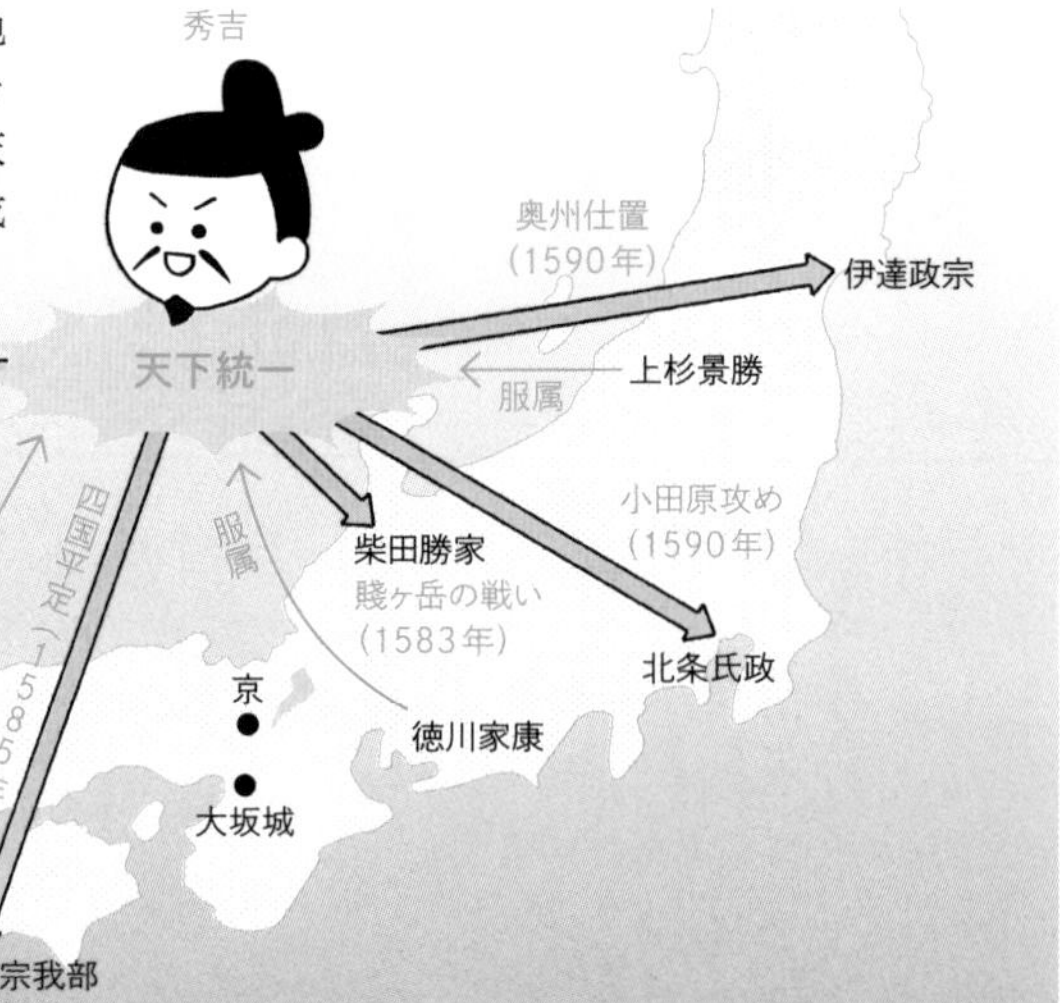

秀吉
天下統一
奥州仕置
（1590年）
伊達政宗
上杉景勝
服属
小田原攻め
（1590年）
北条氏政
柴田勝家
賤ヶ岳の戦い
（1583年）
服属
徳川家康
京
大坂城
四国平定（1585年）
長宗我部
元親
服属
毛利輝元
九州平定（1587年）
島津義久

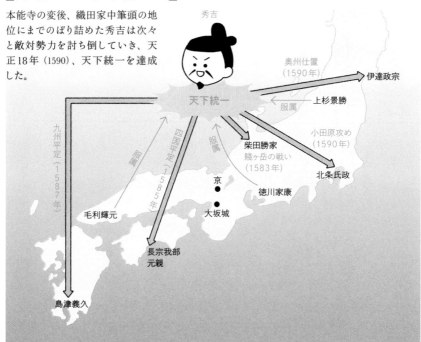

【秀吉がつくり出した新たな政治体制】

全国を統一した秀吉は新体制をつくり出すべく、「太閤検地」や「刀狩り令」、「度《ど》量《りょう》衡《こう》の統一」などの諸政策を次々と実行した。この体制が次の江戸幕府にもほぼ継承されていくこととなる。

①石高《こくだか》制の実施

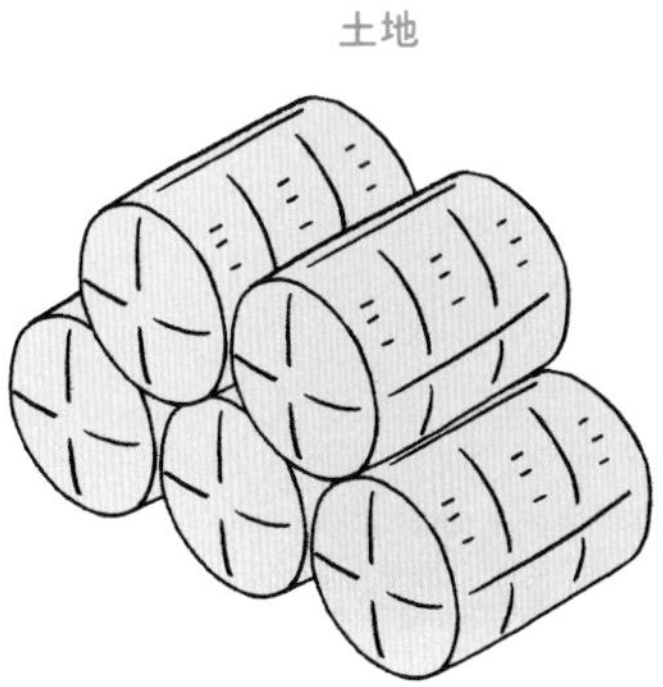
土地

土地を面積ではなく石高（米の生産力）で表記。石高に応じ、大名には軍役を、農民には年貢を負担させた。

②一地一作人の原則

領主
年貢
名請人（土地の責任者）

秀吉はひとつの土地に対してひとりの権利者のみを認定。これにより中世以来の荘園公領制は消滅した。土地の権利者は名請人（なうけにん）として田畑の所有権を認められ、石高に応じて年貢を納めた。

③兵農分離の徹底

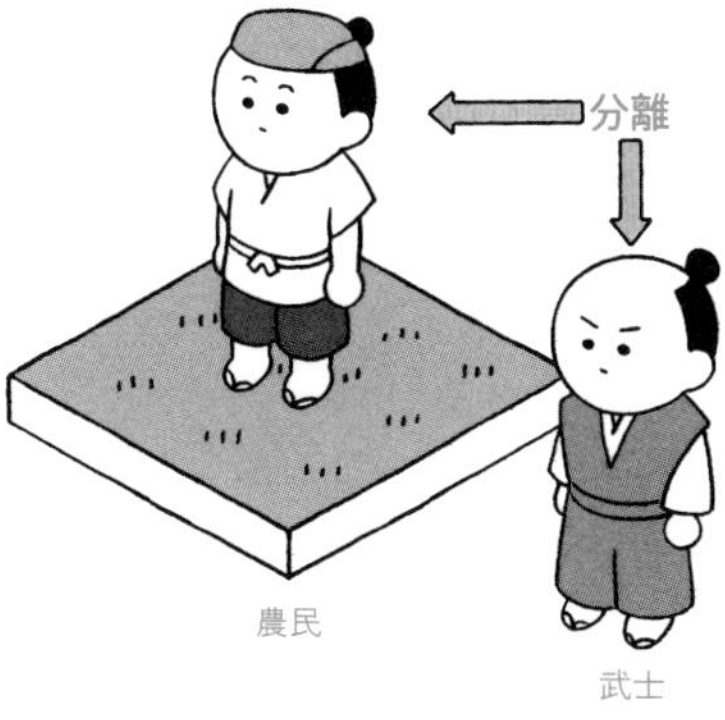
分離
農民
武士

刀狩り令により農民から武具を徴収。実際の狙いは農民の帯刀を免許制にするところにあり、刀狩り後も村には多くの武具が残されたままだった。そして刀狩り令、人掃い令により、武士、町人、農民などの身分を確定。それぞれの身分への転業を禁じた。

④度量衡の統一

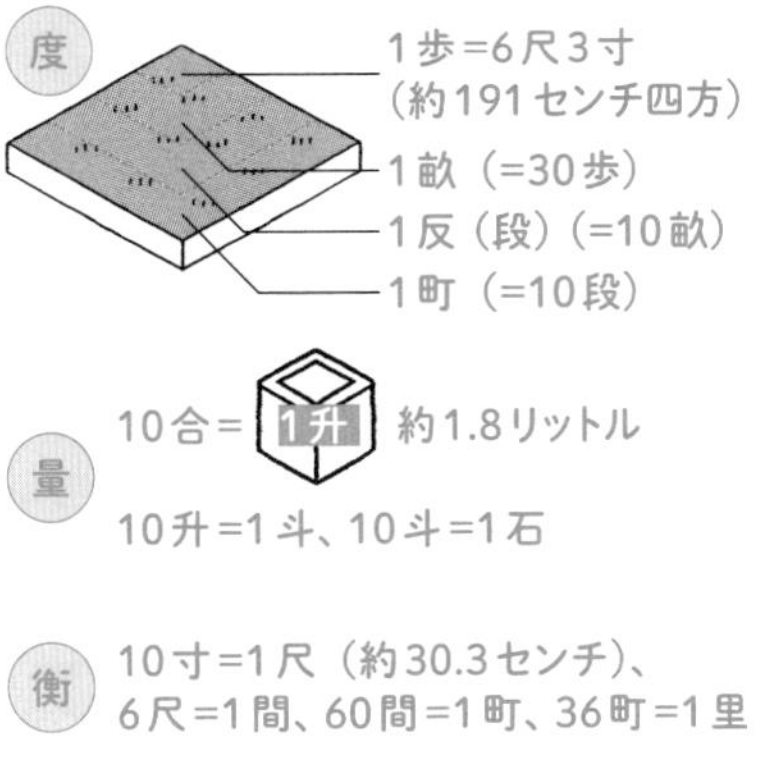
度
1歩=6尺3寸
（約191センチ四方）
1畝（=30歩）
1反（段）（=10畝）
1町（=10段）
量
10合=1升 約1.8リットル
10升=1斗、10斗=1石
衡
10寸=1尺（約30.3センチ）、
6尺=1間、60間=1町、36町=1里

戦国時代、度量衡は各大名が独自に設定していたため全国的にばらつきがあったが、秀吉によって初めて単位が統一された。

豆知識 人掃い令とは、文禄元年（1592）に関白の豊臣秀次が全国の戸口調査を命じた法令のこと。各家の人数、性別、老若、身分などを把握し、夫役徴発の基盤とした。

関ヶ原の戦いで家康はなぜ勝てた？

●事前の情報戦が勝敗を分ける

豊臣秀吉の死後、それまで豊臣政権を支えてきた武将間の権力闘争が表面化します。加藤清正《かとうきよまさ》、福島正則《ふくしままさのり》ら戦場の第一線で活躍してきた武断派《ぶだんは》と、石田三成《いしだみつなり》を筆頭とする奉行《ぶぎょう》派の対立です。この豊臣家の内部分裂に、政権を奪う機会を狙っていた徳川家康《とくがわいえやす》が介入。慶長五年（一六〇〇）、関ヶ原《せきがはら》の戦いが勃発しました。東軍の総大将は家康。いっぽうの西軍の総大将は毛利《もうり》輝元《てるもと》ですが、実際に戦いを主導したのは三成でした。九月一五日、両軍は関ヶ原で戦いましたが、西軍側に離反者が続出し、東軍の勝利に終わりました。

じつは戦前、家康は諸大名に対してじつに一六〇通以上の手紙を送っていました。戦後の恩賞を約束するなどして自軍への参加を誘っていたのです。九月一四日には、合戦の勝敗を決めたことで知られる小早川秀《こばやかわひで》秋《あき》と裏で通じ、吉川広家《きっかわひろいえ》を通して毛利家の戦闘不参加という密約も取りつけていました。つまり決戦前には諸将の見極めがある程度終わっていたわけです。戦う前から家康の勝利が決まっていたといえるでしょう。

【豊臣家で内部分裂が起こる】

秀吉の死後、政権内部で武断派と奉行派による権力闘争が勃発。政権を奪う機会をうかがっていた家康にとっては好都合な状況となった。

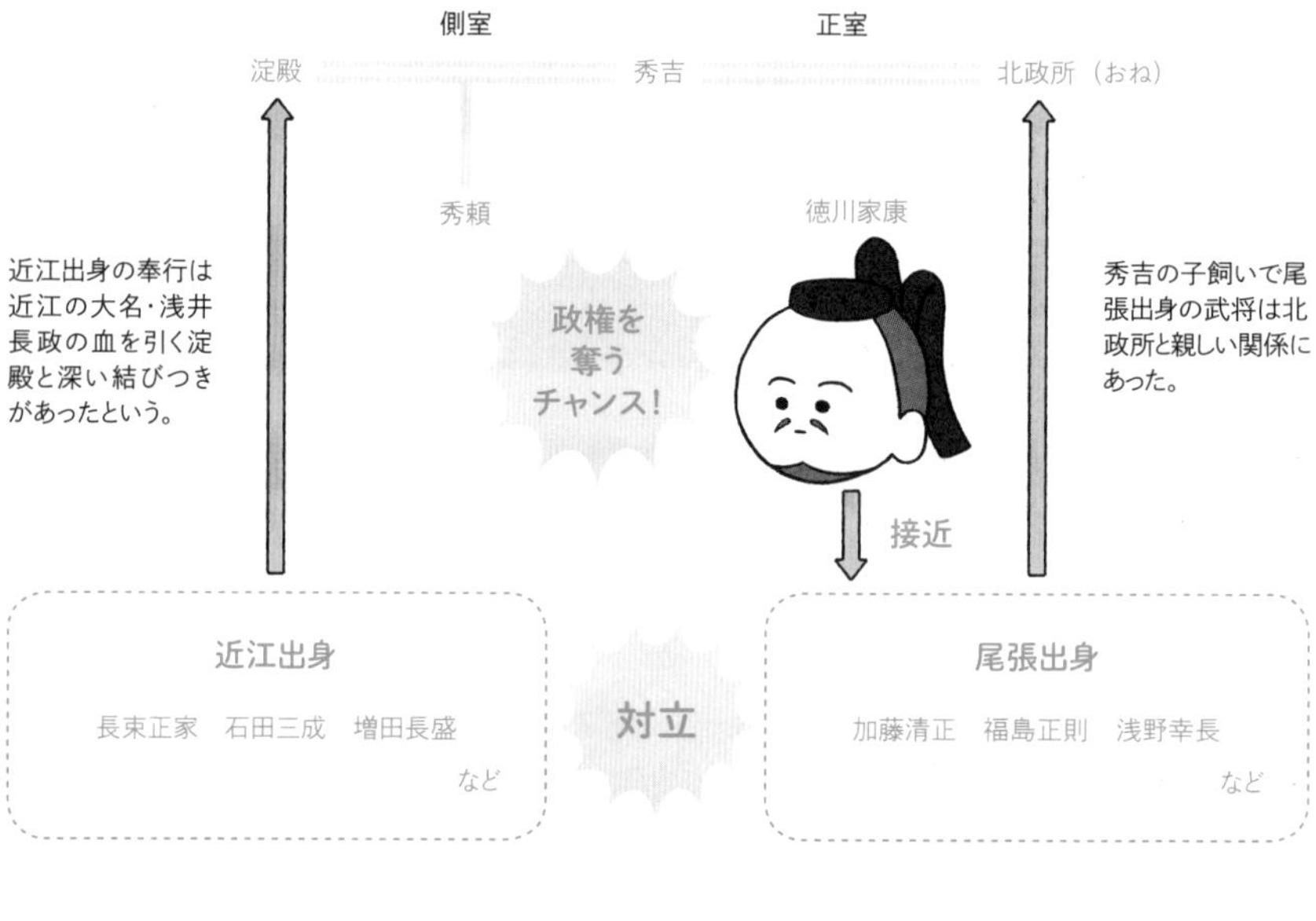
側室
正室
淀殿
秀吉
北政所（おね）
秀頼
徳川家康
近江出身の奉行は近江の大名・浅井長政の血を引く淀殿と深い結びつきがあったという。
政権を奪うチャンス！
秀吉の子飼いで尾張出身の武将は北政所と親しい関係にあった。
接近
近江出身
長束正家　石田三成　増田長盛
など
対立
尾張出身
加藤清正　福島正則　浅野幸長
など

豆知識　当時の家康はあくまでも豊臣政権五大老筆頭の立場にあった。そのため関ヶ原の戦いは徳川家対豊臣家ではなく、秀吉の遺児・秀頼に反逆する西軍を倒すという名目で行なわれた。

【関ヶ原の戦い直前の勢力図】

石田三成との決戦にあたり、徳川家康は全国の諸大名に手紙を出して自陣に参加するよう画策。その結果、「豊臣家のために三成を討つ」べく、多くの諸将が家康への味方を申し出た。

Close up!

小早川秀秋の裏切り

合戦中、小早川秀秋が動かないことにいらだった家康が威嚇射撃を行なったという話がよく知られるが、現在は否定する見方が強い。戦う前から秀秋は東軍につくことを決めており、開戦と同時に裏切った、もしくは情勢を見極めていたなど新たな説が唱えられている。

東軍
西軍
家康と裏で通じる
伊達政宗
上杉景勝
堀秀治
真田信幸
蒲生秀行
前田利長
真田昌幸
関ヶ原
徳川家康
京極高知
細川忠興
吉川広家
浅野幸長
石田三成
福島正則
宇喜多秀家
大坂城
山内一豊
毛利輝元
増田長盛
池田輝政
蜂須賀至鎮
小早川秀秋
黒田長政
長宗我部盛親
藤堂高虎
加藤清正
小西行長
島津義弘

豊臣政権を支えた五大老と五奉行

秀吉は自身の死後の政権安定のため、五大老と五奉行の制度を設置。秀頼に忠誠を誓う起請文を交わしたのを見届けて最期を迎えたが、この約束は家康によって破られた。

五奉行	五大老
石田三成	徳川家康
長束正家	前田利家
増田長盛	毛利輝元
浅野長政	上杉景勝
前田玄以	宇喜多秀家

豆知識　戦後、家康は豊臣系の諸大名を江戸から遠く離れた地に追いやるとともに、譜代大名を軍事的拠点に配置して彼らを押さえる役割を担わせた。これがのちの幕藩体制の基盤となる。

家康はなぜ江戸に幕府を開いた？

●江戸は水陸交通の要衝だった！

関ヶ原の戦い後、政界の主導権を掌握した徳川家康は慶長八年（一六〇三）、朝廷から征夷大将軍《せいいたいしょうぐん》に任命され、江戸に幕府を開きました。ここに、江戸時代がはじまります。

そもそも家康が江戸に入ったのは、豊臣政権時代の天正一八年（一五九〇）のことでした。当時の江戸は町屋がわずかに建ち並ぶだけの寒村にすぎなかったといいます。いっぽう、古来、さまざまな物資が行き交う要衝の地として発展していたともいわれます。

ともあれ、江戸という町に陸・海交通の便を見出した家康は天下普請《てんかふしん》によって江戸城を中心とした町づくりに着手。神田山《かんだやま》（現在の駿河台）を切り崩し、その土で日比谷入江《ひびやいりえ》や隅田川《すみだがわ》河口の低湿地帯を埋め立てて市街地を造りました（現在の日本橋《にほんばし》〜銀座《ぎんざ》一帯）。

また、物資を全国から江戸へ運びやすくするため、町中の水路や、日本橋を起点とした街道の整備に取り組みます。こうして現在の首都・東京の礎が築かれていきました。

【家康が征夷大将軍に就任！ 武家政権のトップに立つ】

慶長8年（1603）2月12日、家康は征夷大将軍に就任。その2年後には将軍職を子の秀忠に譲った。これは、政権を豊臣家には渡さないという家康の意志表示でもあった。

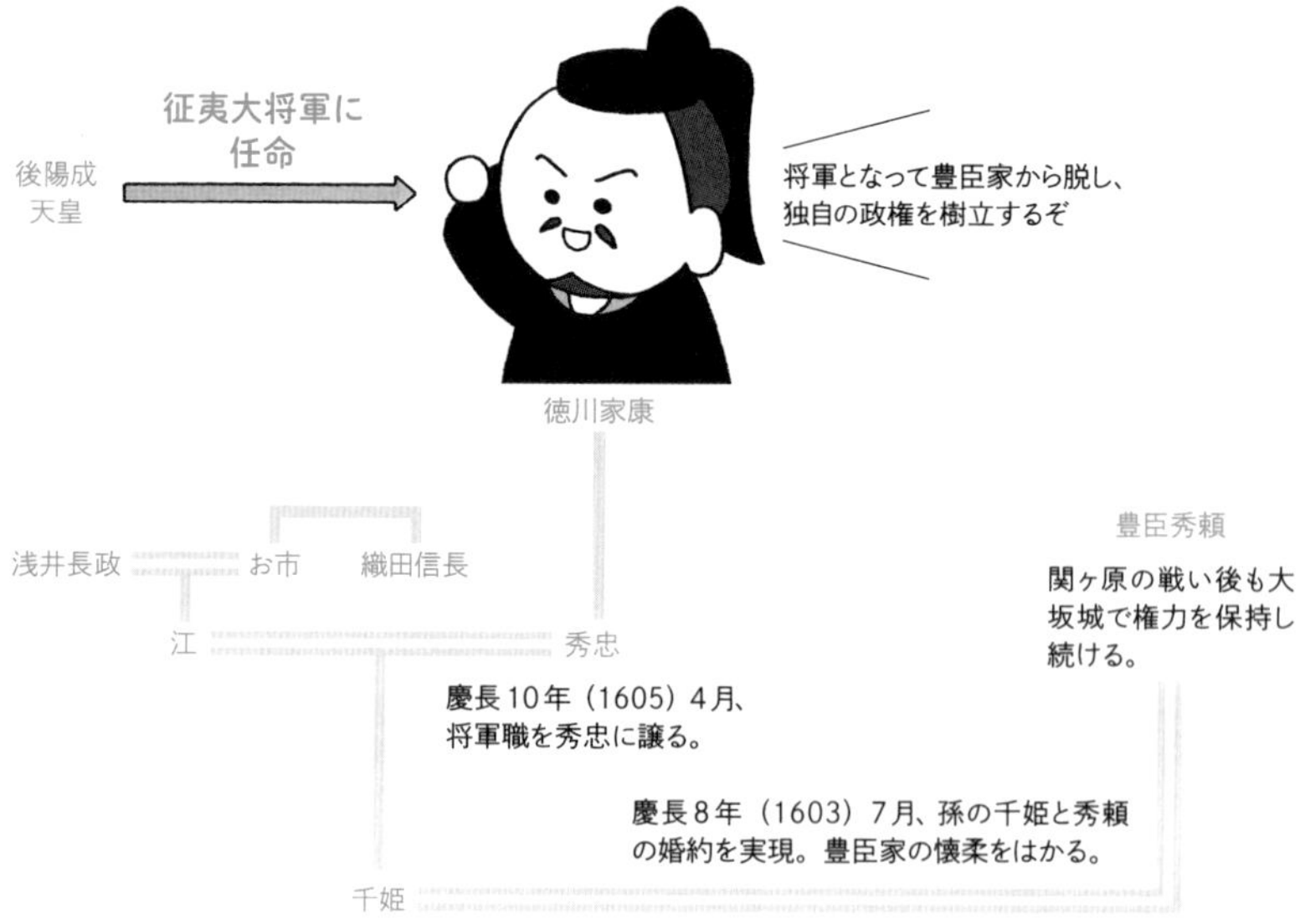

後陽成天皇
征夷大将軍に任命
将軍となって豊臣家から脱し、独自の政権を樹立するぞ
徳川家康
浅井長政
お市
織田信長
江
秀忠
豊臣秀頼
関ヶ原の戦い後も大坂城で権力を保持し続ける。
慶長10年（1605）4月、将軍職を秀忠に譲る。
慶長8年（1603）7月、孫の千姫と秀頼の婚約を実現。豊臣家の懐柔をはかる。
千姫

豆知識　江戸時代、諸大名には軍役にかわって普請（建設工事）の義務が課せられた。

【豊臣家の弱体化をはかる家康】

江戸に幕府を開き、名実ともに武家政権の頂点に立った徳川家康であったが、大坂の豊臣秀頼の権威はいまだ健在だった。秀頼は摂津・河内・和泉約65万石の大名にすぎなかったが、家康は豊臣家の勢力を削るとともに、鉄砲の生産地を押さえて来たるべき戦いに備えた。

①全国の金銀山や大名領内に設定されていた秀吉の直轄地を接収。豊臣家の勢力を削減する。

②水陸交通の便がよい江戸に幕府を開く。

③鉄砲の産地として名を馳せていた堺と国友（現在の滋賀県長浜市）を支配下に置き、対大坂戦に備えて鉄砲や大筒（大砲のこと）を大量に発注。

Close up! 「天下普請」ってなに？

家康は江戸の整備や城の改修・新築、河川の治水、街道の整備などを諸大名に命じて行なわせた。これを「天下普請」といい、諸大名にとっては大きな経済負担となった。

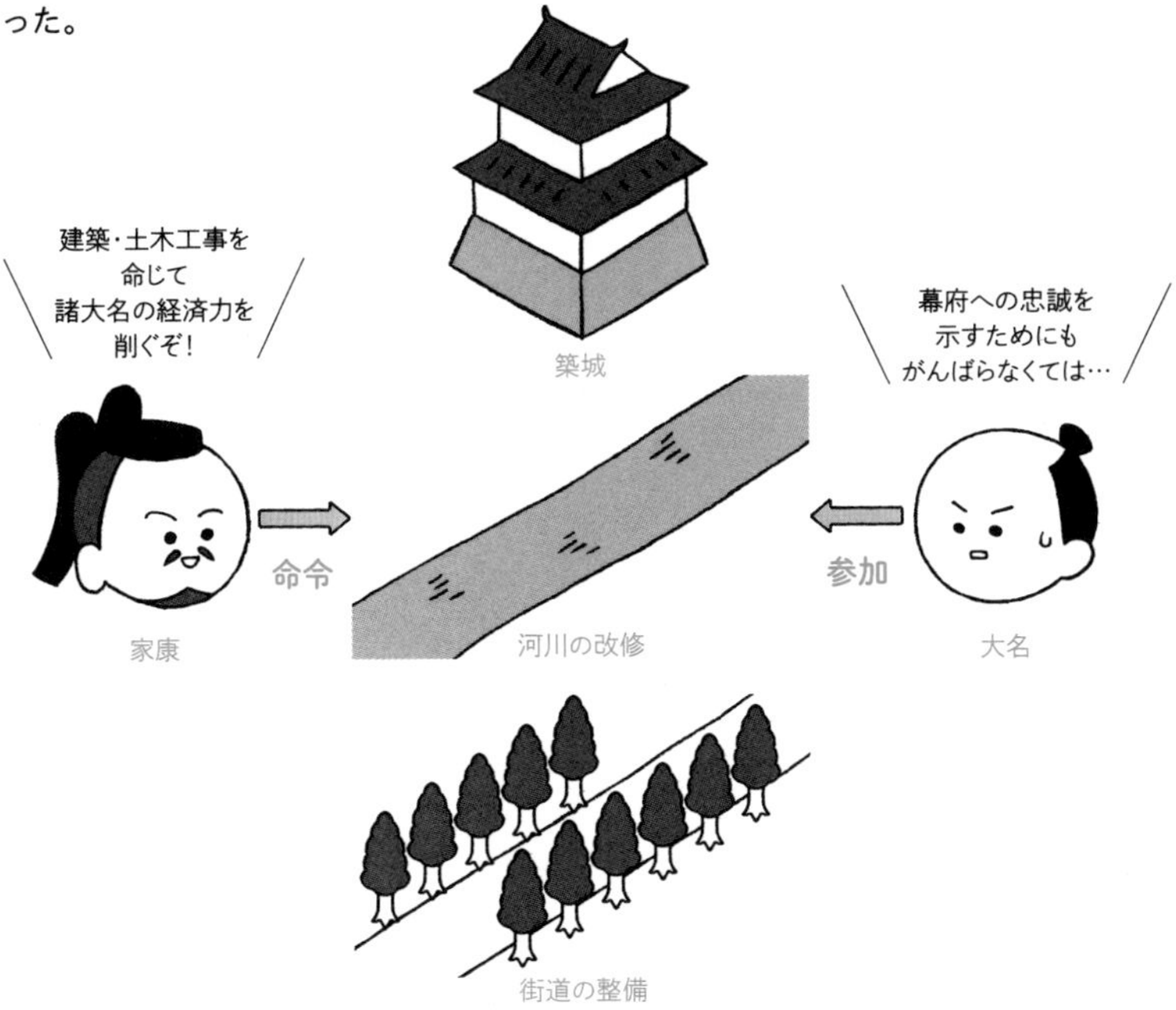
建築・土木工事を
命じて
諸大名の経済力を
削ぐぞ！
幕府への忠誠を
示すためにも
がんばらなくては…
築城
命令
参加
家康
河川の改修
大名
街道の整備

豆知識　天下普請で築かれた城には、江戸城、名古屋城、大坂城などがある。その際、諸大名にはそれぞれ持ち場が割り当てられたが、使用する石材が混同しないよう、刻印が刻まれた。

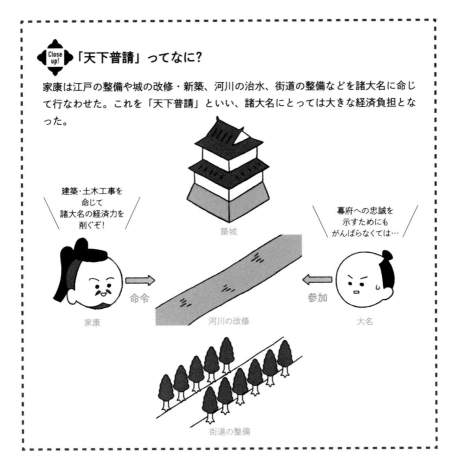

江戸幕府はなぜ二百数十年も続いた？

●将軍権力を強化して大名を抑え込む

江戸に幕府を開いたとはいえ、いまだ大坂には豊臣家の権威が存在していました。そこで家康は方広《ほうこう》寺《じ》鐘《しょう》銘《めい》事件を口実として大坂の陣を引き起こし、豊臣家を滅ぼします。こうして、名実ともに江戸幕府という中央政権が、全国の大名を支配するという体制が確立しました。当時、全国の土地は幕府が支配する幕領《ばくりょう》と、大名が支配する藩《はん》領とに分けられていました。大名は将軍と主従関係を結び、それぞれが独自の法制や税制などによって地域支配を行なっていたのです。これを「幕藩体制」といいます。

大坂の陣後、二代秀忠《ひでただ》は武家諸法度《ぶけしょはっと》を発し、大名の行動を規制しました。法律に違反すると改易《かいえき》（領地を没収して家を取りつぶす）という厳しい処分が下されたため、幕府に歯向かう大名はいなくなりました。そして三代家光《いえみつ》の時代に参勤交代《さんきんこうたい》の制度が明文化され、幕府による強力な中央集権体制が完成します。この枠組みが、二百数十年もの長きにわたって続く政権の基盤となりました。

【家康が豊臣家を滅ぼす】

徳川家康は豊臣家の財産を減らすため、大地震で倒壊したままの方広寺大仏殿を再興するよう秀頼を誘導する。さらに豊臣家を征討する名目を得るため、鐘に刻まれた「国家安康　君臣豊楽」という文字に難癖をつけて戦端を開いた。

①家康が秀頼に方広寺の再建を勧める

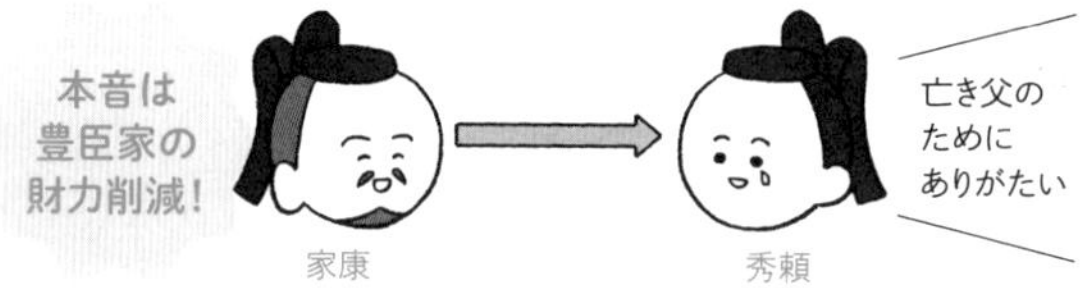
本音は
豊臣家の
財力削減！
亡き父の
ためになる
ありがたい
家康
秀頼

②方広寺鐘銘事件勃発

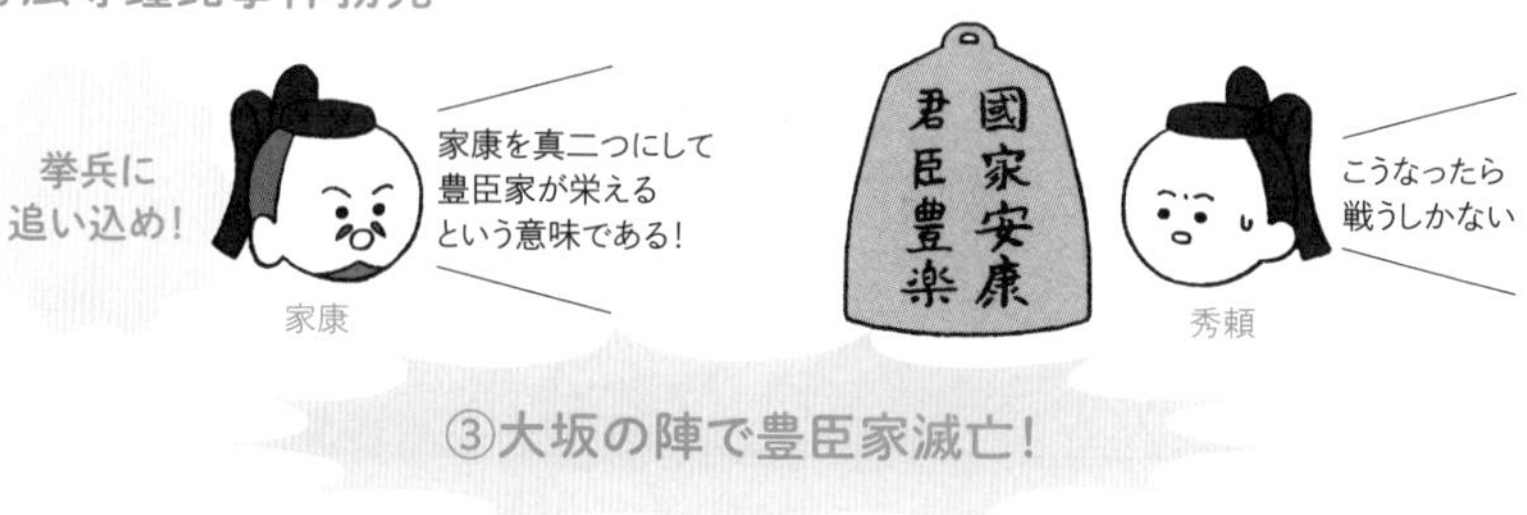
挙兵に
追い込め！
家康を真二つにして
豊臣家が栄える
という意味である！
國家安康
君臣豊楽
こうなったら
戦うしかない
家康
秀頼
③大坂の陣で豊臣家滅亡！

豆知識　参勤交代を大名の経済力を削ぐ政策とする説があるが、実際に参勤交代に使われた経費は藩財政の数パーセントにすぎなかった。

【幕藩体制の確立】

大坂の陣後、家康は諸制度を実施して幕府権力の基盤固めに着手。3代家光の時代には将軍と諸大名の主従関係が確立し、江戸幕府による中央集権体制がつくられた。

大名は徳川家一門である親藩、以前から徳川家に臣従していた譜代、関ヶ原の戦い後に徳川家に従った外様の3種に分類され、親藩や譜代は江戸周辺や要所に、外様は東北や九州など辺境の地に配された。

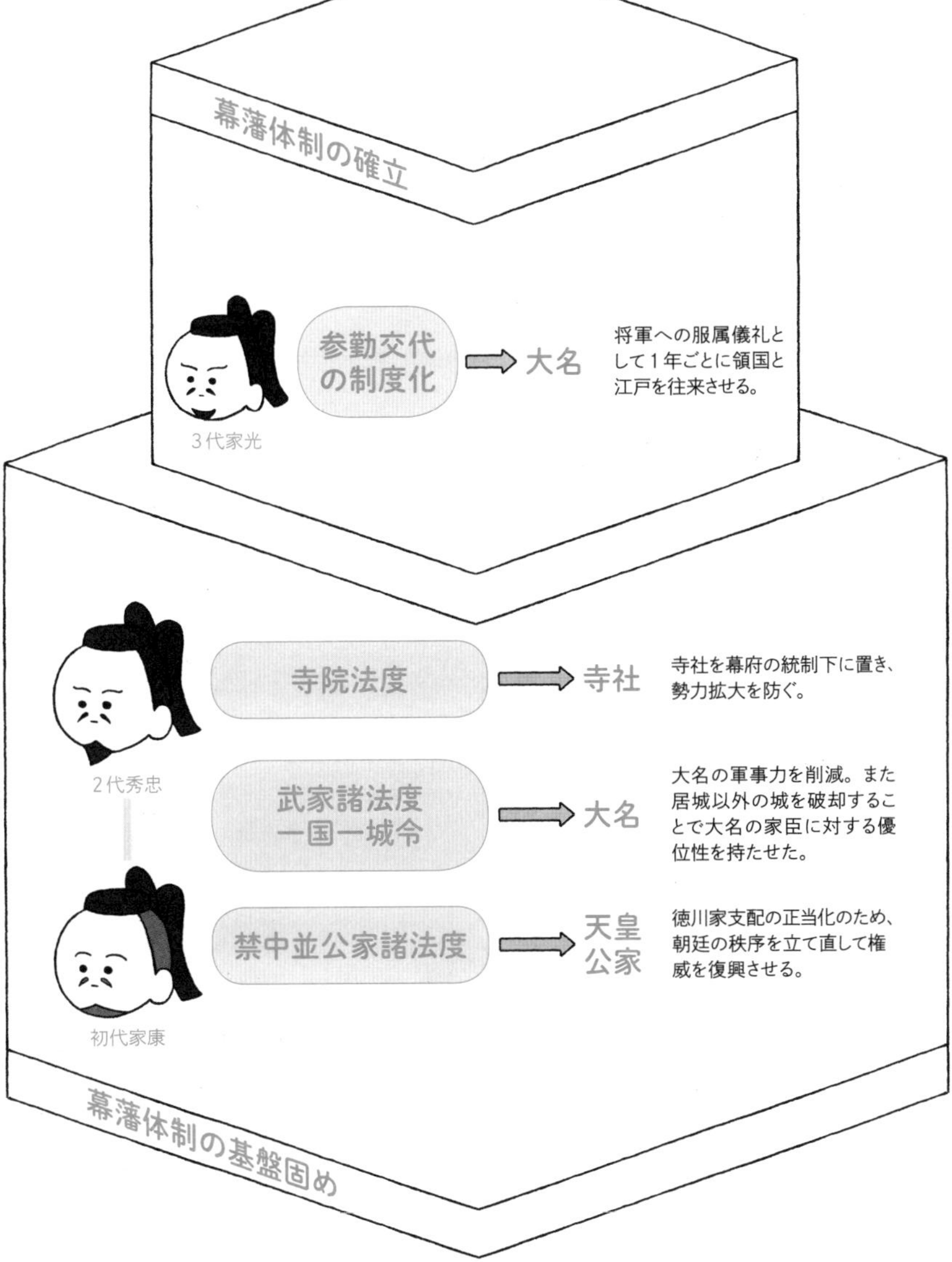
幕藩体制の確立
参勤交代の制度化
大名
将軍への服属儀礼として1年ごとに領国と江戸を往来させる。
3代家光
寺院法度
寺社
寺社を幕府の統制下に置き、勢力拡大を防ぐ。
2代秀忠
武家諸法度
一国一城令
大名
大名の軍事力を削減。また居城以外の城を破却することで大名の家臣に対する優位性を持たせた。
禁中並公家諸法度
天皇
公家
徳川家支配の正当化のため、朝廷の秩序を立て直して権威を復興させる。
初代家康
幕藩体制の基盤固め

豆知識 参勤交代の際に各藩は、田畑を通らないこと、街道の中央を歩くこと、遊女を部屋に入れないことなど、細かな規則を個別に定めていた。

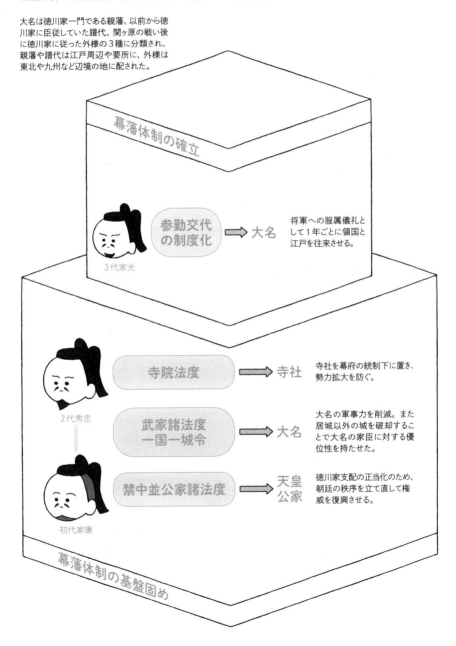

江戸時代

江戸幕府はじつは鎖国をしていなかった？

「四つの口」で交易を行なっていた！

江戸開府当初、家康はオランダやイギリス、カトリック教国のスペイン、ポルトガルなど海外諸国との貿易を積極的に行ないました。しかし、二代秀忠は東アジアにおけるヨーロッパ諸国の争いへの関与を避けるため、武器の輸出や日本人の傭兵としての海外渡航を禁じます。

三代家光にいたっては、カトリック教国との国交を断絶し、日本人の海外渡航と帰国も禁止。唯一残されたオランダ商館は平戸《ひらど》から出島《でじま》へ移設し、また、中国船との私貿易を長崎に限定しました。

こうして日本は、いわゆる「鎖国《さこく》」状態に入ることになります。

ただし、このころは松前《まつまえ》、対馬《つしま》、長崎、琉球《りゅうきゅう》という「四つの口」を通じて海外諸国と交易を行なっていました。完全に国交を閉ざしていたわけではなかったのです。しかし幕末、諸外国が日本に「開国」を要求したように、鎖国と呼ばれるにふさわしい体制であったことは確かだといえます。

【「鎖国」体制の構築】

江戸時代初期、幕府は貿易の利益を上げるためにキリスト教の布教を黙認していたが、3代家光の時代に起きた島原・天草一揆後にキリスト教禁制を徹底し、カトリック教国の来航を禁じた。

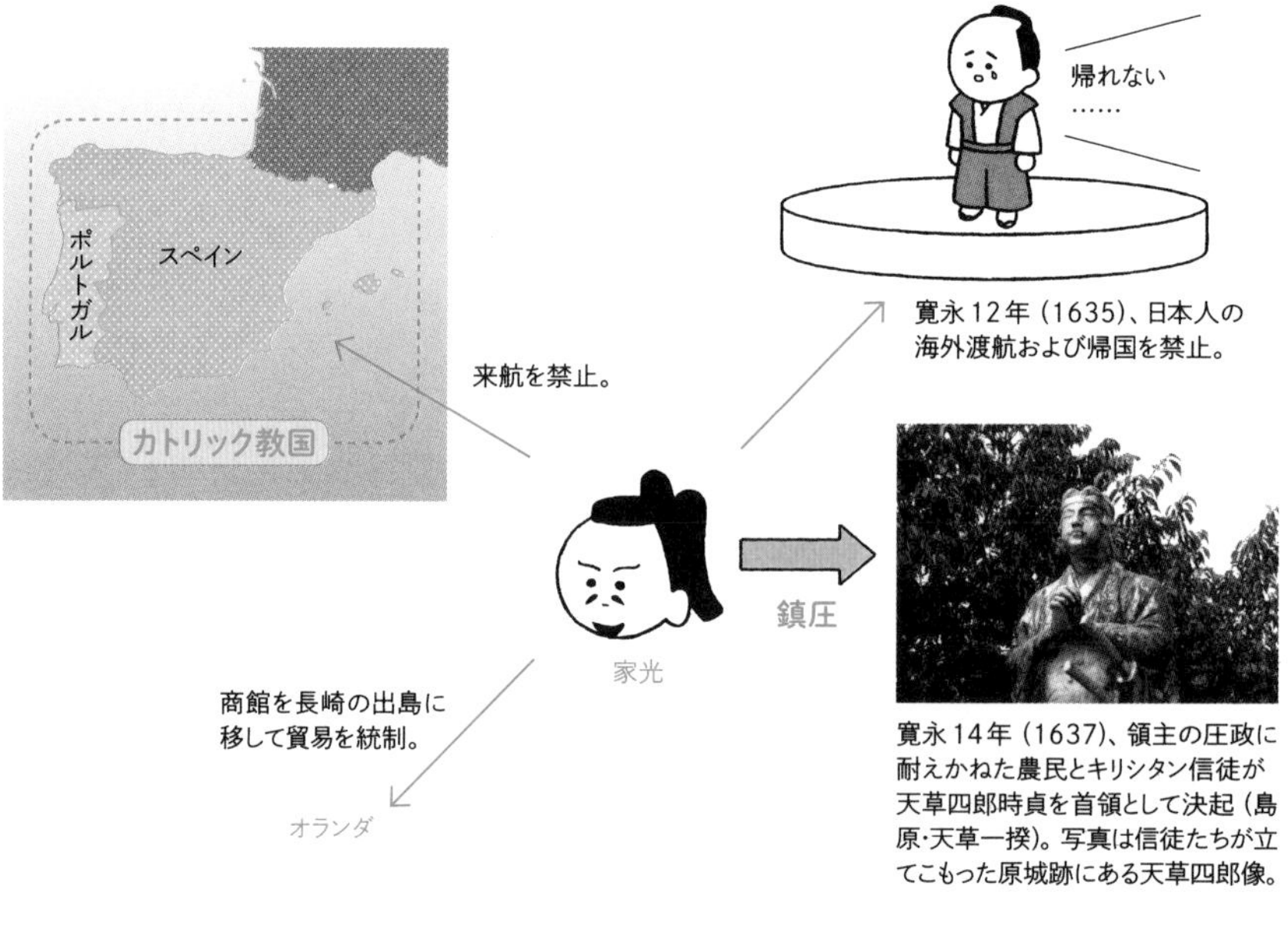
ポルトガル
スペイン
カトリック教国
来航を禁止。
帰れない……
寛永12年（1635）、日本人の海外渡航および帰国を禁止。
鎮圧
家光
商館を長崎の出島に移して貿易を統制。
オランダ
寛永14年（1637）、領主の圧政に耐えかねた農民とキリシタン信徒が天草四郎時貞を首領として決起（島原・天草一揆）。写真は信徒たちが立てこもった原城跡にある天草四郎像。

豆知識　イギリスはオランダとの競争に敗れて東アジアから撤退。元和9年（1623）には平戸に置いた商館を閉鎖している。

【決して孤立していなかった江戸時代の日本】

江戸時代、幕府は鎖国下にあって松前口、対馬口、薩摩口、長崎口の4つの窓口で交易を行なっていた。蝦夷地では松前藩がアイヌとの貿易を独占し、長崎ではオランダ船と中国船が入港して貿易を行なっていた。また、代々、幕府の朝鮮外交を担ってきた対馬藩には朝鮮との貿易が許可され、琉球は薩摩藩の服属下にあったものの、明や清との朝貢関係を維持していた。

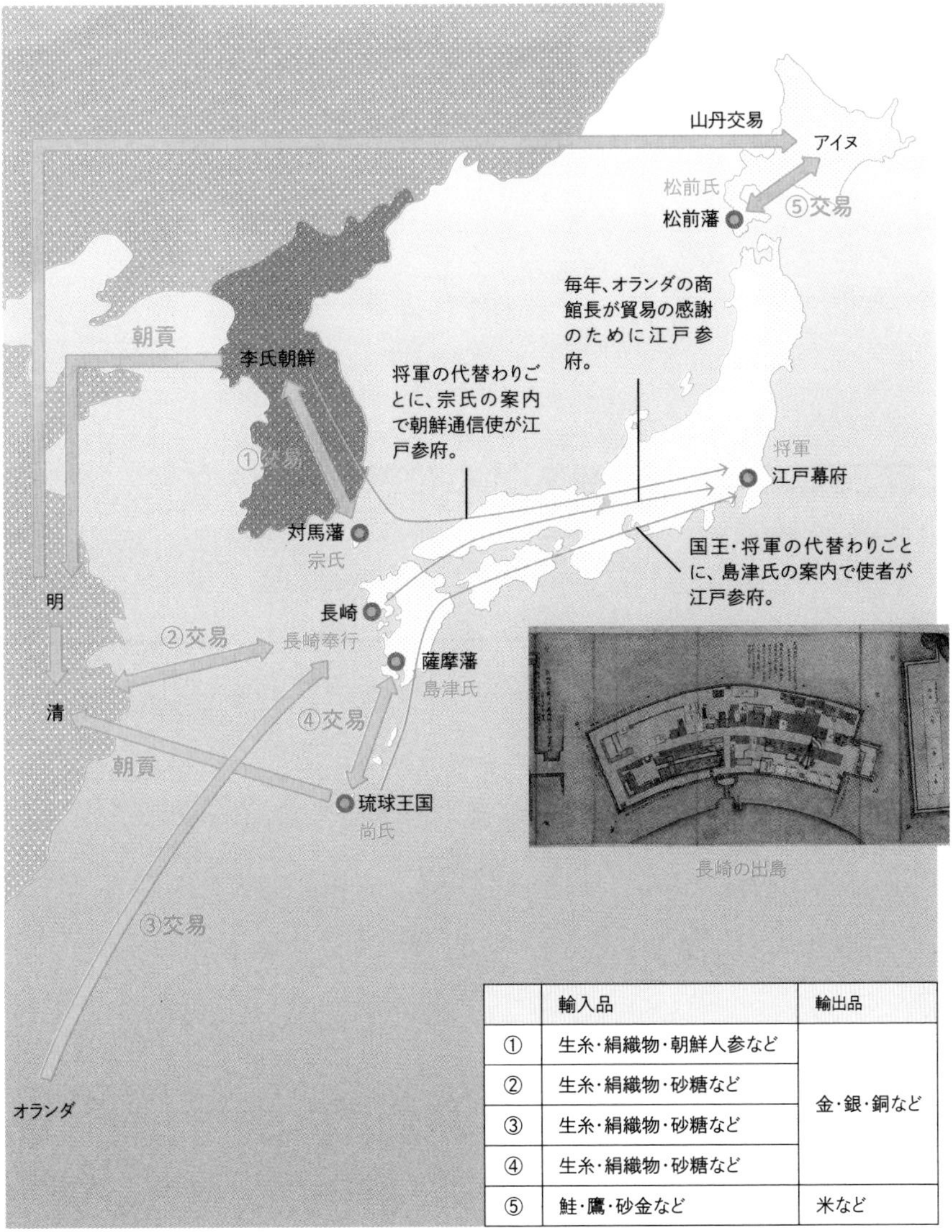
山丹交易
アイヌ
松前氏
松前藩
⑤交易
毎年、オランダの商館長が貿易の感謝のために江戸参府。
朝貢
李氏朝鮮
将軍の代替わりごとに、宗氏の案内で朝鮮通信使が江戸参府。
①交易
将軍
江戸幕府
対馬藩
宗氏
国王・将軍の代替わりごとに、島津氏の案内で使者が江戸参府。
明
長崎
②交易
長崎奉行
薩摩藩
島津氏
清
④交易
朝貢
琉球王国
尚氏
③交易
オランダ
長崎の出島

	輸入品	輸出品
①	生糸・絹織物・朝鮮人参など	金・銀・銅など
②	生糸・絹織物・砂糖など	
③	生糸・絹織物・砂糖など	
④	生糸・絹織物・砂糖など	
⑤	鮭・鷹・砂金など	米など

豆知識 享和元年（1801）、オランダ通詞・志筑忠雄がオランダ商館付医師の著作『日本誌』の付録第6章を翻訳した際、「鎖国」とタイトルをつけた。これが鎖国という言葉の初出とされる。

江戸時代

江戸幕府はなぜキリスト教を弾圧した？

●信徒の団結力を恐れた

イエズス会の宣教師《せんきょうし》フランシスコ・ザビエルによってキリスト教が日本に伝えられたのは、天文一八年（一五四九）のことでした。以降、キリスト教はたちまち日本に広まり、天正一〇年（一五八二）ごろには、九州で約一二万人、畿内《きない》で約二万五〇〇〇人が入信したといいます。また、西国の戦国大名のなかには、南蛮貿易の利を得るため、キリシタンに改宗した者もいました。

江戸時代初期、家康は貿易の利益につながることから、キリスト教の布教を黙認しました。しかし二代秀忠の時代、幕府は禁教令を発布し、キリシタンへの弾圧を強めていきます。キリシタン信徒の団結が幕府支配の妨げになることを恐れたためです。三代家光はキリシタンを排除すべく、鎖国政策を進めていきました。

寛永一四年（一六三七）に島原《しまばら》・天草《あまくさ》一揆が起こると、キリスト教を警戒した幕府は全庶民に対して宗門改《しゅうもんあらた》めと寺請《てらうけ》制度を実施し、キリシタンに対する監視体制を強化しました。

【家康は海外貿易を積極的に推進していた】

江戸に幕府を開いたのち、家康は諸外国との通商を積極的にあっせん。日本人商人による朱印船貿易も盛んに行なわれ、東南アジアの各国には多くの日本町が形成された。

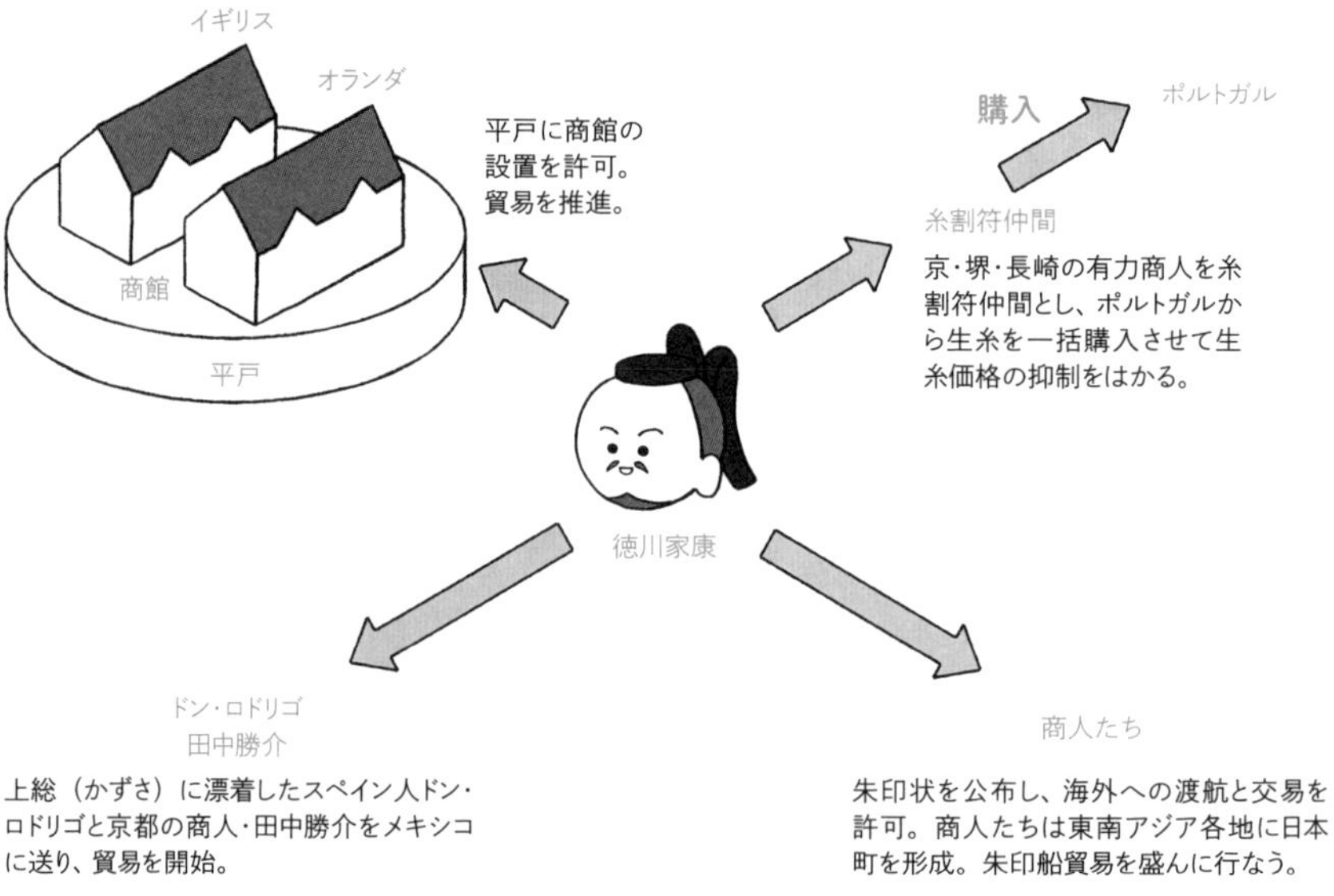

イギリス
オランダ
商館
平戸
平戸に商館の設置を許可。貿易を推進。
購入
ポルトガル
糸割符仲間
京・堺・長崎の有力商人を糸割符仲間とし、ポルトガルから生糸を一括購入させて生糸価格の抑制をはかる。
徳川家康
ドン・ロドリゴ
田中勝介
上総（かずさ）に漂着したスペイン人ドン・ロドリゴと京都の商人・田中勝介をメキシコに送り、貿易を開始。
商人たち
朱印状を公布し、海外への渡航と交易を許可。商人たちは東南アジア各地に日本町を形成。朱印船貿易を盛んに行なう。

豆知識　16世紀、ヨーロッパでは宗教改革が起きてローマ・カトリック教会の権威が失墜していた。そこでローマ・カトリック教会はアジアを新たな布教の地とし、勢力の挽回をはかった。

【キリスト教を弾圧する江戸幕府】

当初、幕府はキリスト教を黙認していたが、やがて彼らが団結して抵抗することを恐れ、また、ポルトガルやスペインがキリスト教の布教を通じて日本を侵略しようとしているのではないかと感じてキリスト教を弾圧した。

慶長17年（1612）幕府の直轄領に禁教令発布

西国大名が南蛮貿易で利を上げるのを防ぐべく、キリスト教勢力を締め出すとともに貿易を幕府の統制下に置こうともくろむ。

慶長19年（1614）キリスト教徒を国外追放

禁教令によりキリスト教徒を国外に追放。高山右近をはじめ、約400人のキリシタン指導者、宣教師がマニラへ送られた。

元和8年（1622）元和の大殉教

長崎で宣教師とキリスト教徒合わせて55名を処刑。以降、各藩で徹底的なキリスト教徒の弾圧が行なわれるようになった。

寛永14～15年（1637～38）島原・天草一揆

幕府は約12万の兵力をもってこれを鎮圧。一揆勢を皆殺しした。

宣教師

高山右近像

【キリシタンを強制改宗させる】

島原・天草一揆後、幕府はキリスト教徒を根絶するために絵踏《えぶみ》を実施。また寺請制度《てらうけせいど》を施行し、誰もが必ずどこかの寺院の檀家《だんか》になることを義務づけた。

絵踏の実施

イエス像・マリア像を彫った板を踏ませ、キリスト教徒かどうかを確認。

寺請制度の施行

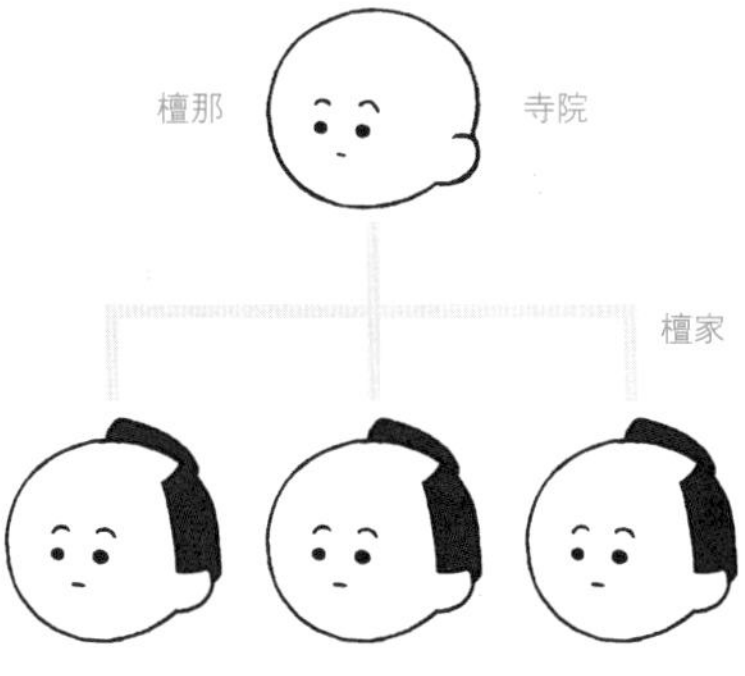

一般の人々を寺院に所属させ、禁止した宗教を信仰させないようにした。

豆知識 仏教への改宗を迫られたキリシタンのなかには、ひそかにキリスト教を信仰する者もいた。彼らは母屋の天井裏などにマリア像や十字架などを隠し、人目を偲んで神に祈りをささげた。

もっと知りたい！
日本史の話 ⑥

「忠臣蔵」のモデル「赤穂事件」ってなに？

元禄《げんろく》一四年（一七〇一）、江戸城の松之廊下《まつのろうか》で赤穂《あこう》藩主・浅野《あさの》内匠頭《たくみのかみ》長矩《ながのり》が吉良《きら》上野介《こうずけのすけ》義央《よしなか》を斬りつけるという事件が起きました（赤穂事件）。その後、内匠頭は切腹《せっぷく》を命じられ、赤穂藩は御家取りつぶしとなります。ですが、いっぽうの上野介はおとがめなしでした。当時は喧嘩《けんか》両成敗《りょうせいばい》が天下の大法とされていましたが、上野介は逃げただけだったので喧嘩とは扱われなかったのです。この裁定に納得がいかなかった赤穂浪士たちは吉良邸に討ち入り、主君の仇を取ります。その後、彼らは切腹に処されました。

一度下された幕府の裁定をくつがえした赤穂浪士の仇討ちは、人々から称賛され、彼らは英雄となりました。そして事件を題材とした芝居を次々と制作。なかでも寛延《かんえん》元年（一七四八）に成立した『仮名手本《かなでほん》忠臣蔵《ちゅうしんぐら》』が大ヒットとなったことから、以降、赤穂事件は「忠臣蔵」として語り継がれました。

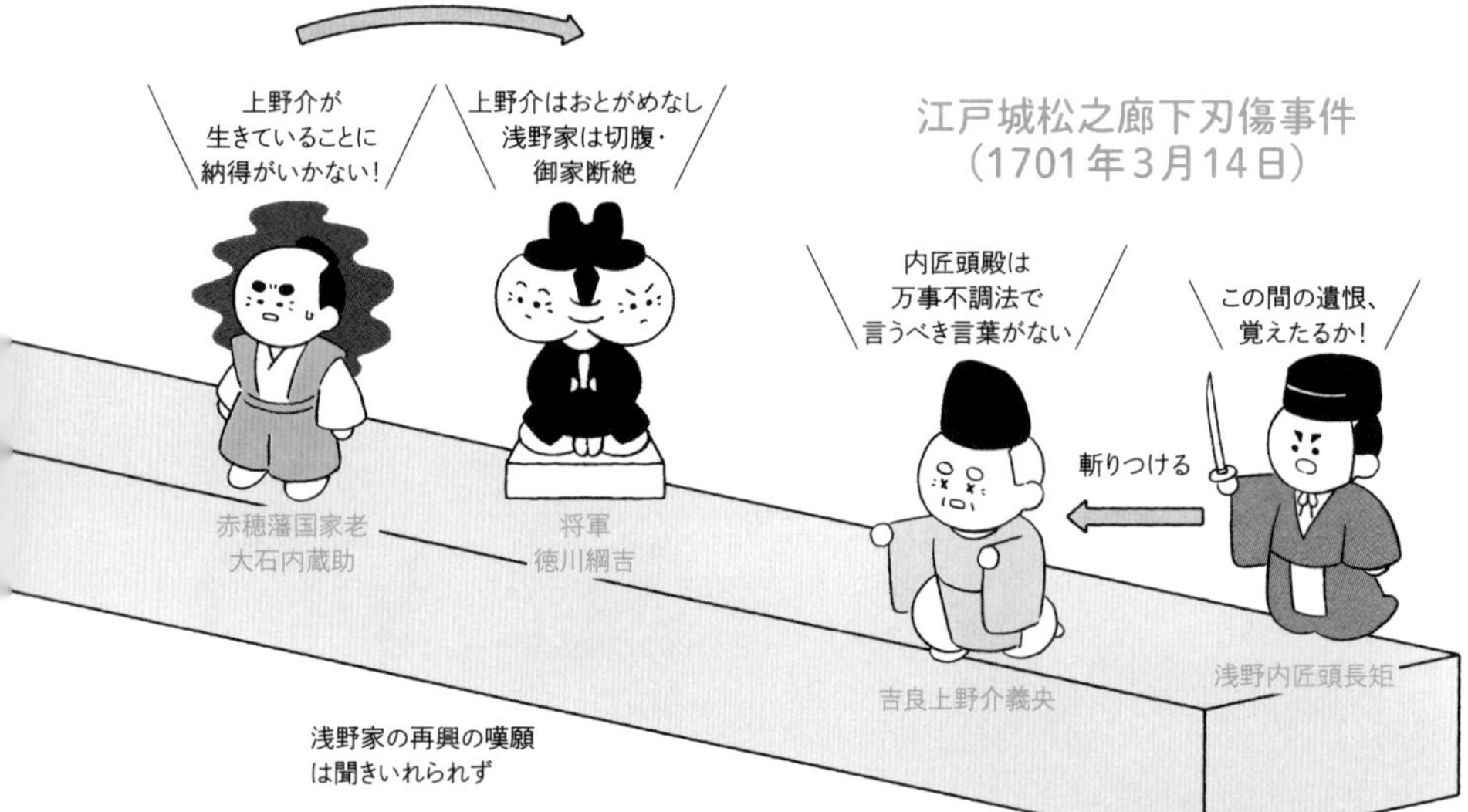

江戸城松之廊下刃傷事件
（1701年3月14日）
この間の遺恨、覚えたるか！
斬りつける
浅野内匠頭長矩
内匠頭殿は万事不調法で言うべき言葉がない
吉良上野介義央
上野介はおとがめなし 浅野家は切腹・御家断絶
将軍 徳川綱吉
上野介が生きていることに納得がいかない！
赤穂藩国家老 大石内蔵助
浅野家の再興の嘆願は聞きいれられず

豆知識 赤穂浪士が切腹してから12日後、さっそく赤穂事件を素材とした芝居『曙曾我夜討』が江戸中村座で上演されている。

討ち入りに要した費用

赤穂浪士が御家再興や討ち入りなどのために要した費用は、現在の価値に換算すると約8300万円にのぼる。不足分は大石内蔵助が負担した。

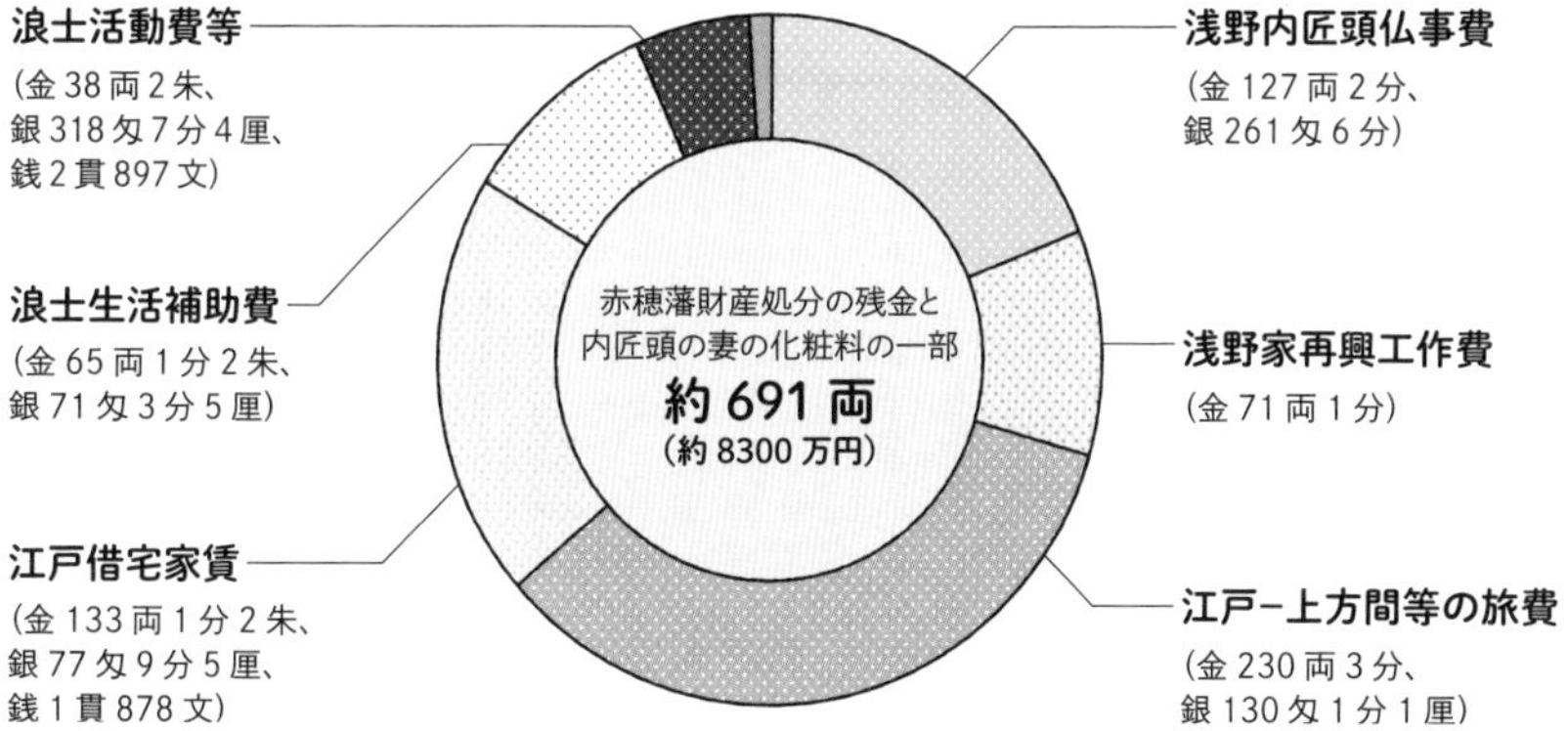

浪士活動費等
（金 38 両 2 朱、
銀 318 匁 7 分 4 厘、
銭 2 貫 897 文）
浪士生活補助費
（金 65 両 1 分 2 朱、
銀 71 匁 3 分 5 厘）
江戸借宅家賃
（金 133 両 1 分 2 朱、
銀 77 匁 9 分 5 厘、
銭 1 貫 878 文）
赤穂藩財産処分の残金と
内匠頭の妻の化粧料の一部
約 691 両
（約 8300 万円）
浅野内匠頭仏事費
（金 127 両 2 分、
銀 261 匁 6 分）
浅野家再興工作費
（金 71 両 1 分）
江戸–上方間等の旅費
（金 230 両 3 分、
銀 130 匁 1 分 1 厘）

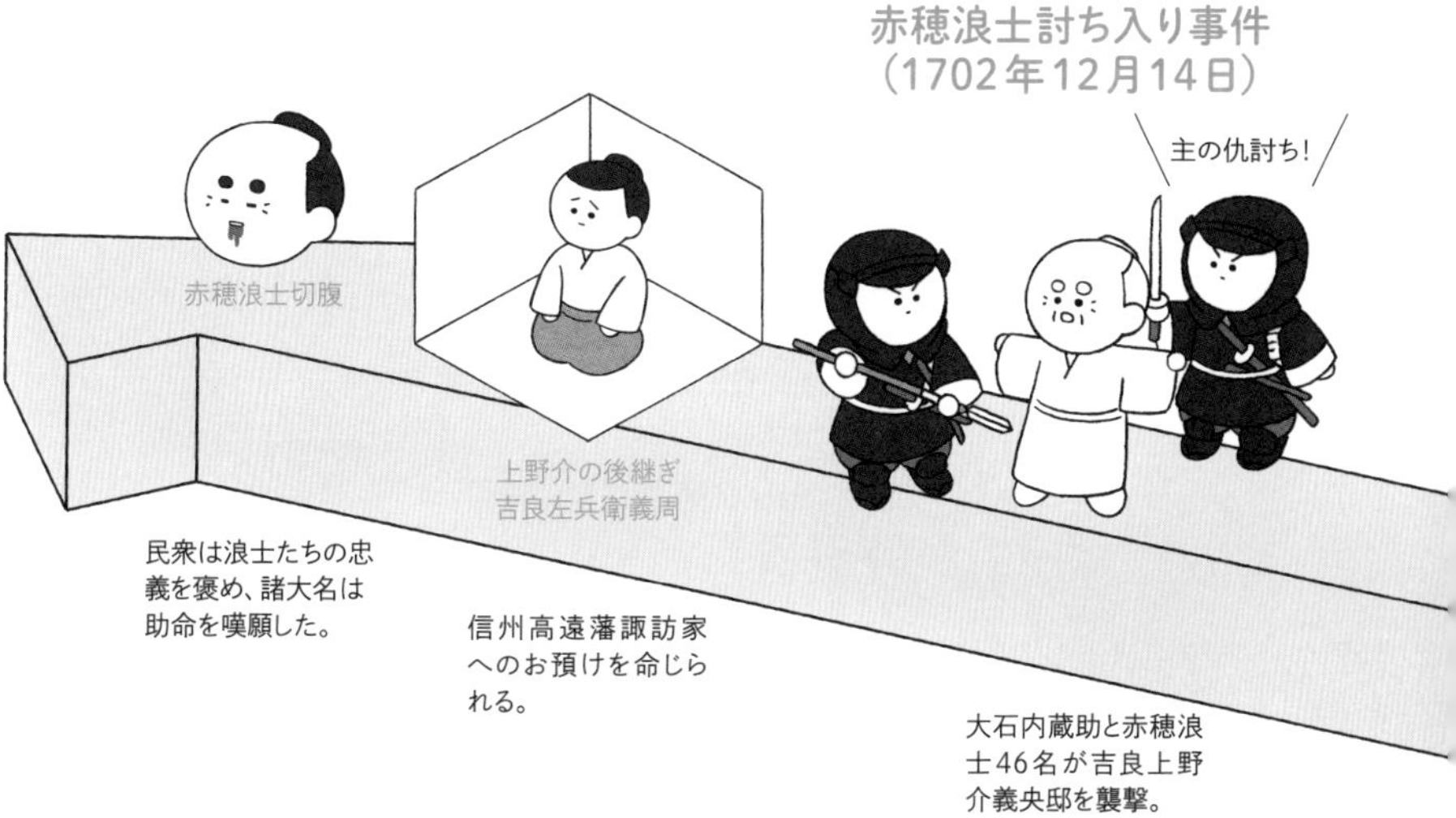

赤穂浪士討ち入り事件
（1702年12月14日）
主の仇討ち！
赤穂浪士切腹
上野介の後継ぎ
吉良左兵衛義周
民衆は浪士たちの忠義を褒め、諸大名は助命を嘆願した。
信州高遠藩諏訪家へのお預けを命じられる。
大石内蔵助と赤穂浪士46名が吉良上野介義央邸を襲撃。

豆知識　『仮名手本忠臣蔵』は大坂竹本座での初演時は浄瑠璃だったが、人気を集めたことから歌舞伎化されて大坂嵐三五郎座で上演。翌年には江戸の森田座でも上演された。

田沼意次の政策はなぜ「改革」と呼ばれない？

●将軍が「改革」と宣言してないから

八代吉宗《よしむね》による「享保《きょうほう》の改革（一七一六～四五年）」、老中《ろうじゅう》・松平定信《まつだいらさだのぶ》による「寛政《かんせい》の改革（一七八七～九三年）」、老中・水野《みずの》忠邦《ただくに》による「天保《てんぽう》の改革（一八四一～四三年）」を江戸の三大改革といいます。享保の改革は窮乏《きゅうぼう》した幕府財政の再建、寛政の改革は武士の綱《こう》紀《き》粛《しゅく》正《せい》（規則を厳しくし、不正を取締る）、天保の改革は幕府権力の強化をはかった点に特徴があります。

いっぽう、改革とは呼ばれていませんが、近年再評価されているのが老中・田沼意次《たぬまおきつぐ》による政治です。幕府が財政難にあえぐなか、田沼は重商主義政策を推進。株仲間の公認や幕府による専売制の強化、外国貿易の拡大などさまざまな政策を行ない、幕府の財政を好転させました。

では、なぜ田沼の政治は「改革」と呼ばれないのでしょうか？　それは、時の将軍・家治《いえはる》が「改革」と宣言していないためです。また、田沼時代には特権に預かろうとするものによる賄賂《わいろ》が横行したため、後世の人々に評価されることもなかったのです。

【江戸の三大改革】

18世紀以降、幕政の立て直しのために実施された「享保の改革」「寛政の改革」「天保の改革」は、いずれも時の将軍が「改革」を宣言している。

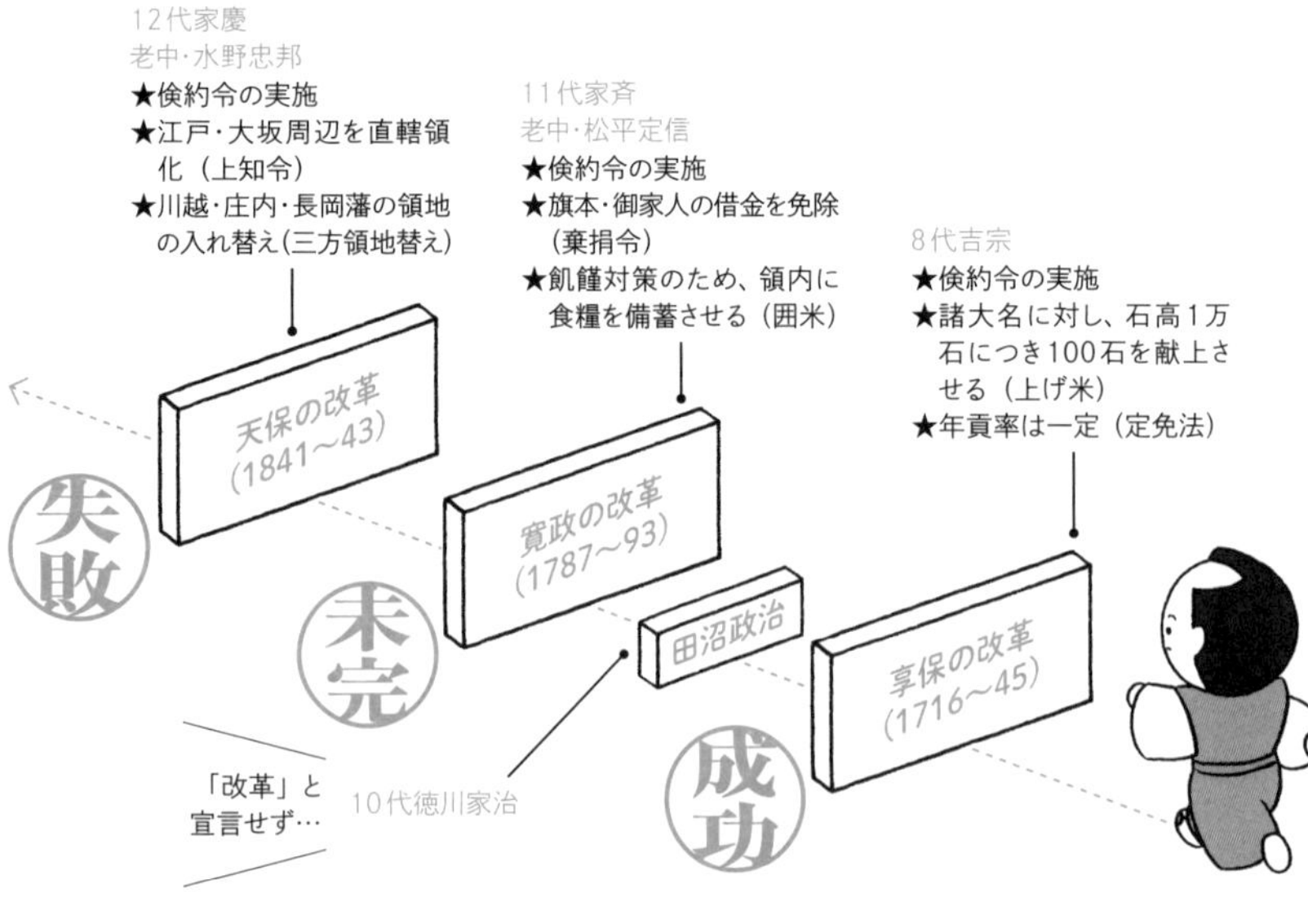
12代家慶
老中・水野忠邦
★倹約令の実施
★江戸・大坂周辺を直轄領化（上知令）
★川越・庄内・長岡藩の領地の入れ替え（三方領地替え）
11代家斉
老中・松平定信
★倹約令の実施
★旗本・御家人の借金を免除（棄捐令）
★飢饉対策のため、領内に食糧を備蓄させる（囲米）
8代吉宗
★倹約令の実施
★諸大名に対し、石高1万石につき100石を献上させる（上げ米）
★年貢率は一定（定免法）
天保の改革
(1841～43)
寛政の改革
(1787～93)
田沼政治
享保の改革
(1716～45)
失敗
未完
成功
「改革」と
宣言せず…
10代徳川家治

豆知識　6代家宣、7代家継の時代に儒学者・新井白石が行なった「正徳の治」のように、明治時代、理想的な政治は「治」と呼ばれて崇められた。

【近年では田沼意次の政治が見直されている！】

田沼意次の政治は賄賂を横行させるなど社会の乱れを招いたが、近年は幕府財政を再建させた一連の重商経済政策が改めて評価されている。

株仲間、専売制

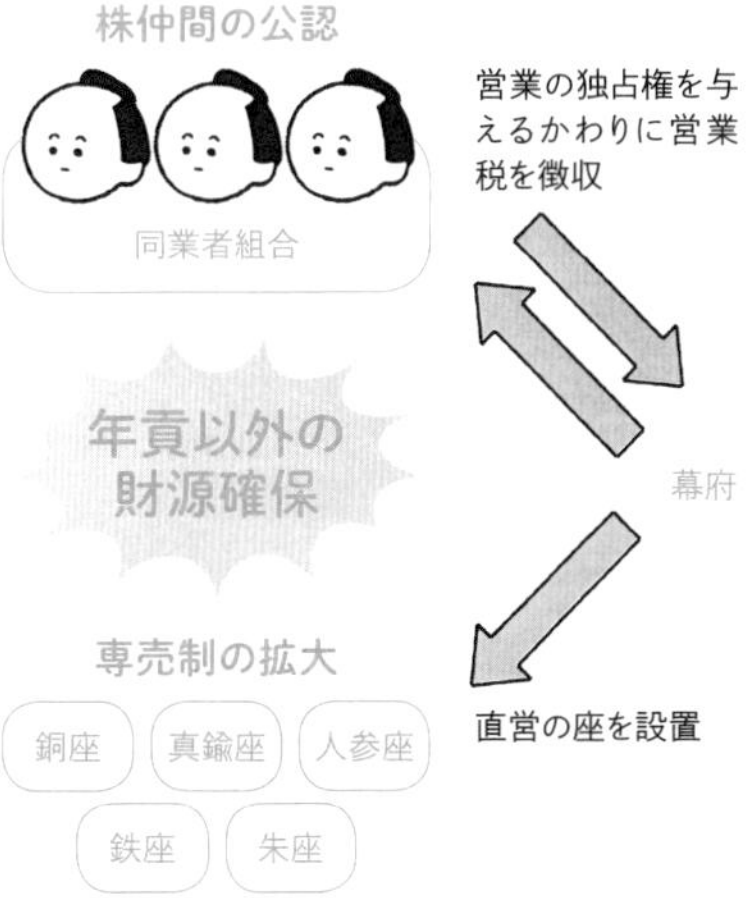
株仲間の公認
同業者組合
営業の独占権を与えるかわりに営業税を徴収
幕府
年貢以外の財源確保
専売制の拡大
銅座
真鍮座
人参座
鉄座
朱座
直営の座を設置

南鐐《なんりょう》二朱銀の鋳造

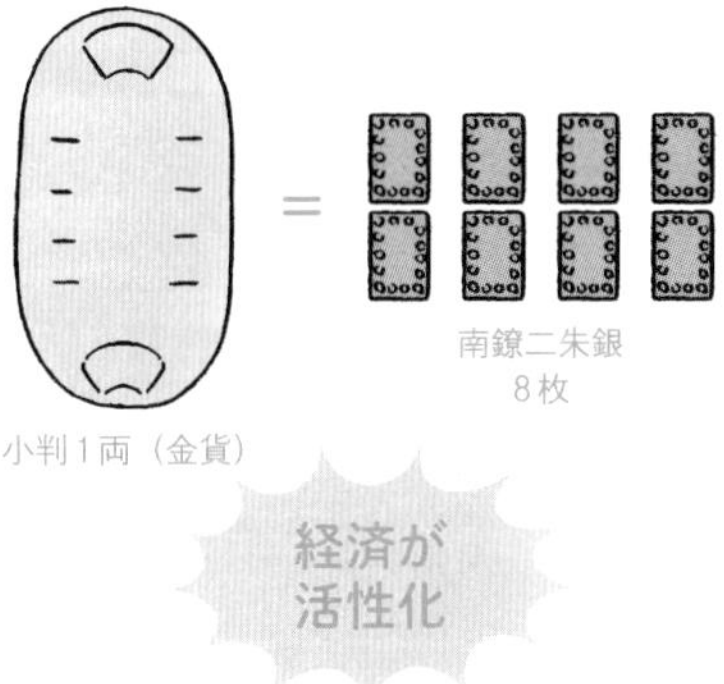
小判1両（金貨）
＝
南鐐二朱銀
8枚
経済が活性化

従来、銀貨の価値は重さで決まっていたが、計数貨幣（一定の形で一定の価格が表示されている）へ移行することで金貨を中心とする貨幣制度への統一をもくろむ。

長崎貿易体制の転換

生糸・絹織物など
日本
中国
銅・俵物
金・銀の流出を防ぐ俵物の輸出促進

従来の中国貿易は輸入が中心で、多数の金・銀が海外に流出していたが、田沼期は銅での決済を開始。銅が不足すると、俵物（いりこ、干しアワビ、フカヒレなどを俵に入れて輸出した）で補った。

新地の開拓

蝦夷地を幕府直轄領とし、新田・鉱山の開発、ロシアとの貿易を行なうため、最上徳内を派遣して調査にあたらせる。

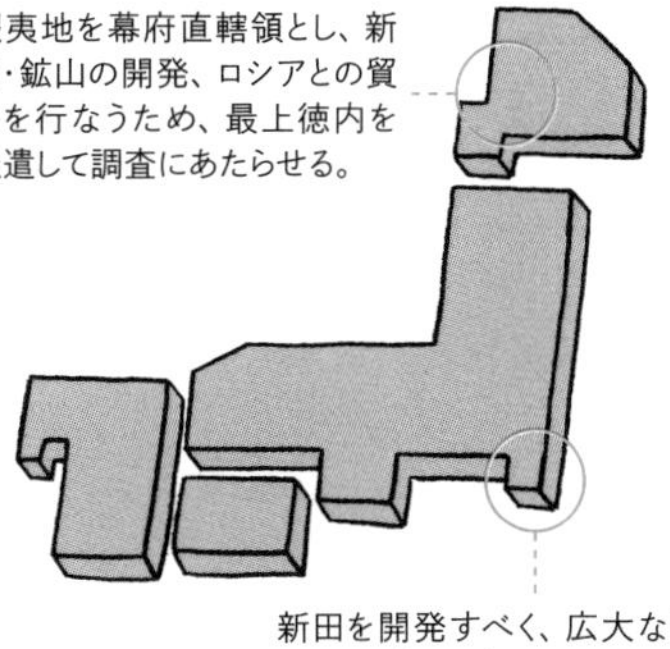

新田を開発すべく、広大な印旛沼・手賀沼（ともに現在の千葉県）の干拓に着手。しかし洪水のため失敗に終わる。

領土の拡大

ペリーはなぜ日本へやってきた？

●太平洋航路の寄港地を求めて

嘉永《かえい》六年（一八五三）、アメリカ東インド艦隊司令長官・ペリー率いる艦隊が浦賀《うらが》沖に来航しました。いわゆる「黒船《くろふね》」です。そして鎖国していた幕府に対し、開国と通商を求めました。

アメリカが日本に目をつけたのには、当時の東アジア情勢が大きく関わっています。このころ、アヘン戦争やアロー戦争を経て、イギリスを中心とする西欧列強による清《しん》の植民地化が進んでいました。対清貿易で遅れを取っていたアメリカは対抗策として、太平洋を横断する新たな航路の開拓を思い立ちます。しかし当時の蒸気船は石炭を燃料としていたために燃費が悪く、途中で補給する必要がありました。そこで石炭補給基地として日本に狙いをつけたのです。また、捕鯨業が盛んだったアメリカが、良質な漁場である北太平洋で漁を行なううえでも、日本は寄港地として最適でした。

幕府はアメリカへの対応に苦慮しますが、安政《あんせい》元年（一八五四）、日米《にちべい》和親《わしん》条約《じょうやく》を締結。二〇〇年以上続いていた鎖国政策を転換し、開国に踏み切りました。

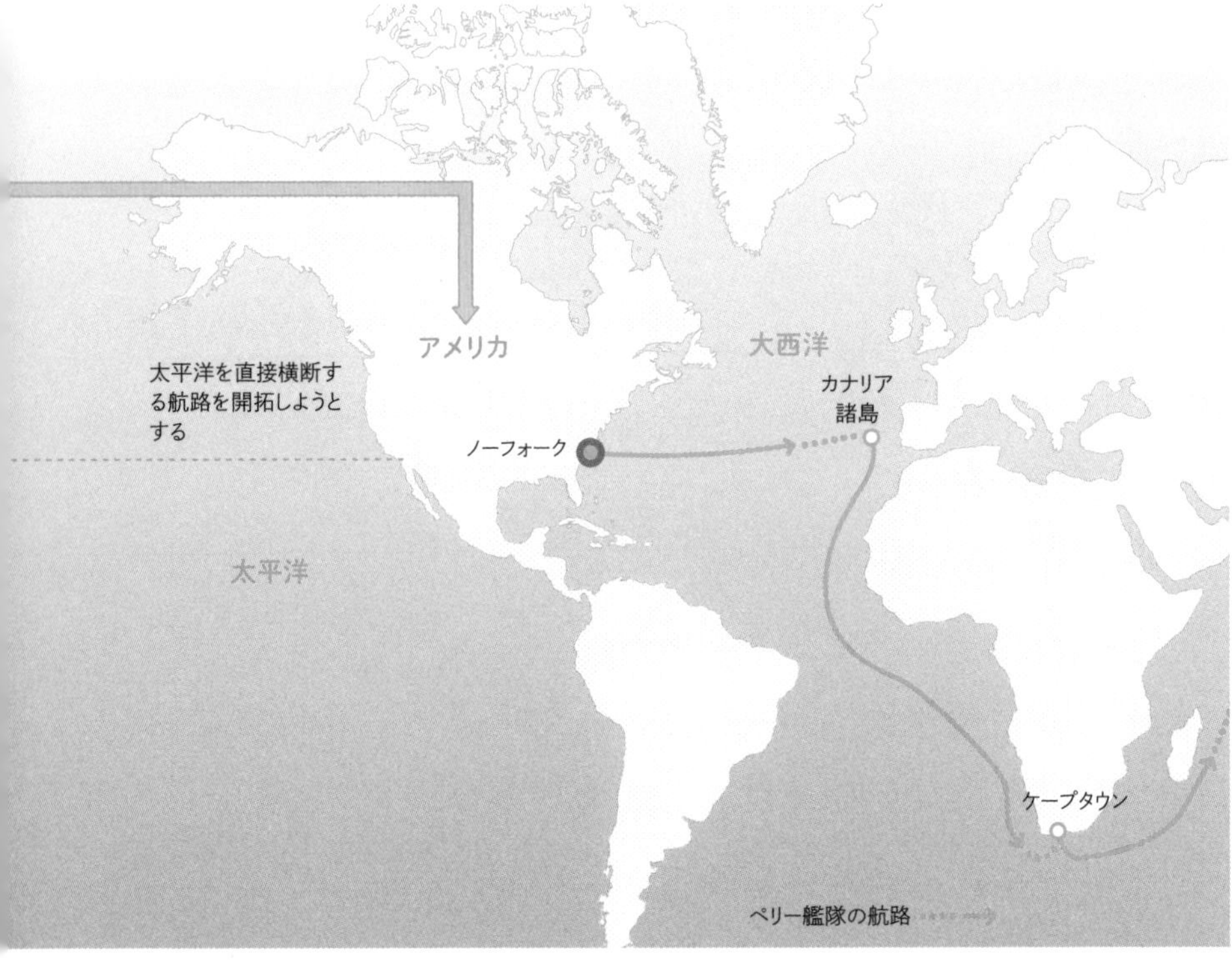

アメリカ
大西洋
太平洋を直接横断する航路を開拓しようとする
カナリア諸島
ノーフォーク
太平洋
ケープタウン
ペリー艦隊の航路

豆知識　当時のアメリカはヨーロッパから南アフリカ、インドを経由して東アジアへいたる航路を使っていた。

【ペリー艦隊の来航】

嘉永6年（1853）6月3日にペリーが来航した1年前、幕府はオランダ商館長からアメリカが通商のための使節を派遣したという情報を入手していた。しかし結局、なんの対策も講じなかった。その後、幕府は日米和親条約を締結し、下田と箱館の開港、アメリカ領事の日本滞在などを認めた。のちイギリス、ロシア、オランダとも同様の条約を締結している。

館山一著『黒船の渡来』のペリーと艦隊の絵（1934年　建設社）

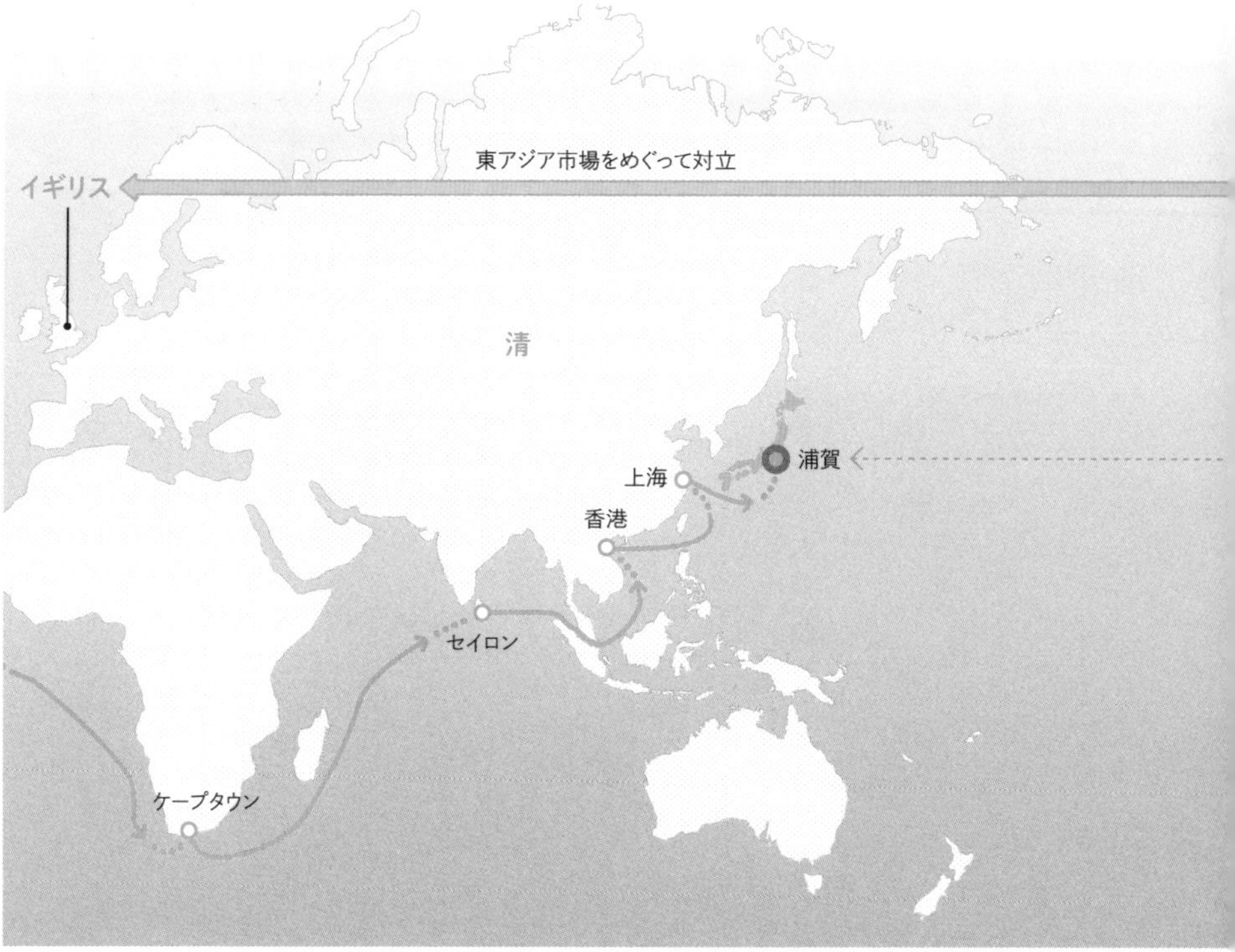
東アジア市場をめぐって対立
イギリス
清
浦賀
上海
香港
セイロン
ケープタウン

豆知識　ペリー来日のとき、老中・阿部正弘は難局の打開をはかるべく、先例を破って大名に意見を求めた。これにより、大名の発言権が強化されることになった。

【幕末の思想チャート】

外圧にさらされた幕末期の日本ではさまざまな思想が誕生。それらが交錯しながらいくつもの対立構造が生み出されていった。

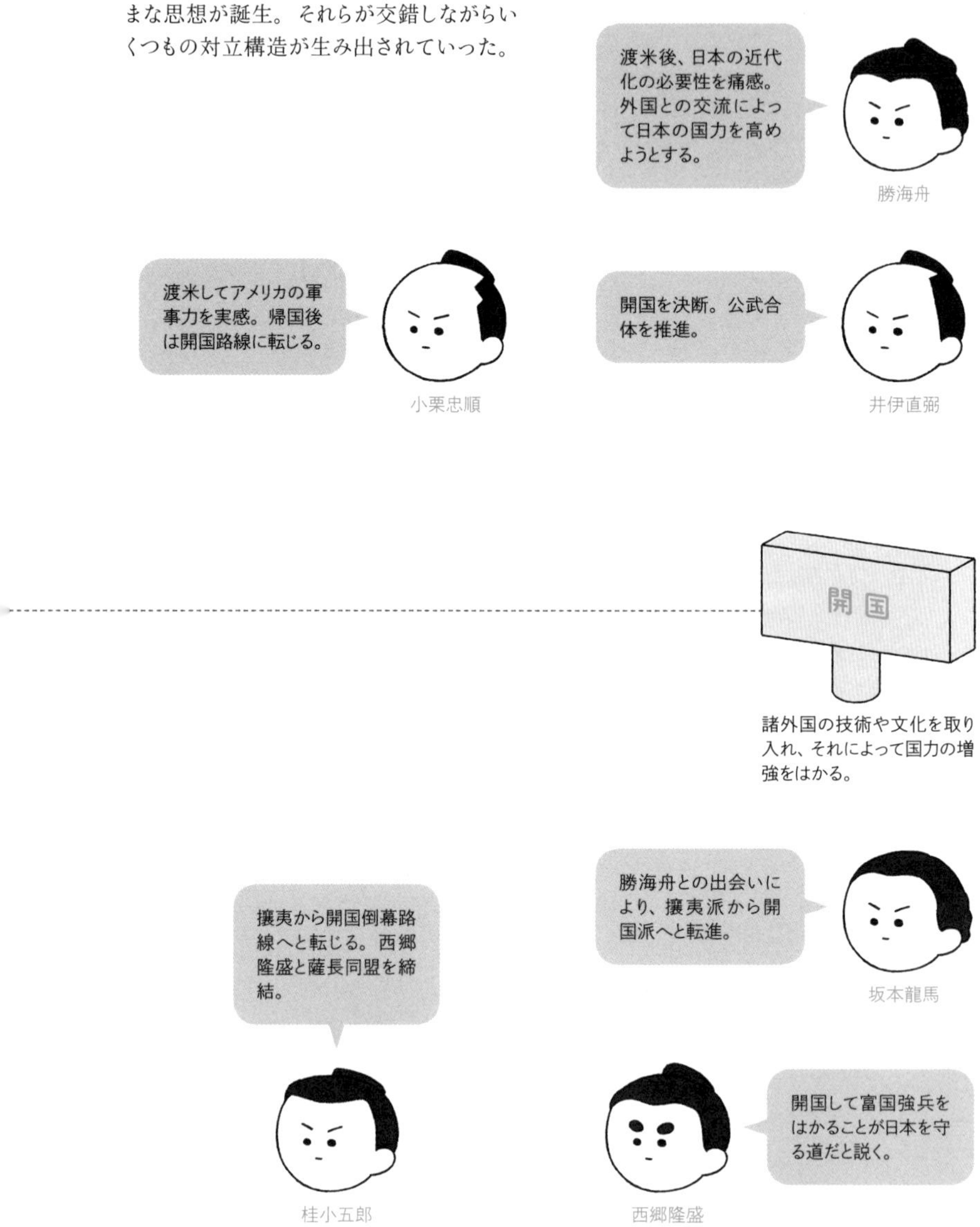

渡米後、日本の近代化の必要性を痛感。外国との交流によって日本の国力を高めようとする。
勝海舟
渡米してアメリカの軍事力を実感。帰国後は開国路線に転じる。
小栗忠順
開国を決断。公武合体を推進。
井伊直弼
開国
諸外国の技術や文化を取り入れ、それによって国力の増強をはかる。
勝海舟との出会いにより、攘夷派から開国派へと転進。
坂本龍馬
攘夷から開国倒幕路線へと転じる。西郷隆盛と薩長同盟を締結。
桂小五郎
開国して富国強兵をはかることが日本を守る道だと説く。
西郷隆盛

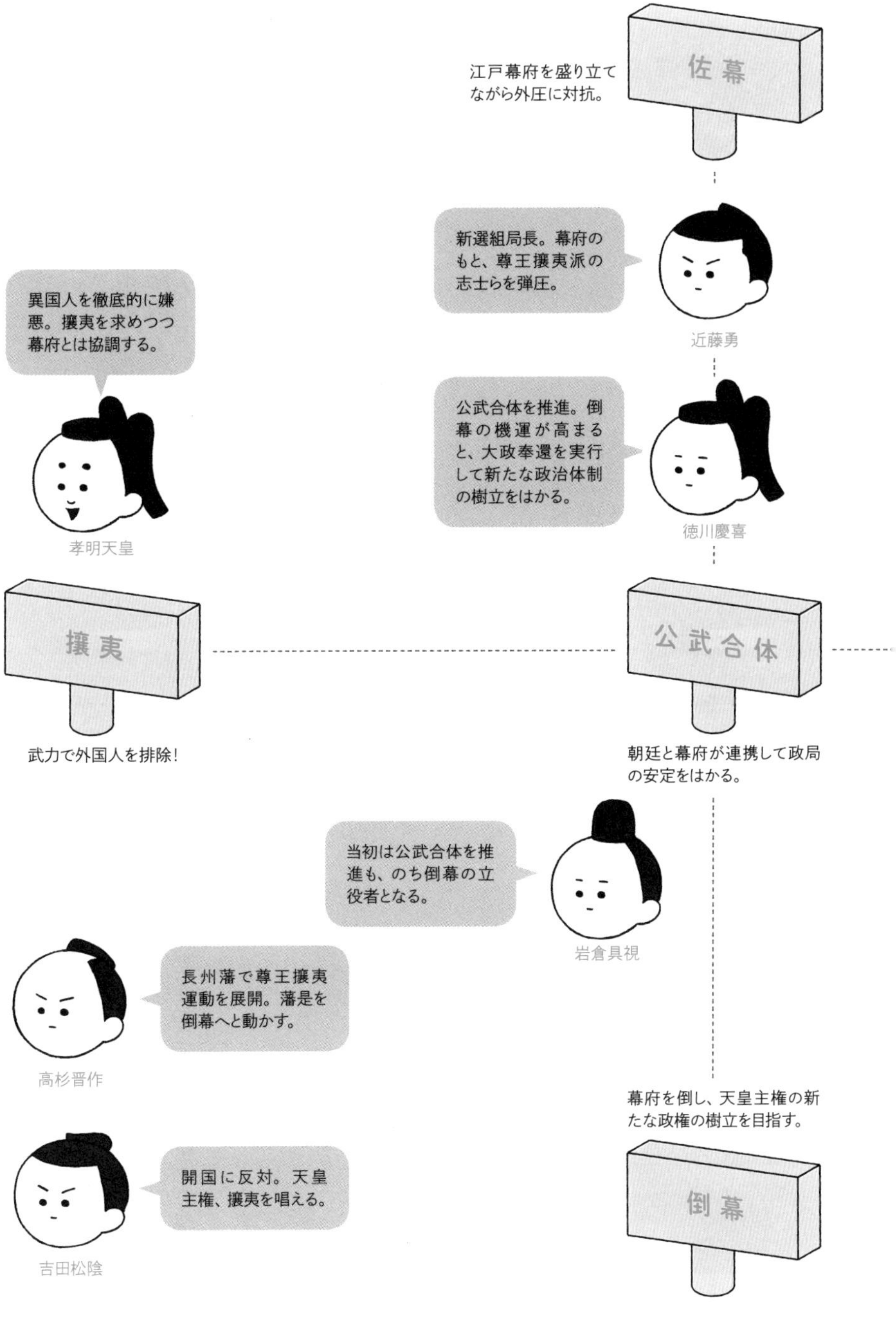
佐幕
江戸幕府を盛り立てながら外圧に対抗。
新選組局長。幕府のもと、尊王攘夷派の志士らを弾圧。
近藤勇
異国人を徹底的に嫌悪。攘夷を求めつつ幕府とは協調する。
孝明天皇
公武合体を推進。倒幕の機運が高まると、大政奉還を実行して新たな政治体制の樹立をはかる。
徳川慶喜
攘夷
武力で外国人を排除!
公武合体
朝廷と幕府が連携して政局の安定をはかる。
当初は公武合体を推進も、のち倒幕の立役者となる。
岩倉具視
長州藩で尊王攘夷運動を展開。藩是を倒幕へと動かす。
高杉晋作
開国に反対。天皇主権、攘夷を唱える。
吉田松陰
幕府を倒し、天皇主権の新たな政権の樹立を目指す。
倒幕

江戸時代

なぜ井伊直弼は桜田門外で殺された?

●強引な政策が志士の反発を招く

日米和親条約を締結したとはいえ、幕府はアメリカに通商は認めませんでした。これに納得がいかないアメリカは条約の改正を要求。通商条約の締結は不可避と捉えた幕府は朝廷に条約締結の承認を求めますが、外国を嫌う孝明《こうめい》天皇は断固として拒否します。いっぽう幕府内では病弱の一三代家定《いえさだ》の後をめぐり、前水戸《みと》藩主徳川斉昭《なりあき》の子・一橋慶喜《ひとつばしよしのぶ》を推す一橋派と紀州《きしゅう》藩主・徳川慶福《よしとみ》(家茂《いえもち》)を推す南紀《なんき》派が対立していました。

これらの問題に対し、時の大老《たいろう》・井伊直弼《いいなおすけ》は強権をもって対応。天皇の勅許を得ずして日米修好通商条約を結び、慶福を一四代将軍の座につけました

幕府の無断調印に孝明天皇は激怒。水戸藩に攘夷の実行を促す戊午《ぼご》の密勅《みっちょく》を下します。この出来事は幕府にとって許しがたく、直弼は反対派の勢力を次々と弾圧しました(安政の大獄《たいごく》)。ですが彼らの怒りを買い、万延元年(一八六〇)、直弼は江戸城桜田門《さくらだもん》外で水戸浪士一七名と薩摩浪士一名に暗殺されてしまいます。こうして幕府の権威は失墜していったのでした。

【「開国」までの流れ】

日米和親条約、日米修好通商条約の締結により、日本はアメリカだけでなくロシア、オランダ、イギリス、フランスにも門戸を開くこととなった。

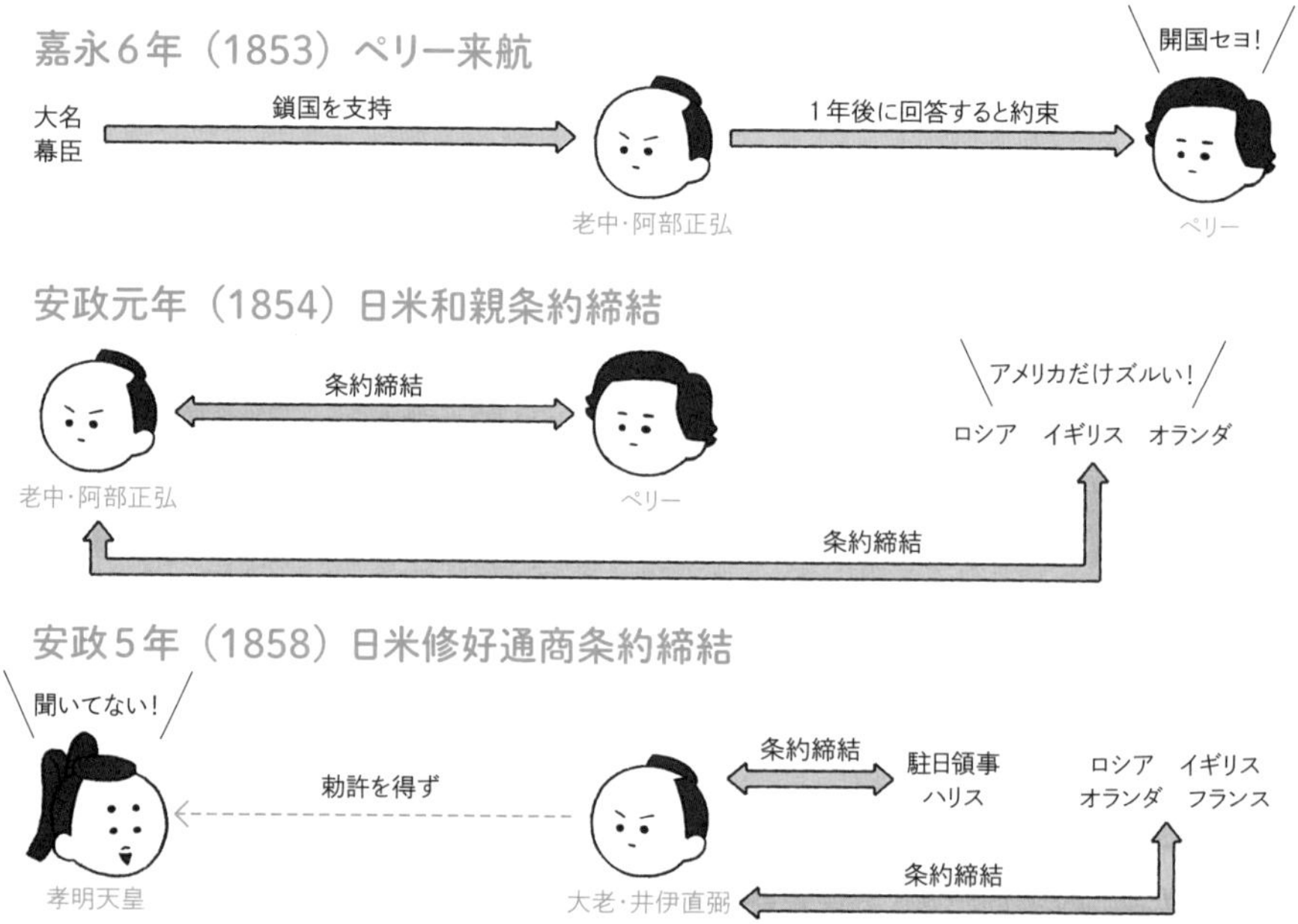

嘉永6年(1853)ペリー来航
開国セヨ!
大名
幕臣
鎖国を支持
1年後に回答すると約束
老中・阿部正弘
ペリー
安政元年(1854)日米和親条約締結
条約締結
アメリカだけズルい!
ロシア　イギリス　オランダ
老中・阿部正弘
ペリー
条約締結
安政5年(1858)日米修好通商条約締結
聞いてない!
勅許を得ず
条約締結
駐日領事
ハリス
ロシア　イギリス
オランダ　フランス
孝明天皇
大老・井伊直弼
条約締結

豆知識 日米修好通商条約の締結によって日本は欧米諸国と自由貿易を開始することになったが、条約は領事裁判権や関税自主権が欠如するなどの不平等なものだった。

【「桜田門外の変」相関図】

日米修好通商条約の締結後、井伊直弼は幕政に反発する者らを徹底的に弾圧。政情の安定をはかったが、その強引な政策が尊王攘夷派の志士の怒りに火をつけ、ついには殺害された。

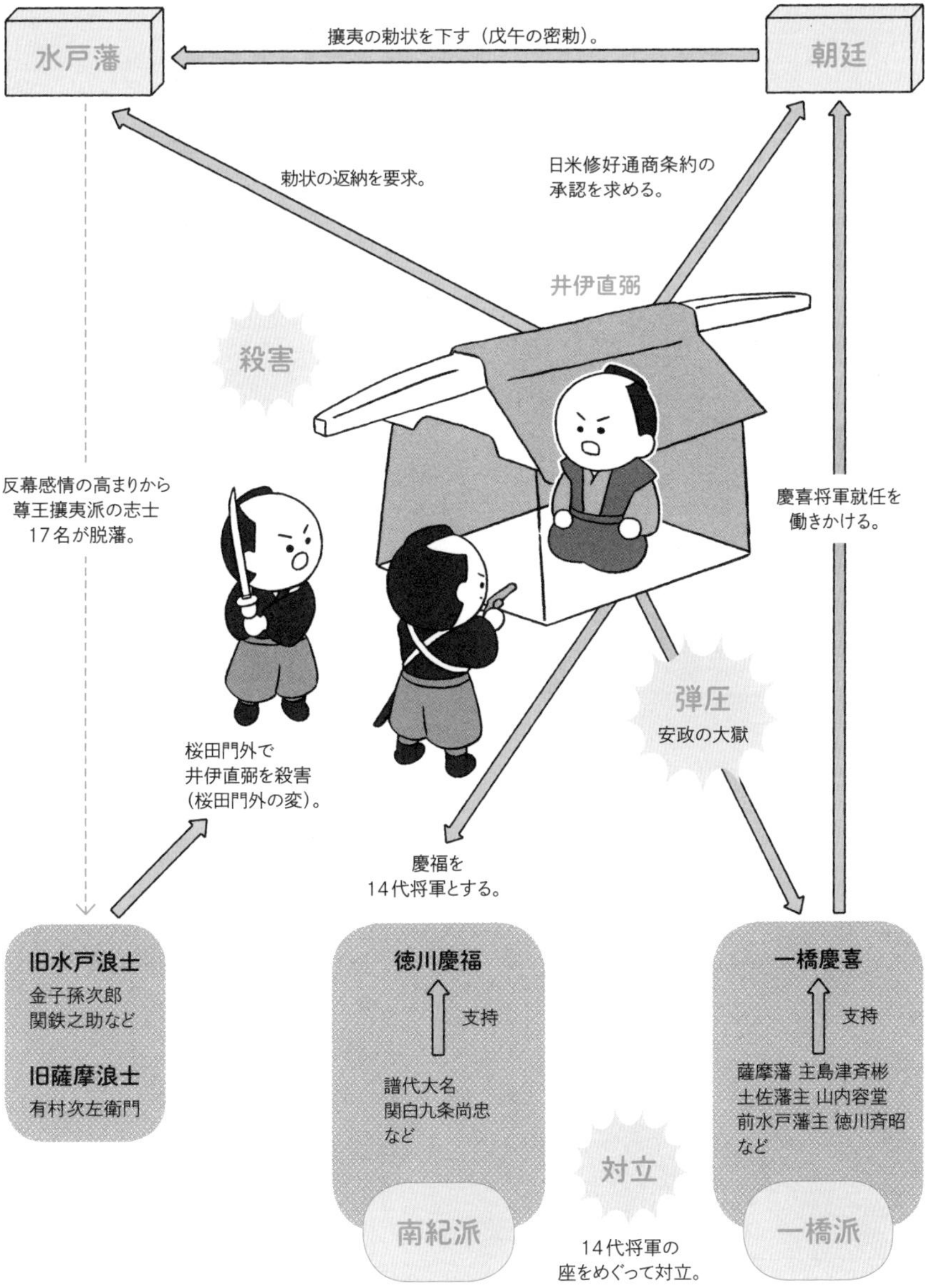

水戸藩
朝廷
攘夷の勅状を下す（戊午の密勅）。
勅状の返納を要求。
日米修好通商条約の承認を求める。
井伊直弼
殺害
反幕感情の高まりから尊王攘夷派の志士17名が脱藩。
慶喜将軍就任を働きかける。
弾圧
安政の大獄
桜田門外で井伊直弼を殺害（桜田門外の変）。
慶福を14代将軍とする。
旧水戸浪士
金子孫次郎
関鉄之助など
旧薩摩浪士
有村次左衛門
徳川慶福
支持
譜代大名
関白九条尚忠
など
南紀派
対立
14代将軍の座をめぐって対立。
一橋慶喜
支持
薩摩藩主島津斉彬
土佐藩主山内容堂
前水戸藩主徳川斉昭
など
一橋派

豆知識 幕府の弱腰な外交政策に対し、日本から外国を排斥する声が高まる（攘夷）。それに天皇を尊ぶ思想が結びつき、各地で過激な尊王攘夷運動が展開されるようになった。

江戸時代

なぜ徳川慶喜は大政奉還を行なった？

●新政府でも政治の実権を握ろうとした

尊王攘夷運動が激化するなか、薩摩・長州両藩を筆頭として倒幕への気勢が高まっていきました。そうした状況下、一五代慶喜は政権を朝廷に返還するという「大政奉還《たいせいほうかん》」を上奏します。倒幕派の大義名分を失わせるためでした。

また、当時の朝廷には政権を運営する能力はなかったことから、慶喜は天皇を中心とした大名連合政権の筆頭として、これまで同様、政治の主導権を握ろうとしたと考えられています。

ですが、倒幕派の面々は慶喜の復権を阻止しようとしました。そこで、慶喜の処遇を決める会議において「王政復古《おうせいふっこ》の大号令《だいごうれい》」を宣言。慶喜を新政権から排除すべく、内大臣の官位の辞去と領地の返納を命じたのです。

当然、旧幕府方はこれに激怒します。こうして戊辰《ぼしん》戦争が勃発しました。しかし朝敵とされた旧幕府軍は官軍である新政府軍に敗北。時代は、明治《めいじ》へと移り変わっていくのでした。

【「大政奉還」までの流れ】

アメリカ、イギリス、フランスなど諸外国との軍事力の差を見せつけられ、攘夷の実現が不可能であることを悟る事件がひんぱつし、尊王攘夷派はますます急進化していく。薩長両藩を中心として武力倒幕の気勢が高まるなか、徳川慶喜は朝廷に大政奉還を奏上。政権を朝廷に返上することで武力倒幕の回避をもくろんだ。

①薩長同盟の締結 …… 幕府による長州征討に対し薩摩藩は長州藩を支援することを約束。

↓

②四侯会議の決裂 …… 慶喜の諮問機関として、薩摩藩国父島津久光の主導で発足された、越前藩主松平春嶽、宇和島藩主伊達宗城、旧土佐藩主山内容堂との会議が決裂。政治の主導権を幕府から朝廷に移すことに失敗したことで、薩摩藩が武力倒幕に踏み切る。

↓

③薩土盟約締結 …… 土佐藩が有力者による会議で政治を行なう雄藩連合政権の樹立を提案。薩摩藩も賛成。

↓

④大政奉還の建白 …… 旧土佐藩主山内容堂が徳川慶喜に建白書を提出。

↓

⑤倒幕の密勅が下る …… 朝廷から薩摩藩、長州藩へ慶喜討伐の詔書が秘密裡に下される。明治天皇の意志ではなく公家の岩倉具視が勝手につくったものだったともいわれる。

↓

⑥徳川慶喜が朝廷へ大政奉還を上奏

豆知識　王政復古の大号令によって将軍職とともに摂政・関白など朝廷の伝統的官職を廃止。新たな役職として総裁、議定、参与を設置した。

【戊辰戦争の勃発】

王政復古の大号令によって新政府が樹立したものの、倒幕派の面々は徳川慶喜の完全排除を企てる。旧幕府方を挑発して戊辰戦争を引き起こした。

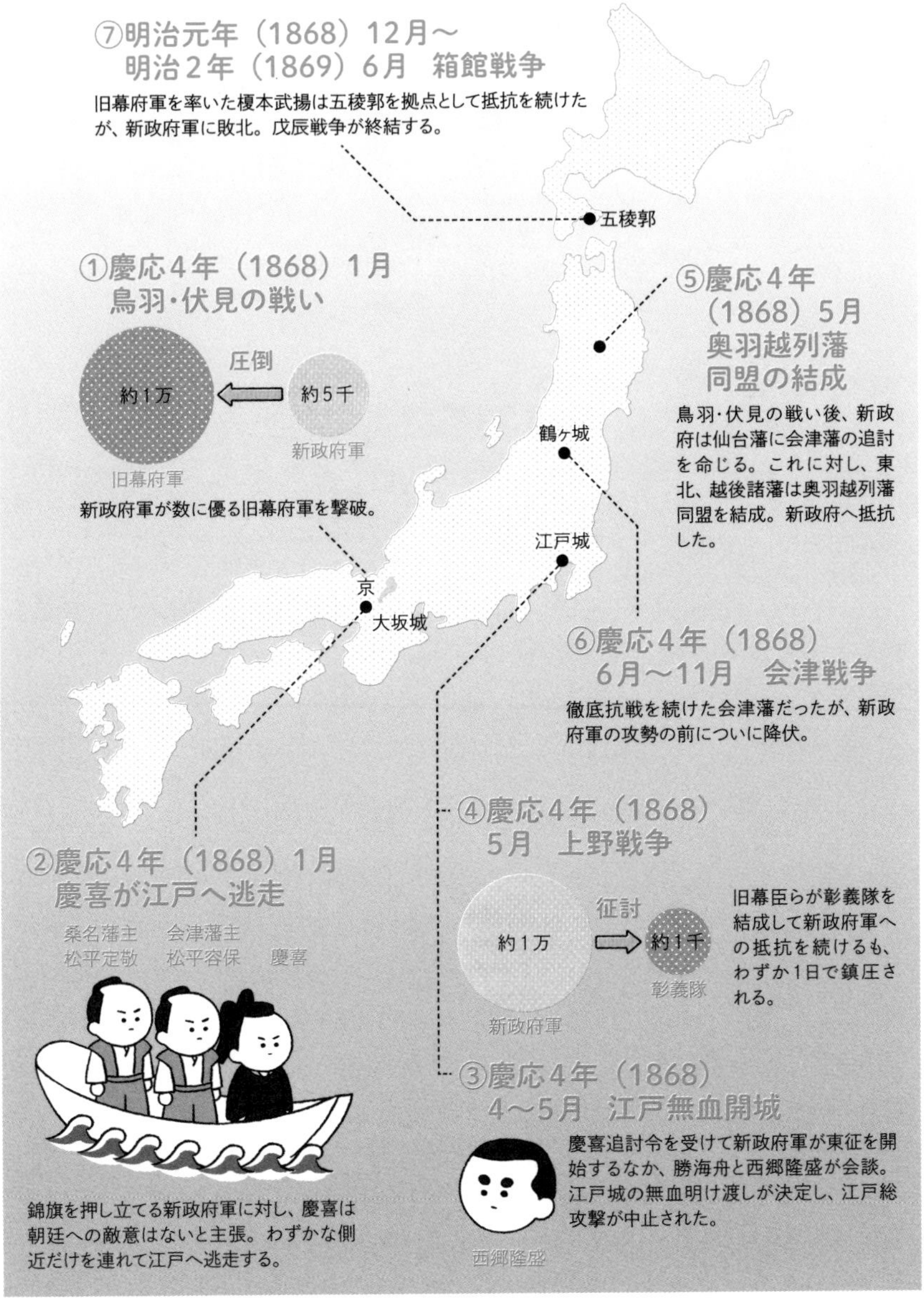

⑦明治元年（1868）12月～
明治2年（1869）6月　箱館戦争
旧幕府軍を率いた榎本武揚は五稜郭を拠点として抵抗を続けたが、新政府軍に敗北。戊辰戦争が終結する。
五稜郭
①慶応4年（1868）1月
鳥羽・伏見の戦い
圧倒
約1万
約5千
新政府軍
旧幕府軍
新政府軍が数に優る旧幕府軍を撃破。
⑤慶応4年
（1868）5月
奥羽越列藩
同盟の結成
鳥羽・伏見の戦い後、新政府は仙台藩に会津藩の追討を命じる。これに対し、東北、越後諸藩は奥羽越列藩同盟を結成。新政府へ抵抗した。
鶴ヶ城
江戸城
京
大坂城
⑥慶応4年（1868）
6月～11月　会津戦争
徹底抗戦を続けた会津藩だったが、新政府軍の攻勢の前についに降伏。
④慶応4年（1868）
5月　上野戦争
征討
約1万
約1千
彰義隊
新政府軍
旧幕臣らが彰義隊を結成して新政府軍への抵抗を続けるも、わずか1日で鎮圧される。
②慶応4年（1868）1月
慶喜が江戸へ逃走
桑名藩主
松平定敬
会津藩主
松平容保
慶喜
錦旗を押し立てる新政府軍に対し、慶喜は朝廷への敵意はないと主張。わずかな側近だけを連れて江戸へ逃走する。
③慶応4年（1868）
4～5月　江戸無血開城
慶喜追討令を受けて新政府軍が東征を開始するなか、勝海舟と西郷隆盛が会談。江戸城の無血明け渡しが決定し、江戸総攻撃が中止された。
西郷隆盛

豆知識　五稜郭は元治元年（1864）に完成した日本初の洋式城郭。フランスの城砦の設計図がもととなっており、内郭の総面積は約12万5500㎡にのぼった。

第4章 近代

明治
1868〜1912年

城山の戦い

日本史上最後にして最大の内戦となった西南戦争は、西郷隆盛の死をもって幕を閉じた。

1868年
「江戸」を「東京」と改称

1877年
西南戦争勃発

1889年
大日本帝国憲法発布

1894年
日清戦争勃発

銀座煉瓦街の誕生

明治5年（1872）2月の大火後、政府は銀座通り一帯を煉瓦街とし、街路照明としてガス灯を採用した。

1890年

第1回帝国議会開催

当時の国会は貴族院と衆議院の二院制だった。貴族院の議員は皇族・華族・多額納税者などから構成され、衆議院の議員は選挙で選出された。

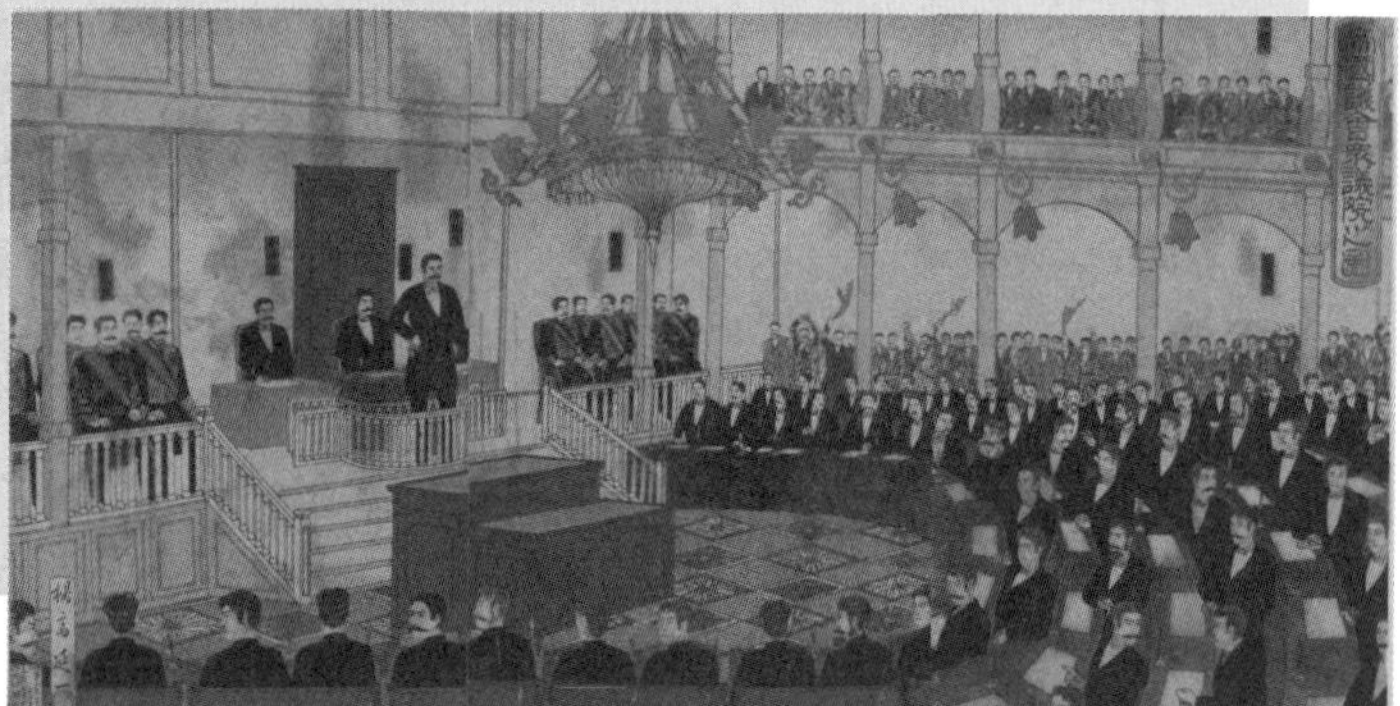

日本海海戦

明治38年（1905）5月27から28日にかけて行なわれた海戦は、東郷平八郎率いる連合艦隊がロシアのバルチック艦隊相手に大勝を収めた。

盧溝橋事件

昭和12年（1937）7月7日、北京郊外の盧溝橋付近で起きた日本軍と中国軍の衝突事件が日中戦争の発端となった。写真は現在の盧溝橋。

1904年
日露戦争勃発

1912年
第一次護憲運動はじまる

大正
1912〜26年

1914年
第一次世界大戦勃発

1920年
国際連盟に加盟（常任理事国）

1925年
普通選挙法公布（実施は1928年2月2日）

昭和
1926〜89年

1929年
昭和恐慌起こる

1937年
日中戦争勃発

1939年
第二次世界大戦勃発

1945年
終戦

東京駅開業

第一次世界大戦中の大正3年（1914）12月20日、丸の内駅舎部分が開業した。

明治政府はどんな改革を行なった？

●幕藩体制を打ち壊す

江戸幕府を倒したといっても、いまだ幕藩《ばくはん》体制の一翼を担った「藩」が全国に割拠している状態でした。徳川宗家《とくがわそうけ》ですら、静岡藩として存続していたのです。

明治政府は中央集権体制を確立するため、まず各藩の領地と領民を朝廷に返上させました。これを「版籍奉還《はんせきほうかん》」といいます。

しかし、各藩主は知藩事《ちはんじ》となって以前と変わらない統治を行なったため、改革は不十分に終わりました。そこで次に、「廃藩置県《はいはんちけん》」を断行します。藩にかわって府や県を置き、政府から府令《ふれい》や県令《けんれい》を派遣して統治を行なうことにしたのです。こうして幕藩体制は解体され、政府による全国直接統治が開始されました。

また、江戸時代の封建的身分制度を廃止し、華族《かぞく》、士族《しぞく》、平民《へいみん》という三族籍に再編（公卿《くぎょう》・旧大名は華族、旧幕臣・旧藩士は士族、それ以外の人々は平民とされた）。現実問題として身分差別が解消されたわけではありませんでしたが、平等な社会実現への第一歩となり、日本に資本主義社会の基盤が形成されていきました。

【「幕藩体制」から「中央集権体制」へ】

明治維新後、明治政府は版籍奉還、廃藩置県など諸改革を断行。幕藩体制を解体し、天皇を中心とする中央集権的近代国家を樹立した。

天皇中心の中央集権体制

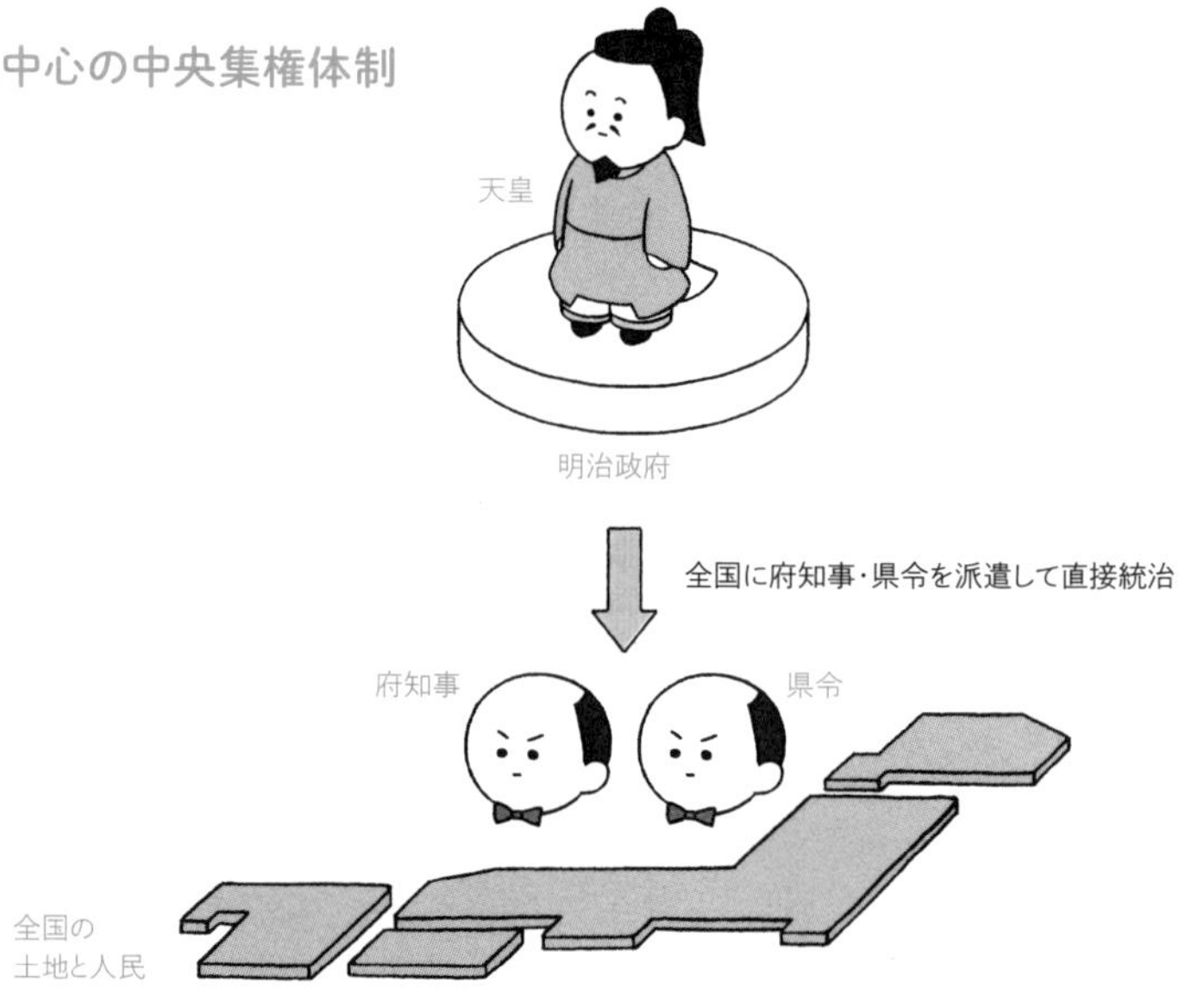
天皇
明治政府
全国に府知事・県令を派遣して直接統治
府知事
県令
全国の
土地と人民

豆知識　廃藩置県によって明治4年（1871）7月14日、3府302県が成立。同年末には1使3府72県に整理・統合され、明治21年（1888）に1道3府43県となった。

【「富国強兵」のために推進したさまざま事業】

欧米列強と肩を並べる近代国家建設のため、明治政府はまず国力を高める必要性があると実感。そこで次々と官営の事業をおこし、国内経済の発展に取り組んだ（殖産興業政策）。また、産業の発展には民業の育成が必要と考え、明治17年（1884）以降、官営事業を三井、三菱などの有力な経営者に払い下げていった。民間の手にゆだねられた産業界はいっそう発展を遂げ、1880年代後半には日本版産業革命が勃興。以降、日本は急速に近代化を遂げていった。

富岡製糸場1872（1893）

輸出品の主力だった生糸の増産のために操業。工女は寄宿舎で集団生活をしながら長時間労働を強いられた。

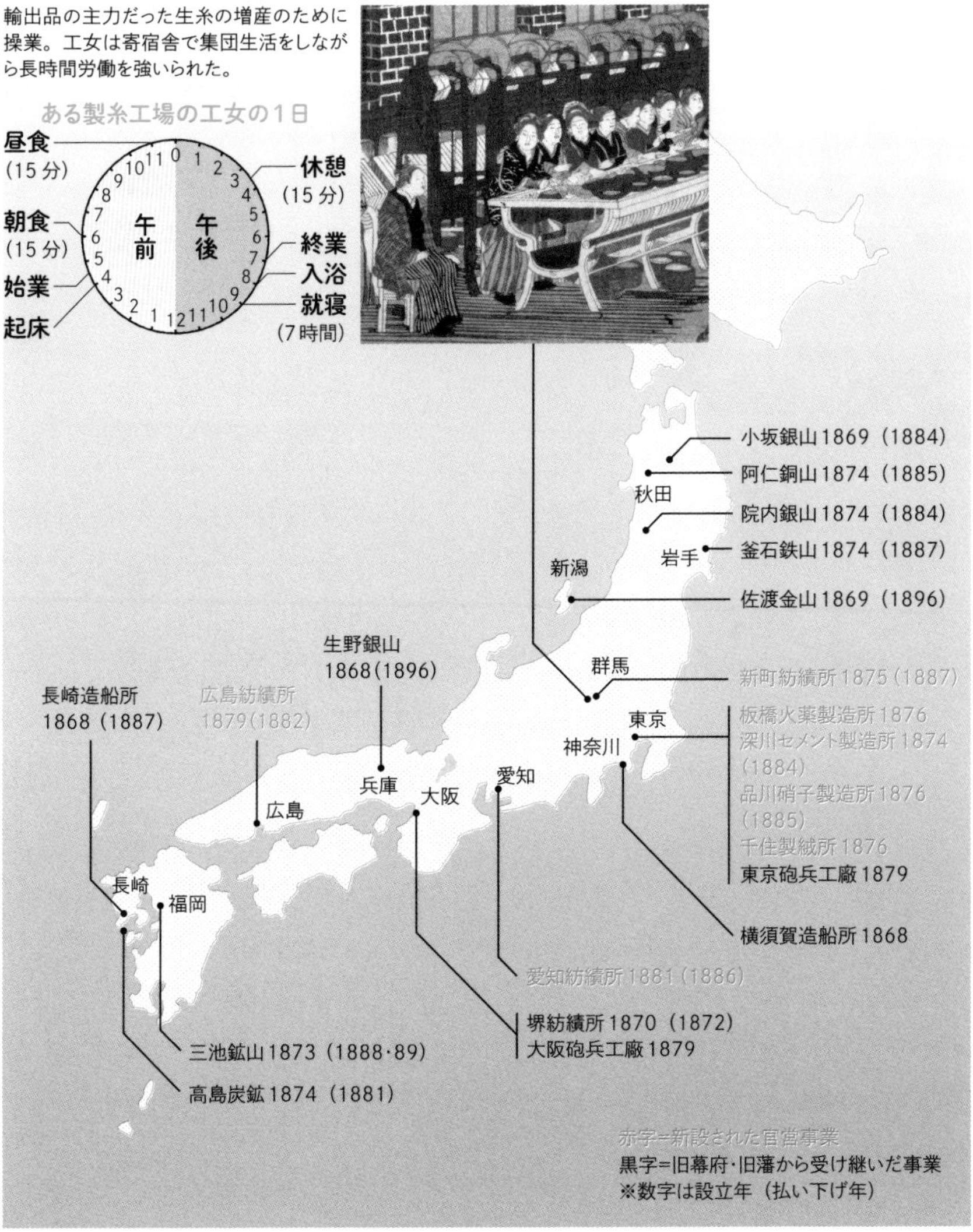

ある製糸工場の工女の1日
昼食（15分）
休憩（15分）
朝食（15分）
終業
始業
入浴
起床
就寝（7時間）
午前
午後
0 1 2 3 4 5 6 7 8 9 10 11 12
小坂銀山1869（1884）
阿仁銅山1874（1885）
秋田
院内銀山1874（1884）
岩手
釜石鉄山1874（1887）
新潟
佐渡金山1869（1896）
生野銀山 1868（1896）
群馬
新町紡績所1875（1887）
長崎造船所 1868（1887）
広島紡績所 1879（1882）
東京
板橋火薬製造所1876
深川セメント製造所1874（1884）
品川硝子製造所1876（1885）
千住製絨所1876
東京砲兵工廠1879
神奈川
兵庫
大阪
愛知
広島
長崎
福岡
横須賀造船所1868
愛知紡績所1881（1886）
堺紡績所1870（1872）
大阪砲兵工廠1879
三池鉱山1873（1888・89）
高島炭鉱1874（1881）
赤字＝新設された官営事業
黒字＝旧幕府・旧藩から受け継いだ事業
※数字は設立年（払い下げ年）

豆知識 明治以降、工業の発展に伴って工場労働者が増加した。労働者は3交代制で勤務についたが、のちに賃金や労働時間などの改善を求めてストライキを起こした。

明治時代

文明開化で生活はどう変わった？

●洋装を身にまとい、牛鍋をつつく

倒幕をなしとげた明治政府の目標は、欧米列強に並び立つ近代国家をつくり上げることにありました。そのためには、欧米の精神および文化を取り入れることが重要――そう考えた政府高官たちは、積極的に近代化政策を推進します。

衣食住においては、高官みずから断髪・洋装をし、机といすを使って政務をとるようになりました。大都市では洋風建築が建ち並び、ガス灯の使用も開始されます。

また、牛肉とパン、牛乳が文明開化を象徴する食べ物であると国民に広く宣伝。すると、欧米の生活様式は都市部の人々の間で急速に広まり、東京や横浜などでは、牛鍋《ぎゅうなべ》をつつきながらビールやブランデーなどを飲むことが文明人であるという流行が生まれました。

明治五年（一八七二）には、新橋～横浜間を結ぶ日本初の鉄道が登場します。太陽暦《たいようれき》や、一日二四時間制、一週七曜《しちよう》制なども新たに採用され、人々の生活スタイルは大きく変化を遂げました。

衣服の変化

1870年　洋服着用の開始

1871年　散髪令公布
「ザンギリ頭をたたいてみれば
文明開化の音がする」

1872年　帽子ブーム到来
着物の上に洋風の帽子をかぶる和洋折衷の格好をする人が増える。

当時は洋服の高襟（ハイカラー）シャツが流行。最新の流行を取り入れた人のことを「ハイカラ」と呼ぶのはこれに由来する。

明治天皇が文明開化の広告塔に！

高官は政府広報誌ともいうべき『新聞雑誌』を使って明治天皇の私生活を報道。明治天皇が断髪して洋服を召していること、また牛肉やパン、牛乳を召し上がっていることなどが紹介されると、人々も欧米の生活様式を取り入れるようになったという。

豆知識　官吏の正装も洋服にかわったが、夏・冬用を揃えられない者が増えたため、月賦制が導入されるようになった。

食の変化

1869年　アイスクリームの製造・販売開始
1871年　肉食が奨励される
　　　　牛鍋屋が流行
　　　　長崎で西洋料理店オープン
1872年　ビールの販売開始

味噌や醤油などを使って和風に味つけした牛鍋は日本人の舌に合い、たちまち大流行した。

住の変化

1868年　築地ホテル館開業
1871年　洋式のテーブルといすの導入
1872年　横浜の外国人居留地にガス灯が設置される
　　　　家庭で石油ランプが使われるようになる
1874年　銀座通りにガス灯が点灯
1877年　銀座煉瓦街竣工
1882年　銀座に電気街灯が設置される

ガス灯は燃料となるガスを貯める設備やガス管を必要としたため、一般の家庭ではあまり用いられなかった。

鉄道の開通により、それまで徒歩で8時間かかっていた新橋ー横浜間をわずか1時間で行けるようになった。

交通の変化

1869年　乗合馬車の運行開始
1870年　人力車の営業開始
1872年　新橋ー横浜間で鉄道の運行開始

通信の変化

1869年　東京ー横浜間で電信開始
1871年　東京ー大阪間で郵便事業開始
1877年　電話の導入
1900年　上野ー新橋間に公衆電話が設置される

その他の変化

1872年　太陽暦の採用
1876年　日曜休日制の開始

豆知識　文明開化の波は農村部には伝わらず、江戸時代と変わらない生活が営まれた。太陽暦は稲作には不便であり、作づけや収穫、行事などは従来通り旧暦で行なわれた。

明治時代

西郷隆盛はなぜ反乱を起こした？

●私学校生徒の暴走を抑えられず……

倒幕に多大な貢献をした人物のひとりに、西郷隆盛《さいごうたかもり》がいます。明治政府樹立後は参議となって政権の中枢を担いました。

ところが明治六年（一八七三）、「明治六年の政変」が勃発します。朝鮮問題をめぐり、政府首脳が内部分裂を起こしてしまったのです。

政争に敗れた西郷は辞表を提出。郷里・鹿児島へと戻りました。その後、西郷を慕う薩摩藩出身の士族らもあいついで辞職し、西郷の後を追います。その数は、じつに七〇〇〇人余にものぼりました。

西郷は彼らを統御するために私学校《しがっこう》を設立します。ですが、やがて彼らは政府の命令を無視するようになり、明治一〇年（一八七七）二月、ついに西郷を擁して挙兵しました（西南《せいなん》戦争）。

約半年におよんだ激戦の末、西郷は自害。政府軍が勝利を収めました。これまで軍事力の象徴であった士族が徴兵制によって編成された民兵に敗れたことで、武士の時代は名実ともに終わりを迎えたのでした。

【「明治六年の政変」とは？】

日本を「無法之国」と侮辱する朝鮮への対応をめぐり、遣（征）韓論派と内治優先論派が対立した。西郷は自身を使節として派遣することを主張。一時は閣議によって西郷の派遣が決定されたが、岩倉具視や大久保利通ら内治優先論派が天皇を動かしてそれを阻止。西郷の朝鮮派遣を断念させ、政争に敗れた遣（征）韓論派はいっせいに辞職した。

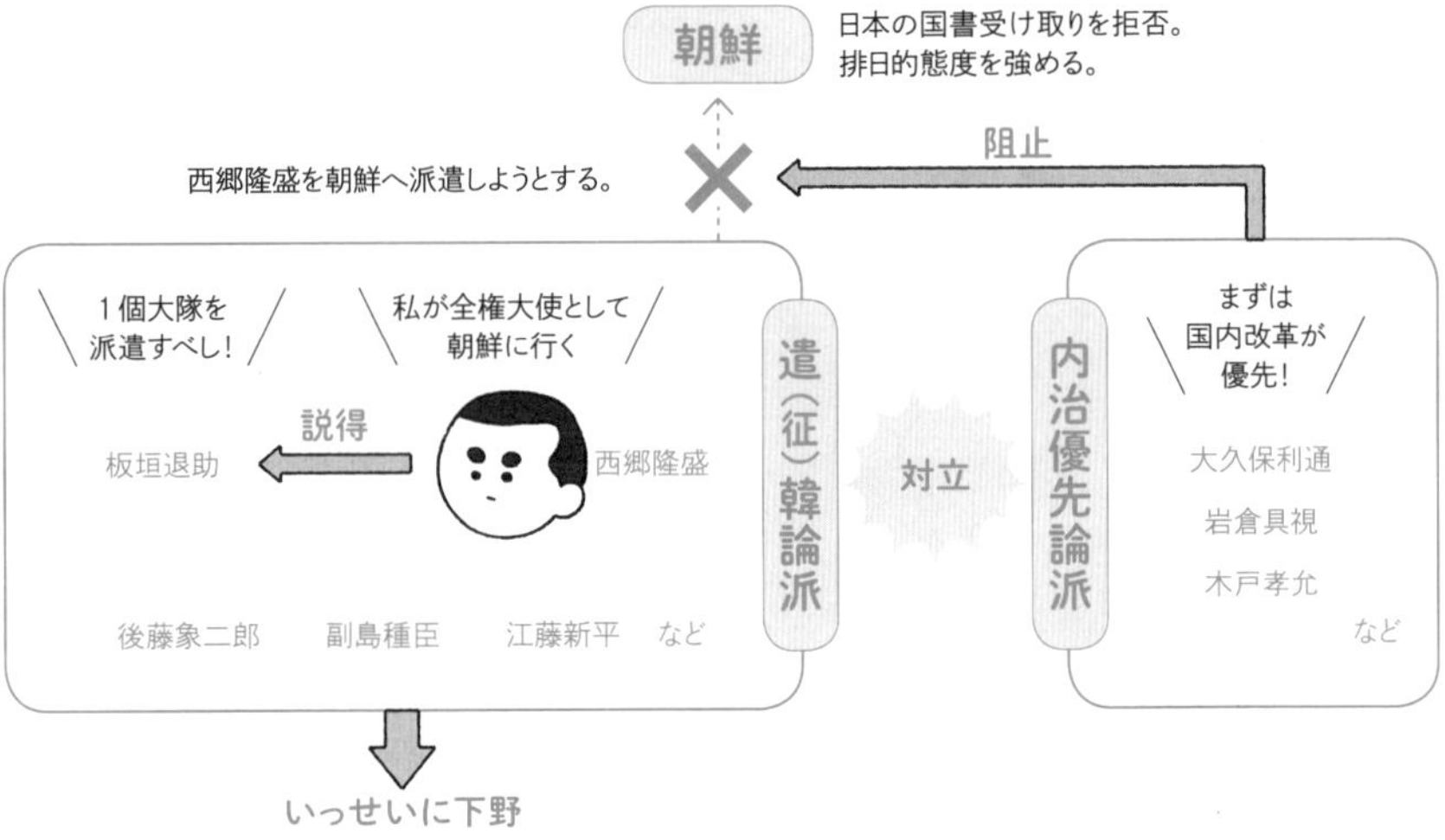

朝鮮
日本の国書受け取りを拒否。
排日的態度を強める。
阻止
西郷隆盛を朝鮮へ派遣しようとする。
1個大隊を
派遣すべし！
私が全権大使として
朝鮮に行く
説得
板垣退助
西郷隆盛
後藤象二郎
副島種臣
江藤新平
など
遣（征）韓論派
対立
内治優先論派
まずは
国内改革が
優先！
大久保利通
岩倉具視
木戸孝允
など
いっせいに下野

豆知識 西郷が設立した私学校は銃隊学校と砲隊学校からなる。徐々に規模は拡大し、旧鶴丸城下に12、諸郷に136の分校が設けられた。

【西南戦争までの流れ】

①明治六年の政変で西郷隆盛が下野

西郷隆盛が辞職し、東京から鹿児島へ戻る。西郷を慕っていた薩摩藩出身の士族約700名も辞職して鹿児島に戻った。

②西郷が鹿児島に私学校を設立

現在も残る私学校の正門。

西郷隆盛は鹿児島士族たちが暴発しないよう、私学校を設立して彼らを統御した。私学校は政治結社的な性格が強く、鹿児島県下の区長、副区長、警察幹部のほとんどが私学校の幹部で固められた。

③私学校生徒による火薬庫襲撃事件勃発

政府は反乱を未然に防ぐべく、鹿児島県下に備蓄されていた武器・弾薬を回収した。しかしこの行動に私学校の生徒が反発。火薬庫を襲撃して武器・弾薬を掠奪した。

西郷隆盛の一行が立てこもった城山。この洞窟で最後の5日間をすごしたとされる。

④西郷隆盛暗殺未遂事件発覚

私学校の生徒が政府の密偵を捕らえ、「ボウズヲシサツセヨ」と記された電報を押収した。政府の目的は「視察」にあったといわれるが、私学校の生徒はこれを「刺殺」と解釈。西郷隆盛を担ぎ、ついに挙兵した。

⑤西南戦争勃発

政府軍の主力は徴兵令で徴発された平民であり、薩摩軍は「たかが民兵に負けるわけがない」として政府軍を侮る。だが、豊富な銃砲・弾薬で兵の質を補った政府軍が薩摩軍を鎮圧した。

薩摩軍　　政府軍

豆知識　政府は直属軍を編成するため、明治6年（1873）に徴兵令を公布。満20歳以上の男子に兵役の義務を課した。

明治時代

日本初の憲法はなぜつくられた？

●日本を文明国であると認めさせるため

明治六年の政変後、下野した板垣退助《いたがきたいすけ》らを中心に自《じ》由民権運動《ゆうみんけんうんどう》が起こりました。現状の薩長閥《ばつ》による専制体制を批判し、民撰議院《みんせんぎいん》（国会《こっかい》）の開設と国民の政治参加を主張したものです。その後も国会開設運動が展開されるなか、明治一四年（一八八一）、政府は国会開設の勅諭《ちょくゆ》を発布。明治二三年（一八九〇）までに国会を開設することを公約しました。これもひとえに、幕末に締結した不平等条約を改正するためでした。国際社会で欧米諸国と対等な関係を構築するには、「憲法を備えた文明国」と認められる必要があったのです。

明治一五年（一八八二）、伊藤博文《いとうひろぶみ》は国会開設に備え、ヨーロッパで各国の憲法を調査。天皇を頂点とする立《りっ》憲制《けんせい》を確立するには、皇帝《こうてい》を主権とした帝政ドイツの憲法を参考にすべきと判断します。帰国後は、まず強固な行政府を築くべく、内閣《ないかく》制度を創設。そして明治二二年（一八八九）、天皇主権を掲げた大日本帝国憲法《だいにほんていこくけんぽう》を発布しました。こうして日本は、アジア初の立憲国家となったのです。

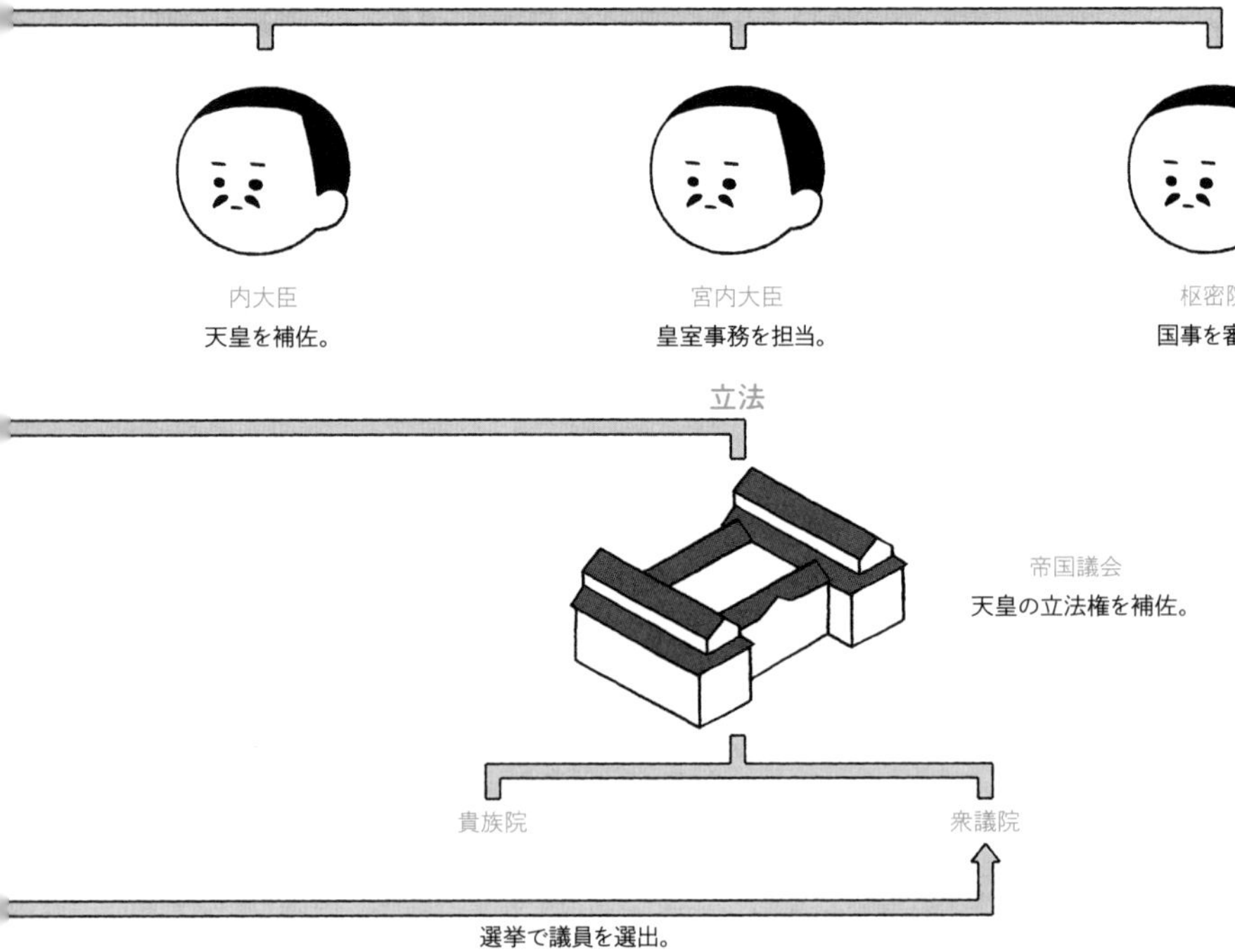
内大臣
天皇を補佐。
宮内大臣
皇室事務を担当。
枢密院
国事を審議。
立法
帝国議会
天皇の立法権を補佐。
貴族院
衆議院
選挙で議員を選出。

豆知識　新たに創設した内閣では、太政大臣や左・右大臣を廃止。内閣総理大臣と各省の長官である国務大臣を置き、政治運営の中心組織とした。

【大日本帝国憲法下の統治体制】

大日本帝国憲法の発布により、天皇を頂点とした国家機構が整備された。

憲法発布式之図

憲法発布式之圖

大日本帝国憲法は天皇が定めて下賜するという欽定憲法の形式がとられた。

天皇
統治権のすべてを掌握。

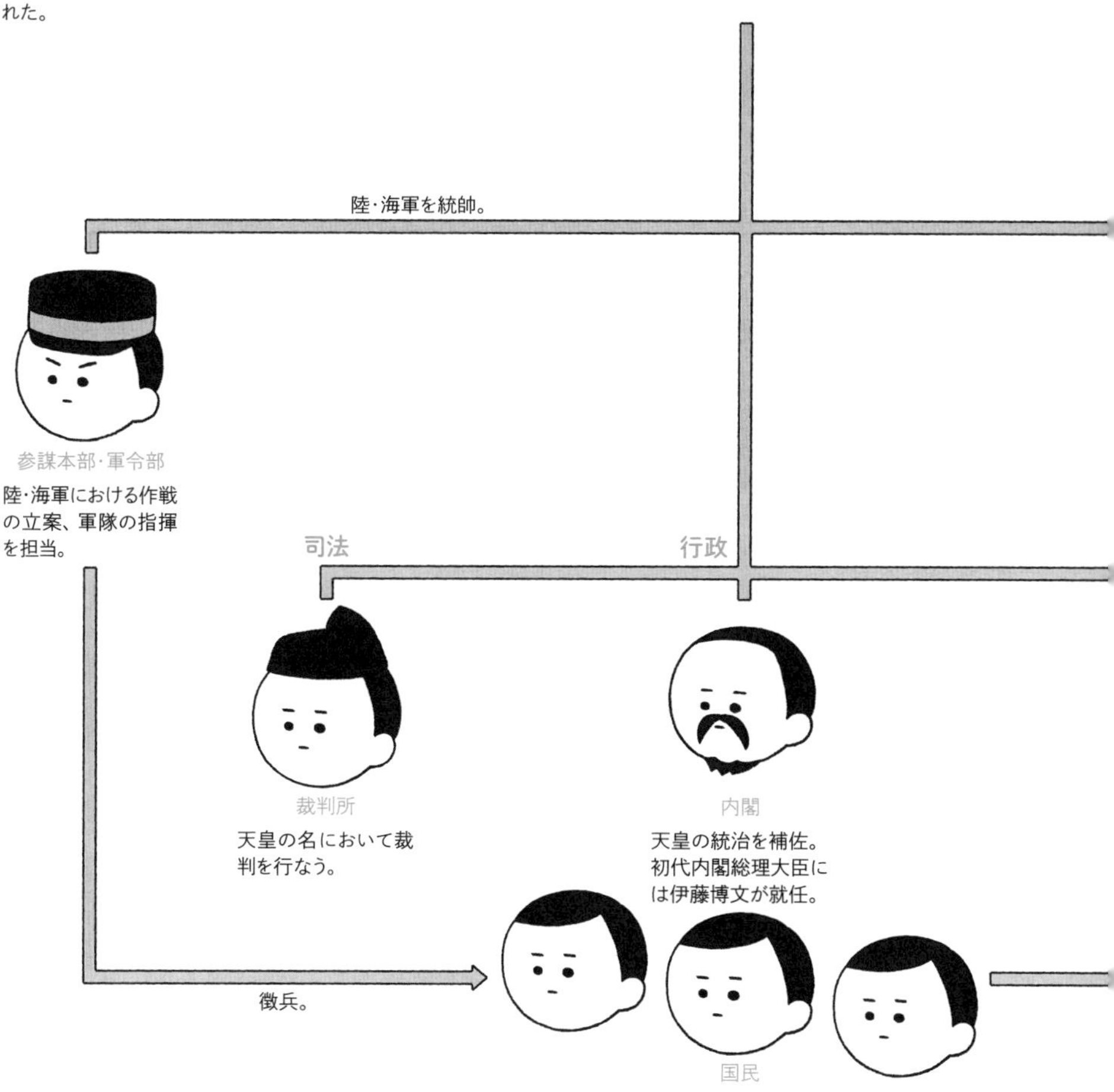

陸・海軍を統帥。
参謀本部・軍令部
陸・海軍における作戦の立案、軍隊の指揮を担当。
司法
行政
裁判所
天皇の名において裁判を行なう。
内閣
天皇の統治を補佐。初代内閣総理大臣には伊藤博文が就任。
徴兵。
国民

豆知識 憲法発布日、東京では祝典が行なわれたが、なかには「憲法の発布」を「絹布の法被」と勘違いし、法被が配られる日と思っていた人もいたという。

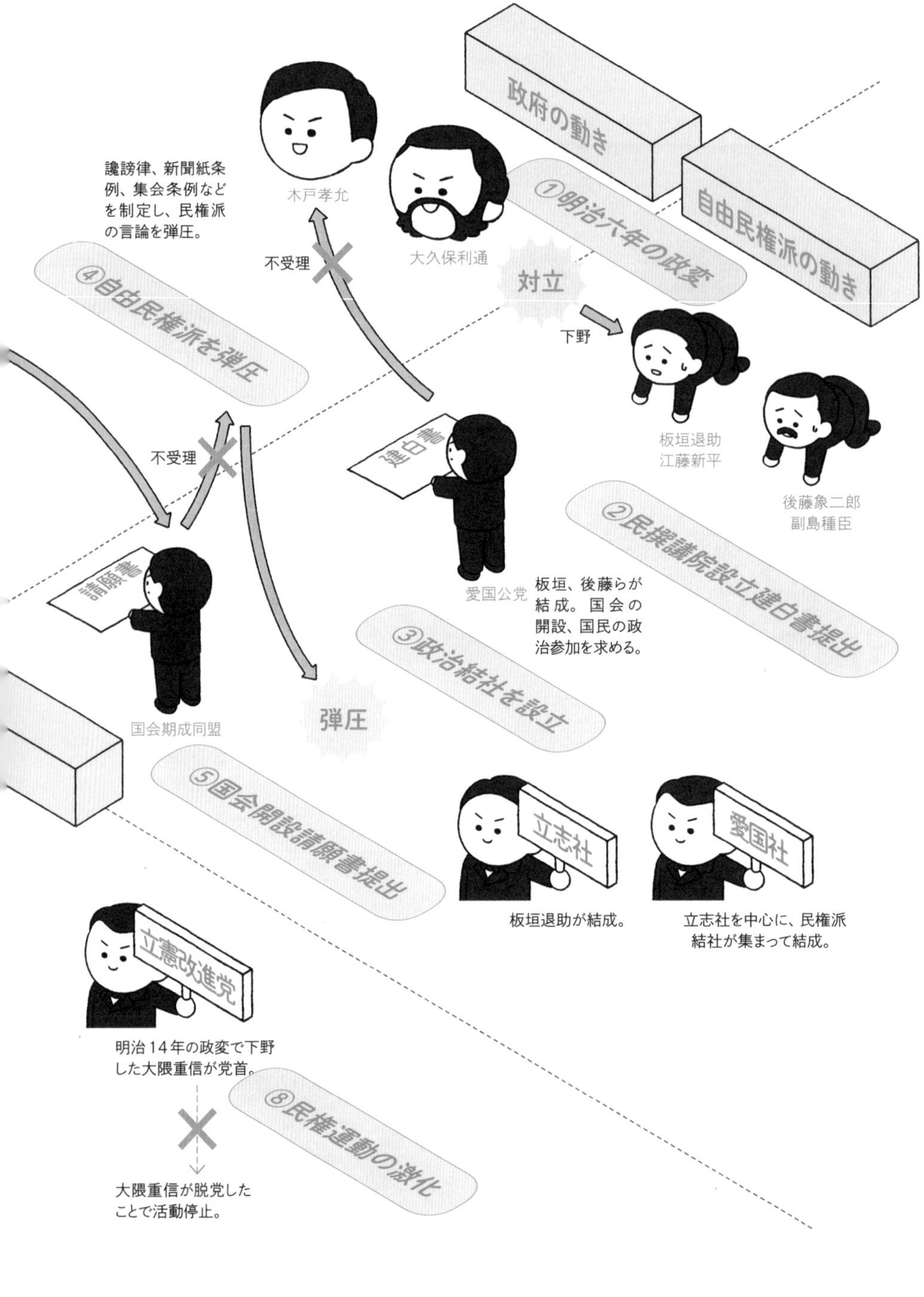

政府の動き
自由民権派の動き
①明治六年の政変
木戸孝允
大久保利通
対立
下野
板垣退助
江藤新平
後藤象二郎
副島種臣
②民撰議院設立建白書提出
建白書
愛国公党
板垣、後藤らが結成。国会の開設、国民の政治参加を求める。
不受理
③政治結社を設立
立志社
板垣退助が結成。
愛国社
立志社を中心に、民権派結社が集まって結成。
讒謗律、新聞紙条例、集会条例などを制定し、民権派の言論を弾圧。
④自由民権派を弾圧
不受理
請願書
国会期成同盟
弾圧
⑤国会開設請願書提出
立憲改進党
明治14年の政変で下野した大隈重信が党首。
⑧民権運動の激化
大隈重信が脱党したことで活動停止。

【自由民権運動の展開】

明治六年の政変で、大久保利通や木戸孝允と対立して下野した板垣退助らは、現状の薩長閥による専制政治体制を批判。国民が政治に参加できる民撰議院（国会）の開設を求めて自由民権運動を展開。明治23年（1890）には国会の開設を実現させた。

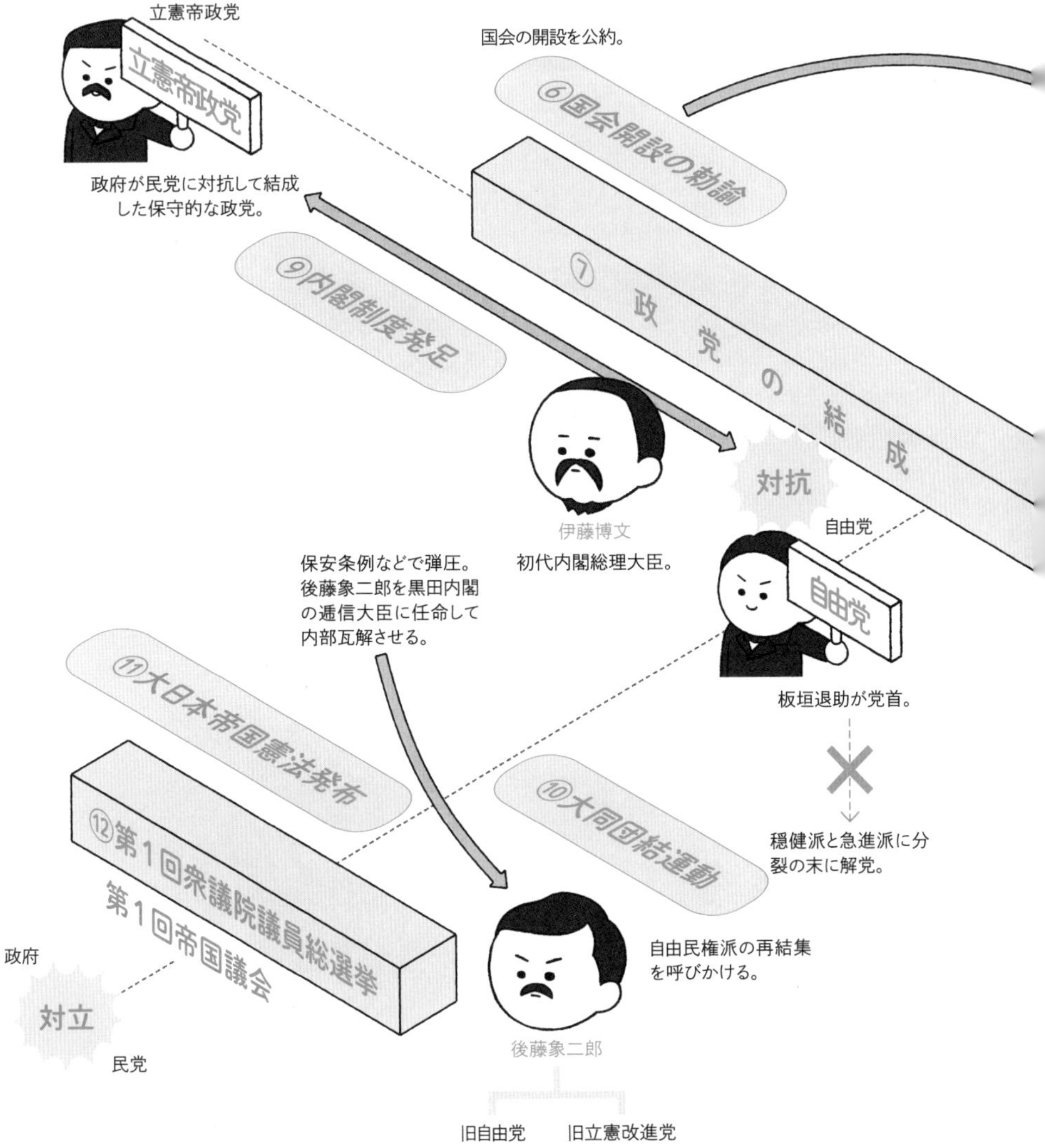

立憲帝政党
立憲帝政党
政府が民党に対抗して結成した保守的な政党。
国会の開設を公約。
⑥国会開設の勅諭
⑦政党の結成
⑨内閣制度発足
対抗
伊藤博文
初代内閣総理大臣。
自由党
自由党
板垣退助が党首。
穏健派と急進派に分裂の末に解党。
保安条例などで弾圧。後藤象二郎を黒田内閣の逓信大臣に任命して内部瓦解させる。
⑪大日本帝国憲法発布
⑩大同団結運動
⑫第1回衆議院議員総選挙
第1回帝国議会
政府
対立
民党
自由民権派の再結集を呼びかける。
後藤象二郎
旧自由党
旧立憲改進党

明治時代

なぜ日清・日露戦争で日本が勝利できた?

●清の弱体化、対露戦線を支えた外債

着実に近代国家の体裁を整えていった日本は明治二七年（一八九四）に日清《にっしん》戦争、明治三七年（一九〇四）に日露《にちろ》戦争と、外国との戦いにのぞみました。日清戦争では、アジアの小国にすぎない日本が大国の清に勝利します。もっとも、当時すでに清は西欧列強の侵略によって弱体化していました。また、清国内では西太后《せいたいごう》派と光緒帝《こうしょてい》派との対立が激化し、軍部が一枚岩ではなかったことも、日本勝利の一因でした。

いっぽう日露戦争では旅順《りょじゅん》の戦い、奉天《ほうてん》会戦、日本海海戦と日本が勝利を収めます。その背景には、日本銀行副総裁・高橋是清《たかはしこれきよ》が調達した多額の外債がありました。当時の日本が戦争を遂行するためには外債を発行する以外に方策がなかったのです。実際、最終的に一九億八〇〇〇万円にのぼった戦費のうち、じつに五割近くを外債で賄っています。そのような状況であったことから、連戦連勝を続けながらも日本には戦争継続の余力はなく、賠償金を放棄するという講和条約（ポーツマス条約）を締結せざるを得ませんでした。

【日本各地に常備軍を編成】

日本の対外戦争の兵力となったのは、徴兵制で徴発された平民だった。彼らはそれぞれの軍管区に割り振られ、常備軍が編成された。

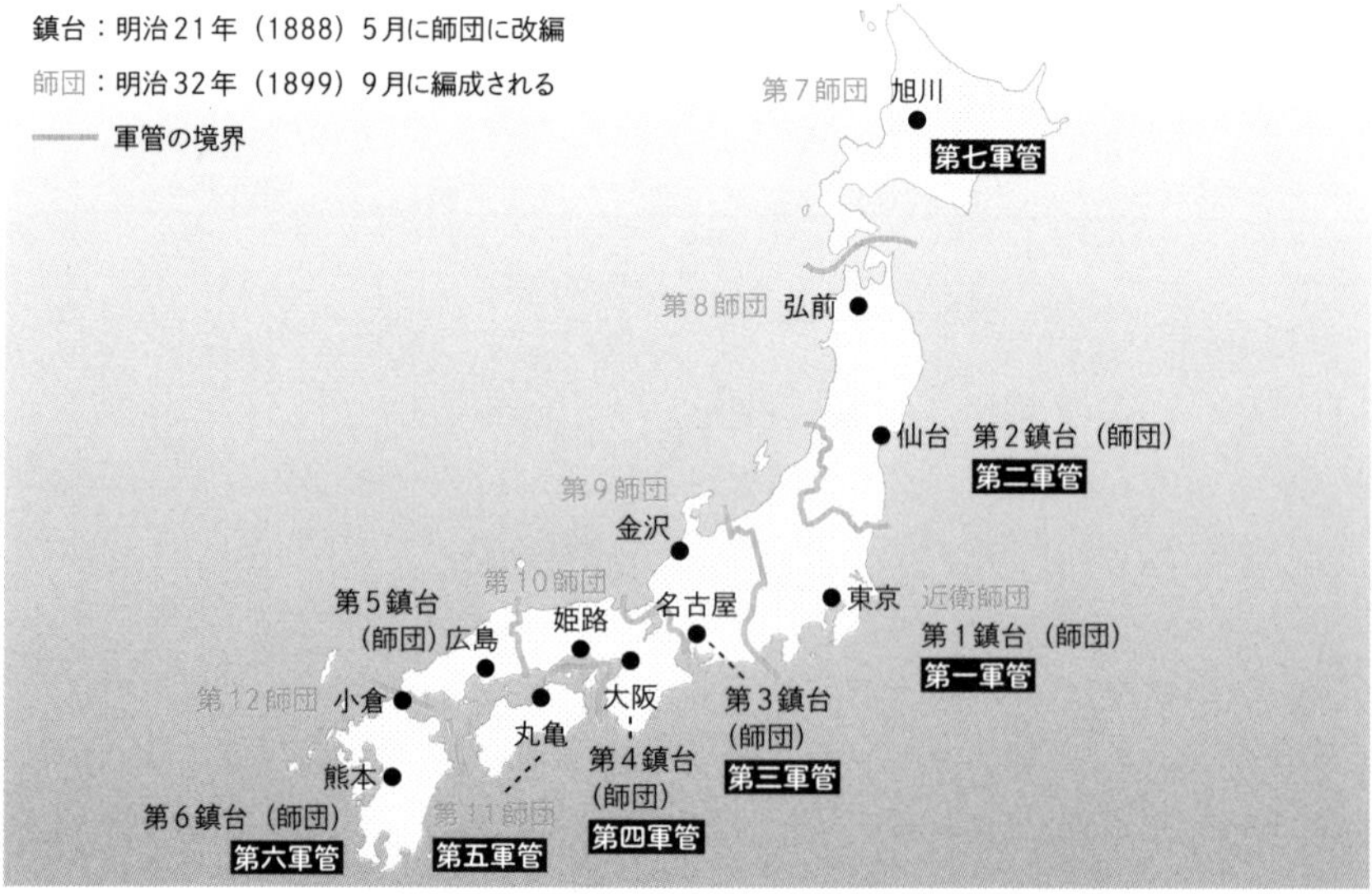

鎮台：明治21年（1888）5月に師団に改編
師団：明治32年（1899）9月に編成される
軍管の境界
第7師団 旭川
第七軍管
第8師団 弘前
仙台 第2鎮台（師団）
第二軍管
第9師団
金沢
東京 近衛師団
第1鎮台（師団）
第一軍管
名古屋
第3鎮台
（師団）
第三軍管
第10師団
姫路
大阪
第4鎮台
（師団）
第四軍管
第5鎮台
（師団）広島
丸亀
第11師団
第五軍管
第12師団 小倉
熊本
第6鎮台（師団）
第六軍管

 高橋是清が外債で戦争資金を調達できたのは、アメリカのユダヤ人銀行家ヤコブ・シフによるところが大きかった。

【日清戦争をめぐる世界情勢】

明治27年（1894）3月、朝鮮で大規模な農民反乱、甲午農民戦争（東学党の乱）が勃発したことを機として清軍と日本軍が出兵。朝鮮への対応をめぐって日清両国は交戦状態となり、日清戦争へと発展した。

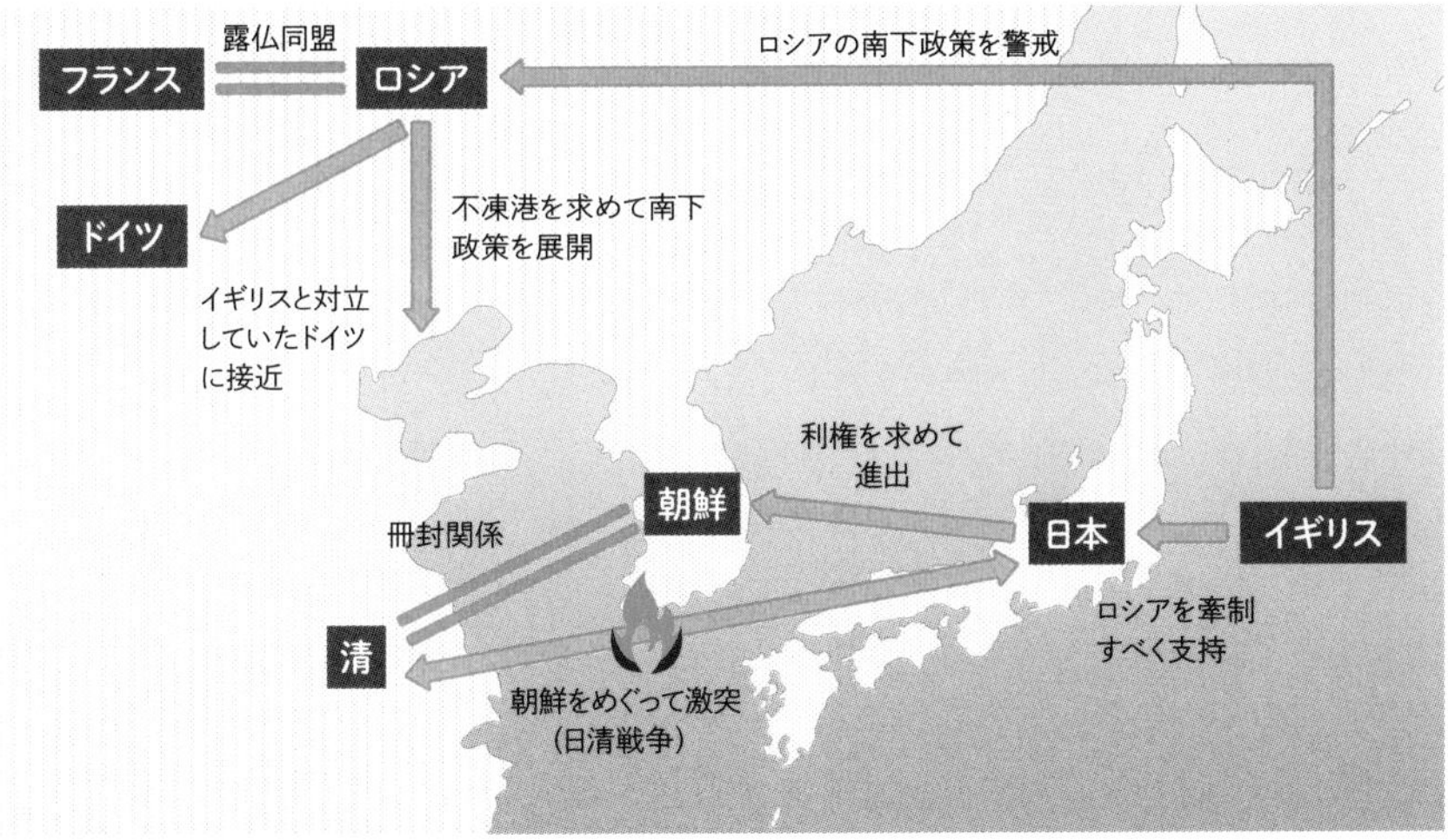

【日露戦争をめぐる世界情勢】

不凍港を求めて満洲から朝鮮へと、ロシアの極東侵出が本格化するなか、これ以上の南下を防ぐべく、日本はイギリスと同盟を締結（日英同盟）。ロシアに宣戦布告した。

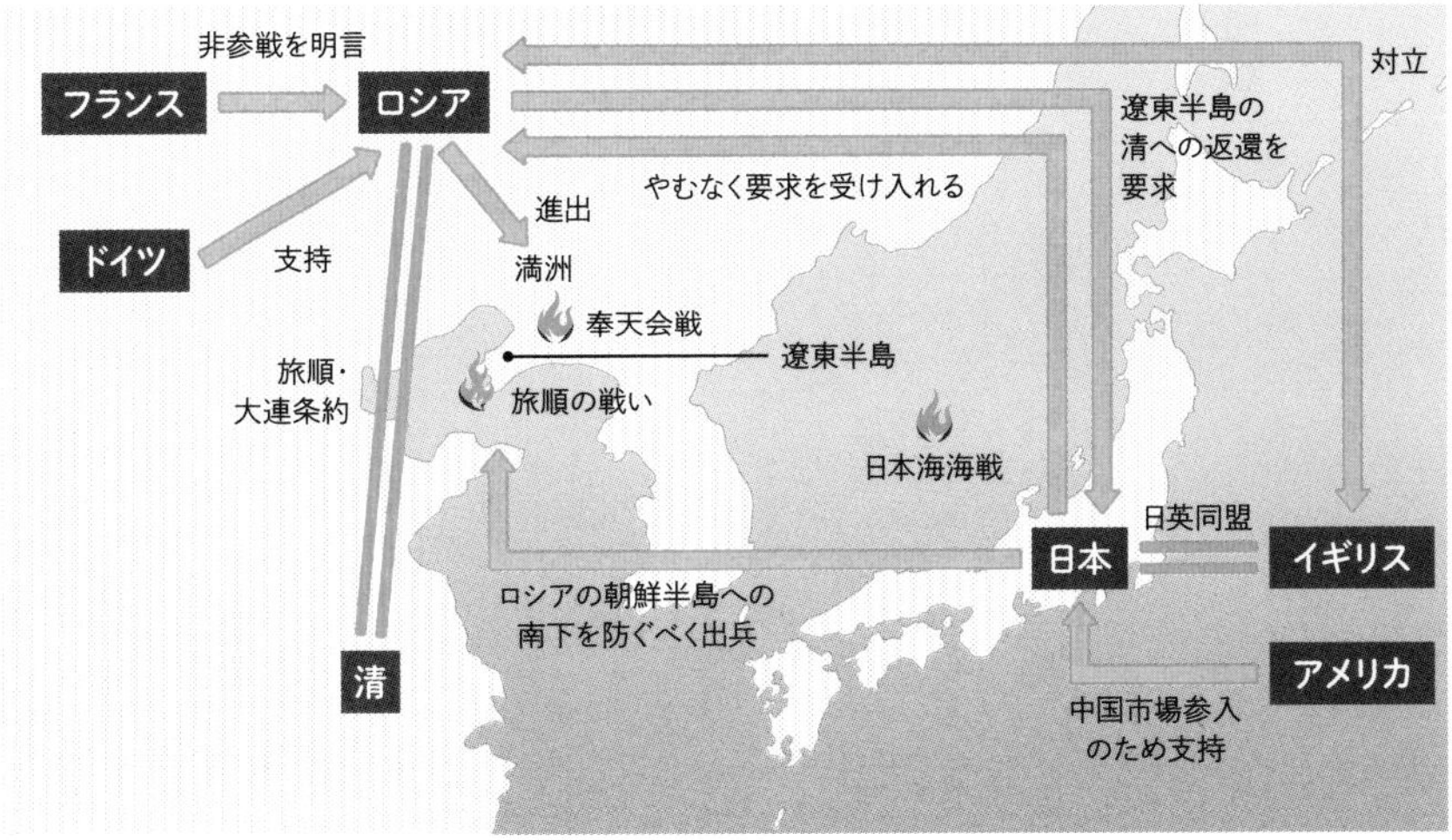

豆知識 日露戦争当時、ロシア国内では多くのユダヤ人が迫害されていた。ヤコブは日本が勝利すればロシアの内政が改まると予測し、日本の外債を引き受けたのであった。

もっと知りたい！日本史の話 ⑦

『武士道』の出版

新渡戸稲造はなぜ英語で書いた？

明治三二年（一八九九）、新渡戸稲造《にとべいなぞう》（当時三八歳）がアメリカ・フィラデルフィアで『武士道《ぶしどう》』を英語で著《あらわ》しました。原題は、『Bushido The Soul of Japan』です。日本で発売されたのは明治三三年（一九〇〇）のこと。ドイツやロシア、フランスなど世界各国でも翻訳出版され、大ベストセラーとなりました。

新渡戸が英語で『武士道』を執筆しようと思い立ったのは、当時、世界中に広まっていた日本に対する誤った認識を払拭するためでした。その最たるものが、切腹《せっぷく》の文化です。キリスト教では自死《じし》は禁じられていたため、切腹は野蛮《やばん》だと捉えられていたのです。しかし武士にとって切腹はたんなる自死の手段ではなく、罪を償《つぐな》い、過《あやま》ちを詫《わ》びるための礼法上の行為でした。新渡戸は『武士道』を通じて日本人の思想の根底にある独自の封建《ほうけん》制度や、日本人一般の美徳などを解説し、欧米人に対して日本人の行動の弁護につとめたのでした。

世界から誤った認識を持たれていた日本

新渡戸稲造が『武士道』を執筆した当時、日本は日清戦争に勝利し、世界の列強に名を連ねようとしていた。東方の野蛮で未開の国がいかに発展を遂げたのか、諸外国から注目が集まるなか、新渡戸は欧米人に日本人の本質を知ってもらうべく、英語で『武士道』を書き上げた。

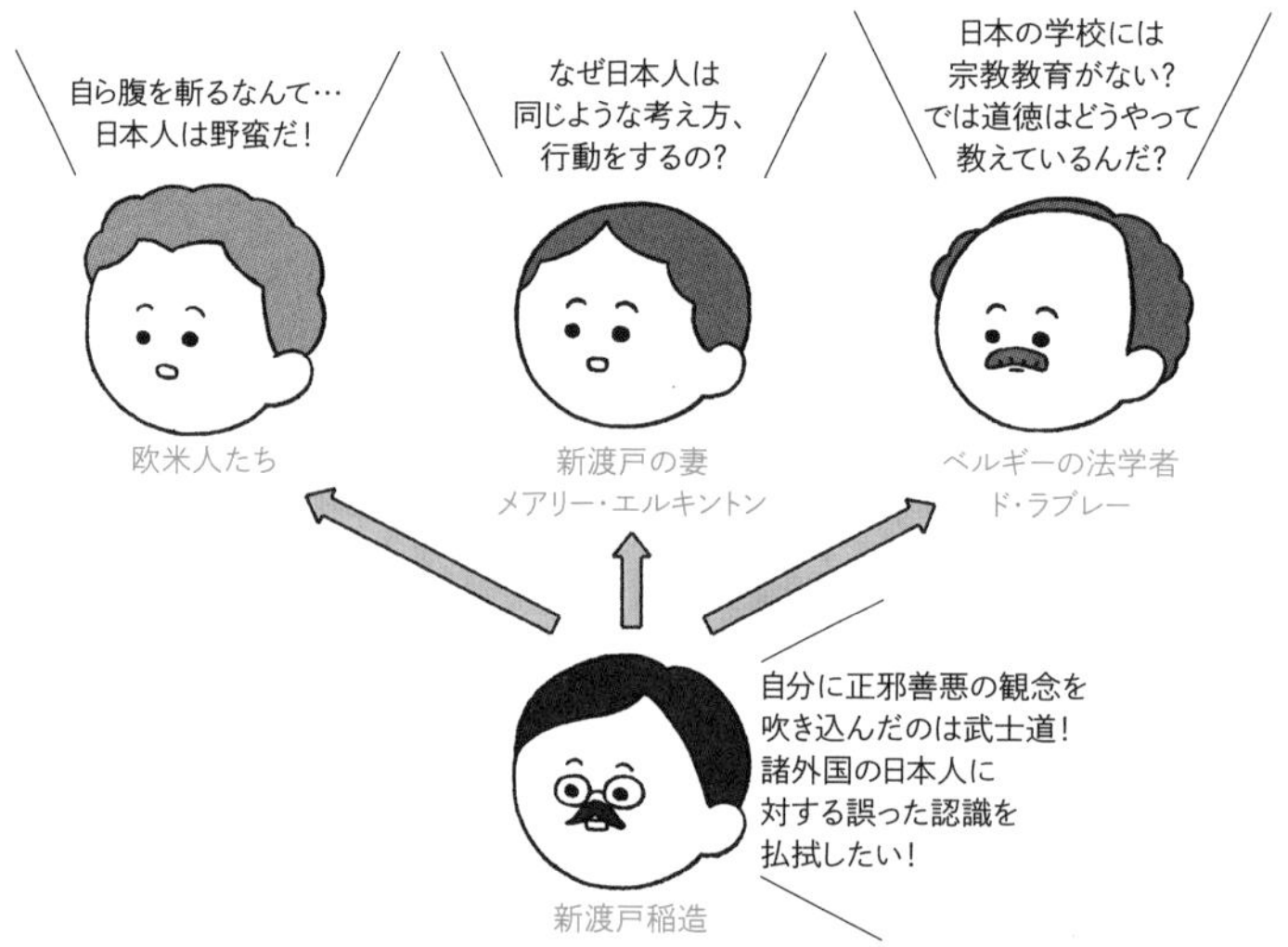
自ら腹を斬るなんて…
日本人は野蛮だ！
なぜ日本人は
同じような考え方、
行動をするの？
日本の学校には
宗教教育がない？
では道徳はどうやって
教えているんだ？
欧米人たち
新渡戸の妻
メアリー・エルキントン
ベルギーの法学者
ド・ラブレー
自分に正邪善悪の観念を
吹き込んだのは武士道！
諸外国の日本人に
対する誤った認識を
払拭したい！
新渡戸稲造

『武士道』の目次

『武士道』は全17章からなる。武士道について解説した書というよりも、日本文化論の嚆矢《こうし》と呼べるような内容となっている点に特徴がある。

Preface (序)

Chapter1（第1章）
Bushido as an Ethical System（道徳体系としての武士道）

Chapter2（第2章）
Sources of Bushido（武士道の源泉）

> 武士道の源泉がどこにあるのかを解説。

Chapter3（第3章）
Rectitude or Justice（義—あるいは正義について）

Chapter4（第4章）
Courage, the Spirit of Daring and Bearing（勇気—勇敢と忍耐の精神）

Chapter5（第5章）
Benevolence, the Feeling of Distress（仁—惻隠の心）

Chapter6（第6章）
Politeness（礼）

Chapter7（第7章）
Veracity or Truthfulness（信と誠）

Chapter8（第8章）
Honor（名誉）

Chapter9（第9章）
The Duty of Loyalty（忠義）

> 武士が身につけるべき徳目について紹介。

Chapter10（第10章）
Education and Training of a Samurai（武士の教育）

Chapter11（第11章）
Self-Control（克己）

> 日本人の感情が読み取りにくいのは感情をコントロールする自己鍛錬を積んでいるからと説明。

Chapter12（第12章）
The Institutions of Suicide and Redress（切腹と敵討の制度）

> 武士の切腹、敵討は名誉を重んじる心や強い正義感の現われであるとして従来の日本人観を是正。

Chapter13（第13章）
The Sword, the Soul of the Samurai（刀—武士の魂）

Chapter14（第14章）
The Training and Position of Woman（女性の教育と地位）

Chapter15（第15章）
The Influence of Bushido（武士道の影響）

> 武士道は民衆の間にも「大和魂」として浸透していると紹介。

Chapter16（第16章）
Is Bushido Still Alive ?（武士道はまだ生きているか）

Chapter17（第17章）
The Future of Bushido（武士道の未来）

日本はどうして韓国を併合した？

●朝鮮を対ロシアの防波堤としたかった

日清戦争後、清から独立した朝鮮では親露政権が樹立します。明治三〇年（一八九七）には、国号が「大《だい》韓帝国《かんていこく》」と改められました。
当時の日本にとって、朝鮮半島はロシアの侵攻に対する国防の生命線でした。韓国からロシアの影響力を排除したい日本は軍事支配を強行。日露戦争開戦直後には日韓議定書《にっかんぎていしょ》を締結し、日本への協力を誓わせました。さらに第一次・第二次・第三次日韓協約を通じて韓国の行政、司法、警察権のすべてを掌握。統監府《とうかんふ》を置いて韓国を保護国とします（初代統監は伊藤博文）。

日本の横暴なふるまいに対し、韓国内では義兵運動と呼ばれる反日武装闘争があいついで勃発しました。

そうした状況下の明治四二年（一九〇九）、伊藤博文がハルビン駅で民族主義者・安重根《あんじゅうこん》《アンジュングン》に暗殺されてしまいます。このテロ事件を受け、日本は韓国併合を断行。名称を「朝鮮」に改めるとともに、京城《けいじょう》（現・ソウル）に天皇直属の総督府を置き、完全に日本の勢力下に置きました。

【日本が韓国を併合するまでの流れ】

日露戦争を契機として日本の朝鮮半島進出は本格化し、徐々に実権を掌握していく。大韓帝国の皇帝・高宗は第2回万国平和会議が開催されていたオランダ・ハーグに密使を送り、日本支配の不当性を訴えたが（ハーグ密使事件）、すでに日本はアメリカ、イギリス、ロシアに日本の韓国への権益を認めさせていたため、高宗の訴えは取り上げられなかった。そして明治43年（1910）、ついに韓国を併合した。

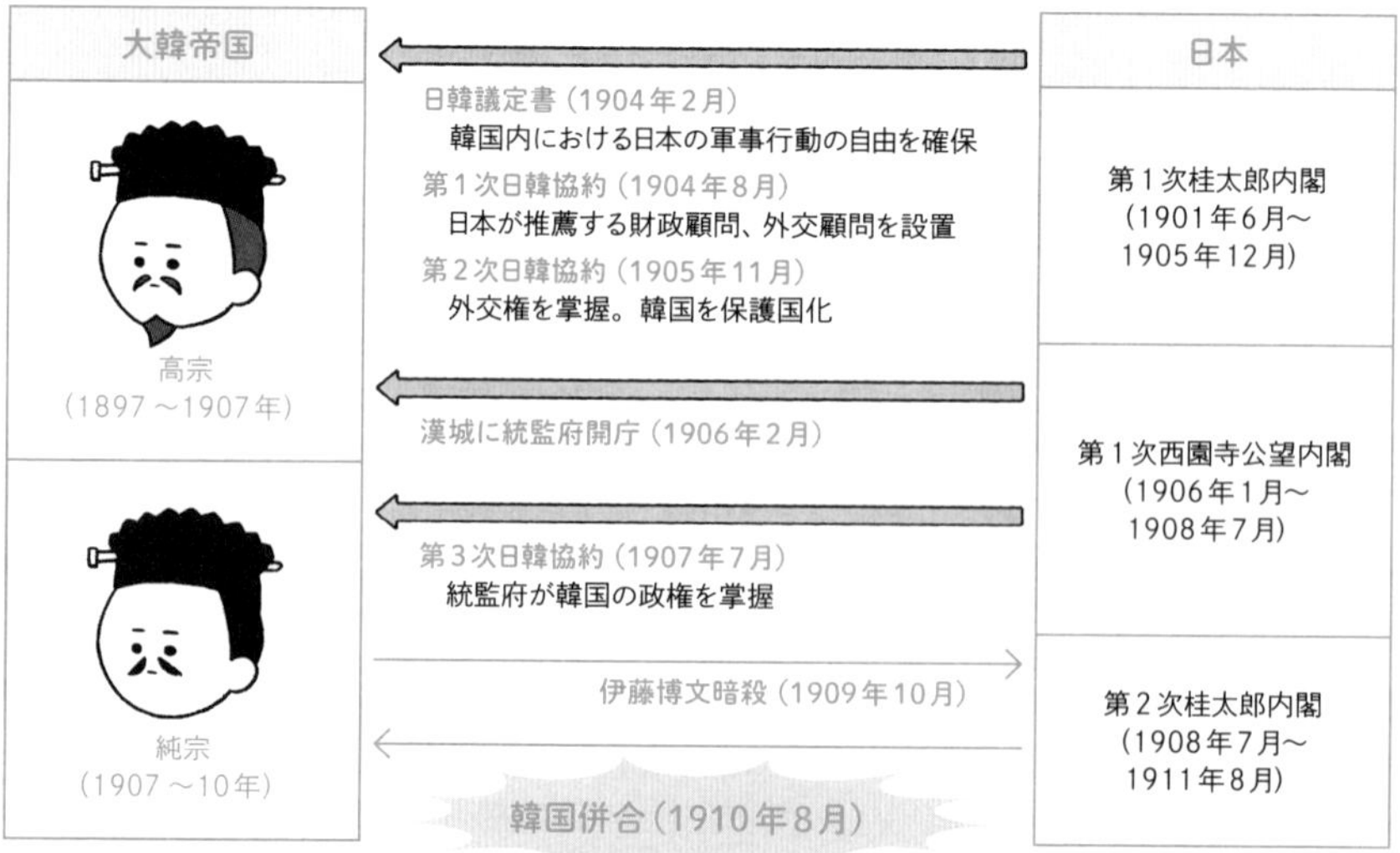

大韓帝国
日本
日韓議定書（1904年2月）
韓国内における日本の軍事行動の自由を確保
第1次日韓協約（1904年8月）
日本が推薦する財政顧問、外交顧問を設置
第2次日韓協約（1905年11月）
外交権を掌握。韓国を保護国化
第1次桂太郎内閣（1901年6月～1905年12月）
高宗（1897～1907年）
漢城に統監府開庁（1906年2月）
第1次西園寺公望内閣（1906年1月～1908年7月）
第3次日韓協約（1907年7月）
統監府が韓国の政権を掌握
伊藤博文暗殺（1909年10月）
第2次桂太郎内閣（1908年7月～1911年8月）
純宗（1907～10年）
韓国併合（1910年8月）

豆知識　明治28年（1895）、朝鮮公使・三浦梧楼（みうらごろう）らは大院君（テウォングン）を擁立して、親露反日政策をとった朝鮮の王妃・閔妃（ミンピ）を殺害。親日政権を樹立した。

【日本の韓国統治】

韓国併合後、日本はそれまで置いていた統監府にかわって朝鮮総督府を設置した。朝鮮総督は天皇に直属し、立法、司法、行政における絶大な権限を掌握。韓国の植民地化を進めた。

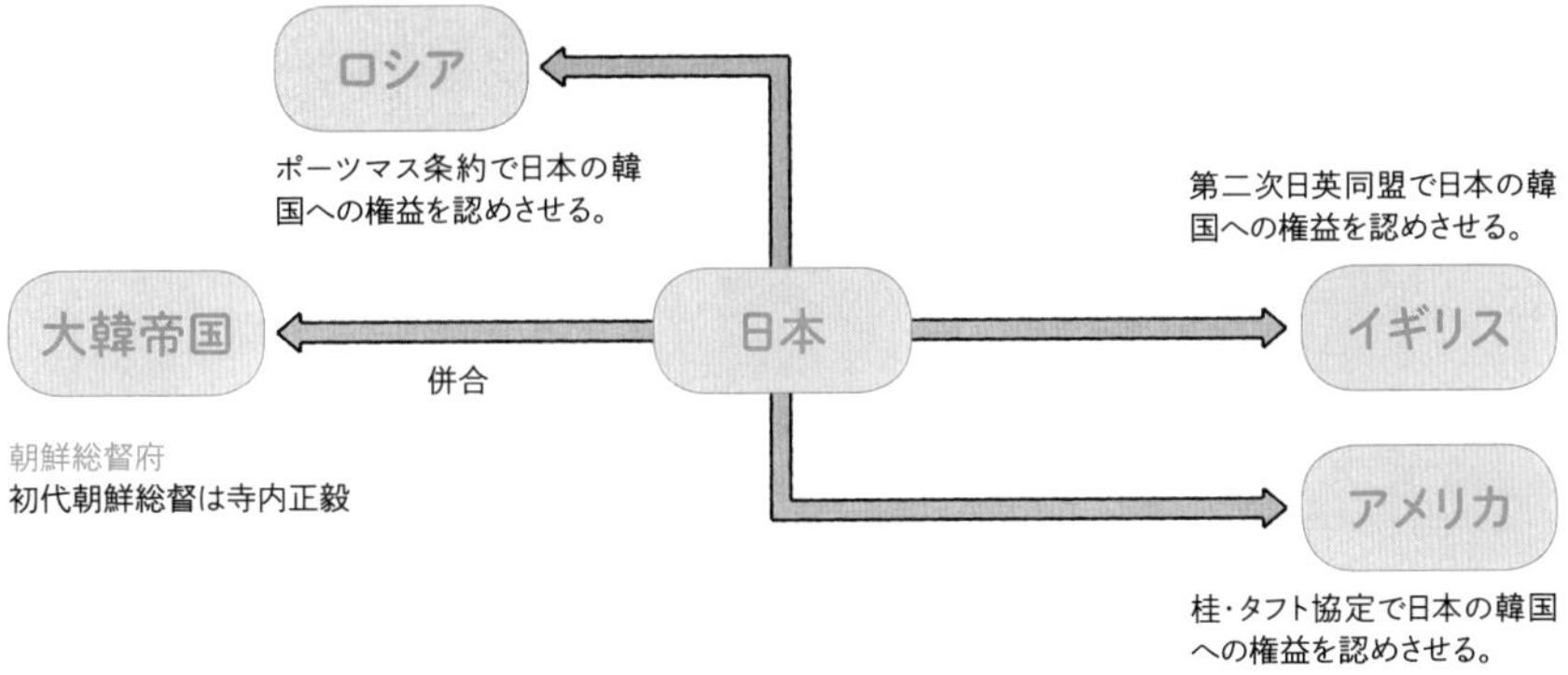

【朝鮮に日本人地主が増加】

朝鮮総督府は韓国の支配にあたって土地調査事業を開始。所有者がはっきりしない土地や国有地はすべて日本人の地主に払い下げられた。

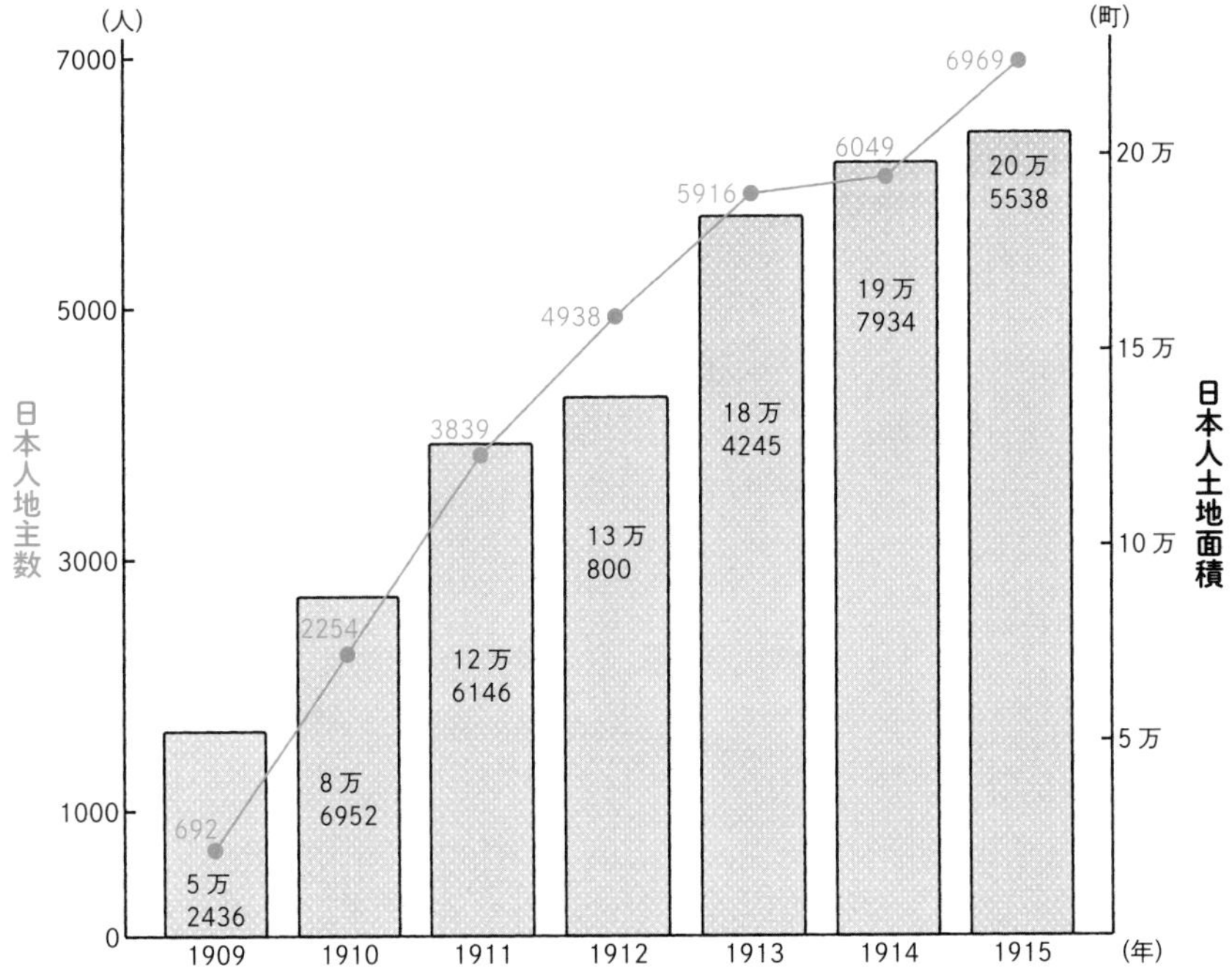

豆知識 明治28年（1895）の閔妃暗殺事件後、再びクーデターが起こって大院君は失脚。実権を掌握した国王の高宗（コジョン）はロシアを後ろ盾として政務を行なった。

大正時代

第一次世界大戦になぜ日本は参戦した？

●東アジアの権益拡大をはかった

大正三年（一九一四）六月二八日、ボスニアの首都サライエヴォでオーストリアの皇太子夫妻がセルビア人の青年に暗殺されるという事件が勃発しました。これを受けてオーストリアはセルビアに宣戦布告。ドイツ、オスマン帝国などはオーストリア側に（同盟国）、ロシア、フランス、イギリス、日本などはセルビア側として参戦（連合国）します。

こうして戦いは世界規模へと発展し、「第一次世界大戦」が勃発しました。

このとき日本が参戦した理由として、イギリスと同盟を締結していたことが挙げられます。当時、ドイツが中国の青島《チンタオ》や南洋諸島などを植民地としていたことから、イギリスは東シナ海におけるドイツ軍艦の撃墜を日本に求めたわけです。

しかし日本は、これを領土拡大の好機だと捉えます。そこでドイツに宣戦布告。青島や南洋諸島を占領するとともに、中華民国《ちゅうかみんこく》に二十一ヵ条の要求を突きつけてドイツ権益の継承を認めさせたのでした。

【第一次世界大戦前の世界情勢】

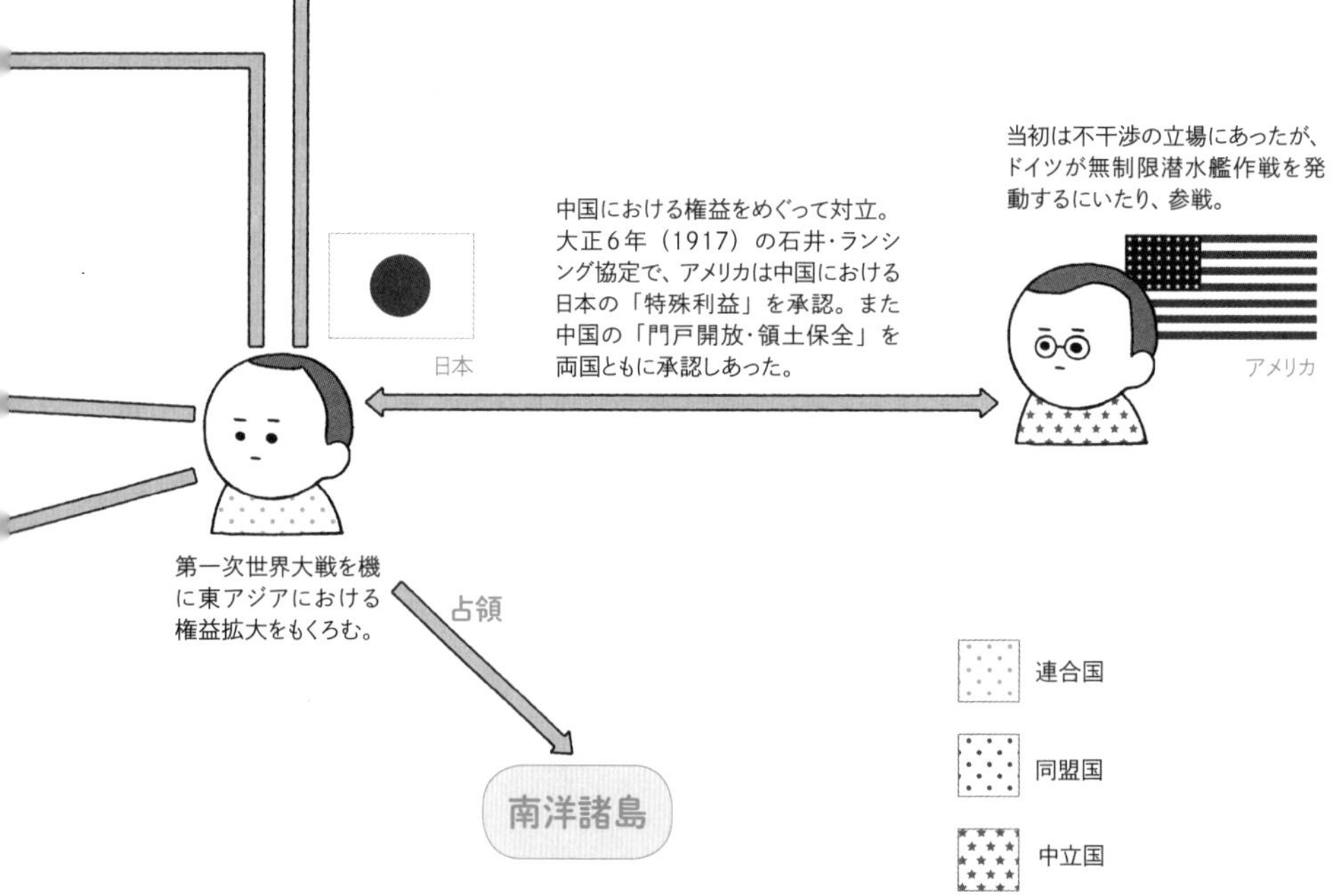
当初は不干渉の立場にあったが、ドイツが無制限潜水艦作戦を発動するにいたり、参戦。
中国における権益をめぐって対立。大正6年（1917）の石井・ランシング協定で、アメリカは中国における日本の「特殊利益」を承認。また中国の「門戸開放・領土保全」を両国ともに承認しあった。
日本
アメリカ
第一次世界大戦を機に東アジアにおける権益拡大をもくろむ。
占領
南洋諸島
連合国
同盟国
中立国

豆知識　当時、アメリカはイギリスやフランスなどに武器を販売していた。代金はドイツからの賠償金で支払われる約束だったため、アメリカとしては連合国に勝利してもらう必要があった。

【第一次世界大戦中に日本はなにをした?】

日英同盟を口実として参戦した日本は東・東南アジアにおけるドイツ領を次々と占領。また、中国での利権を拡大しようともくろんだ。

年	月	世界の動向	日本の動向
1914	6	サライェヴォ事件	第2次大隈重信内閣（1914年4月～16年10月）
	7	第一次世界大戦勃発	
	8		ドイツに宣戦布告
	10		ドイツ領南洋諸島占領
	11		ドイツ領青島占領
1915	1		中国に二十一ヵ条の要求
1916	7		第4次日露協約
	10		寺内正毅内閣（1916年10月～18年9月）
1917	2	ドイツが無制限潜水艦作戦宣言	海軍、地中海へ出動
	3	ロシア二月革命	
	4	アメリカがドイツに宣戦布告	
	11	ロシア十月革命	アメリカと石井・ランシング協定締結
1918	3	ソヴィエト政権がドイツと講和	
	11	ドイツ革命。ドイツ、休戦協定に調印	原敬内閣（1918年9月～21年11月）
		第一次世界大戦終結	

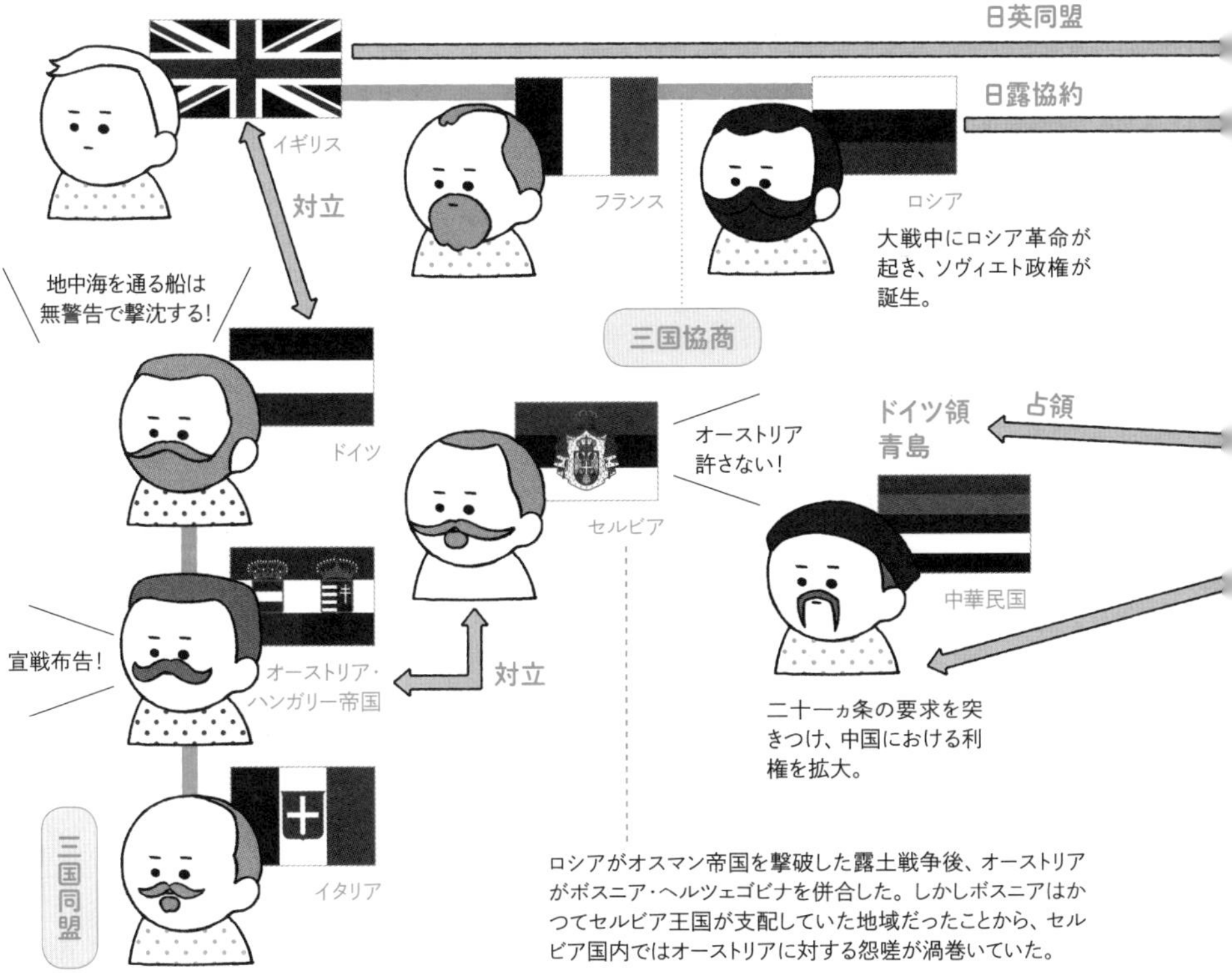

日英同盟
日露協約
イギリス
フランス
ロシア
対立
大戦中にロシア革命が起き、ソヴィエト政権が誕生。
地中海を通る船は無警告で撃沈する!
三国協商
ドイツ
ドイツ領青島
占領
セルビア
オーストリア許さない!
中華民国
宣戦布告!
オーストリア・ハンガリー帝国
対立
二十一ヵ条の要求を突きつけ、中国における利権を拡大。
三国同盟
イタリア
ロシアがオスマン帝国を撃破した露土戦争後、オーストリアがボスニア・ヘルツェゴビナを併合した。しかしボスニアはかつてセルビア王国が支配していた地域だったことから、セルビア国内ではオーストリアに対する怨嗟が渦巻いていた。

豆知識 第一次世界大戦では飛行機や戦車、毒ガスなどの新兵器が登場し、各国とも多くの死傷者を出した。

大正時代

大正デモクラシーってどういうもの？

●目指せ！　普通選挙制

第一次世界大戦の最中、日本では民主主義の実現を求める民衆による運動が起きました。これを大正デモクラシーといいます。この社会運動の最大の目的は、普通選挙制度の実施にありました。当時はまだ一定の税金を納めた人だけにしか参政権が与えられていなかったためです（制限選挙）。

大正一三年（一九二四）、貴族院勢力を中心に清浦奎《きょうらけい》吾《ご》内閣が組閣されると、立憲政友会《りっけんせいゆうかい》、憲政会《けんせいかい》、革新倶《かくしんく》楽部《らぶ》はこれを「特権階級による超然内閣である」として批判。護憲三派《ごけんさんぱ》を結成して普通選挙制を求める運動を展開しました（第二次護憲運動）。五月に行なわれた総選挙では世論の支持を受けた護憲三派が大勝し、第一党となった憲政会総裁・加藤高明《かとうたかあき》が内閣を組織。そして翌年、ついに普通選挙法案が可決されることになりました。これにより、満二五歳以上のすべての男性に衆議院議員の選挙権が与えられることになり、日露戦争前には一〇〇万人未満だった有権者数が一二〇〇万人を超えることになったのでした。

【大正政変の勃発】

大正元年（1912）12月に第3次内閣を組閣した桂太郎だったが、第1次護憲運動が起こって民衆運動が活発化したため、わずか53日での総辞職を余儀なくされた（大正政変）。

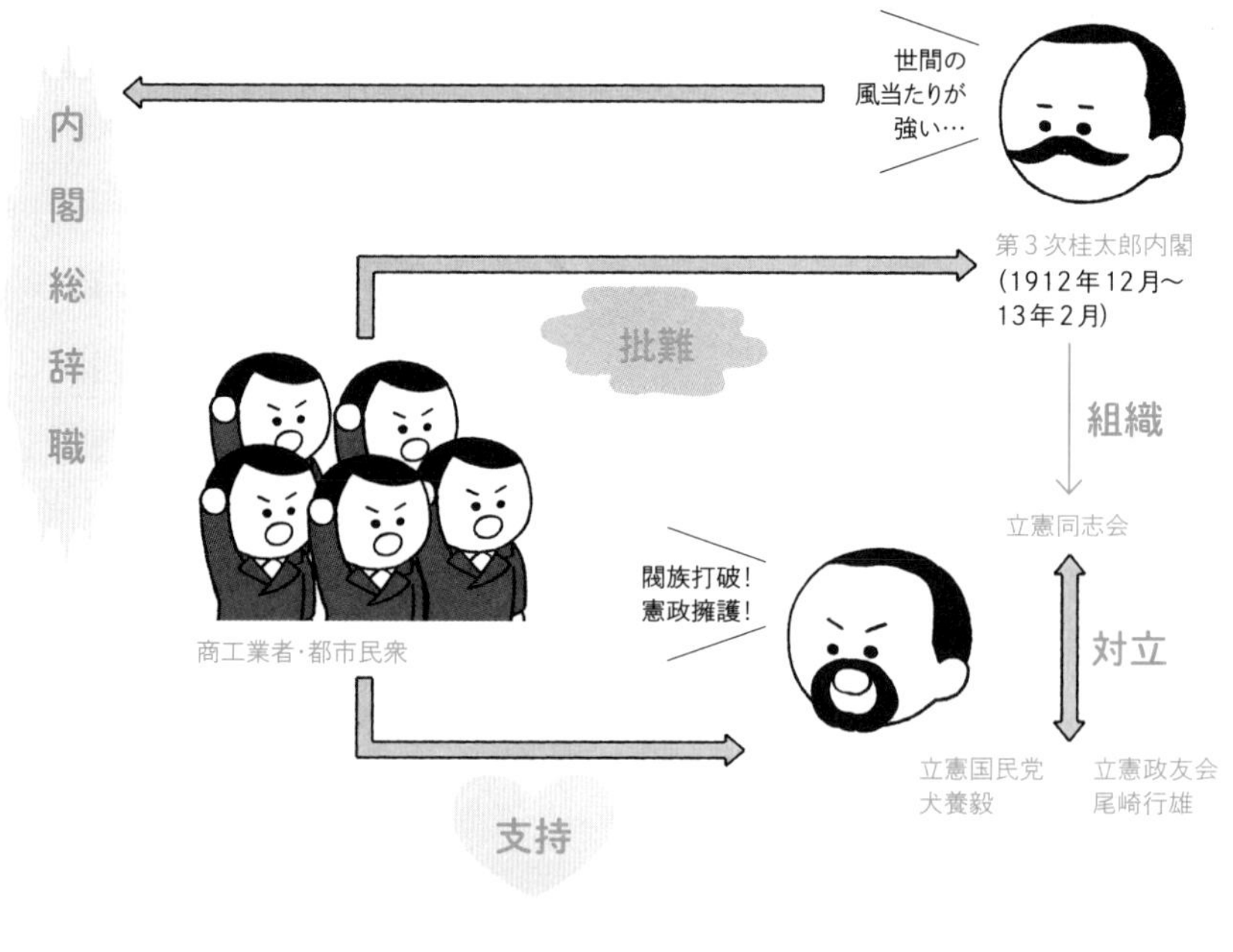

内閣総辞職
世間の風当たりが強い…
第3次桂太郎内閣
(1912年12月〜13年2月)
批難
組織
立憲同志会
閥族打破！
憲政擁護！
商工業者・都市民衆
対立
立憲国民党
犬養毅
立憲政友会
尾崎行雄
支持

豆知識　大正14年（1925）に可決された普通選挙法ではまだ女性の参政権は認められなかった。女性に参政権が与えられるのは、戦後の昭和20年（1945）12月のことである。

【大正デモクラシーの基盤となった「天皇機関説」と「民本主義」】

第一次世界大戦の最中、民主主義への改革を求めた民衆による運動が勃発（大正デモクラシー）。その思想的基盤は、美《み》濃《の》部《べ》達吉《たつきち》の「天皇機関説」と吉《よし》野《の》作造《さくぞう》の「民本主義」だった。天皇を主権とする大日本帝国憲法のもと、議会制度を通じて国民の政治への参画を主張したところに特徴がある。

天皇機関説（美濃部達吉）

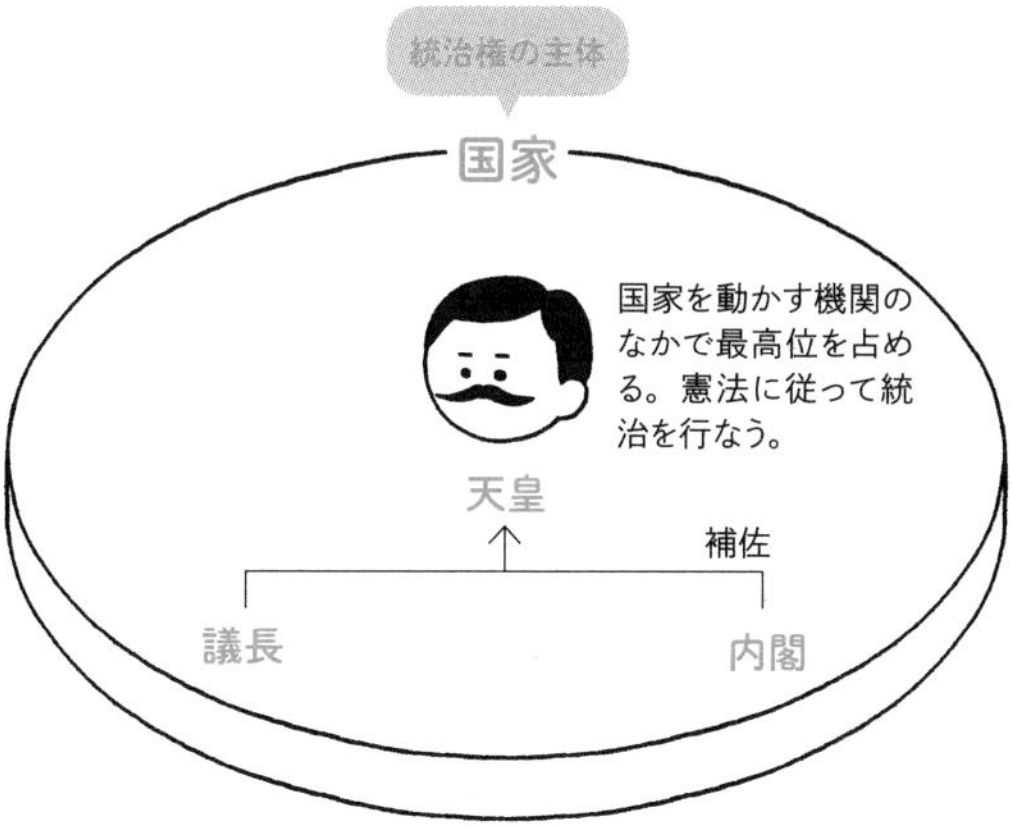
統治権の主体
国家
国家を動かす機関のなかで最高位を占める。憲法に従って統治を行なう。
天皇
補佐
議長
内閣

美濃部達吉は、法人としての国家が主権者であり、天皇は内閣や議会など国家を構成する諸機関のひとつで、最高機関であるとする天皇機関説を提唱。天皇主権説（天皇は国家の主権・統治権を所有。国家を超越した天皇の命令は絶対）を唱えた上杉慎吉らと対立したが、当時の学界、政界は美濃部説を支持した。

民本主義（吉野作造）

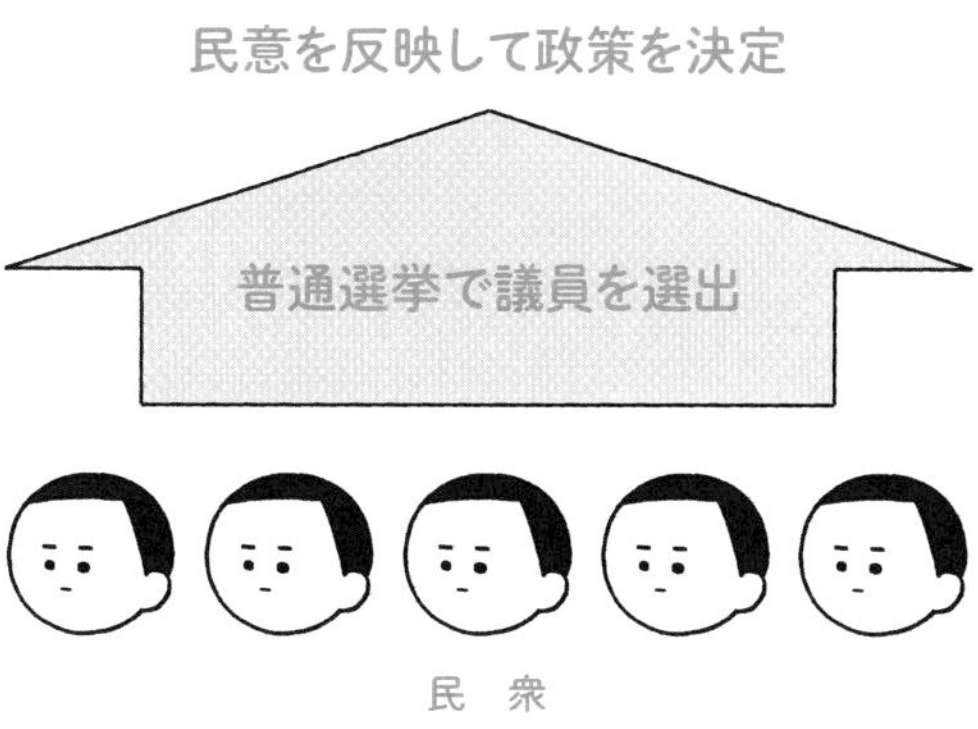
民意を反映して政策を決定
普通選挙で議員を選出
民衆

吉野作造は、政治の目的は民衆の福利にあると主張。有力者の話し合いで政策が決定する閥族政治や、民衆の意見が反映されない議会政治は、非合理的で非立憲的であるとして批判。民衆本位の政治を行なうべきであると唱え、政党内閣制と普通選挙制の実現を求めた。

豆知識　大正時代には、平塚らいてうらによる女性の地位向上を目指す運動や、労働者が地位向上を目指す労働争議などが起こった。

昭和時代

日本はなぜ満洲国を承認した？

●輸出市場・資源供給地を確保するため

一九二〇年代、中華民国では民族解放運動が広がり、蔣介石《しょうかいせき》率いる国民政府のもと、中国全土が統一されました。そうした状況下の昭和六年（一九三一）、関東軍が柳条湖《りゅうじょうこ》事件を引き起こします。満洲全土を支配下に置き、満洲を中国の主権から切り離すのがその目的でした（満洲事変）。当時の若槻礼次郎《わかつきれいじろう》内閣は不拡大方針を発表しましたが、関東軍はこれを無視して戦線を拡大。昭和七年（一九三二）には清朝最後の皇帝である溥儀《ふぎ》を執政《しっせい》として担ぎ出し、満洲国の建国を宣言させました。

当初、政府はこれに反対の立場を取ります。ですが、大正末期から昭和初期にかけて日本経済が不況に陥るなか、国内市場が狭いうえに国際競争力が弱かった日本において、満洲は輸出市場・資源供給地として重要な位置を占めていました。対ソ戦略で有利な態勢を構築するためにも欠かすことはできません。そうした諸々の理由が重なり、日本は日満議定書を締結して満洲国の樹立を追認しました。

【満洲事変時の東アジア情勢】

蔣介石の国民政府が中国統一を進めるなか、関東州に駐屯していた関東軍は満蒙の権益確保をもくろんで暴走。昭和6年（1931）9月には、南満洲鉄道を爆破し（柳条湖事件）、責任を中国に押しつけて満洲に権益を拡大した。

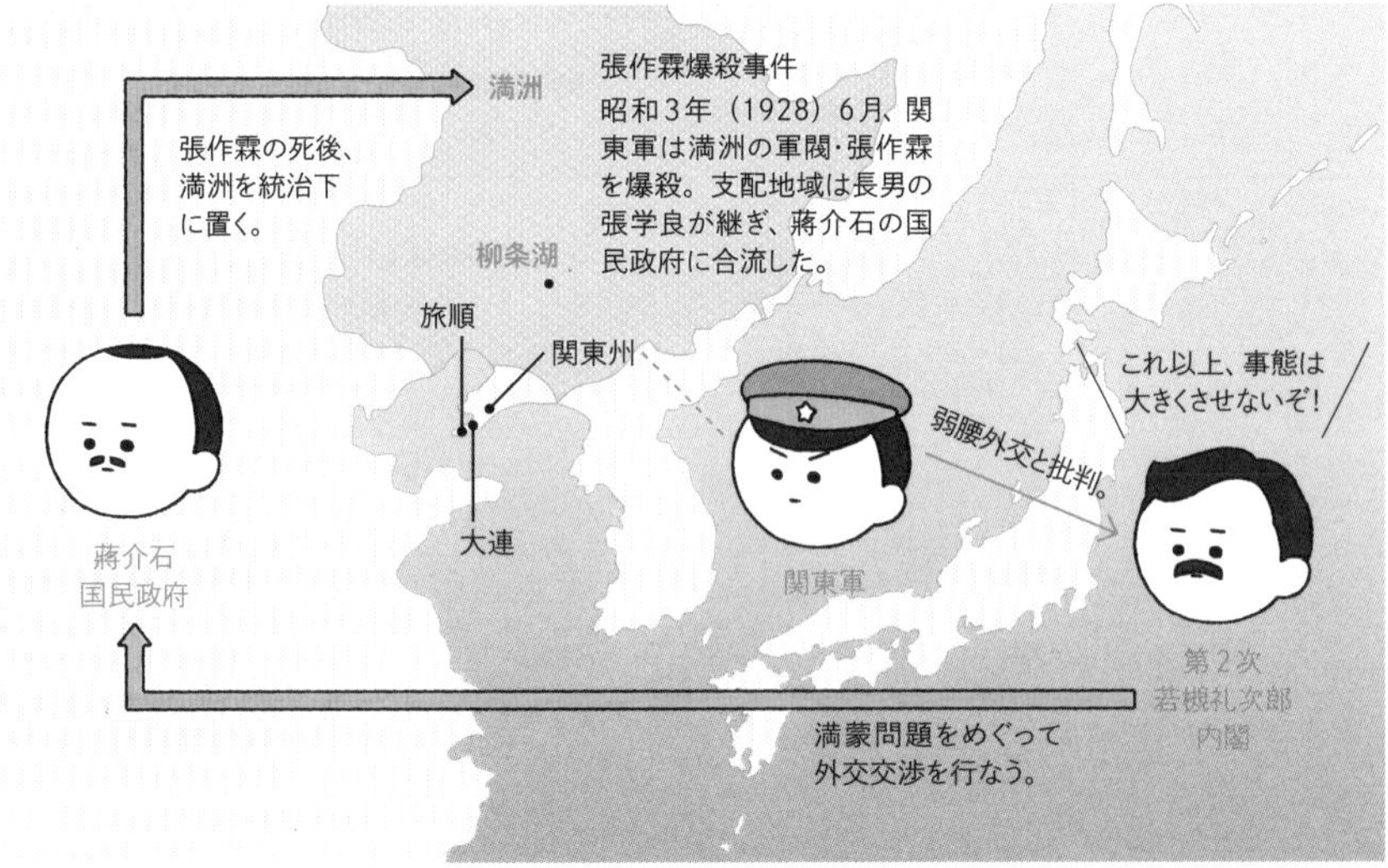

満洲
張作霖爆殺事件
昭和3年（1928）6月、関東軍は満洲の軍閥・張作霖を爆殺。支配地域は長男の張学良が継ぎ、蔣介石の国民政府に合流した。
張作霖の死後、満洲を統治下に置く。
柳条湖
旅順
関東州
大連
これ以上、事態は大きくさせないぞ！
弱腰外交と批判。
蔣介石
国民政府
関東軍
第2次
若槻礼次郎
内閣
満蒙問題をめぐって
外交交渉を行なう。

豆知識 当時、日本は満洲に対外予算の約7割を投資しており、「満洲は日本の生命線」とまで謳われていた。

【満洲国の建国】

東京株式市場の大暴落による戦後恐慌、関東大震災による震災恐慌、銀行の取りつけ騒ぎから起こった金融恐慌に加え、アメリカ・ニューヨークではじまった世界恐慌が日本に波及すると、日本経済は大打撃を受けて国民の生活は困窮した。そうしたなか、関東軍は独断で満洲国を建国。重要なポストには日本人をつけ、日本の傀儡政権とした。また、満洲国の樹立に反対していた犬養毅首相は、海軍青年将校らの手によって射殺された（五・一五事件）。

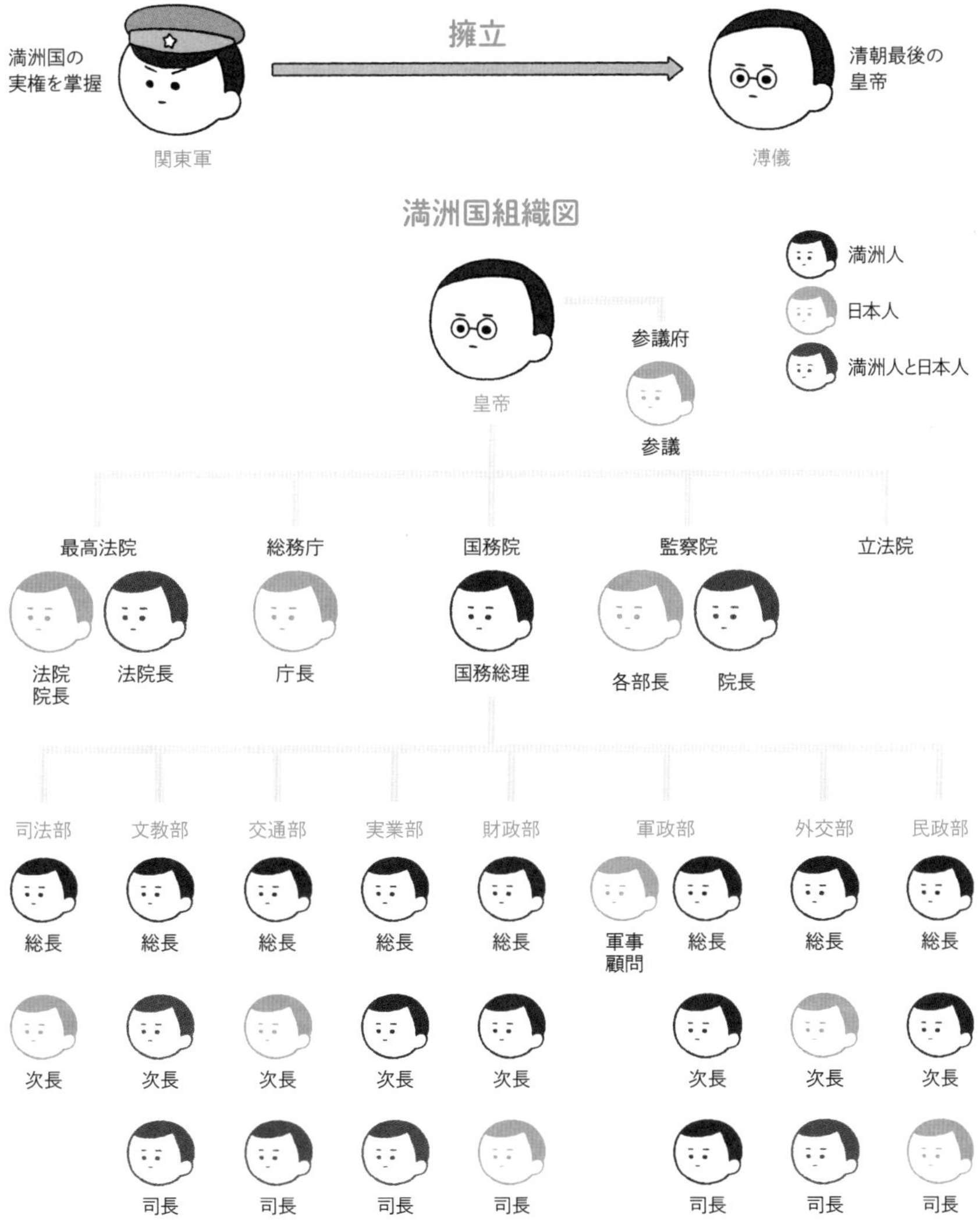

豆知識　国際連盟は日本の満洲国からの撤退を勧告したが、日本はこれを拒否。国際連盟から脱退すると、ファシズム（全体主義）国家であるドイツ、イタリアに接近した。

昭和時代

第二次世界大戦でなぜ日本は米国と戦った？

●開戦時期を延ばせば不利だと判断

昭和一二年（一九三七）、北京郊外の盧溝橋《ろこうきょう》で日本軍と中国軍が激突するという事件が勃発（盧溝橋事件）。これを機として日中《にっちゅう》戦争（日華事変《にっかじへん》）に突入しました。ヨーロッパではドイツがポーランドに侵攻して第二次世界大戦が開戦。日本は中国と戦いを続けながら、日《にち》独伊《どくい》三国同盟《さんごくどうめい》を締結して東南アジアへ侵攻するなど、戦線を拡大していきました。

いっぽう、軍需物資の大部分をアメリカからの輸入に頼っていた日本は日米開戦を回避するために交渉を続けていましたが、アメリカは在米日本資産の凍結や石油の全面禁輸を断行。日本に厳しい経済制裁を課すとともに、中国やフランス領インドシナからの完全撤退などを勧告します（ハル・ノート）。このとき日本は、いずれ戦うのであれば、勝ち目のあるうちに行動を起こすべきとして対米開戦を決議。昭和一六年（一九四一）一二月八日にハワイ・真珠湾《しんじゅわん》を攻撃してアメリカに宣戦布告しましたが、昭和二〇年（一九四五）八月一四日、ポツダム宣言を受諾して降伏しました。

【第二次世界大戦時の世界情勢】

昭和12年（1937）の盧溝橋事件の際、日本は中国に宣戦布告しなかった。それは宣戦を布告したらアメリカの中立法が発動し、石油などの軍需物資の輸入ができなくなるためだった。中国側も同様の理由で宣戦布告していないことから、日中戦争ではなく、日華事変とも呼ばれる。

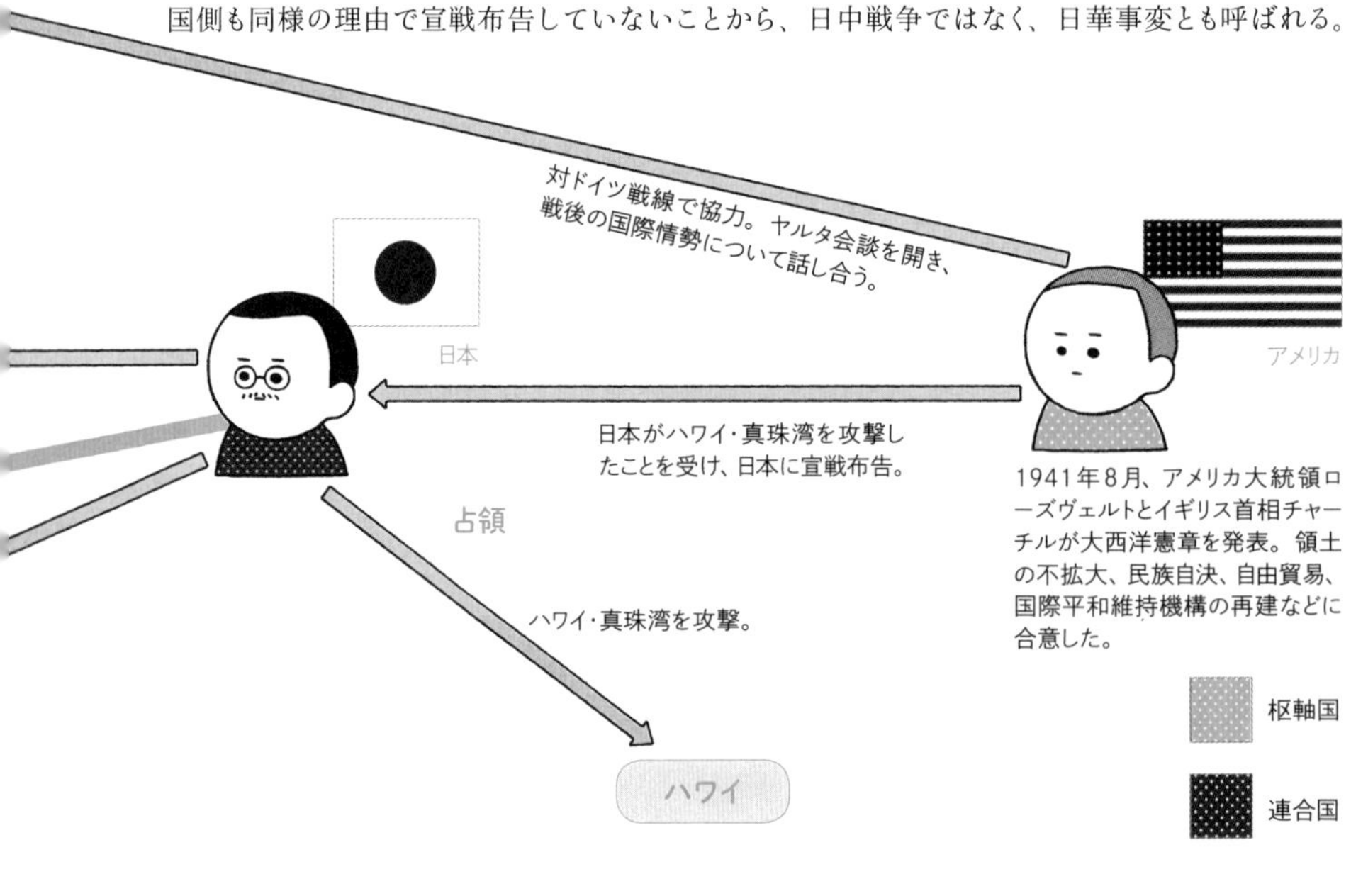

対ドイツ戦線で協力。ヤルタ会談を開き、戦後の国際情勢について話し合う。
日本
アメリカ
日本がハワイ・真珠湾を攻撃したことを受け、日本に宣戦布告。
占領
ハワイ・真珠湾を攻撃。
ハワイ
1941年8月、アメリカ大統領ローズヴェルトとイギリス首相チャーチルが大西洋憲章を発表。領土の不拡大、民族自決、自由貿易、国際平和維持機構の再建などに合意した。
枢軸国
連合国

豆知識 日本がアメリカの戦艦ミズーリ号上で降伏文書に調印したのは、昭和20年（1945）9月2日のこと。日本側の代表は外相・重光葵（しげみつまもる）と参謀総長・梅津美治郎（うめづよしじろう）。

【第二次世界大戦終戦までの流れ】

①同盟国の降伏

イタリア　1943年9月3日に降伏

ドイツ　1945年5月7日に降伏

②ポツダム宣言の通告

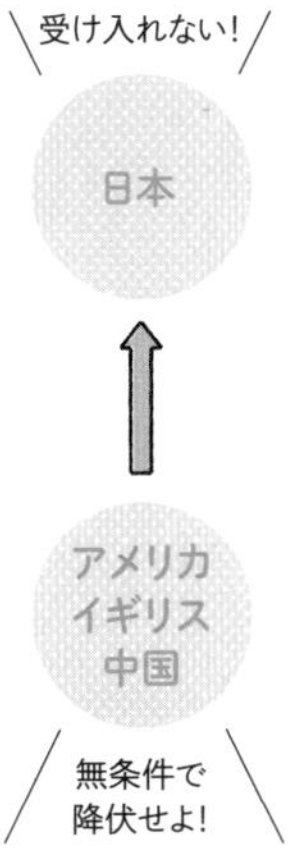
受け入れない!
日本
アメリカ
イギリス
中国
無条件で
降伏せよ!

③原子爆弾の投下

広島　10万人以上が死亡

長崎　7万人以上が死亡

④ポツダム宣言の受諾

昭和天皇
ラジオを通じて国
民に敗戦を告げる

東久邇宮
稔彦内閣
降伏文書に調印

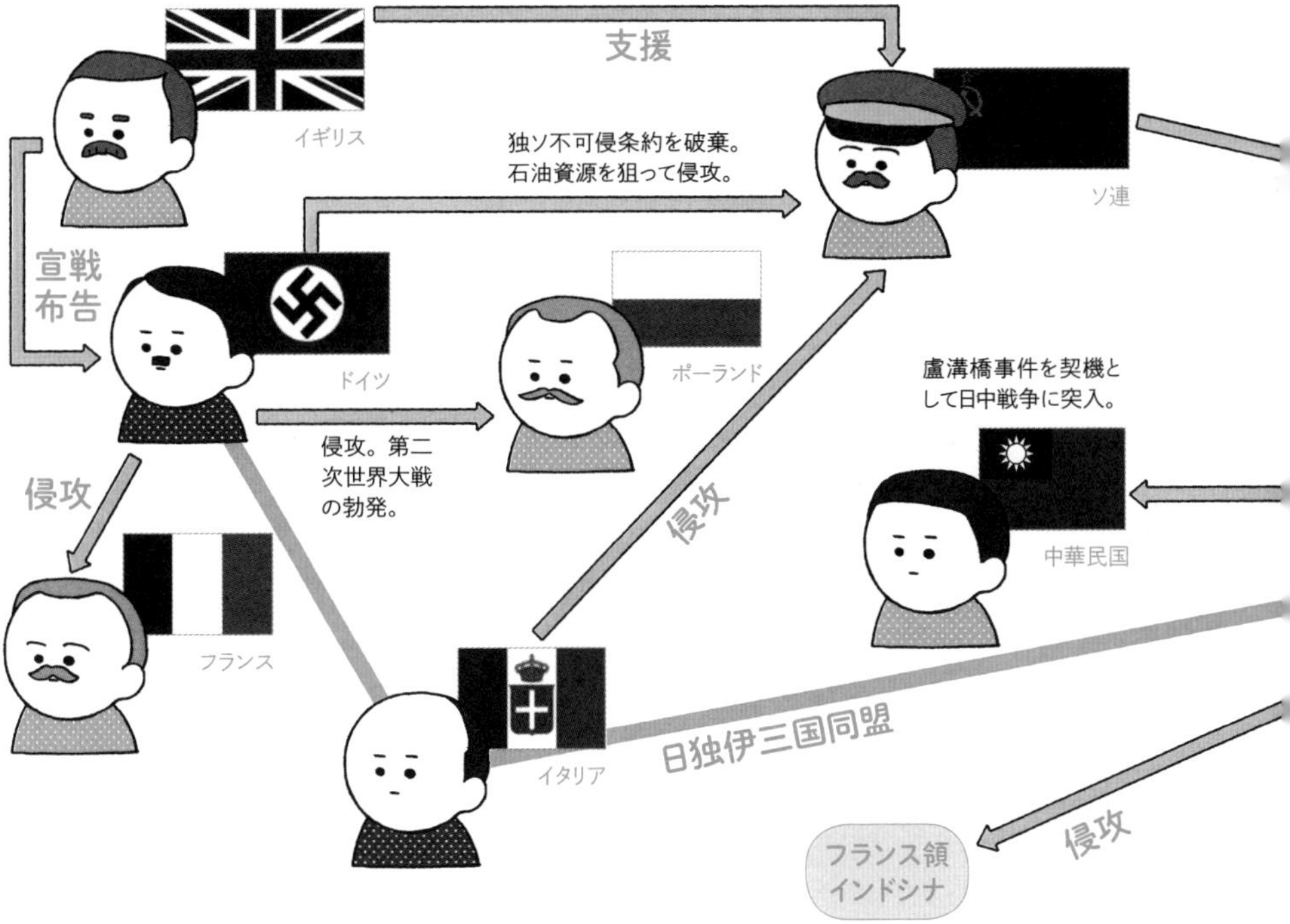
支援
イギリス
ソ連
独ソ不可侵条約を破棄。
石油資源を狙って侵攻。
宣戦
布告
ドイツ
ポーランド
侵攻。第二
次世界大戦
の勃発。
盧溝橋事件を契機と
して日中戦争に突入。
中華民国
侵攻
侵攻
フランス
イタリア
日独伊三国同盟
侵攻
フランス領
インドシナ

豆知識　1945年2月の米・英・ソのヤルタ会談により、ソ連の対日参戦と南樺太・千島列島がソ連領となることが決められた。これが現在の北方領土問題へとつながっていく。

第5章 現代

昭和
1926〜89年

1946年
日本国憲法公布
(施行は翌年)

1947年
労働基準法、独占禁止法、地方自治法公布

1949年
単一為替レート設定
(1ドル=360円)

1950年
朝鮮戦争勃発（〜 53年）
特需景気起こる

1964年
東京オリンピック開催

首都高速道路の整備

首都高速道路の整備にあたり、江戸期以来の水路は埋め立てられたが、船の往来が盛んだった日本橋川は川の上に高架式で建設された。

東海道新幹線の開業

昭和39年（1964）10月1日に開業。東京—新大阪間を4時間で結んだ。

マッカーサー草案

写真はGHQによる憲法草案を外務省が仮訳したもの。その後、修正案が盛り込まれて日本国憲法が成立した。

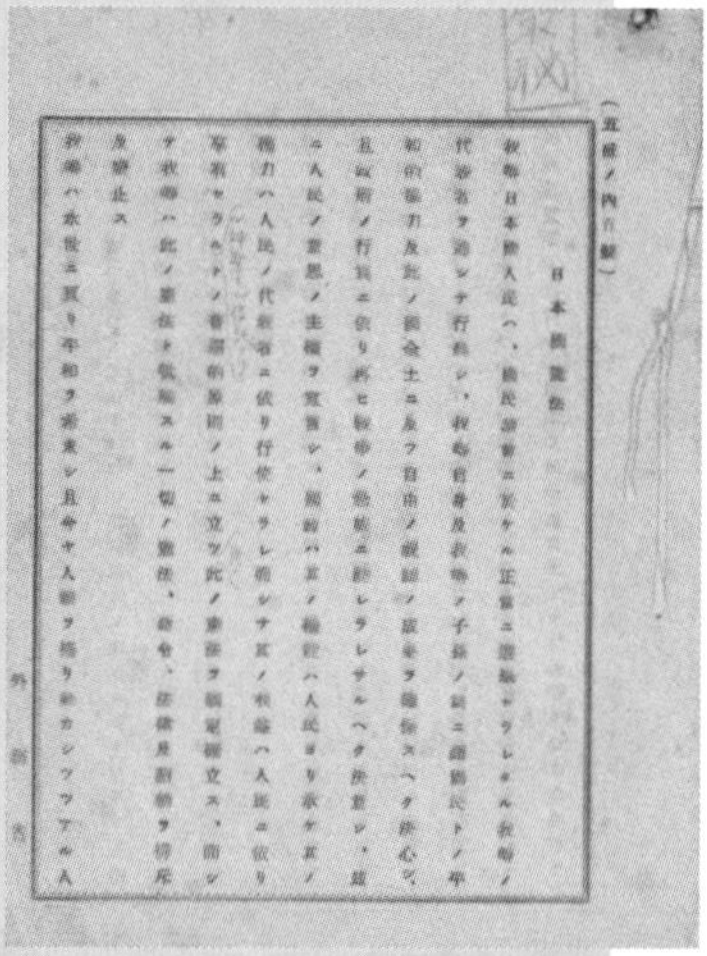

ゴッホ『ひまわり』

昭和62年（1987）、安田火災海上（現・損害保険ジャパン日本興亜）が約53億円でゴッホの『ひまわり』を落札した。

ロックフェラー・センター

平成元年（1989）10月31日、三菱地所がニューヨークのロックフェラー・センターを買収。しかしバブル崩壊で莫大な赤字を抱え、14棟中12棟を売却する結果に終わった。

東京大学安田講堂

昭和44年（1969）1月19日、東京大学安田講堂に立てこもる学生を機動隊が排除した。写真は現在の安田講堂。

1968年
全国115大学で紛争勃発（全共闘運動）

1986年
バブル経済に沸く

1987年
国鉄が分割民営化し、JRが発足

平成
1989～2019年

1991年
バブル経済崩壊

1993年
55年体制の崩壊

2009年
民主党政権が誕生

2012年
自民党・公明党が政権を奪還

2019年
陛下が退位して新天皇が即位

令和
2019年～

写真は国鉄時代の乗車券。

大日本帝国憲法と日本国憲法の違いは？

●「天皇主権」から「国民主権」へ

終戦後、日本は連合国軍の占領下に置かれました。東京にはアメリカ陸軍元帥《げんすい》マッカーサーを最高司令官とする連合国軍最高司令官総司令部（GHQ）が設置され、実質、アメリカを主導とする占領政策が実行されていきます。GHQの狙いは、日本の「牙」を抜くことにありました。そこで日本軍を解体するとともに、徹底した民主化政策を実行。それまでの大日本帝国憲法も否定し、日本政府に憲法の改正を要求しました。

こうして昭和二一年（一九四六）一一月に公布されたのが、日本国憲法です。これにより、主権は「天皇」から「国民」へ移行。日本は民主主義国家としての道を新たに歩むことになりました。

なお、このときマッカーサーは日本政府に対して「戦争の放棄」と「戦力の不保持」も要求しましたが、日本国内では「戦力を持たないで国が守れるのか」という議論が巻き起こり、憲法改正審議が行なわれました。その結果、第九条に「自衛のための戦力保持の可能性を残す一文」が加筆されることになったのでした。

【大日本帝国憲法と日本国憲法はどう違う？】

日本国憲法と大日本帝国憲法の最大の違いは、主権の対象が天皇から国民へ移行した点にある。

大日本帝国憲法		日本国憲法
神聖不可侵 すべてを統治  天皇	主権と天皇の役割	 国民＝主権　天皇＝象徴
・各国務大臣は天皇の輔弼者 ・天皇に対して責任を負う	内閣	・議院内閣制 ・国会に対して責任を負う
・天皇の協賛機関 ・貴族院と衆議院の二院制	国会	・国権の最高機関 ・衆議院と参議院の二院制
・制限選挙	選挙	・普通選挙
・天皇が陸・海軍を統帥 ・国民に兵役	軍隊	・戦争を放棄 ・戦力不保持
・法律の範囲内で保障	基本的人権	・永久の権利として保障
・天皇の名において実施	裁判	・司法権は裁判所に属する

豆知識　戦後日本の占領は、GHQの指令を受けた日本政府が統治を行なうという間接統治方式がとられた。

【日本国憲法制定までの流れ】

終戦後、日本政府はGHQの要請のもと新憲法の制定に着手。GHQから提示された草案をもとに修正を加え、日本国憲法を制定した。当時の吉田茂首相は非武装平和を説いたが、憲法改正小委員会委員長・芦田均の案により、「前項の目的（国際紛争の解決）を達するため、陸海空軍その他の戦力はこれを保持しない」とされた。

①GHQが大日本帝国憲法の改正を求める

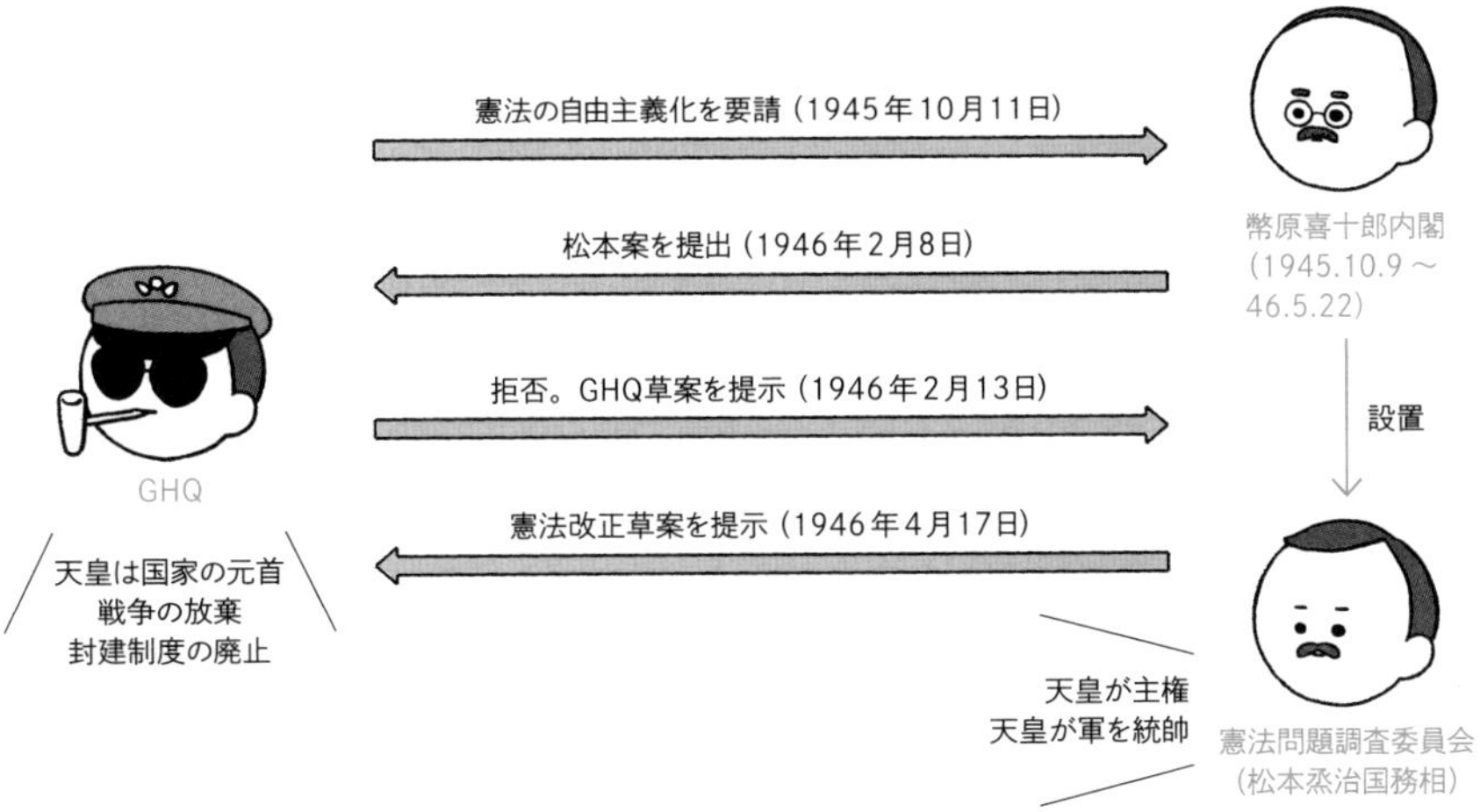
憲法の自由主義化を要請（1945年10月11日）
松本案を提出（1946年2月8日）
拒否。GHQ草案を提示（1946年2月13日）
憲法改正草案を提示（1946年4月17日）
GHQ
天皇は国家の元首
戦争の放棄
封建制度の廃止
幣原喜十郎内閣
（1945.10.9～
46.5.22）
設置
天皇が主権
天皇が軍を統帥
憲法問題調査委員会
（松本烝治国務相）

②第22回衆議院選挙により吉田茂内閣誕生（1946年5月22日）

③憲法改正草案を審議

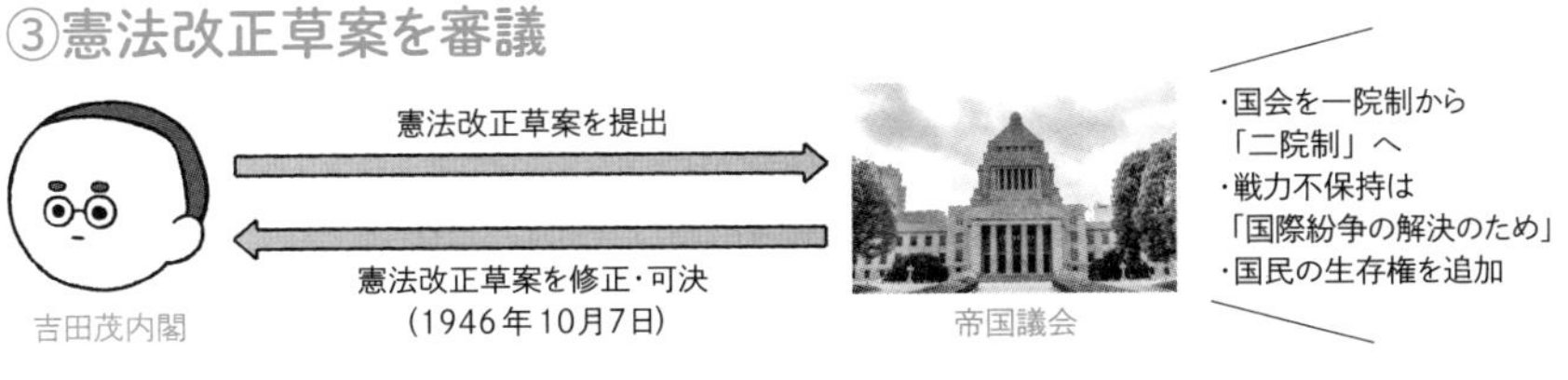
憲法改正草案を提出
憲法改正草案を修正・可決
（1946年10月7日）
吉田茂内閣
帝国議会
・国会を一院制から
「二院制」へ
・戦力不保持は
「国際紛争の解決のため」
・国民の生存権を追加

④日本国憲法公布（1946年11月3日）

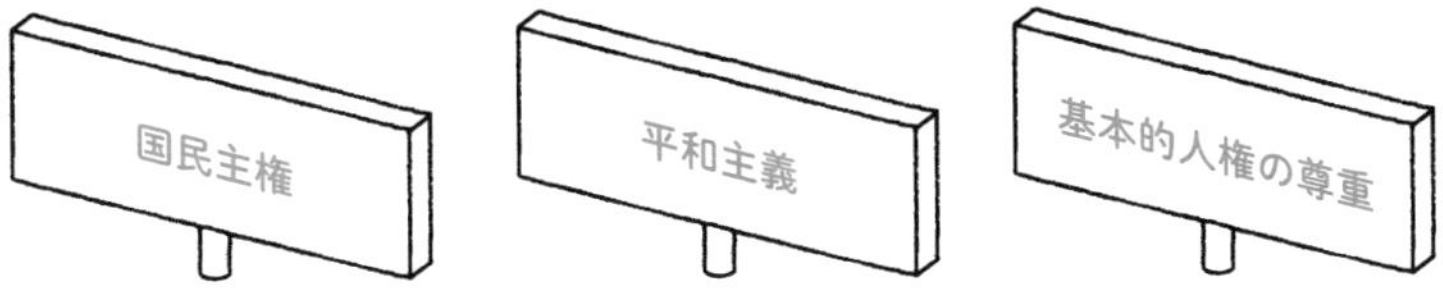
国民主権
平和主義
基本的人権の尊重

豆知識 日本国憲法の施行は、昭和22年（1947）5月3日。

昭和時代

なぜGHQは天皇制の維持に踏み切った？

●占領支配をスムーズに行なうため

日本の占領にあたり、当初、アメリカ政府は天皇制の廃止を掲げていました。天皇制こそが日本を軍国主義に導いた要因だと捉えたのです。

しかし、マッカーサーはこれに断固として反対します。終戦後、日本軍の武装解除や初期の占領政策が円滑に進んだのは天皇の影響力が大きいと判断したためでした。

昭和二〇年（一九四五）九月二七日、天皇と会談したマッカーサーは、以降、天皇を日本統治の協力者とする立場を表明。昭和二一年（一九四六）元日に天皇が「人《にん》間宣言《げんせんげん》」を行なって自らの神格性を否定した際はこれを歓迎し、天皇の戦争責任を問うべきではないとアメリカ政府に強く主張しました。

日本国憲法発布の際も、占領支配をスムーズに行なうべく、あくまでも天皇の名による旧憲法の改正であるという形式を取っています。こうして天皇は戦犯《せんぱん》として訴追されることなく、「象徴《しょうちょう》」として存続することになったのでした。

【東京裁判で裁かれたA級戦犯】

第二次世界大戦後、連合国は戦争犯罪人をA級、B級、C級と分類。A級戦犯は東京裁判（極東国際軍事裁判）で判決が下された。

A級戦犯
通例の戦争犯罪に加え、侵略戦争を計画・開始・遂行した者

B級戦犯
戦時国際法に違反した者

C級戦犯
一般人に対する殺りくや虐待などを行なった者

絞首刑（7名）

東条英機（陸軍大将。首相、陸軍参謀総長）、**広田弘毅**（首相、外相）、**松井石根**（陸軍大将。中支派遣軍司令官）、**土肥原賢二**（陸軍大将。陸軍航空総監）、**板垣征四郎**（陸軍大将。陸相）、**木村兵太郎**（陸軍大将。陸軍次官）、**武藤章**（陸軍中将。陸軍省軍務局長）

終身禁固（16名）

木戸幸一（内大臣）、**平沼騏一郎**（首相）、**賀屋興宣**（蔵相）、**嶋田繁太郎**（海軍大将。海相）、**白鳥敏夫**（駐伊大使）、**大島浩**（陸軍中将。駐独大使）、**荒木貞夫**（陸軍大将。陸相）、**星野直樹**（満洲国総務長官）、**小磯国昭**（陸軍大将。首相）、**畑俊六**（元帥）、**梅津美治郎**（陸軍参謀総長）、**南次郎**（陸軍大将。陸相）、**鈴木貞一**（企画院総裁）、**佐藤賢了**（陸軍中将。陸軍軍務局長）、**橋本欣五郎**（陸軍大佐）、**岡敬純**（海軍中将）

禁固20年

東郷茂徳（駐ソ・駐独大使、外相）

禁固7年

重光葵（駐ソ・駐英大使、外相）

※（　）内はおもな経歴

豆知識　マッカーサーは天皇との会談時の写真を日本国民に公開。正装の天皇とラフな格好のマッカーサーの姿は国民に衝撃を与えた。敗戦を実感させる目的があったという。

【昭和天皇とマッカーサーの会見】

昭和20年（1945）9月27日、昭和天皇はマッカーサーを訪問。すべての責任を負うとする昭和天皇に対し、マッカーサーは天皇の戦争責任の追及をやめ、占領統治が円滑に進むよう天皇制の存続を決定した。

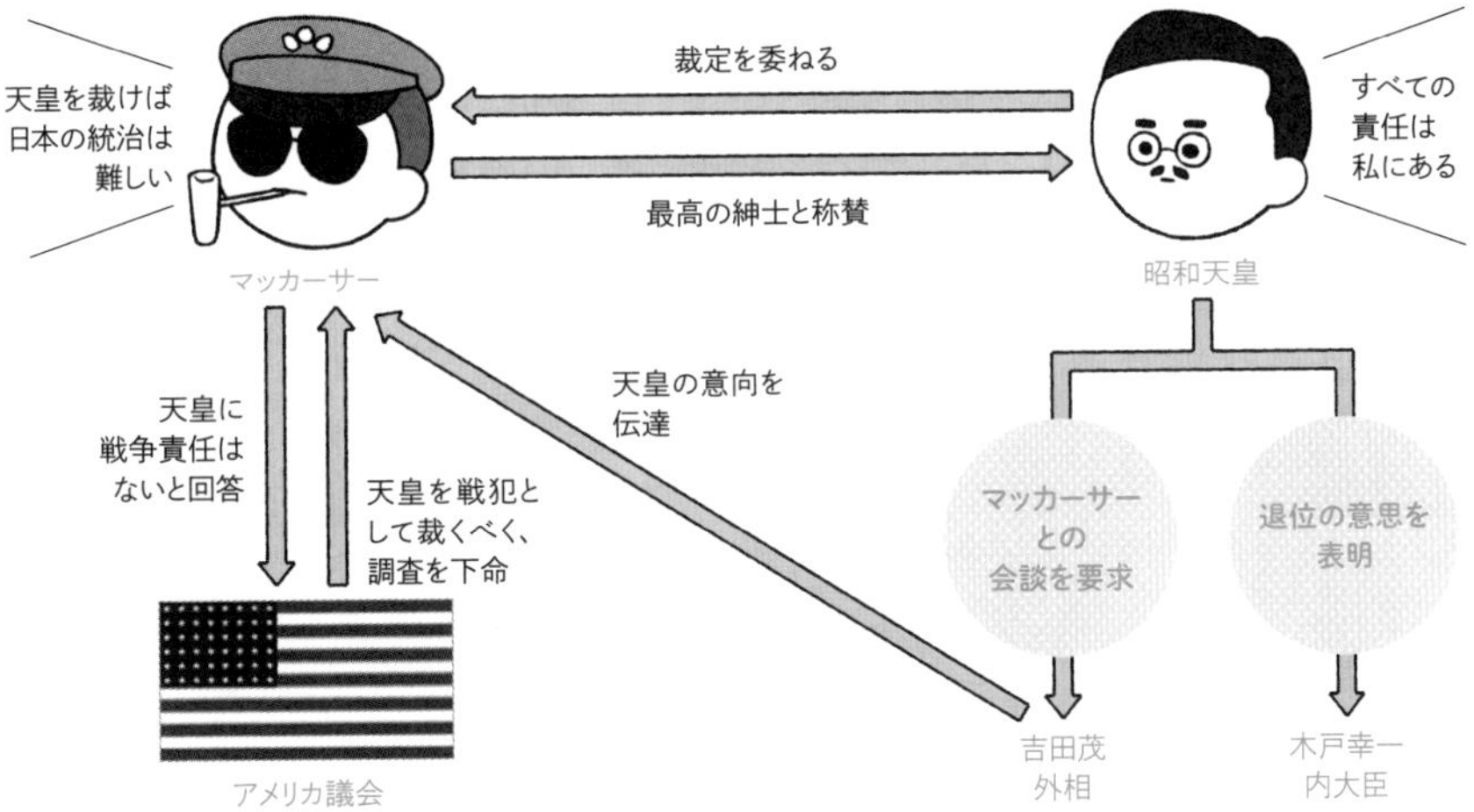

【連合国は日本をどう支配した?】

連合国は日本の支配にあたって極東委員会をワシントンに設置。そこで政策を決定し、GHQが日本政府に指令を出すという間接統治策をとったが、実質はアメリカが単独で占領政策を実行した。

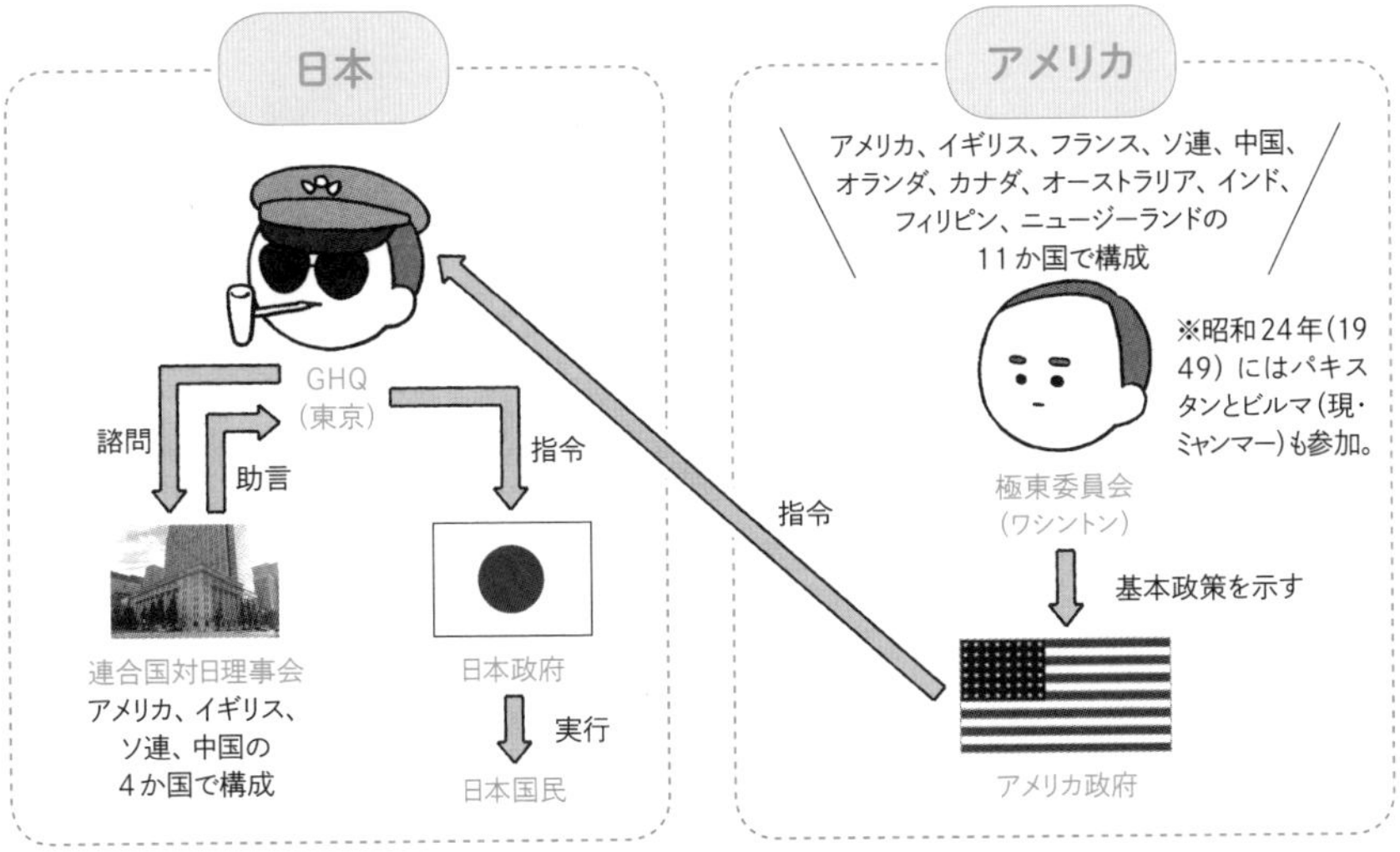

豆知識　昭和天皇は昭和21年（1946）2月から巡幸を開始。昭和29年（1954）8月までに、沖縄をのぞく全国各地をめぐった。

戦前の上流階級はなぜ戦後にいなくなった?

●GHQが軍国主義を徹底排除!

ＧＨＱの占領政策の狙いは、日本から軍国主義を生む土壌を取りのぞくことにありました。そのために取られた政策が、「農地改革」と「財閥解体《ざいばつかいたい》」です。財閥と大地主、軍部が結託した結果、日本社会に軍国主義が生まれたと考えたのでした。

農地については、不在地主に対して小作人に土地を安価で売却するよう命令します。戦前の日本では寄生《きせい》地主制《じぬしせい》（大地主が農地を小作人に貸して高額な小作料を徴収する）がはびこっていましたが、農地改革によって多くの自作農が誕生することになりました。

昭和二〇年（一九四五）一一月には、三井や住友など一五財閥の資産凍結や解体を命じた持株会社解体指《もちかぶがいしゃかいたいし》令《れい》を発布。これにより、各財閥の本社機能は停止しました。さらに独占禁止法《どくせんきんしほう》や過度経済力集中排除法《かどけいざいりょくしゅうちゅうはいじょほう》を制定し、巨大独占企業の分割を進めていきます。また、個人の財産に最高で九〇パーセントにおよぶ財産税を賦課《ふか》。こうして戦前の資本家の財産（土地や家屋を含む）のほとんどが国庫に納められることになりました。

【「財閥」はどのように誕生した?】

明治時代、政府の保護を受けた政商は官営事業の払い下げなどを受けて多角経営を展開。明治後期から大正にかけて「財閥」へと成長を遂げた。

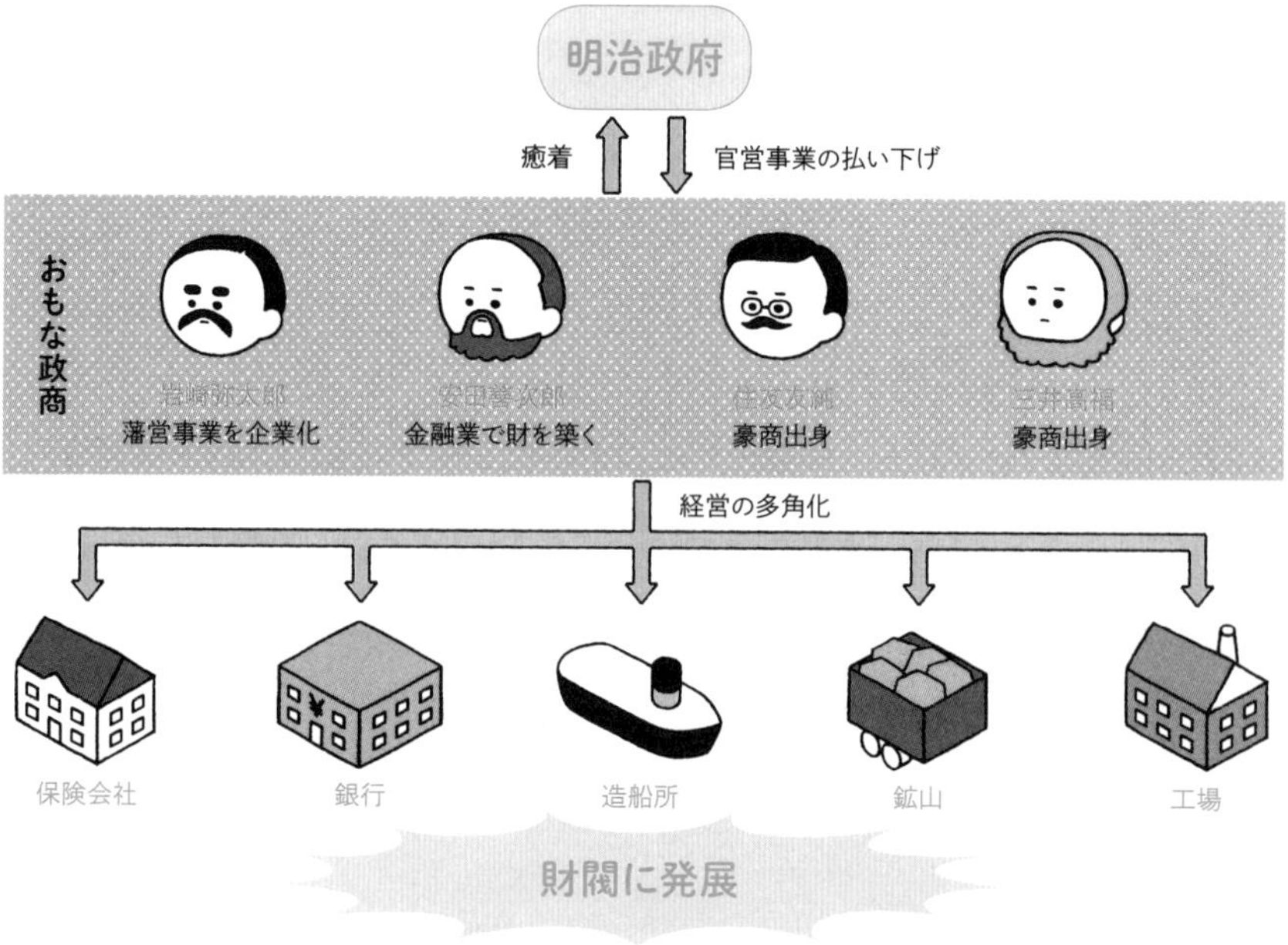
明治政府
癒着
官営事業の払い下げ
おもな政商
岩崎弥太郎
藩営事業を企業化
安田善次郎
金融業で財を築く
豪商出身
三井高福
豪商出身
経営の多角化
保険会社
銀行
造船所
鉱山
工場
財閥に発展

豆知識 財閥のなかでも、三井・三菱・住友・安田を４大財閥という。株式の所有で複数の企業を傘下に置くコンツェルン（企業連携）の形をとったのが特徴。

【財閥解体の流れ】

戦後、GHQは財閥による産業支配が軍国主義の基盤のひとつであったと捉え、財閥解体を推進した。しかし銀行は分割対象とされなかったことから、のちに旧財閥は銀行を中心とした新たな企業集団を形成していった。

①1945年11月　持株会社解体指令の発布

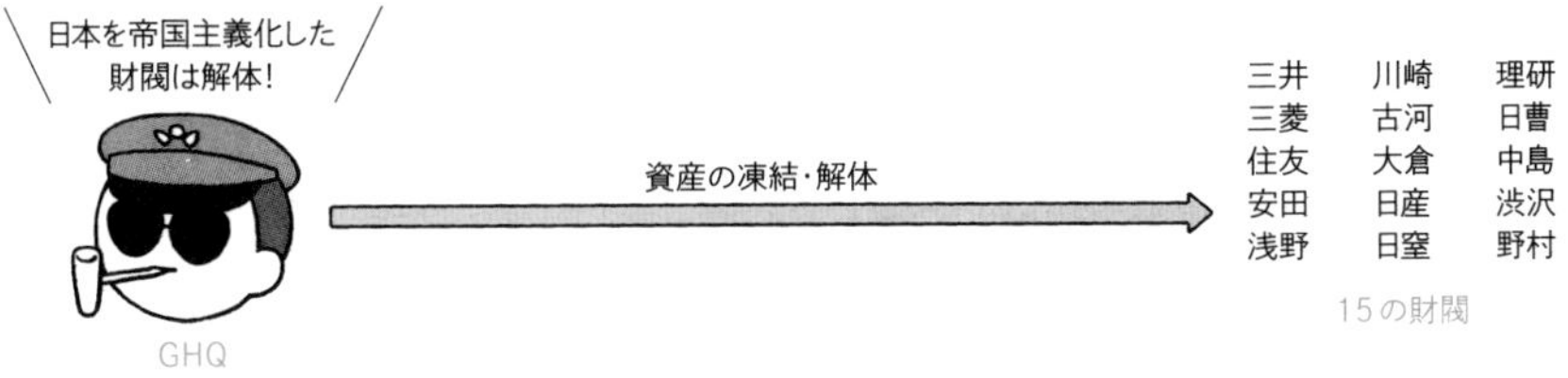

日本を帝国主義化した
財閥は解体!
GHQ
資産の凍結・解体
三井　川崎　理研
三菱　古河　日曹
住友　大倉　中島
安田　日産　渋沢
浅野　日窒　野村
15の財閥

②1946年8月　持株会社整理委員会の発足

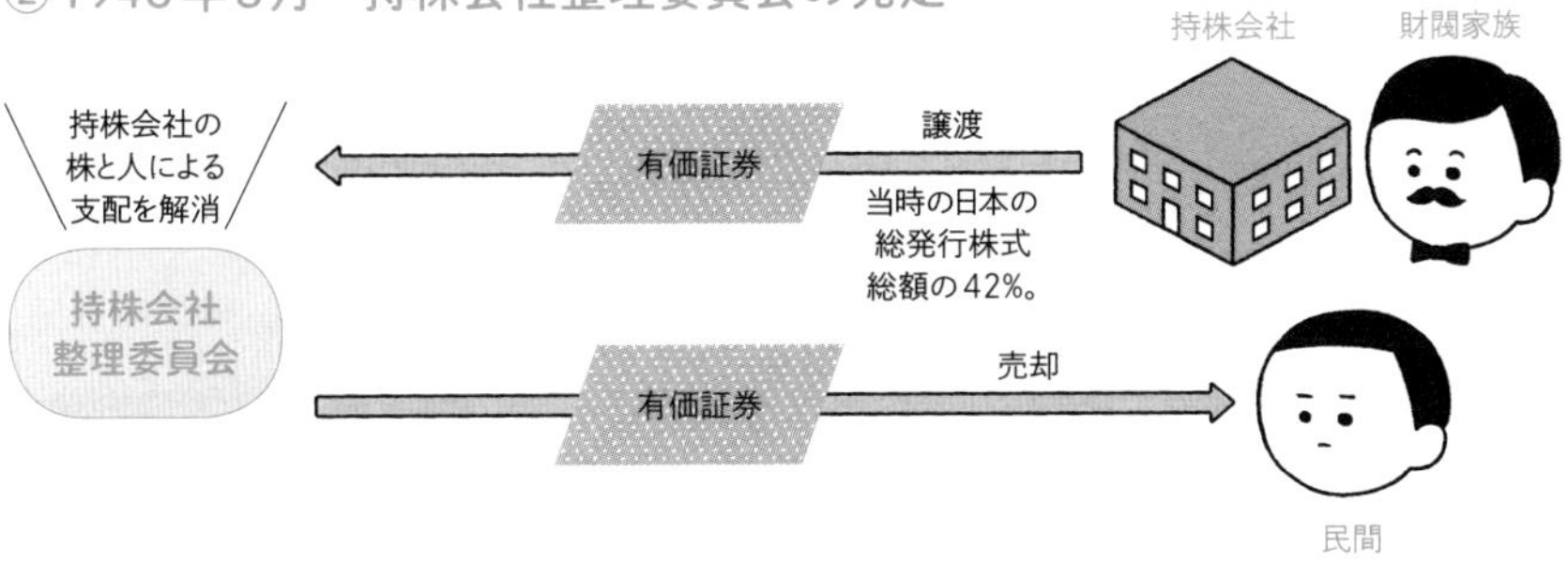

持株会社
財閥家族
持株会社の
株と人による
支配を解消
有価証券
譲渡
当時の日本の
総発行株式
総額の42%。
持株会社
整理委員会
有価証券
売却
民間

③独占体制の排除

独占禁止法
1947年4月
持株会社の私的独占、カルテルなどの禁止

過渡経済力集中排除法
1947年12月
既存の巨大独占企業の分割

財閥同族支配力排除法
1948年1月
財閥家族の財閥系会社への役員就任禁止

④銀行を中心とした新たな企業集団の形成へ

第一勧銀グループ	芙蓉グループ	三菱グループ	三和グループ	三井グループ	住友グループ
第一勧業銀行	富士銀行	三菱銀行	三和銀行	三井銀行	住友銀行
｜	｜	｜	｜	｜	｜
富士通	日産	三菱重工業	日商岩井	三井不動産	住友商事
川崎重工業	日立製作所	三菱商事	大林組	三井物産	住友金属
伊藤忠商事など	東武鉄道など	日本郵船など	高島屋など	三越など	アサヒビールなど

豆知識　過度経済力集中排除法によって大日本麦酒が分割された結果、日本麦酒（現・サッポロビール）と朝日麦酒（現・アサヒビール）が誕生した。

昭和時代

高度経済成長が日本に与えた弊害は？

●エリートの大衆化が学生運動を誘発

日本がGHQの占領下にあったころ、世界ではアメリカ主導の資本主義陣営と、ソ連主導の社会主義陣営との対立が激化しました（冷戦《れいせん》）。昭和二五年（一九五〇）に朝鮮戦争が勃発すると、国連軍の基地の役割を果たした日本は特需景気によって復興。さらにその翌年、サンフランシスコ平和条約を結んで国際社会に復帰した日本は、一九五〇年代後半から約二〇年にわたり、未曾有《みぞう》の経済発展を遂げることとなります（高度経済成長）。

そのいっぽうで、高度経済成長は学生運動を誘発しました。戦前まで大学はエリートが通う限られた場所でしたが、戦後、大学進学率の上昇に伴なって大衆化。卒業後も大多数が一般企業に就職するようになります。いわばエリートから一般大衆になるという閉塞感を生み出したのです。それまで当たり前のように存在していた「秩序」が高度経済成長で破壊されていくことに多くの学生は納得がいかず、「あるべき秩序」を取り戻すために学生運動に身を投じたのでした。

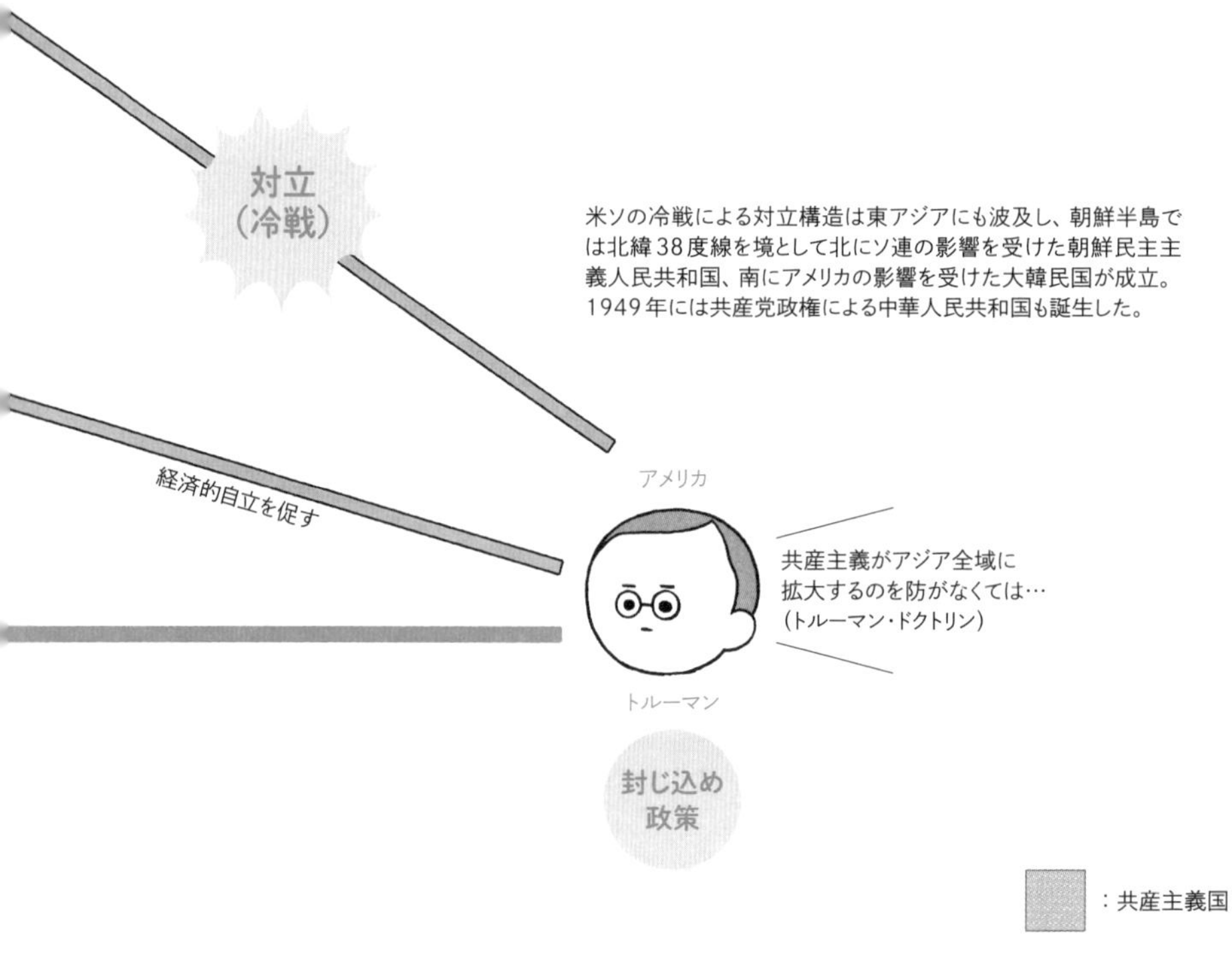

対立（冷戦）
米ソの冷戦による対立構造は東アジアにも波及し、朝鮮半島では北緯38度線を境として北にソ連の影響を受けた朝鮮民主主義人民共和国、南にアメリカの影響を受けた大韓民国が成立。1949年には共産党政権による中華人民共和国も誕生した。
経済的自立を促す
アメリカ
共産主義がアジア全域に拡大するのを防がなくては…（トルーマン・ドクトリン）
トルーマン
封じ込め政策
：共産主義国

豆知識　第二次世界大戦後、朝鮮半島の境が北緯38度線とされたのは、アメリカがソウルを押さえるためだった。

【「占領支配」から「経済復興」へ】

ソ連の影響下、アジア各国に共産主義が拡大するなか、アメリカはそれに対抗すべく日本に対する占領政策を転換。日本を経済的に自立させることで東アジアにおける友好国とし、共産主義に対する防波堤にしようともくろんだ。

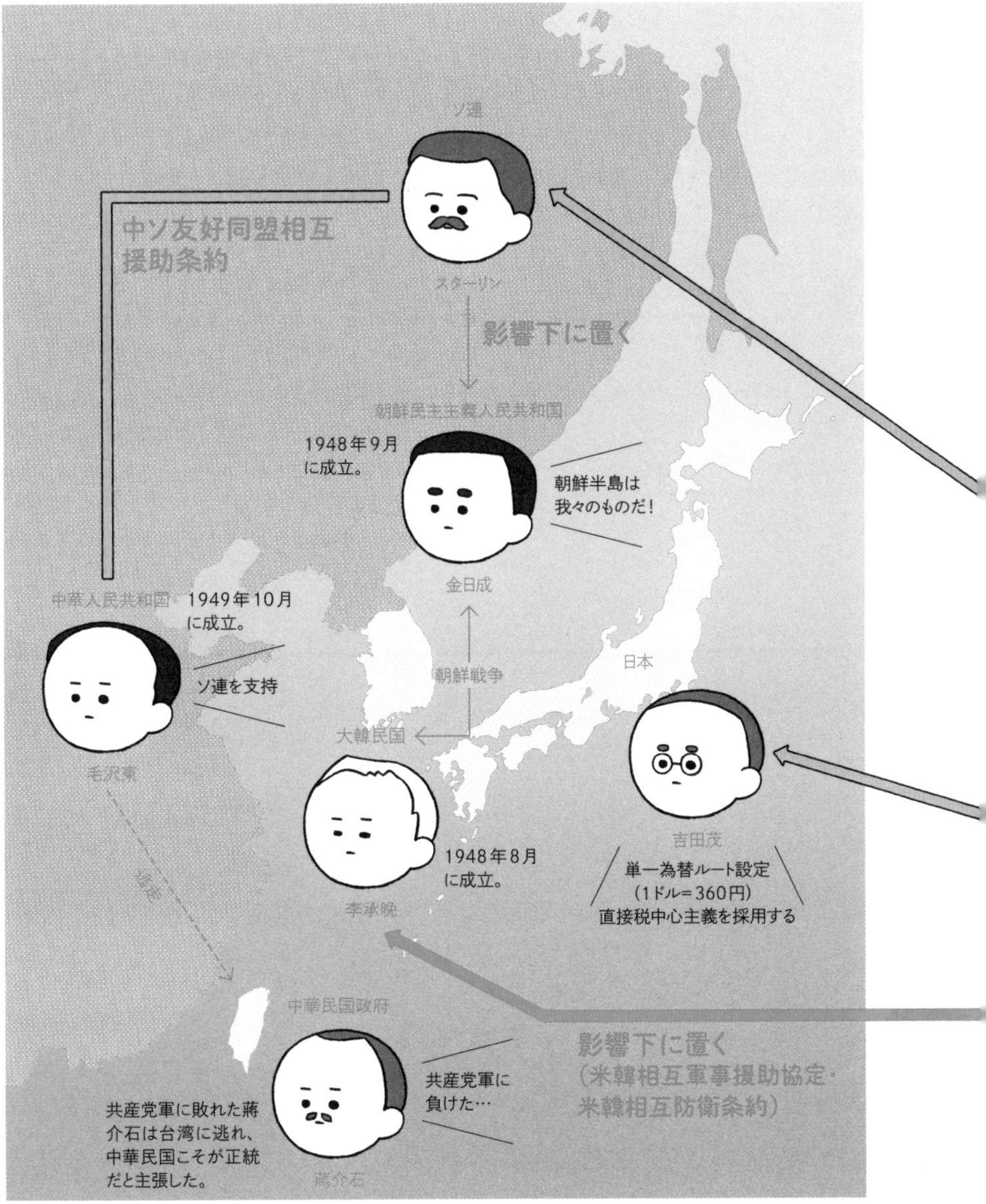

ソ連
中ソ友好同盟相互援助条約
スターリン
影響下に置く
朝鮮民主主義人民共和国
1948年9月に成立。
朝鮮半島は我々のものだ！
金日成
中華人民共和国
1949年10月に成立。
ソ連を支持
毛沢東
朝鮮戦争
大韓民国
日本
1948年8月に成立。
李承晩
吉田茂
単一為替ルート設定
(1ドル=360円)
直接税中心主義を採用する
逃走
中華民国政府
影響下に置く
(米韓相互軍事援助協定・米韓相互防衛条約)
共産党軍に負けた…
共産党軍に敗れた蔣介石は台湾に逃れ、中華民国こそが正統だと主張した。
蔣介石

豆知識 ベトナムも米ソ両陣営により、北緯17度線を境として分断を余儀なくされている。のち、共産主義者と自由主義者が激突してベトナム戦争が起こることになった。

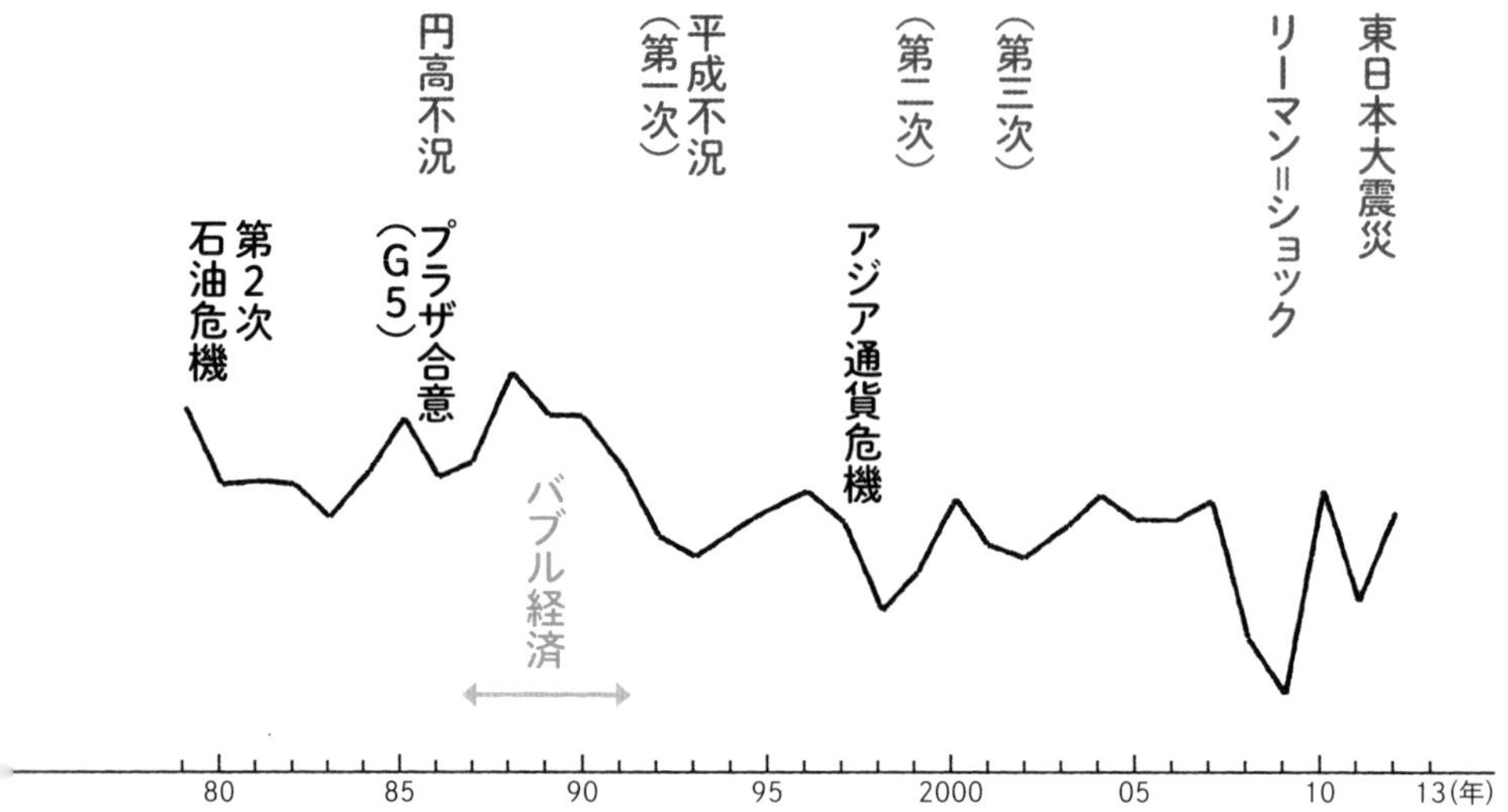
東日本大震災
リーマン=ショック
（第三次）
（第二次）
アジア通貨危機
平成不況
（第一次）
バブル経済
円高不況
プラザ合意
（G5）
第2次
石油危機
80
85
90
95
2000
05
10
13(年)

日本経済の歩み

年	事項
1945	ポツダム宣言受諾
1946	金融緊急措置令の施行
	傾斜生産方式の採用
1949	単一為替レート設定
1950	朝鮮戦争勃発により金属・繊維業界が活況
1951	サンフランシスコ平和条約締結
	鉄工業の生産が戦前の水準に回復
1952	国際通貨基金（IMF）、世界銀行に加盟
1955	GATT（関税および貿易に関する一般協定）に加盟
1960	池田勇人内閣が国民所得倍増計画を発表
1961	農業基本法成立
1963	GATT11条国へ移行
	日ソ貿易協定調印
1964	**IMF8条国へ移行**
	経済協力開発機構（OECD）に加盟
	オリンピック東京大会開催
1968	GNP（国内総生産）が資本主義国内でアメリカに次ぐ2位にまで躍進
1970	大阪万博開催

豆知識　昭和39年（1964）の東京オリンピックの開催に伴ない、首都高速道路（江戸城の外堀が利用される）や東京モノレール、東海道新幹線などの交通網が整備された。

【実質経済成長利率と景気動向】

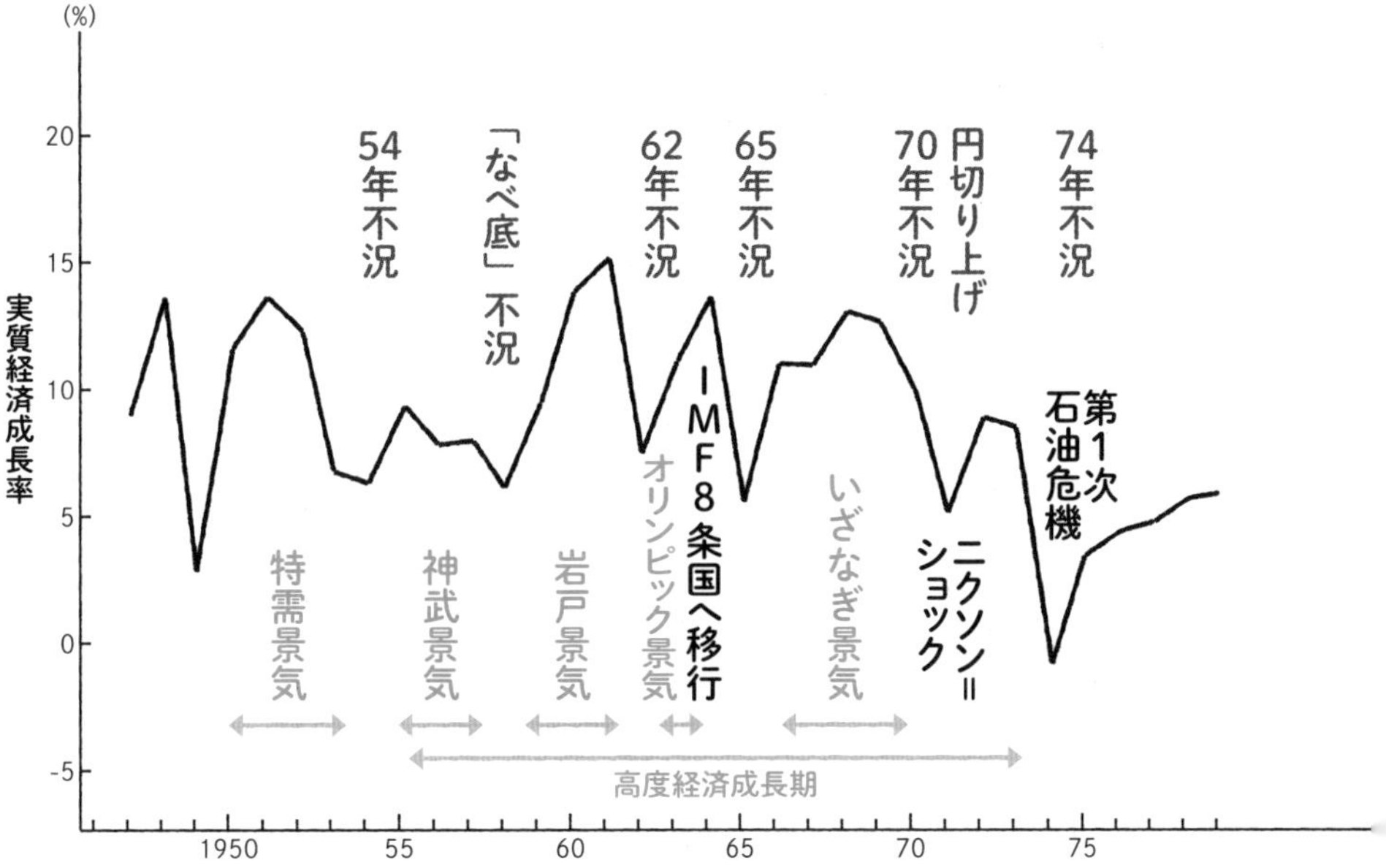

1971	**ニクソン=ショック（ドル=ショック）で株価が大暴落**
	円を切り上げ、1ドル=308円となる
1972	田中角栄通産相が「日本列島改造論」を発表
1973	円の変動為替相場制移行
	第1次石油危機
1974	経済成長率が戦後初めてマイナスとなる
1979	**第2次石油危機**
1982	日米貿易摩擦が深刻化する
1985	**G5によるプラザ合意（円高ドル安誘導）**
1987	国鉄の分割民営化。JR7社発足
1988	牛肉・オレンジの輸入自由化決定（実施は1991年）
1989	消費税導入（3%）
1991	地価が暴落し、バブル経済崩壊
1995	阪神・淡路大震災
1997	消費税が5%となる
2004	道路公団の民営化法が成立
2007	郵政民営化がスタート
2008	**リーマン=ショックで世界同時株安に**
2011	**東日本大震災**
2014	消費税が8%となる

昭和時代

バブル経済はなぜ起きてどのように終わった？

●きっかけはプラザ合意

昭和六〇年（一九八五）、二度の石油危機などで巨額の財政・貿易赤字に苦しむアメリカ経済を救うため、G5は円高ドル安を誘導するプラザ合意を締結します。

政府と日本銀行は円高不況を懸念し、公定《こうてい》歩合《ぶあい》をそれまでの五パーセントから段階的に二・五パーセントにまで引き下げました。超低金利だったことから、金融機関は日本銀行から大量の資金を借り、企業へ融資しようともくろみます。ところが円高不況は起きず、輸入物価の下落で景気は回復していきました。

そうしたなか、金融機関で余っていた資金が投資家を通じて不動産・株式市場に流入し、地価や株価が上昇。それに目をつけた新規の投資家も金融機関の融資を受けて投資をするようになります。地価や株価は上昇を続け、日本はバブル経済に突入しました。ですが、平成元年（一九八九）に政府が金融引き締め政策に乗り出すと、地価や株価は下落。損失を出した企業、不良債権を抱えた金融機関の倒産があいつぎ、時代は「失われた二〇年」と呼ばれる平成不況へと突入しました。

【「バブル」発生までの流れ】

①プラザ合意の締結

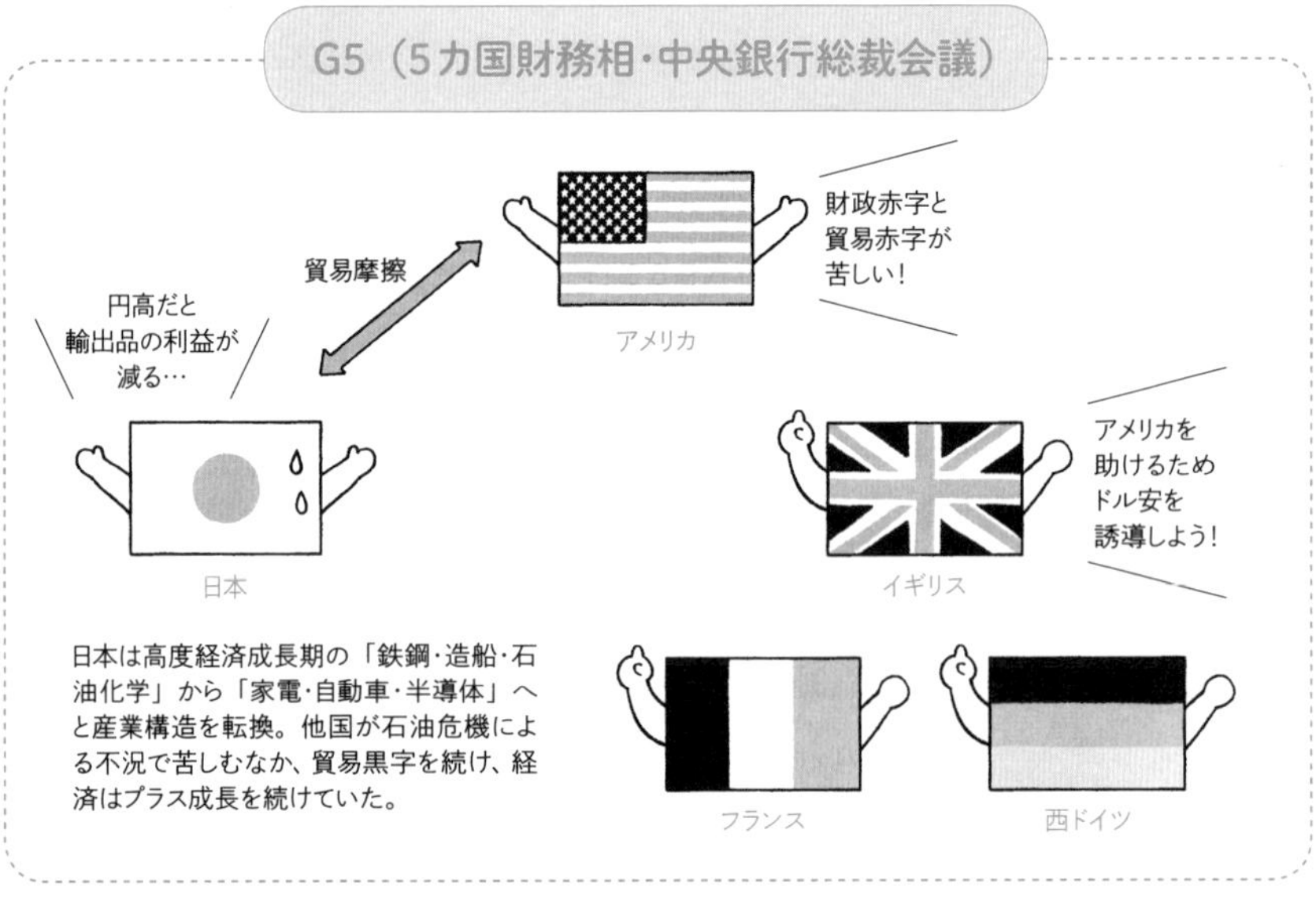
G5（5カ国財務相・中央銀行総裁会議）
財政赤字と
貿易赤字が
苦しい！
アメリカ
貿易摩擦
円高だと
輸出品の利益が
減る…
日本
アメリカを
助けるため
ドル安を
誘導しよう！
イギリス
日本は高度経済成長期の「鉄鋼・造船・石油化学」から「家電・自動車・半導体」へと産業構造を転換。他国が石油危機による不況で苦しむなか、貿易黒字を続け、経済はプラス成長を続けていた。
フランス
西ドイツ

アメリカ経済回復のため、ドル安・円高へと誘導。プラザ合意前まで1ドル＝240円台だった相場が、昭和62年（1987）には1ドル＝120円台にまで高騰した。

豆知識　対日貿易赤字が続いたアメリカでは解雇・賃金を引き下げられた労働者による日本製品の不買運動が起こった。

②日本銀行が公定歩合を引き下げ

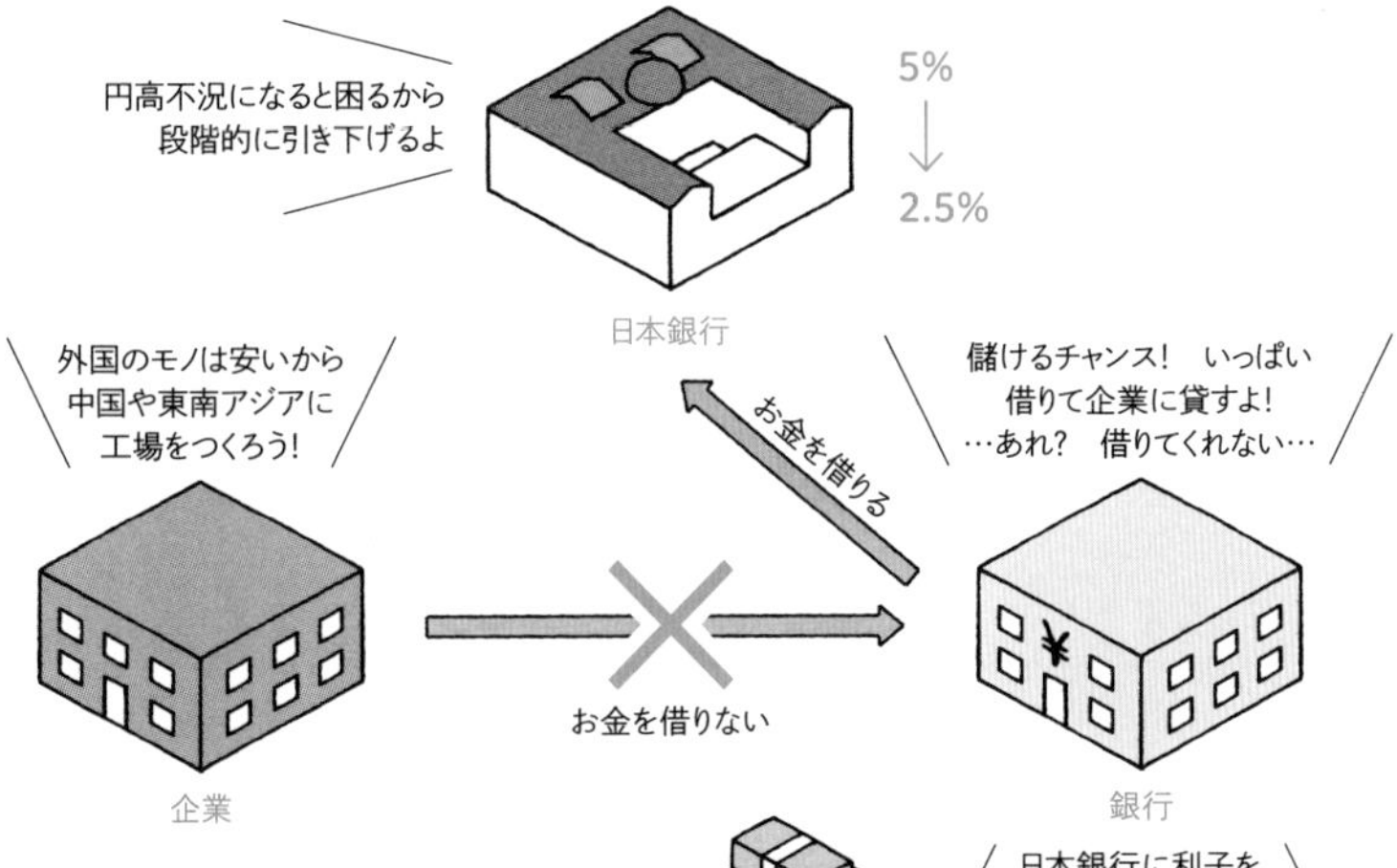

円高不況になると困るから
段階的に引き下げるよ
5%
2.5%
日本銀行
外国のモノは安いから
中国や東南アジアに
工場をつくろう!
儲けるチャンス! いっぱい
借りて企業に貸すよ!
…あれ? 借りてくれない…
お金を借りる
お金を借りない
企業
銀行

日本銀行に利子を
つけてお金を返さなきゃ
いけないのに…えいっ!
投資家に貸しちゃえ!

円高によって輸出産業は一定のダメージを受けるも、製品の原材料や燃料価格、外国人労働者の人件費低下などのメリットにより、逆に景気が回復。

③銀行が余ったお金を投資家に貸す

お金を貸す
お金を借りる
土地と株を
買いたい!
投資家

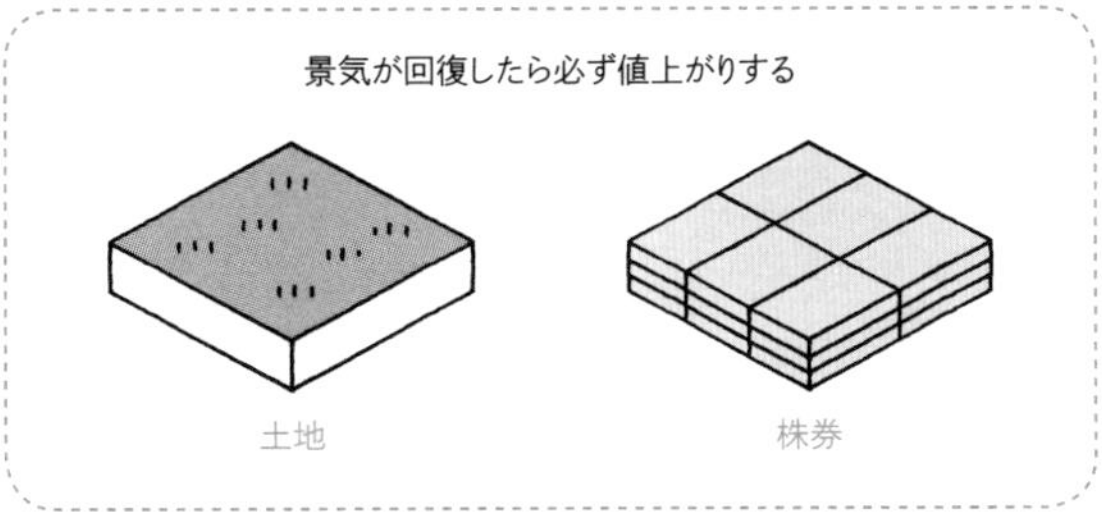

景気が回復したら必ず値上がりする
土地
株券

不動産市場や株式市場に大量の資金が投入されると地価や株価高騰を引き起こすが、銀行は余ったお金を処理するため、積極的に投資家へお金を貸した。

豆知識 1980年代、世界のGNP（国民総生産）総計に対して日本の割合は約10パーセントに到達。昭和62年（1987）には、ひとりあたりの国民所得でアメリカを抜いた。

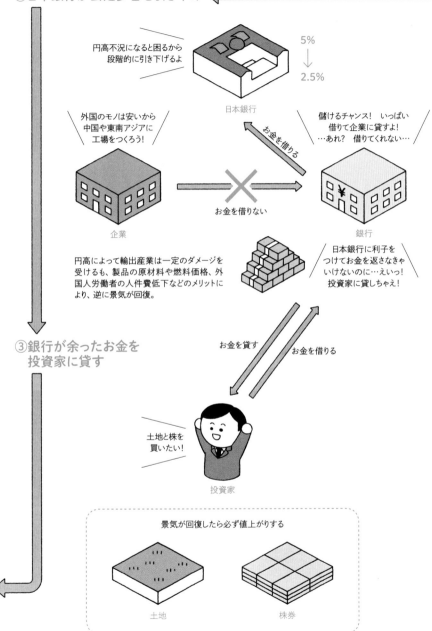

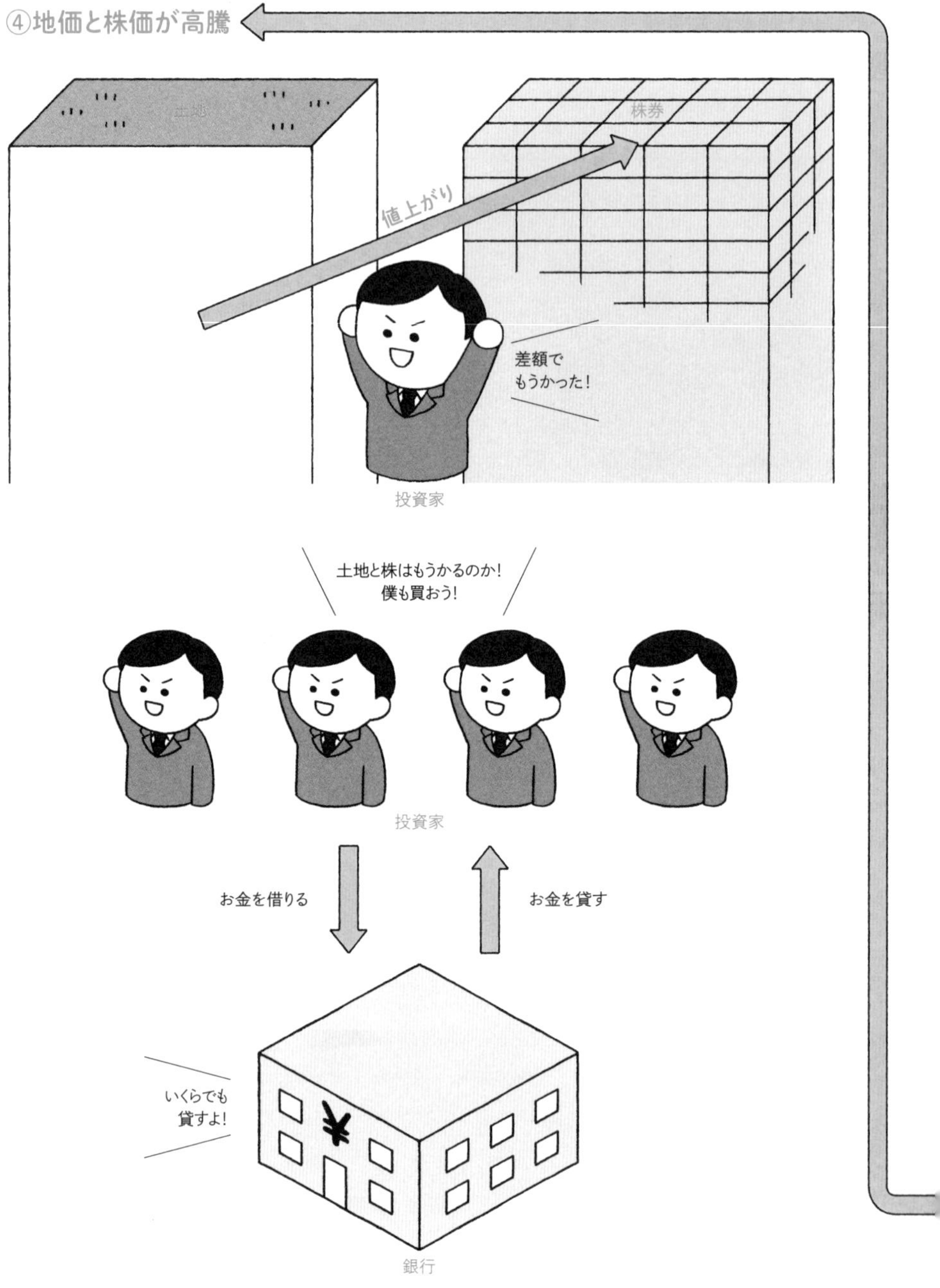

地価と株価の高騰を受けてほかの投資家もこぞって土地と株に投資するようになり、さらに価格は高騰。こうして日本は「バブル」の時代に突入した。

豆知識　平成元年（1989）9月27日、ソニーがアメリカのコロンビア映画を48億円で買収。そのほか、日本企業が国外の不動産を立て続けに買収した。

【バブル経済はどのように崩壊した?】

地価や株価が高騰を続けるなか、政府は金融の引き締め政策を実施した。 すると地価や株価はいっきに下落してバブル経済は崩壊。 企業や金融機関の倒産があいつぎ、日本は不況の時代に突入した。

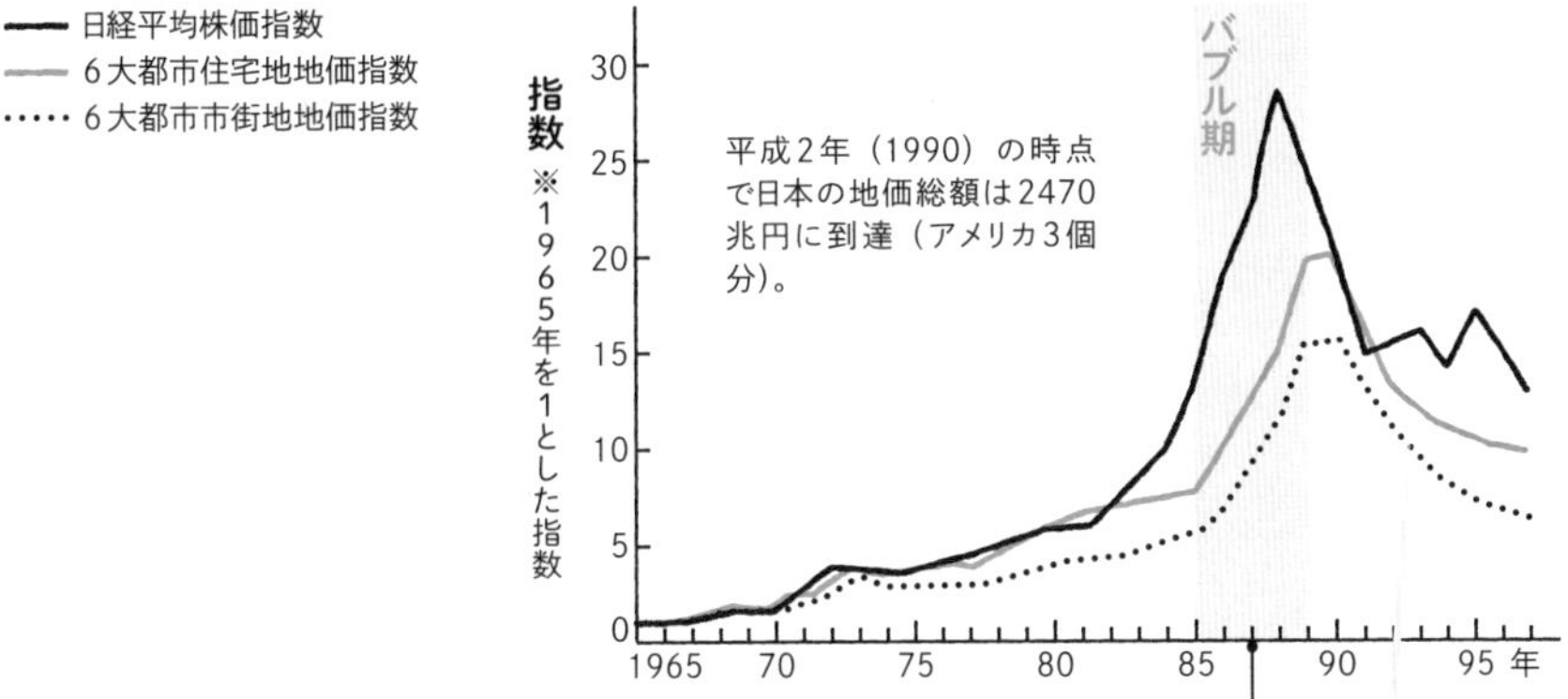
日経平均株価指数
6大都市住宅地地価指数
6大都市市街地地価指数
指数 ※1965年を1とした指数
30
25
20
15
10
5
0
1965
70
75
80
85
90
95 年
バブル期
平成2年（1990）の時点で日本の地価総額は2470兆円に到達（アメリカ3個分）。

なんとかこの状態を改善しなければ!
政府
土地基本法
投機目的の土地売買禁止
不動産融資総量規制
不動産取引に対する貸出額の上限を設定

バブル崩壊　地価下落

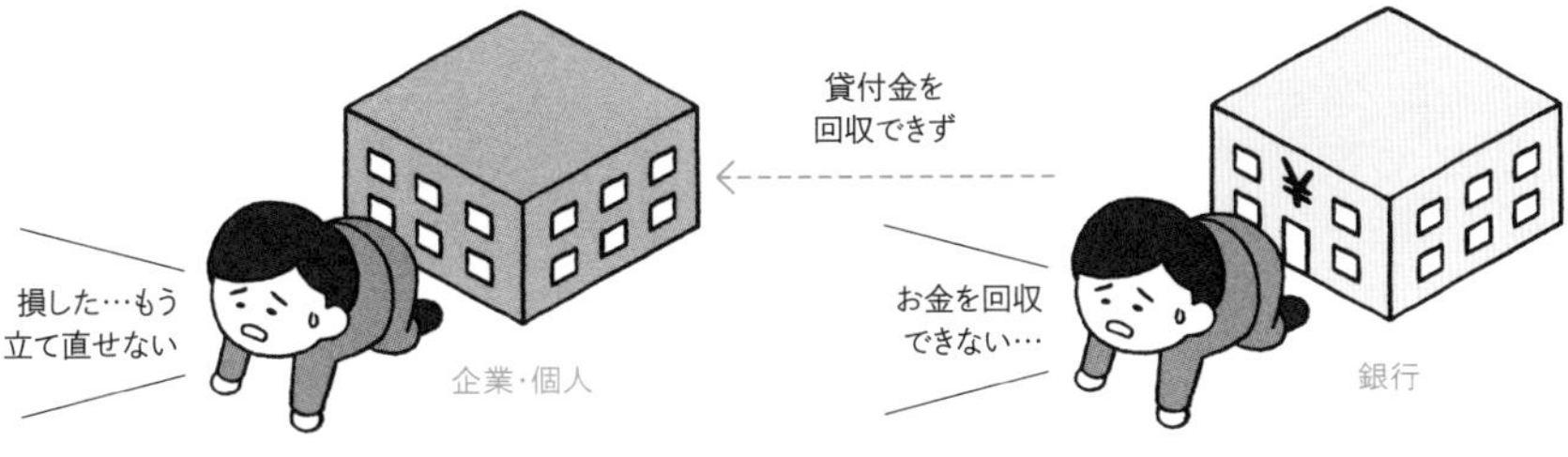
貸付金を回収できず
損した…もう立て直せない
企業・個人
お金を回収できない…
銀行

豆知識　平成元年（1989）末には、日経平均株価が史上最高値となる3万8915円87銭をつけたが、わずか1年半で半値にまで下がった。

55年体制はなぜ崩壊した？

●自民党が不祥事を起こして自滅……

戦後、ＧＨＱが民主化政策を実行するなかで「政《せい》党《とう》」が復活します。その後、保守政党の日本自由党《にほんじゆうとう》と日本進歩党《にほんしんぽとう》は紆余曲折を経て、昭和三〇年（一九五五）に自由民主党《じゆうみんしゅとう》を結成。保守政党が議席の約三分の二を、革新政党が約三分の一を分け合う政治体制が誕生しました（55年体制）。しかし一九九〇年代、自民党では不祥事があいつぎ、また小沢一郎《おざわいちろう》らが離党するなど内部分裂を起こします（小沢一郎は新生党《しんせいとう》、武村正義《たけむらまさよし》は新党さきがけを結成）。結果、平成五年（一九九三）七月の総選挙で野党に転落。非自民八党による連立政権が発足し、55年体制は崩壊しました。

その後、自民党は平成八年（一九九六）に政権を奪還。政権安定のために他党と連立しましたが、平成二一年（二〇〇九）の衆院選で敗北。民主党が政権交代を実現します。平成二四年（二〇一二）には再び自民党が政権を取り戻しましたが、格差社会の拡大やワーキングプア問題、少子高齢化の進展など問題は山積みで、自民党政権の手腕が問われているのが現状です。

【「55年体制」とは何か】

昭和30年（1955）、保守勢力である自由民主党が衆議院議席の3分の2を、革新勢力である日本社会党が3分の1を占める体制が誕生（55年体制）。1990年代に佐川急便からの巨額献金問題（佐川急便事件）、公共事業の入札をめぐってゼネコンから政界に賄賂が送られたゼネコン汚職事件などが起きて、野党に転落する平成5年（1993）まで55年体制は続いた。

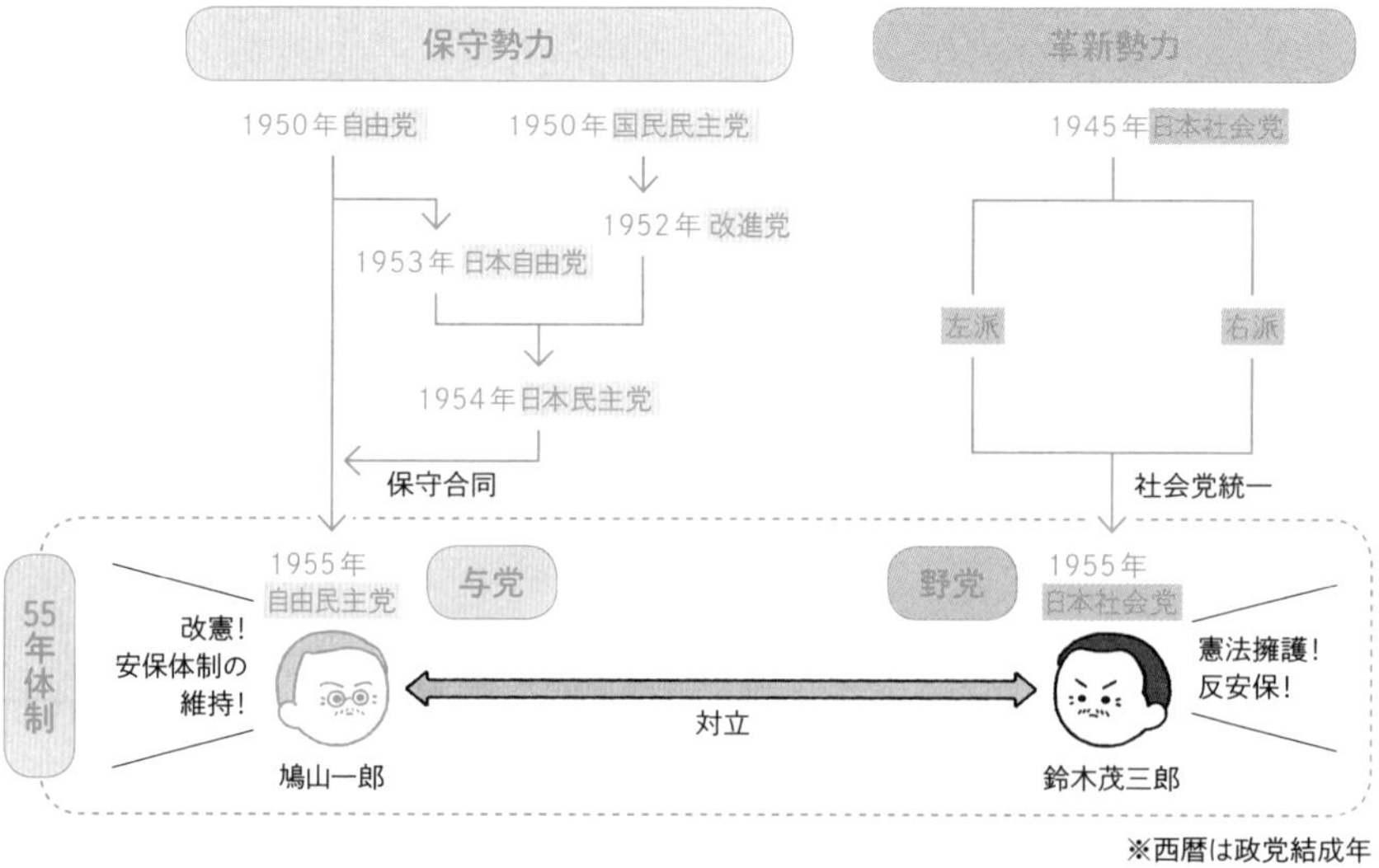

※西暦は政党結成年

豆知識　戦後の日本に復活した政党は、保守政党の日本自由党、日本進歩党、革新政党の日本社会党、日本共産党、中道の日本協同党。

【平成の歴代内閣】※色字は与党を示す

政権	与党	首相	在任期間	出来事
55年体制	自由民主党	竹下登	(1987.11 ~1989.6)	リクルート事件 消費税3%
55年体制	自由民主党	宇野宗佑	(1989.6 ~8)	女性スキャンダル 参院選大敗
55年体制	自由民主党	海部俊樹	(1989.8 ~1991.11)	湾岸戦争勃発 バブル経済崩壊
55年体制	自由民主党	宮沢喜一	(1991.11 ~1993.8)	PKO協力法 佐川急便事件 衆院選敗北
非自民連立政権	非自民8党	細川護煕	(1993.8 ~1994.4)	55年体制終結 コメ市場部分開放 佐川急便資金提供疑惑
非自民連立政権	非自民8党	羽田孜	(1994.4~6)	社会党・ 新党さきがけの離脱
自社さ政権	日本社会党 自由民主党 新党さきがけ	村山富市	(1994.6 ~1996.1)	阪神・淡路大震災 自民党への政権譲渡
自社さ政権	自由民主党 社会民主党 新党さきがけ	橋本龍太郎	(1996.1 ~1998.7)	日米安保共同宣言 消費税5% 参院選敗北
自公連立政権	自由民主党 自由党 公明党	小渕恵三	(1998.7 ~2000.4)	バブル不況からの脱出 新ガイドライン関連法
自公連立政権	自由民主党 公明党 保守党	森喜朗	(2000.4 ~2001.4)	中央省庁再編 失言による支持率低下
自公連立政権	自由民主党 公明党 保守党	小泉純一郎	(2001.4 ~2006.9)	聖域なき構造改革 郵政民営化
自公連立政権	自由民主党 公明党	安倍晋三	(2006.9 ~2007.9)	小泉改革継承 参院選大敗
自公連立政権	自由民主党 公明党	福田康夫	(2007.9 ~2008.9)	洞爺湖サミット 道路特定財源廃止
自公連立政権	自由民主党 公明党	麻生太郎	(2008.9 ~2009.9)	定額給付金配布 衆院選で敗北
民主党政権	民主党 社会民主党 国民新党	鳩山由紀夫	(2009.9 ~2010.6)	政権交代 普天間基地移設問題
民主党政権	民主党 国民新党	菅直人	(2010.6 ~2011.8)	東日本大震災 福島第一原発事故
民主党政権	民主党 国民新党	野田佳彦	(2011.9 ~2012.12)	消費税関連法案 衆院選敗北
自公連立政権	自由民主党 公明党	安倍晋三	(2012.12 ~)	政権交代 「アベノミクス」 消費税8%・10%

豆知識 平成5年(1993)に誕生した非自民政権は、日本新党の細川護煕首相を中心とし、社会党・公明党・民社党・社会民主連合・日本新党・新生党・新党さきがけが連立して発足した。

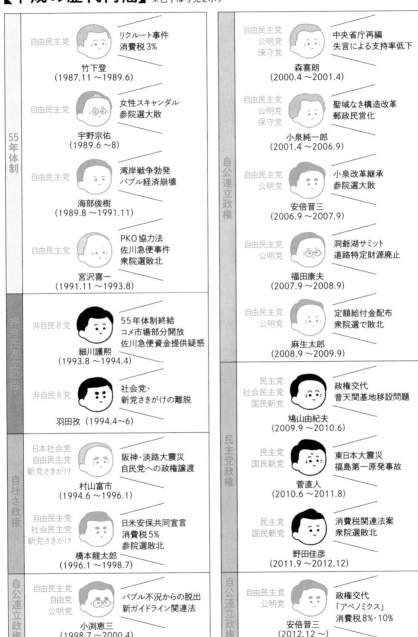

天皇の譲位はなにが問題だった？

●象徴や権威の二重性が生じる恐れ

平成三一年（二〇一九）四月三〇日、現在の上皇陛《じょうこうへい》下《か》が退位し、皇太子・徳仁《なるひと》親王殿下が即位しました。譲位は江戸時代の光格《こうかく》天皇以来、二〇二年ぶりとなる出来事であり、退位した陛下は「上皇」に、皇后《こうごう》は「上皇后《じょうこうごう》」となりました。

陛下が譲位《じょうい》の意向を表明したのは、平成二八年（二〇一六）七月一三日のことでした。しかし現行の皇室《こうしつ》典範《てんぱん》では「皇位の継承は天皇の崩御《ほうぎょ》に限る」と定められていたことから、政府は「天皇の退位等に関する皇室典範特例法」を制定し、今回に限り特定として認めるという形を取りました。

それでは、譲位のなにが問題となっていたのでしょうか？

それは、陛下と今上《きんじょう》天皇との間で「象徴《しょうちょう》や権威《けんい》の二重性」が生じてしまう恐れがあったためです。そこで特例法により、象徴としての天皇の公務や権威はすべて今上天皇が受け継ぐこととし、また、陛下は皇位継承資格を持たないことと規定されました。

【譲位の歴史】

645年に皇極天皇が孝徳天皇に譲位したのを手はじめとし、これまで58人の天皇が譲位によって皇位を継承した。現在の上皇陛下は59人目となる。

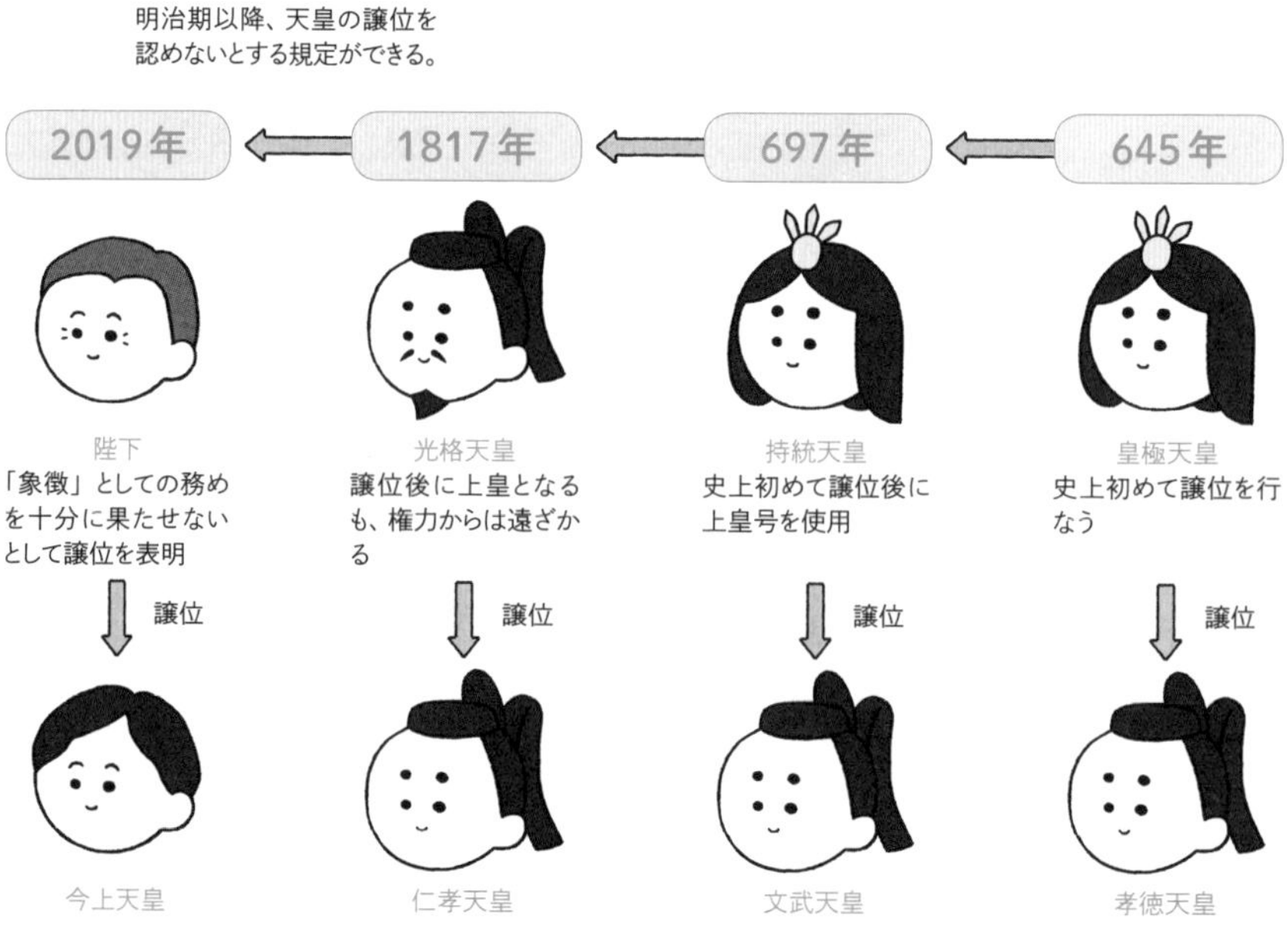
明治期以降、天皇の譲位を認めないとする規定ができる。
2019年
1817年
697年
645年
陛下
「象徴」としての務めを十分に果たせないとして譲位を表明
光格天皇
譲位後に上皇となるも、権力からは遠ざかる
持統天皇
史上初めて譲位後に上皇号を使用
皇極天皇
史上初めて譲位を行なう
譲位
譲位
譲位
譲位
今上天皇
仁孝天皇
文武天皇
孝徳天皇

豆知識　天皇の退位等に関する皇室典範特例法により、上皇の敬称は「陛下」と定められた。

【現在の皇室の系図】

平成31年（令和元年、2019）5月1日をもって今上天皇が即位した。ただし皇子がいないため、皇太子は空位。かわって弟の秋篠宮様が皇嗣となった。

※数字は皇位継承順

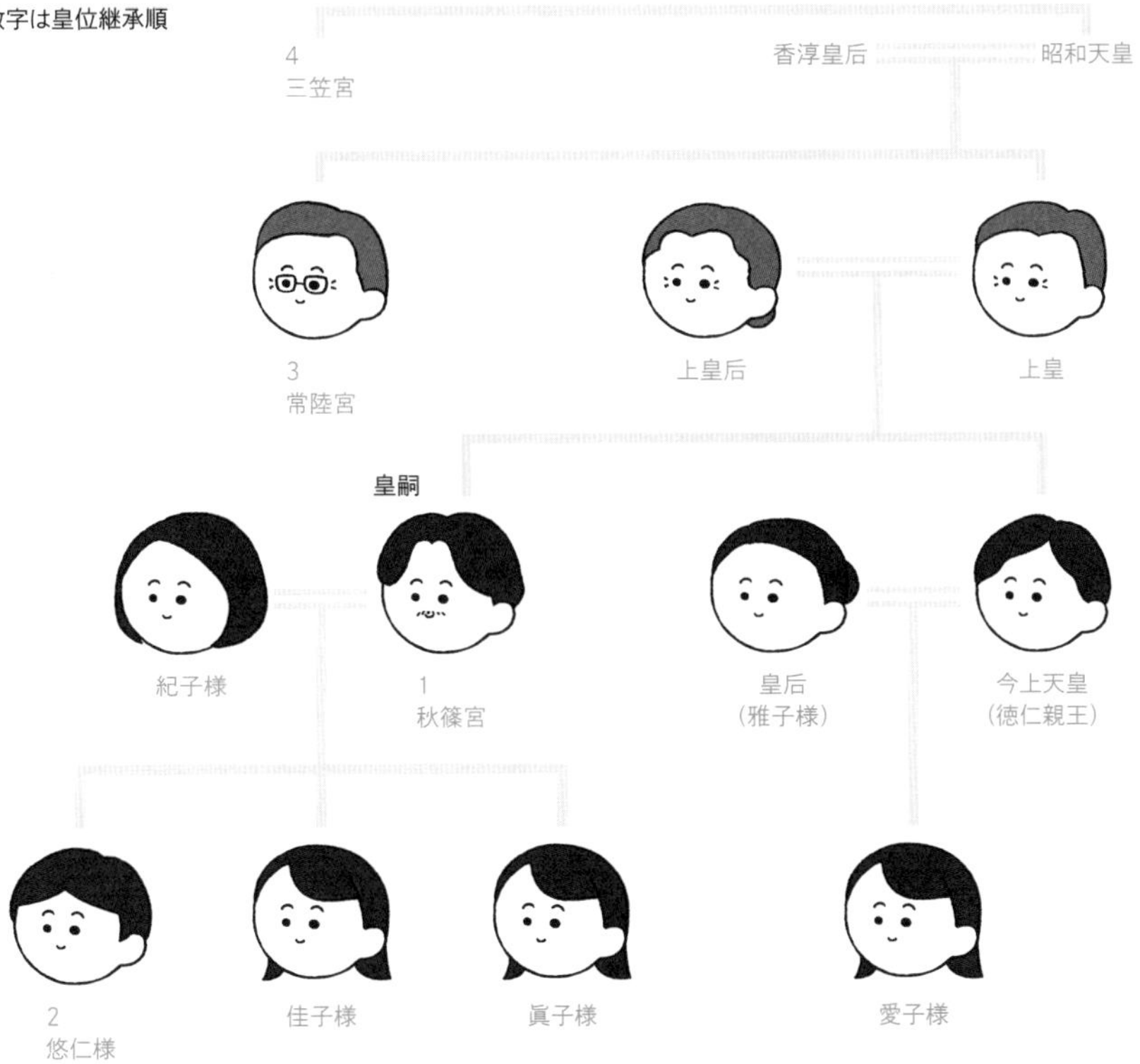

今上天皇即位の流れ

年	月日	主な儀礼
2019	4月3日	退位礼正殿の儀
	5月1日	剣璽等承継の儀
		即位後朝見の儀
		改元
	10月22日	即位礼正殿の儀
		祝賀御列の儀
		饗宴の儀
	10月23日	首相夫妻主催晩餐会
	11月14日～15日	大嘗祭
2020		立皇嗣の礼

さくいん

【主な参考文献】

『歴史の勉強法』『東大流よみなおし日本史講義』『東大流教養としての戦国・江戸講義』山本博文（以上、ＰＨＰ研究所）／『岩波講座日本歴史第1～第19巻』、『武士の日本史』高橋昌明（以上、岩波書店）／『歴史をつかむ技法』『「忠臣蔵」の決算書』『格差と序列の日本史』山本博文（以上、新潮社）／『これが本当の「忠臣蔵」』山本博文（小学館）／『流れをつかむ日本史』山本博文、『古代史の基礎知識』吉村武彦編著（以上、ＫＡＤＯＫＡＷＡ）／『東大流「元号」でつかむ日本史』山本博文、『平城京のごみ図鑑』奈良文化財研究所監修、『列島の考古学』（以上、河出書房新社）／『天皇１２５代と日本の歴史』山本博文（光文社）／『ここまで変わった日本史教科書』高橋秀樹、三谷芳幸、村瀬信一、『わくわく！探検れきはく日本の歴史１　先史・古代』『わくわく！探検れきはく日本の歴史２　中世』『わくわく！探検れきはく日本の歴史３　近世』『わくわく！探検れきはく日本の歴史４　近代・現代』『わくわく！探検れきはく日本の歴史５　民俗』国立歴史民俗博物館編、『平城京の住宅事情』近江俊秀、『ここが変わる！　日本の考古学』藤尾慎一郎、松木武彦編、『ここまでわかった飛鳥・藤原京』豊島直博、木下正史編（以上、吉川弘文館）／『現代語訳　武士道』山本博文／『古代史講義【戦乱編】』『古代史講義』佐藤信編、『中世史講義』高橋典幸、五味文彦編、『近世史講義』高埜利彦編、『はじめての日本古代史』倉本一宏（以上、筑摩書房）／『歴史群像シリーズ特別編集　飛鳥王朝史』『歴史群像シリーズ特別編集　最新古代史論』（以上、学研パブリッシング）／『ビジュアル図鑑　日本の歴史』大石学監修（学研プラス）／『日本発掘！　ここまでわかった日本の歴史』文化庁編（朝日新聞出版）／『縄文時代の歴史』山田康弘、『図解日本列島１００万年史１　誕生のふしぎ』山崎晴雄、久保純子監修（以上、講談社）／『詳説日本史研究』佐藤信、五味文彦ほか編、『織田信長』藤田達生、『詳説日本史図録』（以上、山川出版社）／『図説日本史通覧』（帝国書院）／『現代語訳　魏志倭人伝』松尾光（新人物往来社）／『日本史の森をゆく』東京大学史料編纂所編、『日本史の論点』中公新書編集部編（以上、中央公論新社）／『ビジュアル日本服装の歴史１　原始時代～平安時代』増田美子監修・著、『ビジュアル日本服装の歴史２　鎌倉時代～江戸時代』増田美子監修、大久保尚子著（ゆまに書房）／『日曜日の考古学』山岸良二、『新編史料でたどる日本史事典』木村茂光、樋口州男編（以上、東京堂出版）／『謎の豪族蘇我氏』水谷千秋、『日本史の新常識』文藝春秋編（以上、文藝春秋）／『知られざる縄文ライフ』譽田亜紀子著、武藤康弘監修、『知られざる弥生ライフ』譽田亜紀子著、大阪府立弥生文化博物館監修（誠文堂新光社）／『旧石器時代ガイドブック』堤隆、『縄文時代ガイドブック』勅使河原彰、『古墳時代のシンボル　仁徳陵古墳』一瀬和夫、『古墳時代ガイドブック』若狭徹（以上、新泉社）／『特別展縄文ＶＳ弥生』（国立科学博物館、国立歴史民俗博物館、読売新聞東京本社）／『弥生の里』（奈良県立橿原考古学研究所附属博物館）／『平城京』（奈良文化財研究所）／『平安京の住まい』西山良平、藤田勝也編著（京都大学出版会）／『吉野ケ里遺跡』七田忠昭（同成社）／『30年分の経済ニュースが1時間で学べる』崔真淑、『マンガみたいにすらすら読める経済史入門』蔭山克秀（以上、大和書房）

【写真クレジット】

『東京名所之内』「銀座通煉瓦造鉄道馬車往復図」（都立中央図書館特別文庫室所蔵）１２４、１２９／『憲法發布式之圖』（都立中央図書館特別文庫室所蔵）１３３

監修：山本博文（やまもと・ひろふみ）
1957年、岡山県生まれ。東京大学文学部国史学科卒業。同大学院人文科学研究科修士課程修了。文学博士。東京大学史料編纂所教授。1992年、『江戸お留守居役の日記』（読売新聞社、のち講談社学術文庫）で第40回日本エッセイスト・クラブ賞を受賞。主な著書に『「忠臣蔵」の決算書』『歴史をつかむ技法』（新潮社）、『これが本当の「忠臣蔵」』（小学館）、『東大教授の「忠臣蔵」講義』『流れをつかむ日本史』（KADOKAWA）、『東大流 教養としての戦国・江戸講義』（PHP研究所）、『東大流「元号」でつかむ日本史』（河出書房新社）など多数。また、NHK Eテレ「知恵泉」「ラジオ深夜便」などに多数出演。NHK BS時代劇『雲霧仁左衛門』などの時代考証も担当。

編集協力　オフィス・エス（笹島浩）
イラスト　みの理
デザイン　平塚兼右／平塚恵美（PiDEZA Inc.）
本文組版　矢口なな／新井良子（PiDEZA Inc.）

東大教授《とうだいきょうじゅ》がおしえる日本史《にほんし》をつかむ図鑑《ずかん》

2020年3月31日　初版発行
2023年4月12日　3版発行

監修　山本博文《やまもとひろふみ》
発行所　株式会社二見書房
東京都千代田区神田三崎町2―18―11
電話　03（3515）2311［営業］
03（3515）2313［編集］
振替　00170―4―2639
印刷　株式会社 堀内印刷所
製本　株式会社 村上製本所

ISBN978-4-576-19162-1
https://www.futami.co.jp/